自主水下航行器操纵性

杜晓旭 著

西北工业大学专著出版基金资助

科学出版社

北 京

内 容 简 介

操纵性是自主水下航行器(AUV)的重要性能指标之一，它代表了AUV保持和改变运动状态的能力。本书建立AUV操纵运动数学模型，分析流体动力计算方法，介绍操纵性分析方法；分别针对回转体型AUV、扑翼推进型AUV和翼身融合水下滑翔机的操纵特点，进行操纵性仿真分析；建立在海流和波浪影响下的六自由度操纵运动数学模型，仿真分析海洋环境对操纵性的影响；建立AUV拖曳系统的动力学方程，并以AUV拖曳拖缆和水下滑翔机驻留系统两种不同特点的水下多体系统为例，分析拖曳系统对AUV操纵性的影响。

本书可供从事水下航行器操纵性技术研究的科研工作者使用，也可供高等院校船舶与海洋工程、兵器科学与技术等专业的高年级本科生、硕士生及博士生阅读参考。

图书在版编目（CIP）数据

自主水下航行器操纵性／杜晓旭著．—北京：科学出版社，2020.10
ISBN 978-7-03-065017-7

Ⅰ．①自…　Ⅱ．①杜…　Ⅲ．①可潜器-操纵性-研究　Ⅳ．①U674.941

中国版本图书馆CIP数据核字（2020）第074079号

责任编辑：陈　婕／责任校对：王　瑞
责任印制：吴兆东／封面设计：蓝正设计

科学出版社 出版
北京东黄城根北街16号
邮政编码：100717
http://www.sciencep.com
涿州市般润文化传播有限公司印刷
科学出版社发行　各地新华书店经销
*
2020年10月第　一　版　开本：720×1000　1/16
2026年 1 月第三次印刷　印张：16 1/4
字数：327 000

定价：150.00元

（如有印装质量问题，我社负责调换）

前　言

二十一世纪是“海洋世纪”，海洋是我国经济可持续发展的重要战略空间，也是国家安全的重要屏障。随着我国国力的不断增强，海洋的利用空间急需拓展，国家的海洋发展战略不断被加强。目前，我国虽然大力提升海洋开发与保护能力，但是不论是海洋资源开发、海洋环境治理，还是海洋权益保护，依旧与其他海洋强国有着不小的差距，有着不少的“短板”需要补齐。因此，我国急需加强在海洋的行动能力。

自主水下航行器(AUV)作为在海洋航行的主要运载平台，以其无人、智能化、多功能、适应性强等特点与优势在海底地形地貌探测、海洋工程建设、海洋资源开发、海洋科学探索及国家海洋权益维护等诸多方面发挥了极其重要的作用，并且受到世界各国的高度重视。AUV 的研制涉及总体与结构、操纵与控制、能源与动力等关键技术，其中 AUV 操纵性技术是诸多关键技术中迫切需要研究和解决的关键技术之一。

AUV 操纵性是指 AUV 在航行过程中，为实施完成既定作业任务，根据控制系统的要求，借助操舵机构或其他操纵机构改变或保持运动姿态、航向和航深的性能。操纵性是 AUV 的重要性能指标之一，代表了水下航行器保持和改变运动状态的能力。AUV 需要有良好的操纵性才能应对复杂的海洋环境和完成高效的作业任务。

本书基于作者近年来的科研工作，对 AUV 的操纵性问题进行了系统的研究与论述。全书共分 7 章。第 1 章简要介绍水下航行器的定义与分类，分析 AUV 操纵性研究的基本问题；第 2 章建立 AUV 操纵运动数学模型；第 3 章分析 AUV 流体动力计算方法，采用计算流体动力学方法数值计算翼身融合水下滑翔机的流体动力特性及 AUV 在极限流域运动的流体动力特性，并介绍流体动力试验方法；第 4 章在建立 AUV 运动扰动方程的基础上，采用 K-T 分析方法，分别对纵向运动和横向-横滚运动进行分析；第 5 章分别针对回转体型 AUV、扑翼推进型 AUV 和翼身融合水下滑翔机的操纵特点，建立其操纵性方程，并进行操纵性仿真分析；第 6 章建立 AUV 在海流影响下的六自由度操纵性数学模型，以及 AUV 在近水面波浪影响下的六自由度操纵性数学模型，并进行仿真分析；第 7 章基于多体动力学理论和集中质量法，建立 AUV 拖曳系统的动力学方程，并以 AUV 拖曳拖缆和水下滑翔机驻留系统两种不同特点的水下多体系统为例，分析拖曳系统对 AUV

操纵性的影响。

本书的出版得到了西北工业大学专著出版基金的资助；作者在写作过程中得到了西北工业大学宋保维教授、潘光教授，以及西北工业大学水下航行器研究所其他教师的指导和热情帮助；另外，西北工业大学张正栋、崔航、马云龙、张连营等研究生参与了本书部分章节的仿真和研究工作，刘鑫、蓝振祎、宋亚妮等研究生参与了部分文字输入和整理工作，在此一并表示感谢。

由于作者水平和研究工作的局限性，书中难免存在不妥之处，恳请广大读者批评指正。

目　录

第 1 章 绪　论

随着人类社会的高速发展，人类对能源、食物等资源的需求大大增加，且已消耗大半的陆地资源，而覆盖了地表五分之四的海洋蕴含着丰富的资源，它是地球表面最大的自然地理单元，因此，21 世纪是人类进行海洋探索的黄金时代。如何勘探、开采海洋资源已成为本世纪最受关注的问题之一，在经济、政治和军事上有着举足轻重的战略意义。无人水下航行器(unmanned underwater vehicle，UUV)具有体积小、易操控、经济性高等特点，已成为海洋工程技术研究的热点。

一般来说，水下航行器分为有人水下航行器和无人水下航行器。无人水下航行器又可以分为两大类：一类是有缆水下航行器，习惯称为遥控水下航行器(remote operated vehicle，ROV)；另一类是无缆水下航行器，习惯称为自主水下航行器(autonomous underwater vehicle，AUV)。

AUV 在军用领域可完成探雷、猎雷、灭雷、海洋侦察等水下军事作业。由于不存在人员伤亡和被俘危险，AUV 作为确保战斗人员伤亡降到最低程度的有效途径，在未来非对称作战方面将扮演主要角色。AUV 在民用领域可以完成海底勘探、海洋设施铺设、海洋环境监测等水下作业。不论是在军事领域还是在民用领域，AUV 都有广阔的应用前景，受到各国的重视。

AUV 作为一个水下的高度集成系统，需要自主航行到指定位置并自主完成各种水下作业，如区域扫描、定点悬停或定区域悬停、回旋作业、上浮下潜等运动，这对 AUV 的稳定性提出了很高的要求。AUV 在进行水下作业时还要具有相当的机动性能，因为水下环境复杂，海流、波浪等海洋环境对操纵性的影响是不容忽视的。另外，AUV 本身动力学模型具有非线性和耦合性，因此，要求 AUV 自身应具备良好的操纵性能。

1.1 AUV 分　类

水下航行器是为执行水下任务而生的集成平台，主要由载体结构、能源与供电系统、推进与操纵系统、导航与控制系统、通信系统、作业载荷几大部分组成。AUV 是一种综合了人工智能和其他先进计算技术的水下潜器，它集成了深潜器、传感器、环境效应、计算机软件、能量储存、转换与推进、新材料与新工艺以及水下智能武器等高科技，适合长期性、例行性的水下作业。AUV 内部可预设任务，辅之声呐等探测设备，可以在水下实现灵活决策，是探索未知海洋环境的利器。

目前，世界上已公布的 AUV 多达百种。下面按照 AUV 的用途、排水量、外形对其进行详细的区分。

1) 按 AUV 用途分类

AUV 按其用途分类，可分为军用、民用两大类：在军用方面，可用于反潜战、水雷战、侦察与监视和后勤支援等；在民用方面，可用于水文观测、资源勘探、海上搜救、水下失事物搜索等。

2) 按 AUV 排水量分类

美国将 AUV 划分为四个等级：单兵携带式、轻型、重型、超大型。表 1.1 给出了美国 AUV 分类标准。我国将 AUV 划分为五个系列：超小型、小型、中型、大型、超大型。表 1.2 给出了中国 AUV 的分类标准。

表 1.1 美国 AUV 分类标准

类型	直径/mm	排水量/kg	大负载航时/h	小负载航时/h	有效载荷/L
单兵便携式	76～229	<45	<50	10～20	<7
轻型	324	～227	10～20	20～40	28～85
重型	533	<1361	20～50	40～80	113～170
超大型	>914	～9072	100～300	>>400	425～850+外部携带

表 1.2 中国 AUV 分类标准

类型	直径/mm	质量/kg	航程/km
超小型	<180	<50	<10
小型	180～230	50～150	10～20
中型	324	150～300	10～100
大型	533	1000～2000	400～1000
超大型	>533	A 级：3000～10000 B 级：10000～30000 C 级：>30000	30～1000

3) 按 AUV 外形分类

为执行不同领域、海域的任务，AUV 的形状相较鱼雷等有较大的外形变化，一般分为回转体型、扁平型、组合型、仿真型四种。图 1.1～图 1.4 展示了四种类型中的代表 AUV。

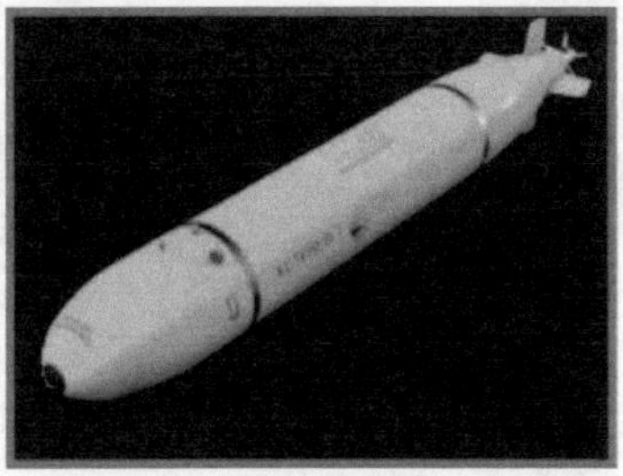

图 1.1 回转体型 AUV

图 1.2 扁平型 AUV

图 1.3 组合型 AUV

图 1.4 仿真型 AUV

1.2 AUV 研究现状

公元前 332 年亚历山大时期就出现了航行器的雏形，在第二次世界大战期间，潜艇、鱼雷成为了海战中极具威慑的武器。之后，AUV 因具有应用性广、适应性强、隐蔽性高等特点吸引了各国海军的注意。利用 AUV 将库尔斯克号潜艇爆炸沉没后的残骸打捞出水事件更是激起了世界各国发展 AUV 的热情。目前世界各国不断地研制适用于不同领域、海域的 AUV。

1) 回转体型 AUV

在漫长的 AUV 发展过程中，回转体型 AUV 设计方案得到了广泛的应用。目前，世界各国已有较多的机构和人力投入到回转体型 AUV 的研究和开发中，而且回转体型 AUV 已进入系列化、产业化、商业化阶段。其中具有代表性的回转体型 AUV 设计包括 Remus 系列、Bluefin 系列、“探索者”号、CR 系列和海神系列等。

美国伍兹霍尔海洋研究所研制的 Remus 系列 AUV(图 1.5)，包括 100m、600m、3000m、6000m 四个深度系列，以及 WHOI、Shark Cam、Turtle Cam 等用于执行特殊工作的特种 AUV。美国金枪鱼机器人公司研发的 Bluefin 系列 AUV(图 1.6)，包括 Bluefin™-9、Bluefin™-12、Bluefin™-21 三个直径系列，主要为军事战场准备提供支持。挪威研发的 HUGIN 系列 AUV，包括 HUGIN100、HUGINM3V、HUGIN600 和 HUGIN6000 四个深度系列(图 1.7)。

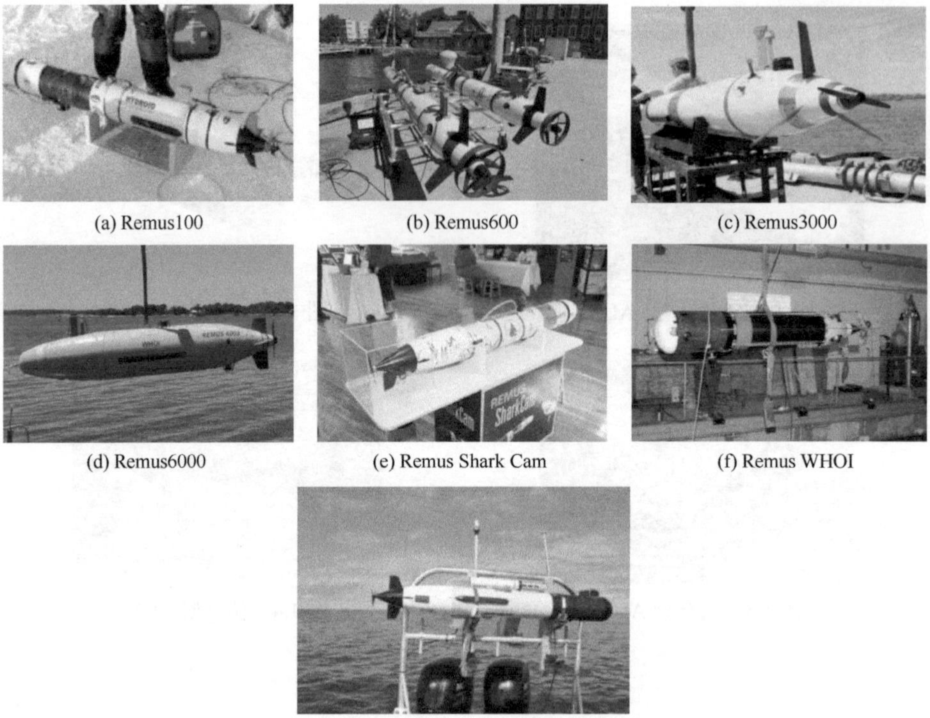

(a) Remus100　(b) Remus600　(c) Remus3000

(d) Remus6000　(e) Remus Shark Cam　(f) Remus WHOI

(g) Remus Turtle Cam

图 1.5　伍兹霍尔海洋研究所研制的 Remus 系列 AUV

(a) Bluefin™-9　(b) Bluefin™-12　(c) Bluefin™-21

图 1.6　金枪鱼机器人公司研发的 Bluefin 系列 AUV

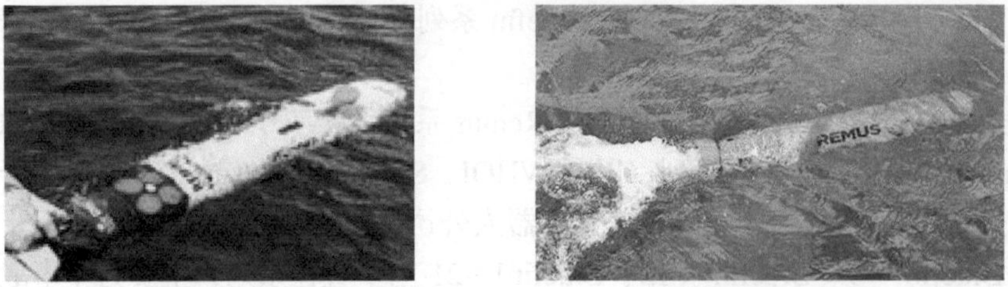

(a) HUGIN100　(b) HUGINM3V

(c) HUGIN600　　(d) HUGIN6000

图 1.7　挪威研发的 HUGIN 系列 AUV

“探索者”号 AUV 是我国自行研制的第一台水下机器人(图 1.8)。“探索者”号 AUV 主要用于防险救生作业和海底资源考察(图 1.9)。6000m 自治水下机器人是由中国科学院沈阳自动化研究所作为牵头单位、联合国内外多家研究机构共同合作研制的，它包括 CR-01 和 CR-02 两个型号(图 1.10)。海神系列 AUV 是中国船舶重工集团公司第七一〇研究所自主研制开发的(图 1.11)，其已完成产品研制的主要有海神 100、海神 300-I、海神 300-II、海神 600 和海神 6000。

图 1.8　“探索者”号 AUV

图 1.9　“探索者”号在南海试验现场

(a) CR-01　　(b) CR-02

图 1.10　6000m 自治水下机器人

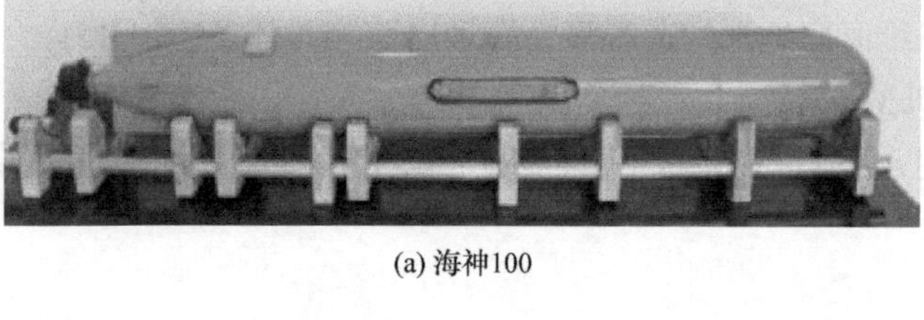

(a) 海神100

(b) 海神300-I　　(c) 海神300-II　　(d) 海神6000

图 1.11　海神系列 AUV

西北工业大学水下航行器研究所研发了直径分别为 200mm、324mm、534mm 的系列化多型回转体型 AUV，可搭载不同类型的传感器和探测设备完成各种水下作业(图 1.12)。

图 1.12　西北工业大学水下航行器研究所研发的 AUV

2) 扁平型 AUV

扁平型 AUV 具有较高的隐蔽性能。当 AUV 被用于隐蔽侦察、监视工作时，它多采用扁平型外形。因此，扁平型 AUV 设计方案也受到了世界各国较多研究机构的重视。

美国海军作战中心研制的 MANTA 水下无人作战平台(图 1.13)，主要担负隐蔽侦察探测和载荷输送的任务。德国研制的 Sea Otter AUV(图 1.14)，采用比目鱼外形，主要用于反潜战中，担任监视、侦察的任务。日本的 R2D4 AUV 主要用于民事领域的三维海底地形构造观察、海水层监测等任务(图 1.15)。

3) 滑翔机型 AUV

滑翔机型 AUV(也称为水下滑翔机)是一种将浮标技术与水下机器人技术相结

图 1.13　美国 MANTA 水下无人作战平台

图 1.14　德国 Sea Otter AUV

图 1.15　日本 R2D4 AUV

合、依靠自身净浮力驱动的新型观测型 AUV。水下滑翔机依靠净浮力驱动无外挂推进装置。水下滑翔机具有低阻力、长航程、长续航力特点，其独特的设计显示出了极大的优势。

美国特利丹仪器公司韦伯海事研究所(Teledyne Webb)和伍兹霍尔海洋研究所共同研制的水下滑翔机 SLOCUM，华盛顿大学应用物理实验室研发的水下滑翔机 X-Ray、Z-Ray、Sea glider 和 Deep glider，如图 1.16 所示。

(a) 水下滑翔机SLOCUM

(b) 水下滑翔机X-Ray

(c) 水下滑翔机Z-Ray

(d) 水下滑翔机Sea glider

(e) 水下滑翔机Deep glider

图 1.16　国外水下滑翔机研究现况

“海燕”号水下滑翔机(图 1.17)是由天津大学研发的，它采用最新的混合推进技术，可持续不间断工作 30 天左右。“海翼”号深海滑翔机(图 1.18)是由中国科学院沈阳自动化研究所研发、拥有自主知识产权的水下滑翔机。它们对开发海洋资源、预防灾害等都有重要作用。

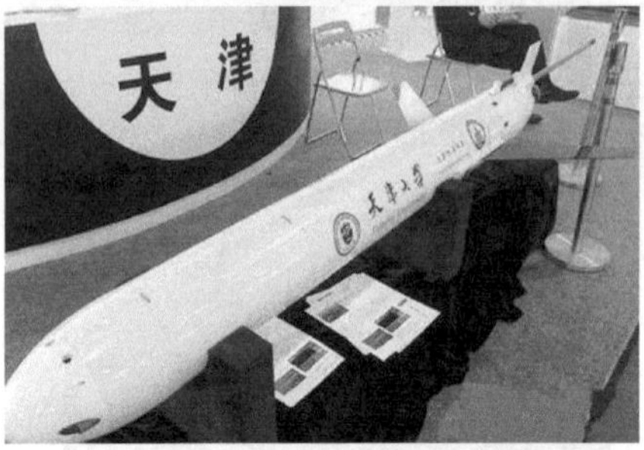

图 1.17　“海燕”号水下滑翔机

图 1.18　“海翼”号深海滑翔机

西北工业大学提出了翼身融合水下滑翔机(blended-wing-body, BWB) (图 1.19)的概念与技术方案，开展了关键技术攻关，目前已完成流体动力计算与试验、操纵性设计与分析及操纵性湖上演示试验等。

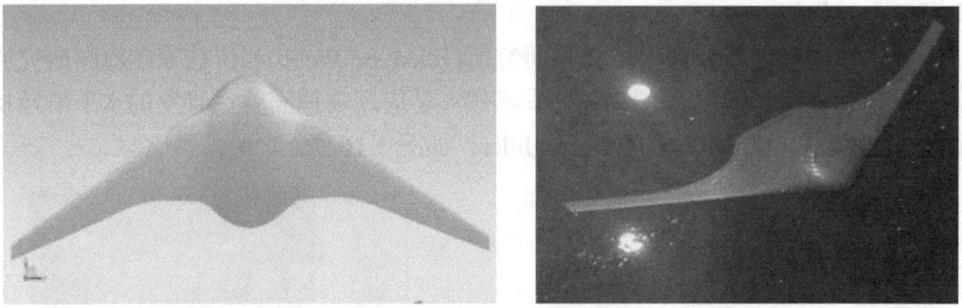

图 1.19　翼身融合水下滑翔机

1.3　AUV 操纵性研究

AUV 操纵性是指借助操舵机构或其他动力机构(如重浮力调节机构、动力定位系统等)改变或保持运动姿态、航深和航向的性能。操纵性包括两个方面：一方面是保持运动状态的能力，即稳定性；另一方面是改变运动状态的能力，即机动性。随着船舶操纵性理论的逐渐成熟和完善，AUV 操纵性也引起了研究者的广泛关注。

目前，在 AUV 操纵性技术领域主要开展以下方面的研究。

(1) AUV 操纵性数学模型和流体动力特性研究。这方面研究是开展操纵性研究的基础，国内外学者已开展了大量的研究。大卫泰勒流域军舰研究和发展中心(David Taylor Model Basin Naval Ship Research and Development Center，DTMSRDC)的 Gertler 和 Feldman 分别于 1967 年和 1979 年提出了适用于运动仿真的 AUV 标准的操纵运动数学模型。20 世纪 70 年代，美国海军舰船发展中心(NSRDC)给出了潜器运动仿真的标准方程。1982 年，Humphreys 对 AUV 的线性与非线性运动进行了较为深入的研究。1989 年，Kalske 给出了多种 AUV 的操纵性模型。1991 年，Fossen 用矢量的形式对 AUV 的操纵性模型进行了研究，得到了非常精练的矢量运动模型。1999 年，Riedel 建立了小型 AUV 在近水面航行条件下的动力学模型，在该模型中考虑了波浪的影响。2004 年，Ridaoa 和 Tiano 等为 AUV 设计了动力学模型仿真系统，通过该系统利用直接法和积分法得到的 AUV 动力学模型能较准确地估计 AUV 的运动状态。2008 年，Maurya 等对 MAYA 航行器在水平面和垂直面的运动控制进行了深入研究，基于理论分析和半经验公式得到了 AUV 在两个平面内各自的数学模型，利用线性二次型优化等理论进行了优化，使得 AUV 的操控稳定性和动态性能都满足了要求。

(2) AUV 操纵性分析研究。操纵性 K-T 分析是日本学者野本谦作教授于 1956 年提出来的。他基于操纵运动的线性化方程，从控制工程的角度研究因舵角的改变引起的各种操纵运动，并推导操纵运动的输出与输入舵角之间的响应关系，从而得出二阶和简化的一阶响应数学模型，又从响应方程出发，提出了能表征操纵性能的操纵性指数概念。响应方程和操纵性指数的提出为船舶和水下航行器设计、性能衡量和舵的设计提供了便利，把操纵性的研究引入到了一个全新的领域。

(3) AUV 操纵性仿真研究。目前对于 AUV 操纵性仿真的研究主要集中在各种新型 AUV 的操纵性仿真与海洋环境、拖曳系统、锚泊系统等对 AUV 操纵性的影响等方面。

1.4　本书主要内容

本书对 AUV 操纵性关键技术进行全面介绍，主要内容包括以下几个方面。

1) AUV 操纵性仿真的六自由度运动数学模型

AUV 操纵性是其总体性能的重要组成部分。为了研究 AUV 的运动、位置和姿态，表示 AUV 受到的流体动力，在适合的坐标系与坐标转换矩阵的基础上，建立矢量形式的 AUV 操纵性仿真的六自由度运动数学模型。

2) AUV 流体动力计算与试验测试方法

流体动力参数求解计算的方法大致分为三类：面元法和边界层理论、经验公式和以理论公式为基础的半经验公式、计算流体动力学(CFD)方法。本书介绍了基于面元法和边界层理论、经验公式、计算流体力学方法三种计算 AUV 流体动力的方法；针对 AUV 位置力、旋转导数和附加质量等流体动力的特点，分别介绍了其试验测试方法。

3) AUV 水下低速航行状态的操纵性的 K-T 分析

本书在推导水下航行器纵向、横向-横滚扰动方程的基础上，对 AUV 在水下低速航行状态的操纵性进行 K-T 分析；在建立水下航行器运动扰动方程的基础上，提出了纵向及横向-横滚运动的 K-T 分析指数，并对 AUV-A、AUV-B 两种型号航行器的纵向及横向-横滚运动操纵性进行了分析。

4) AUV 的操纵性仿真分析

本书对 AUV 在动力定位系统作用下的操纵性进行了仿真分析，并分别对回转体型 AUV、扑翼推进型 AUV、水下滑翔机三种典型 AUV 进行了操纵性仿真分析。

5) 复杂海洋环境对 AUV 操纵性的影响

本书通过动力定位系统和鳍舵系统两套控制系统，来研究海洋环境对 AUV 操纵性的影响，分别建立了在近水面海流影响下、波浪影响下以及海流和波浪共同作用下的 AUV 六自由度操纵性数学模型。

6) 拖曳系统对 AUV 操纵性影响

多体动力学的相关理论，主要包括多刚体系统动力学的牛顿-欧拉方程、达朗贝尔原理、Kane 方法、柔性多体系统的分析方法和多体系统的数值求解方法。本书利用集中质量法，将缆索列在空间上离散为一系列的质量点，建立了缆索的动力学模型；以拖曳多体系统为例，建立了拖曳系统的动力学模型及缆索的初值计算方法和边界条件，仿真分析了拖缆对水下航行器操纵性的影响；以水下滑翔机驻留多体系统为例，建立了水下滑翔机驻留多体系统运动数学模型，研究了缆索长度变化的求解方法，并仿真分析了锚链对滑翔机驻留运动和稳定驻留特性的影响。

参考文献

陈强. 2014. 水下无人航行器[M]. 北京：国防工业出版社.

杜晓旭. 2008. 回转体水下航行器近水面运动操纵性研究[D]. 西安：西北工业大学.

杜晓旭. 2011. 新概念 UUV 流体动力特性及运动性能研究[R]. 西安：西北工业大学.

冯正平. 2005. 国外自治水下机器人发展现状综述[J]. 鱼雷技术, 13(1): 5-9.

高剑. 2016. 无人水下航行器自适应非线性控制技术[M]. 西安：西北工业大学出版社.

胡庆玉, 舒国平, 冯朝. 2018. 深海 AUV 发展趋势研究[J]. 数字海洋与水下攻防, 1(1): 77-80.

潘光, 宋保维, 黄桥高, 等. 2017. 水下无人系统发展现状及其关键技术[J]. 水下无人系统学报, 25(1): 44-51.

王童豪, 彭星光, 潘光, 等. 2017. 无人水下航行器的发展现状与关键技术[J]. 宇航总体技术,

1(4): 52-64.

徐德民, 李俊, 严卫生, 等. 2004. 自主水下航行器(AUV)的发展与关键技术[M]//中国工程院. 中国科学技术前沿. 北京: 高等教育出版社.

Department of the Defense. 2007. Unmanned System Roadmap 2007-2032[R]. Washington DC: U.S. Department of the Defense.

Department of the Defense. 2009. Unmanned Systems Integrated Roadmap 2009-2034[R]. Washington DC: U.S. Department of the Defense.

Department of the Defense. 2013. Unmanned Systems Integrated Roadmap 2013-2038[R]. Washington DC: U.S. Department of the Defense.

Department of the Defense. 2017. Unmanned Systems Integrated Roadmap 2017-2042[R]. Washington DC: U.S. Department of the Defense.

Department of the Navy. 2000. The Navy Unmanned Undersea Vehicle Master Plan[R]. Washington DC: U.S. Department of the Navy.

Department of the Navy. 2004. The Navy Unmanned Undersea Vehicle Master Plan[R]. Washington DC: U.S. Department of the Navy.

第 2 章　AUV 操纵运动数学模型

自主水下航行器(AUV)操纵运动数学模型是开展操纵性分析与仿真研究的基础。对于水下航行器的空间六自由度运动方程，国内外学者已开展了大量的研究。

为了研究 AUV 的运动、位置和姿态，表示 AUV 所受到的流体动力，本章建立了适合研究 AUV 操纵性的坐标系与坐标转换矩阵。在研究 AUV 运动学方程、动力学方程和分析 AUV 流体动力的基础上，本章建立了 AUV 的六自由度操纵运动数学模型。

2.1　坐标系与参数描述

2.1.1　坐标系的选取

为了研究 AUV 的运动，确定 AUV 运动的位置和姿态，表示 AUV 所受到的流体动力，必须选取一定的坐标系。一般来说坐标系的选择是任意的，但选择合适的坐标系可以减小 AUV 空间运动建模的难度。本章选取的坐标系有地面坐标系 $ox_0y_0z_0$、体坐标系 $Bxyz$ 和速度坐标系 $Bx_1y_1z_1$。

1) 地面坐标系 $ox_0y_0z_0$

地面坐标系又称为静坐标系，它是与地面固连在一起的。地面坐标系的原点 o 可选在地面某一点，如 AUV 的布放点，或 AUV 某一运动阶段的起始点。ox_0 轴在水平面内，指向布放方向为正；oy_0 轴在垂直面内，垂直向上为正；oz_0 轴垂直于 ox_0y_0 平面，其正方向使 $ox_0y_0z_0$ 构成右手直角坐标系，如图 2.1 所示。定义地面坐标系中沿三个坐标轴方向的单位矢量为 $\boldsymbol{I}$、$\boldsymbol{J}$、$\boldsymbol{K}$。

2) 体坐标系 $Bxyz$

体坐标系又称为动坐标系，也称为固连坐标系。该坐标系的各轴与回转体型 AUV 固连，也就是相对回转体型 AUV 不动的坐标系。体坐标系的原点选在 AUV 的浮心 B 处。Bx 轴沿 AUV 纵轴，指向前为正；By 轴垂直于 Bx 轴，当 AUV 在地面上水平放置时，指向上为正；Bz 轴垂直于 Bxy 平面，其正向使 $Bxyz$ 构成右手直角坐标系，如图 2.1 所示。定义体坐标系中沿三个坐标轴方向的单位矢量为 $\boldsymbol{i}_1$、$\boldsymbol{j}_1$、$\boldsymbol{k}_1$。

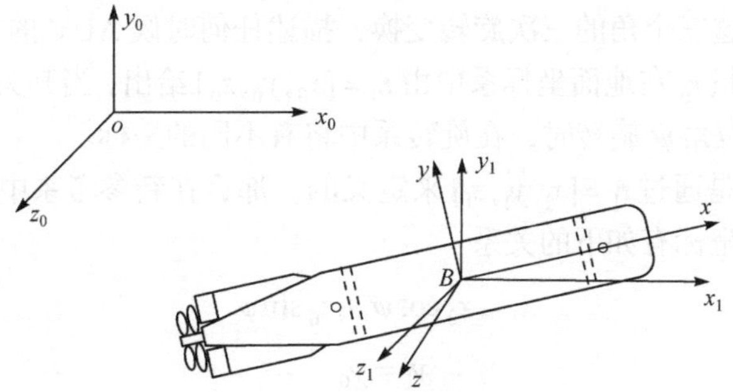

图 2.1 AUV 的坐标系

3) 速度坐标系 $Bx_1y_1z_1$

速度坐标系的原点与体坐标系原点重合。Bx_1 轴与原点处 AUV 的速度矢量重合；By_1 轴位于 AUV 的纵对称面内，与 Bx_1 轴垂直并指向上方；Bz_1 轴垂直与 Bx_1y_1 平面，指向按右手直角坐标系确定，如图 2.1 所示。

2.1.2 参数描述

在地面坐标系中，AUV 的位置表示为 $\boldsymbol{r}=[x_0,y_0,z_0]^{\mathrm{T}}$，AUV 的姿态可表示为 $\boldsymbol{\Theta}=[\theta,\psi,\varphi]^{\mathrm{T}}$，角速度可表示为 $\boldsymbol{\omega}=[\omega_x,\omega_y,\omega_z]^{\mathrm{T}}$；在体坐标系中，AUV 的速度可表示为 $\boldsymbol{v}=[v_x,v_y,v_z]^{\mathrm{T}}$，AUV 所受力与所受力矩分别为 $\boldsymbol{F}=[F_x,F_y,F_z]^{\mathrm{T}}$ 和 $\boldsymbol{M}=[M_x,M_y,M_z]^{\mathrm{T}}$。AUV 的位置与姿态可以记为广义位置 $\boldsymbol{R}$，即 $\boldsymbol{R}=[\boldsymbol{r}^{\mathrm{T}},\boldsymbol{\Theta}^{\mathrm{T}}]^{\mathrm{T}}$；速度与角速度记为广义速度 $\boldsymbol{V}$，即 $\boldsymbol{V}=[\boldsymbol{v}^{\mathrm{T}},\boldsymbol{\omega}^{\mathrm{T}}]^{\mathrm{T}}$；所受力与力矩可以记为广义力 $\boldsymbol{f}$，即 $\boldsymbol{f}=[\boldsymbol{F}^{\mathrm{T}},\boldsymbol{M}^{\mathrm{T}}]^{\mathrm{T}}$。

2.1.3 坐标转换矩阵

不同的坐标系之间存在一定的转换关系。这种转换关系可以通过不同的参数来表示。在 AUV 的相关研究中，最常使用的有两种表示形式：欧拉角和四元数。

欧拉角是欧拉引入用来描述刚体姿态的三个角，也是平常最容易理解、最容易具象表述清楚的一种方式。从一个直角坐标系到另一个直角坐标系的转化可以依次通过三次连续的旋转完成。描述 AUV 在地面坐标系中的姿态有几种不同的方法，最常用的方法是运用欧拉角表示。这种方法唯一地定义了 AUV 体坐标系相对于地面坐标系的角方位，习惯上，用俯仰角、偏航角、横滚角来表示。

地面坐标系可以通过三个依次的旋转，转变成一个和体坐标系平行且与其同时移动的坐标系。通过定义一个旋转方位角 ψ 为一个关于地面坐标系 Oy_0 轴的旋转；接着定义一个旋转角 θ 为关于新 Oz_0 轴的旋转；最后定义一个关于新 Ox_0 轴的

旋转角 φ。按照这三个角的三次旋转变换，描述任何时候 AUV 的方位角。

任意位置矢量 $\boldsymbol{r}_0$ 在地面坐标系中由 $\boldsymbol{r}_0=[x_0,y_0,z_0]$ 给出，当其关于地面坐标系 Oy_0 轴按一个方位角 ψ 旋转时，在旋转系中将有不同的坐标。

如果新位置是通过 $\boldsymbol{r}_1=[x_1,y_1,z_1]$ 来定义的，那么在新参考系中的矢量的坐标和旧坐标系中的坐标有如下的关系：

$$x_1=x_0\cos\psi+z_0\sin\psi \tag{2.1}$$

$$y_1=y_0 \tag{2.2}$$

$$z_1=-x_0\sin\psi+z_0\cos\psi \tag{2.3}$$

这种关系可以通过旋转矩阵操作表达成矩阵形式为 $\boldsymbol{r}_1=\boldsymbol{T}(\psi)\boldsymbol{r}_0$。其中，旋转矩阵 $\boldsymbol{T}(\psi)$ 是一个正交矩阵。对应于任意矢量 $\boldsymbol{r}_0$ 的旋转矩阵的乘法，将在旋转坐标系中产生同样的矢量成分。一系列旋转变换的结果是一个整体的旋转变换：

$$\boldsymbol{T}_1(\varphi,\theta,\psi)=\boldsymbol{T}(\varphi)\boldsymbol{T}(\theta)\boldsymbol{T}(\psi) \tag{2.4}$$

式(2.4)可以详细表示为下面的形式：

$$\begin{aligned}&\boldsymbol{T}_1(\varphi,\theta,\psi)\\&=\begin{bmatrix}\cos\psi\cos\theta & \sin\theta & \sin\psi\cos\theta\\ -\cos\psi\sin\theta\sin\varphi+\sin\psi\cos\varphi & \cos\theta\sin\varphi & \sin\psi\sin\theta\sin\varphi+\cos\psi\cos\varphi\\ \cos\psi\sin\theta\cos\varphi+\sin\psi\sin\varphi & -\cos\theta\cos\varphi & -\sin\psi\sin\theta\cos\varphi+\cos\psi\sin\varphi\end{bmatrix}\end{aligned} \tag{2.5}$$

于是，地面坐标系到体坐标系的转换关系为

$$\boldsymbol{r}=\boldsymbol{T}_1(\varphi,\theta,\psi)\boldsymbol{r}_0 \tag{2.6}$$

由体坐标系到地面坐标系的转换关系为

$$\boldsymbol{r}_0=\boldsymbol{T}_1(\varphi,\theta,\psi)^{\mathrm{T}}\boldsymbol{r} \tag{2.7}$$

式中，$\boldsymbol{T}_1(\varphi,\theta,\psi)^{\mathrm{T}}$ 是矩阵 $\boldsymbol{T}_1(\varphi,\theta,\psi)$ 的转置。

四元数，又称为欧拉参数，是由一个标量和一个三维向量构成的超向量，其形式为

$$\varepsilon=\varepsilon_0+\varepsilon_1\boldsymbol{i}+\varepsilon_2\boldsymbol{j}+\varepsilon_3\boldsymbol{k}，或\ \boldsymbol{\varepsilon}=\begin{bmatrix}\varepsilon_0\\ \xi\end{bmatrix},\ \boldsymbol{\xi}=\left[\varepsilon_1,\varepsilon_2,\varepsilon_3\right]^{\mathrm{T}} \tag{2.8}$$

同时，其共轭四元数(conjugate quaternion) $\overline{\boldsymbol{\varepsilon}}$ 定义为 $\overline{\boldsymbol{\varepsilon}}=[\varepsilon_0,-\boldsymbol{\xi}^{\mathrm{T}}]^{\mathrm{T}}$。四元数的乘法法则定义为：对于任意的四元数 $\boldsymbol{a}=[a_0,\boldsymbol{\alpha}^{\mathrm{T}}]^{\mathrm{T}}$ 和 $\boldsymbol{b}=[b_0,\boldsymbol{\beta}^{\mathrm{T}}]^{\mathrm{T}}$，其乘积为

$$\boldsymbol{ab} = a_0 b_0 - \boldsymbol{\alpha}^{\mathrm{T}}\boldsymbol{\beta} + a_0\boldsymbol{\beta} + b_0\boldsymbol{\alpha} + \boldsymbol{\alpha}\times\boldsymbol{\beta} = \begin{bmatrix} a_0 b_0 - \boldsymbol{\alpha}^{\mathrm{T}}\boldsymbol{\beta} \\ a_0\boldsymbol{\beta} + b_0\boldsymbol{\alpha} + \boldsymbol{\alpha}\times\boldsymbol{\beta} \end{bmatrix} \tag{2.9}$$

当使用四元数来表示坐标转换关系时，$\boldsymbol{\varepsilon}$ 需要满足以下归一化形式：

$$\|\boldsymbol{\varepsilon}\|^2 = \boldsymbol{\varepsilon}\bar{\boldsymbol{\varepsilon}} = \varepsilon_0^2 + \boldsymbol{\xi}^{\mathrm{T}}\boldsymbol{\xi} = 1 \tag{2.10}$$

则四元数的各分量分别定义为

$$\varepsilon_0 = \cos\frac{\alpha}{2}, \quad \boldsymbol{\xi} = \sin\frac{\alpha}{2}\boldsymbol{n} \tag{2.11}$$

不难发现

$$\begin{aligned} \sin\alpha\cdot\boldsymbol{S}(\boldsymbol{n}) &= 2\sin\frac{\alpha}{2}\cos\frac{\alpha}{2}\cdot\boldsymbol{S}(\boldsymbol{n}) = 2\varepsilon_0\boldsymbol{S}(\boldsymbol{\xi}) \\ (1-\cos\alpha)\boldsymbol{S}^2(\boldsymbol{n}) &= 2\sin^2\frac{\alpha}{2}\boldsymbol{S}^2(\boldsymbol{n}) = 2\boldsymbol{S}^2(\boldsymbol{\xi}) \end{aligned} \tag{2.12}$$

可知，四元数形式的绕定轴旋转的转换矩阵为

$$\boldsymbol{J} = \boldsymbol{I}_{3\times3} + 2\varepsilon_0\boldsymbol{S}(\boldsymbol{\xi}) + 2\boldsymbol{S}^2(\boldsymbol{\xi}) \tag{2.13}$$

2.2　AUV 六自由度操纵运动数学模型

2.2.1　运动学方程

可用运动学处理运动量之间的关系，而不考虑因 AUV 运动状态改变产生的作用力和力矩。刚体位置的运动包括平移运动和旋转运动，为了描述刚体位置发生的平移和旋转的运动，需要对平移和旋转的速度以及对其加速度进行分析。平移速度和平移位置变化率的关系是一致的。根据 2.1 节中对坐标系和参数描述的介绍，本节分别采取欧拉角方法和四元数方法建立运动学方程。

首先，采用欧拉角方法对运动学方程进行描述。定义一个地面系的速度为

$$\dot{\boldsymbol{r}} = \begin{bmatrix} \dot{x} \\ \dot{y} \\ \dot{z} \end{bmatrix} \tag{2.14}$$

该矢量在体坐标系中表现有不同的成分。在体坐标系中，速度矢量可表示为 $\boldsymbol{v} = [v_x, v_y, v_z]^{\mathrm{T}}$，由此可得出

$$\begin{bmatrix} v_x \\ v_y \\ v_z \end{bmatrix} = \boldsymbol{T}_1(\varphi,\theta,\psi)\begin{bmatrix} \dot{x} \\ \dot{y} \\ \dot{z} \end{bmatrix} \tag{2.15}$$

同时，从体坐标系到地面坐标系的反变换可表示为

$$\begin{bmatrix} \dot{x} \\ \dot{y} \\ \dot{z} \end{bmatrix} = \boldsymbol{T}_1(\varphi,\theta,\psi)^{-1} \begin{bmatrix} v_x \\ v_y \\ v_z \end{bmatrix} \tag{2.16}$$

式中，$\boldsymbol{T}_1(\varphi,\theta,\psi)^{-1}$ 是对正交矩阵 $\boldsymbol{T}_1(\varphi,\theta,\psi)$ 求逆得到的矩阵。这表明 AUV 在地面坐标系中的运动明显依赖于它的速度和姿态。

姿态角和角速度的联系不是很明显。初看上去，AUV 的瞬时角速度与由欧拉角定义的角位移的变化率是相同的。但上述说法是错误的，因为旋转角 ψ 是在旋转角 θ 完成后形成的中间坐标系的基础上进行一次旋转得到。应注意到，式(2.15)中乘法的顺序必须依据旋转次序，不能交换，如 $\boldsymbol{T}_1(\varphi,\theta,\psi) \neq \boldsymbol{T}_1(\theta,\psi,\varphi)$ 。由于旋转不能交换，不能形成向量空间，这种旋转关系不能代表 AUV 的角速度。

AUV 惯性角加速度是根据地面坐标系中角速度的成分定义的，即定义角姿态矢量 $\boldsymbol{\Theta}=[\theta,\psi,\varphi]^{\mathrm{T}}$ ，并定义沿体坐标轴的 AUV 角速度矢量 $\boldsymbol{\omega}=[\omega_x,\omega_y,\omega_z]^{\mathrm{T}}$ ，那么 $\dot{\boldsymbol{\Theta}} = f(\boldsymbol{\Theta},\boldsymbol{\omega})$ 。

非线性作用的相互关系由旋转角 ψ 的变化率来决定，ψ 是在沿最初的 Oy_0 轴的一个矢量。角 θ 的变化率被认为是在第一个中间坐标系中沿 Oz_0 轴旋转的矢量，角 φ 的变化率是沿最终坐标系中 Ox_0 轴旋转的矢量。对于每个欧拉角的速度成分，运用要求的变换，可以得到

$$\begin{aligned} \begin{bmatrix} \omega_x \\ \omega_y \\ \omega_z \end{bmatrix} &= \boldsymbol{T}(\varphi)\boldsymbol{T}(\theta)\boldsymbol{T}(\psi)\begin{bmatrix} 0 \\ 0 \\ \dot{\psi} \end{bmatrix} + \boldsymbol{T}(\varphi)\boldsymbol{T}(\theta)\begin{bmatrix} 0 \\ \dot{\theta} \\ 0 \end{bmatrix} + \boldsymbol{T}(\varphi)\begin{bmatrix} \dot{\varphi} \\ 0 \\ 0 \end{bmatrix} \\ &= \boldsymbol{T}_2(\varphi,\theta,\psi)\begin{bmatrix} \dot{\varphi} \\ \dot{\theta} \\ \dot{\psi} \end{bmatrix} \end{aligned} \tag{2.17}$$

于是，得到角速度为

$$\begin{bmatrix} \omega_x \\ \omega_y \\ \omega_z \end{bmatrix} = \begin{bmatrix} \dot{\psi}\sin\theta + \dot{\varphi} \\ \dot{\psi}\cos\theta\cos\varphi + \dot{\theta}\sin\varphi \\ -\dot{\psi}\cos\theta\sin\varphi + \dot{\theta}\cos\varphi \end{bmatrix} = \begin{bmatrix} 1 & 0 & \sin\theta \\ 0 & \sin\varphi & \cos\theta\cos\varphi \\ 0 & \cos\varphi & -\cos\theta\sin\varphi \end{bmatrix}\begin{bmatrix} \dot{\varphi} \\ \dot{\theta} \\ \dot{\psi} \end{bmatrix} \tag{2.18}$$

由式(2.18)整理可得

$$\begin{bmatrix}\dot{\varphi}\\ \dot{\theta}\\ \dot{\psi}\end{bmatrix}=\begin{bmatrix}\omega_x-\omega_y\cos\varphi\tan\theta+\omega_z\sin\varphi\tan\theta\\ \omega_y\sin\varphi+\omega_z\cos\varphi\\ (\omega_y\cos\varphi-\omega_z\sin\varphi)/\cos\theta\end{bmatrix}=\begin{bmatrix}1 & -\cos\varphi\tan\theta & \sin\varphi\tan\theta\\ 0 & \sin\varphi & \cos\varphi\\ 0 & \cos\varphi/\cos\theta & \sin\varphi/\cos\theta\end{bmatrix}\begin{bmatrix}\omega_x\\ \omega_y\\ \omega_z\end{bmatrix} \tag{2.19}$$

注意，对于较小的角位移，可认为 $\dot{\varphi}=\omega_x$，$\dot{\psi}=\omega_y$，$\dot{\theta}=\omega_z$。应该指出，不同于变换矩阵 $\boldsymbol{T}_1$，$\boldsymbol{T}_2$ 不是正交的，因此 $\boldsymbol{T}_2^{-1}\neq\boldsymbol{T}_2^{\mathrm{T}}$。于是，在体坐标系中的速度、角速度和地面位移、欧拉角变化率之间的运动学关系已确定。这组微分方程总结如下：

$$\begin{bmatrix}\dot{x}\\ \dot{y}\\ \dot{z}\\ \dot{\varphi}\\ \dot{\theta}\\ \dot{\psi}\end{bmatrix}=\begin{bmatrix}v_x\cos\theta\cos\psi+v_z(\cos\varphi\sin\psi+\sin\varphi\sin\theta\cos\psi)+v_y(\sin\varphi\sin\psi-\cos\varphi\sin\theta\cos\psi)\\ v_x\sin\theta-v_z\sin\varphi\cos\theta+v_y\cos\varphi\cos\theta\\ -v_x\cos\theta\sin\psi+v_z(\cos\varphi\cos\psi-\sin\varphi\sin\theta\sin\psi)+v_y(\sin\varphi\cos\psi+\cos\varphi\sin\theta\sin\psi)\\ \omega_x-\omega_y\cos\varphi\tan\theta+\omega_z\sin\varphi\tan\theta\\ \omega_z\cos\varphi+\omega_y\sin\varphi\\ (-\omega_z\sin\varphi+\omega_y\cos\varphi)/\cos\theta\end{bmatrix} \tag{2.20}$$

表示为矢量矩阵的形式为

$$\dot{\boldsymbol{R}}=\begin{bmatrix}\boldsymbol{T}_1^{-1} & 0\\ 0 & \boldsymbol{T}_2^{-1}\end{bmatrix}\boldsymbol{V} \tag{2.21}$$

计 $\boldsymbol{J}(\boldsymbol{R})=\begin{bmatrix}\boldsymbol{T}_1^{-1} & 0\\ 0 & \boldsymbol{T}_2^{-1}\end{bmatrix}$，则式(2.21)可表示为

$$\dot{\boldsymbol{R}}=\boldsymbol{J}(\boldsymbol{R})\boldsymbol{V} \tag{2.22}$$

式(2.22)为 AUV 运动学方程的矢量形式，式(2.20)为运动学方程的具体形式。

下面使用四元数法建立 AUV 运动学方程。如果选择 $\boldsymbol{n}$ 为坐标系向坐标系转动过程中的旋转轴向量，α 为相应的转角，则可以得到转换矩阵 $\boldsymbol{J}_1(\varepsilon)$ 为

$$\boldsymbol{J}_1(\varepsilon)=\boldsymbol{J}_\varepsilon=\begin{bmatrix}\varepsilon_0^2+\varepsilon_1^2-\varepsilon_2^2-\varepsilon_3^2 & 2(\varepsilon_1\varepsilon_2-\varepsilon_0\varepsilon_3) & 2(\varepsilon_0\varepsilon_2+\varepsilon_1\varepsilon_3)\\ 2(\varepsilon_0\varepsilon_2+\varepsilon_1\varepsilon_2) & \varepsilon_0^2+\varepsilon_2^2-\varepsilon_1^2-\varepsilon_3^2 & 2(\varepsilon_2\varepsilon_3-\varepsilon_0\varepsilon_1)\\ 2(\varepsilon_1\varepsilon_3-\varepsilon_0\varepsilon_2) & 2(\varepsilon_0\varepsilon_1+\varepsilon_2\varepsilon_3) & \varepsilon_0^2+\varepsilon_3^2-\varepsilon_1^2-\varepsilon_2^2\end{bmatrix} \tag{2.23}$$

于是，四元数形式下的 AUV 平动运动方程可表示为

$$\dot{\boldsymbol{\eta}}_1 = \boldsymbol{J}_1(\varepsilon)\boldsymbol{v} \tag{2.24}$$

注意到欧拉角或四元数只是转动的表示形式的不同选择，这种选择不能改变转换矩阵本身的数学性质。因此，四元数形式的 AUV 转动方程可以表示为

$$\dot{\boldsymbol{J}}_1(\varepsilon) = \boldsymbol{J}_1(\varepsilon)\boldsymbol{S}(\omega) \tag{2.25}$$

考虑到 $\boldsymbol{J}_1(\varepsilon)$ 为单位正交矩阵，即 $\boldsymbol{J}_1(\varepsilon)\boldsymbol{J}_1^{\mathrm{T}}(\varepsilon) = \boldsymbol{I}_{3\times3}$，则式(2.25)也可以表述成以下形式：

$$\dot{\boldsymbol{J}}_1^{\mathrm{T}}(\varepsilon) = -\boldsymbol{S}(\omega)\boldsymbol{J}_1^{\mathrm{T}}(\varepsilon) \tag{2.26}$$

式(2.25)或式(2.26)都不能直观地给出四元数 $\boldsymbol{\varepsilon}$ 的时间变化率与角速度 ω 之间的关系，不便于使用。因此，接下来推导由 $\boldsymbol{\varepsilon}$ 表示的 AUV 转动方程。

坐标转换关系可以由四元数 $\boldsymbol{\varepsilon}$ 的旋转映射实现，即存在以下数学关系：

$$\begin{bmatrix} 0 \\ \boldsymbol{r} \end{bmatrix} = \begin{bmatrix} 0 \\ \boldsymbol{J}_1^{\mathrm{T}}(\varepsilon)\boldsymbol{r}_I \end{bmatrix} = \bar{\boldsymbol{\varepsilon}} \begin{bmatrix} 0 \\ \boldsymbol{r}_I \end{bmatrix} \boldsymbol{\varepsilon} \tag{2.27}$$

对式(2.27)进行求导，令 $\boldsymbol{r}_I$ 不变，则有

$$\begin{bmatrix} 0 \\ \dot{\boldsymbol{r}} \end{bmatrix} = \begin{bmatrix} 0 \\ -\boldsymbol{S}(\omega)\boldsymbol{r} \end{bmatrix} = \dot{\bar{\boldsymbol{\varepsilon}}} \begin{bmatrix} 0 \\ \boldsymbol{r}_I \end{bmatrix} \boldsymbol{\varepsilon} + \bar{\boldsymbol{\varepsilon}} \begin{bmatrix} 0 \\ \boldsymbol{r}_I \end{bmatrix} \dot{\boldsymbol{\varepsilon}} = \dot{\bar{\boldsymbol{\varepsilon}}}\boldsymbol{\varepsilon} \begin{bmatrix} 0 \\ \boldsymbol{r} \end{bmatrix} + \begin{bmatrix} 0 \\ \boldsymbol{r} \end{bmatrix} \bar{\boldsymbol{\varepsilon}}\dot{\boldsymbol{\varepsilon}} \tag{2.28}$$

注意到 $\bar{\boldsymbol{\varepsilon}}\boldsymbol{\varepsilon} = 1$，对式(2.28)进行整理简化，则有

$$\begin{bmatrix} 0 \\ \dot{\boldsymbol{r}} \end{bmatrix} = -\begin{bmatrix} 0 \\ \omega \end{bmatrix} \begin{bmatrix} 0 \\ \boldsymbol{r} \end{bmatrix} = 2\dot{\bar{\boldsymbol{\varepsilon}}}\boldsymbol{\varepsilon} \begin{bmatrix} 0 \\ \boldsymbol{r} \end{bmatrix} \tag{2.29}$$

由于 $\boldsymbol{r}$ 可以为任意向量，因而

$$2\dot{\bar{\boldsymbol{\varepsilon}}}\boldsymbol{\varepsilon} = -\begin{bmatrix} 0 \\ \omega \end{bmatrix} \Leftrightarrow \dot{\bar{\boldsymbol{\varepsilon}}} = -\frac{1}{2}\begin{bmatrix} 0 \\ \omega \end{bmatrix} \bar{\boldsymbol{\varepsilon}} \tag{2.30}$$

根据 $\bar{\boldsymbol{\varepsilon}}$ 的定义，式(2.30)等价于

$$\dot{\boldsymbol{\varepsilon}} = \boldsymbol{J}_2(\varepsilon)\omega \tag{2.31}$$

其中

$$\boldsymbol{J}_2(\varepsilon) = \frac{1}{2}\begin{bmatrix} -\xi^{\mathrm{T}} \\ \varepsilon_0 \boldsymbol{I}_{3\times3} + S(\xi) \end{bmatrix} \in \mathbf{R}^{4\times3} \tag{2.32}$$

式(2.32)即为四元数形式的 AUV 的转动方程，将之与(2.24)联立，可以得到完整的运动学方程，即

$$\begin{bmatrix} \dot{\boldsymbol{\eta}}_1 \\ \dot{\boldsymbol{\varepsilon}} \end{bmatrix} = \begin{bmatrix} \boldsymbol{J}_1(\varepsilon) & 0_{3\times3} \\ 0_{4\times3} & \boldsymbol{J}_2(\varepsilon) \end{bmatrix} \begin{bmatrix} v \\ \omega \end{bmatrix} \Leftrightarrow \dot{\boldsymbol{\eta}}' = \boldsymbol{J}'(\varepsilon)q \tag{2.33}$$

四元数的物理意义不明显，不能够直观地描述 AUV 的运动姿态，因此，人们也常利用 $\boldsymbol{J}_1(\theta,\psi,\varphi)$ 和 $\boldsymbol{J}_1(\varepsilon)$ 之间的等价关系将四元数换算至欧拉角形式，即

$$\begin{cases}\sin\theta = 2(\varepsilon_0\varepsilon_3+\varepsilon_1\varepsilon_2)\\ \tan\psi = 2(\varepsilon_0\varepsilon_2-\varepsilon_1\varepsilon_3)(\varepsilon_0^2+\varepsilon_1^2-\varepsilon_2^2-\varepsilon_3^2)^{-1}\\ \tan\varphi = 2(\varepsilon_0\varepsilon_1-\varepsilon_2\varepsilon_3)(\varepsilon_0^2+\varepsilon_2^2-\varepsilon_1^2-\varepsilon_3^2)^{-1}\end{cases} \tag{2.34}$$

2.2.2 动力学方程

推导 AUV 运动动力学方程之前，首先假设 AUV 为刚体，且 AUV 完全浸没在流体介质中，并处于全沾湿状态。

AUV 的运动既包括平移运动也包括旋转运动，因此存在体坐标系和地面坐标系的差异。这是特别重要的，因为表现在水中的物体的支配力依赖于 AUV 相对于流体微粒的局部运动，而不是依赖于绝对速度。AUV 重心的位置、速度和加速度矢量分别定义为：$\boldsymbol{r}_G=\boldsymbol{r}_B+\boldsymbol{\rho}_G$、$\mathrm{d}\boldsymbol{r}_G/\mathrm{d}t$ 和 $\mathrm{d}^2\boldsymbol{r}_G/\mathrm{d}t^2$，其中 $\boldsymbol{r}_B$ 为 AUV 在地面坐标系中的浮心位置矢量，$\boldsymbol{\rho}_G$ 为重心到坐标系原点的距离矢量。由于该重心位于既平移又旋转的 AUV 上，故总的对时间的导数来自两部分：第一部分来自假设体坐标系不旋转的情况下的时间导数；第二部分是由体坐标系的旋转引起的。

对于一个一般矢量 $\boldsymbol{r}$，若在坐标系中以角速度 $\boldsymbol{\omega}$ 旋转，则其导数为

$$\frac{\mathrm{d}\boldsymbol{r}}{\mathrm{d}t}=\dot{\boldsymbol{r}}+\boldsymbol{\omega}\times\boldsymbol{r} \tag{2.35}$$

于是，AUV 重心的总的速度可由下式给出：

$$\frac{\mathrm{d}\boldsymbol{r}_G}{\mathrm{d}t}=\dot{\boldsymbol{r}}_B+\boldsymbol{\omega}\times\boldsymbol{\rho}_G=\boldsymbol{v}_B+\boldsymbol{\omega}\times\boldsymbol{\rho}_G \tag{2.36}$$

起源于体坐标系的惯性速度表示为 $\boldsymbol{v}_B$，可以在地面系或体坐标系中表示出来：

$$\boldsymbol{v}_B=\dot{\boldsymbol{r}}_B=\left[\frac{\mathrm{d}x}{\mathrm{d}t}\boldsymbol{I}+\frac{\mathrm{d}y}{\mathrm{d}t}\boldsymbol{J}+\frac{\mathrm{d}z}{\mathrm{d}t}\boldsymbol{K}\right]=[v_x\boldsymbol{i}_1+v_y\boldsymbol{j}_1+v_z\boldsymbol{k}_1] \tag{2.37}$$

1. 平移运动动力学方程

在已定义的坐标系中，根据牛顿第二定律，$\boldsymbol{f}_{\mathrm{Trans}}=\mathrm{d}(m\boldsymbol{v}_G)/\mathrm{d}t$ 可用来表示系统的平移运动数学模型，$\boldsymbol{f}_{\mathrm{Trans}}$ 为使物体发生平移运动的外力，m 为物体质量。重心的绝对加速度来自对速度矢量的微分 $\ddot{\boldsymbol{r}}_G$：

$$\ddot{\boldsymbol{r}}_G=\dot{\boldsymbol{v}}_B+\dot{\boldsymbol{\omega}}\times\boldsymbol{\rho}_G+\boldsymbol{\omega}\times\boldsymbol{\omega}\times\boldsymbol{\rho}_G+\boldsymbol{\omega}\times\boldsymbol{v}_B \tag{2.38}$$

平移运动方程是由加速度和 AUV 质量的乘积与三个平移自由度(x, y, z)上作用在 AUV 上的所有受力的和相等组成的。运动方程来自矢量方程的形式，该方程

用单位矢量 $\boldsymbol{i}$、$\boldsymbol{j}$ 和 $\boldsymbol{k}$ 在体坐标系中表示。应用牛顿第二定律的矢量形式得

$$\boldsymbol{f}_{\text{Trans}} = m\{\dot{\boldsymbol{v}}_B + \dot{\boldsymbol{\omega}} \times \boldsymbol{\rho}_G + \boldsymbol{\omega} \times \boldsymbol{\omega} \times \boldsymbol{\rho}_G + \boldsymbol{\omega} \times \boldsymbol{v}_B\} \tag{2.39}$$

2. 旋转运动动力学方程

关于 AUV 质心的力矩之和与关于 AUV 质心的角动量的变化率之和相等，旋转运动方程就是用上述的相等关系得到。但是，在水中 AUV 的实际应用中应该对上述的相等关系作少许的修改。因为 AUV 的重心会随着 AUV 质量分布的改变而改变，这时关于重心的惯性力矩的确定比较困难。而确定沿 AUV 对称轴的体坐标系的质量惯性力矩变得简单。质量惯性力矩的计算公式为

$$\boldsymbol{J}_B = \begin{bmatrix} J_{xx} & J_{xy} & J_{xz} \\ J_{yx} & J_{yy} & J_{yz} \\ J_{zx} & J_{zy} & J_{zz} \end{bmatrix} \tag{2.40}$$

式中，$J_{xx} = \sum_{i=1}^{N} \mathrm{d}m_i (y^2 + z^2)$，$J_{xy} = J_{yx} = -\sum_{i=1}^{N} \mathrm{d}m_i (xy)$，其他的分量类似。

AUV 角动量 $\boldsymbol{h}_B$ 由下式给出：

$$\boldsymbol{h}_B = \boldsymbol{J}_B \boldsymbol{\omega} \tag{2.41}$$

总的关于 AUV 的旋转运动方程为

$$\boldsymbol{M}_B = \dot{\boldsymbol{h}}_B + \boldsymbol{\rho}_G \times (m\dot{\boldsymbol{v}}_G) \tag{2.42}$$

其中 $\boldsymbol{M}_B$ 为外力对浮心的力矩矢量，角动量的变化率为

$$\dot{\boldsymbol{h}}_B = \boldsymbol{J}_B \dot{\boldsymbol{\omega}} + \boldsymbol{\omega} \times \boldsymbol{h}_B \tag{2.43}$$

并且浮心在地面坐标系中的位置矢量 $\boldsymbol{r}_B$ 的加速度为

$$\ddot{\boldsymbol{r}}_B = \dot{\boldsymbol{v}}_B + \boldsymbol{\omega} \times \boldsymbol{v}_B \tag{2.44}$$

把式(2.43)和式(2.44)代入式(2.42)，则旋转运动方程的矢量形式为

$$\boldsymbol{M}_{\text{rot}} = \boldsymbol{J}_B \dot{\boldsymbol{\omega}} + \boldsymbol{\omega} \times (\boldsymbol{J}_B \boldsymbol{\omega}) + m\{\boldsymbol{\rho}_G \times \dot{\boldsymbol{v}}_B + \boldsymbol{\rho}_G \times \boldsymbol{\omega} \times \boldsymbol{v}_B\} \tag{2.45}$$

3. 空间运动动力学方程

由式(2.39)可以获得三个平动的方程，由式(2.45)可以获得三个转动方程，于是，这一部分方程可写为

$$
\begin{cases}
m[\dot{v}_x - v_y\omega_z + v_z\omega_y - x_G(\omega_y^2+\omega_z^2) + y_G(\omega_x\omega_y - \dot{\omega}_z) + z_G(\omega_x\omega_z + \dot{\omega}_y)] = F_x \\
m[\dot{v}_y + v_x\omega_z - v_z\omega_x + x_G(\omega_x\omega_y + \dot{\omega}_z) - y_G(\omega_x^2+\omega_z^2) + z_G(\omega_y\omega_z - \dot{\omega}_x)] = F_y \\
m[\dot{v}_z - v_x\omega_y + v_y\omega_x + x_G(\omega_x\omega_z - \dot{\omega}_y) + y_G(\omega_y\omega_z + \dot{\omega}_x) - z_G(\omega_x^2+\omega_y^2)] = F_z \\
J_{xx}\dot{\omega}_x + (J_{zz}-J_{yy})\omega_y\omega_z + J_{xy}(\omega_x\omega_z - \dot{\omega}_y) - J_{yz}(\omega_y^2-\omega_z^2) - J_{xz}(\omega_x\omega_y + \dot{\omega}_z) \\
\quad + m[y_G(\dot{v}_z - v_x\omega_y + v_y\omega_x) - z_G(\dot{v}_y + v_x\omega_z - v_z\omega_x)] = M_x \\
J_{yy}\dot{\omega}_y + (J_{zz}-J_{yy})\omega_x\omega_z - J_{xy}(\omega_x\omega_z - \dot{\omega}_y) - J_{yz}(\omega_y^2-\omega_z^2) - J_{xz}(\omega_x\omega_y + \dot{\omega}_z) \\
\quad + m[x_G(\dot{v}_z - v_x\omega_y + v_y\omega_x) - z_G(\dot{v}_x - v_y\omega_z + v_z\omega_y)] = M_y \\
J_{zz}\dot{\omega}_z + (J_{yy}-J_{xx})\omega_x\omega_z - J_{xy}(\omega_x^2-\omega_y^2) - J_{yz}(\omega_x\omega_z + \dot{\omega}_y) + J_{xz}(\omega_y\omega_z - \dot{\omega}_x) \\
\quad + m[x_G\{\dot{v}_y + v_x\omega_z - v_z\omega_x) - y_G(\dot{v}_x - v_y\omega_z + v_z\omega_y)] = M_z
\end{cases}
\tag{2.46}
$$

上述六个方程大多来自牛顿刚体运动法则，并且是在 AUV 体坐标系下表达的。这些方程可以简单地依赖于局部坐标系中的位置。如果坐标轴的选择与惯性主轴一致，那么惯性积变为零。当 xy、xz 和 yz 平面是对称平面时，方程可以简化(实际上，大部分的 AUV 是关于 xy 平面对称的，另外，如果体坐标系的原点选在 AUV 的重心，可以做进一步简化，但一般不这样做)。

上述的非线性系统可以写为简洁的向量形式。定义 $\boldsymbol{M}_{RB}$ 为一个包含平移和转动惯性元素在内的刚性体的块矩阵：

$$
\boldsymbol{M}_{RB} = \begin{bmatrix}
m & 0 & 0 & 0 & mz_G & -my_G \\
0 & m & 0 & -mz_G & 0 & mx_G \\
0 & 0 & m & my_G & -mx_G & 0 \\
0 & -mz_G & my_G & J_{xx} & J_{xy} & J_{xz} \\
mz_G & 0 & -mx_G & J_{yx} & J_{yy} & J_{yz} \\
-my_G & mx_G & 0 & J_{zx} & J_{zy} & J_{zz}
\end{bmatrix}
\tag{2.47}
$$

并且 $\boldsymbol{C}_{RB}(\boldsymbol{V})$ 是包含刚性体和离心力的依赖矩阵：

$$
\boldsymbol{C}_{RB}(\boldsymbol{V}) = \left[\begin{matrix}
0 & -m\omega_z & m\omega_y \\
m\omega_z & 0 & -m\omega_x \\
-m\omega_y & m\omega_x & 0 \\
-m(y_G\omega_y + z_G\omega_z) & my_G\omega_x & mz_G\omega_x \\
mx_G\omega_y & -m(z_G\omega_z + x_G\omega_x) & mz_G\omega_y \\
mx_G\omega_z & my_G\omega_z & -m(x_G\omega_x + y_G\omega_y)
\end{matrix}\right.
$$

$$\begin{matrix} m(y_G\omega_y+z_G\omega_z) & -mx_G\omega_y & -mx_G\omega_z \\ -my_G\omega_x & m(z_G\omega_z+x_G\omega_x) & -my_G\omega_z \\ -mz_G\omega_x & -mz_G\omega_y & m(x_G\omega_x+y_G\omega_y) \\ 0 & -J_{yz}\omega_y-J_{xz}\omega_x+J_{zz}\omega_z & J_{yz}\omega_z+J_{xy}\omega_x-J_{yy}\omega_y \\ J_{yz}\omega_y+J_{xz}\omega_x-J_{zz}\omega_z & 0 & -J_{xz}\omega_z-J_{xy}\omega_y+J_{xx}\omega_x \\ -J_{yz}\omega_z-J_{xy}\omega_x+J_{yy}\omega_y & J_{xz}\omega_z+J_{xy}\omega_y-J_{xx}\omega_x & 0 \end{matrix}\right] \tag{2.48}$$

于是，动力学方程写成向量形式为

$$\boldsymbol{M}_{RB}\dot{\boldsymbol{V}}+\boldsymbol{C}_{RB}(\boldsymbol{V})\boldsymbol{V}=\boldsymbol{f} \tag{2.49}$$

式中，$\boldsymbol{f}$ 表示力和力矩的矢量。

2.2.3 AUV 受力分析

AUV 在流体介质中做任意运动时的流体动力和负浮力，在目前阶段还难以通过理论计算或模型试验直接得到。只能在各种假设或模型化之下，把流体动力分解为许多组成部分，分别通过理论计算或模型试验获得，然后进行综合以得到总的流体动力。为了便于研究，本节将流体动力分解为无黏性的理想流体动力、由流体黏性产生的流体动力、控制力以及由海浪与海流的存在产生的海洋环境力。理想流体动力主要包括附加质量力。由黏性产生的流体动力主要包括各种阻力，即黏性阻力、升力与兴波阻力等，其中兴波阻力是与 AUV 在近水面附近运动相联系的，兴波阻力与波浪力相比可以忽略，所以这里不再考虑。控制力主要包括 AUV 鳍舵产生的控制力与动力装置产生的推力。其他 AUV 操纵机构产生的控制力将在后续章节中补充。

1. 负浮力

负浮力是与 AUV 重力 $\boldsymbol{G}$ 和浮力 $\boldsymbol{B}$ 有关的力。作用于重心的重力 $\boldsymbol{G}$ 和作用于浮心的浮力 $\boldsymbol{B}$ 是在静力分析中定义的。浸没于水中的 AUV 重力和浮力矢量不随着 AUV 姿态的改变而改变。由于重力和浮力条件作用在地面的垂直方向上，它们在加入运动方程前必须转变到体坐标系下：

$$\boldsymbol{f}_g=(\boldsymbol{G}-\boldsymbol{B})\begin{bmatrix} -\sin\theta \\ -\cos\theta\cos\varphi \\ \cos\theta\sin\varphi \end{bmatrix} \tag{2.50}$$

AUV 负浮力的重力部分作用在 AUV 的重心上，而浮力作用在浮心上。因为这些力的作用点可以远离 AUV 体坐标系的原点，所以它们产生了一个关于体坐

标系的原点的力矩

$$\boldsymbol{M}_g = \boldsymbol{G}\boldsymbol{\rho}_G \times \begin{bmatrix} -\sin\theta \\ -\cos\theta\cos\varphi \\ \cos\theta\sin\varphi \end{bmatrix} - \boldsymbol{B}\boldsymbol{\rho}_B \times \begin{bmatrix} -\sin\theta \\ -\cos\theta\cos\varphi \\ \cos\theta\sin\varphi \end{bmatrix} \tag{2.51}$$

式中，$\boldsymbol{\rho}_G$ 为重力到坐标系原点的距离矢量；$\boldsymbol{\rho}_B$ 为浮力到坐标系原点的距离矢量。即使 $\boldsymbol{G}$ 与 $\boldsymbol{B}$ 相等，力矩 $\boldsymbol{M}_g$ 也不为零，因为 $\boldsymbol{\rho}_G$ 和 $\boldsymbol{\rho}_B$ 一般是不相等的。由于静态稳定性要求重心位于浮心之下，总的垂直方向的力矢量可以写为

$$\boldsymbol{f}_G = \begin{bmatrix} \boldsymbol{f}_g \\ \boldsymbol{M}_g \end{bmatrix} = -\begin{bmatrix} -(\boldsymbol{G}-\boldsymbol{B})\sin\theta \\ -(\boldsymbol{G}-\boldsymbol{B})\cos\theta\cos\varphi \\ (\boldsymbol{G}-\boldsymbol{B})\cos\theta\sin\varphi \\ (y_G\boldsymbol{G}-y_B\boldsymbol{B})\cos\theta\sin\varphi + (z_G\boldsymbol{G}-z_B\boldsymbol{B})\cos\theta\cos\varphi \\ -(x_G\boldsymbol{G}-x_B\boldsymbol{B})\cos\theta\sin\varphi + (z_G\boldsymbol{G}-z_B\boldsymbol{B})\sin\theta \\ -(x_G\boldsymbol{G}-x_B\boldsymbol{B})\cos\theta\cos\varphi + (y_G\boldsymbol{G}-y_B\boldsymbol{B})\sin\theta \end{bmatrix} \tag{2.52}$$

当体坐标系原点选在浮心时，式(2.52)可以简化为

$$\boldsymbol{f}_G = \begin{bmatrix} \boldsymbol{f}_g \\ \boldsymbol{M}_g \end{bmatrix} = -\begin{bmatrix} -(\boldsymbol{G}-\boldsymbol{B})\sin\theta \\ -(\boldsymbol{G}-\boldsymbol{B})\cos\theta\cos\varphi \\ (\boldsymbol{G}-\boldsymbol{B})\cos\theta\sin\varphi \\ y_G\boldsymbol{G}\cos\theta\sin\varphi + z_G\boldsymbol{G}\cos\theta\cos\varphi \\ -x_G\boldsymbol{G}\cos\theta\sin\varphi - z_G\boldsymbol{G}\sin\theta \\ -x_G\boldsymbol{G}\cos\theta\cos\varphi + y_G\boldsymbol{G}\sin\theta \end{bmatrix} \tag{2.53}$$

2. 附加质量力

当 AUV 在流体介质中运动时，必然会带动一部分流体同时流动，可以把这部分流体介质的运动看成是具有广义质量 $\boldsymbol{M}_A$ 以及具有与 AUV 同样广义速度 $\boldsymbol{V}$ 的类刚体运动。当 AUV 靠近海面运动时，附加质量会受波浪的运动频率影响，但该影响很小。将流体看成是理想的、不可压缩和无海流时，$\boldsymbol{M}_A$ 仅与 AUV 的外形有关，其完整的形式为

$$\boldsymbol{M}_A = -\begin{bmatrix} \lambda_{11} & \lambda_{12} & \lambda_{13} & \lambda_{14} & \lambda_{15} & \lambda_{16} \\ \lambda_{21} & \lambda_{22} & \lambda_{23} & \lambda_{24} & \lambda_{25} & \lambda_{26} \\ \lambda_{31} & \lambda_{32} & \lambda_{33} & \lambda_{34} & \lambda_{35} & \lambda_{36} \\ \lambda_{41} & \lambda_{42} & \lambda_{43} & \lambda_{44} & \lambda_{45} & \lambda_{46} \\ \lambda_{51} & \lambda_{52} & \lambda_{53} & \lambda_{54} & \lambda_{55} & \lambda_{56} \\ \lambda_{61} & \lambda_{62} & \lambda_{63} & \lambda_{64} & \lambda_{65} & \lambda_{66} \end{bmatrix} = \begin{bmatrix} \boldsymbol{A}_{11} & \boldsymbol{A}_{12} \\ \boldsymbol{A}_{21} & \boldsymbol{A}_{22} \end{bmatrix} \tag{2.54}$$

式中，$\boldsymbol{A}_{11}$ 中的 9 个元素具有$[\rho L^3]$因次，称为附加质量；$\boldsymbol{A}_{22}$ 中的 9 个元素具有$[\rho L^5]$因次，称为附加惯矩；$\boldsymbol{A}_{12}$ 和 $\boldsymbol{A}_{21}$ 具有$[\rho L^4]$因次，称为附加静矩。

流体的运动完全可以看成类刚体运动，当具有质量 $\boldsymbol{M}_A$ 的流体运动时，其运动方程可以记为

$$\boldsymbol{M}_A\dot{\boldsymbol{V}} + \boldsymbol{C}_A(\boldsymbol{V})\boldsymbol{V} = \boldsymbol{f}_A \tag{2.55}$$

式中，$\boldsymbol{C}_A(\boldsymbol{V})$ 为 AUV 所排流体的运动所具有的柯氏矩阵。

对于常见的 AUV 来说，其外形常常关于垂直轴面对称，所以 $\boldsymbol{M}_A$ 可以简化为

$$\boldsymbol{M}_A = -\begin{bmatrix} \lambda_{11} & \lambda_{12} & 0 & 0 & 0 & \lambda_{16} \\ \lambda_{21} & \lambda_{22} & 0 & 0 & 0 & \lambda_{26} \\ 0 & 0 & \lambda_{33} & \lambda_{34} & \lambda_{35} & 0 \\ 0 & 0 & \lambda_{43} & \lambda_{44} & \lambda_{45} & 0 \\ 0 & 0 & \lambda_{53} & \lambda_{54} & \lambda_{55} & 0 \\ \lambda_{61} & \lambda_{62} & 0 & 0 & 0 & \lambda_{66} \end{bmatrix} \tag{2.56}$$

当 AUV 既关于垂直轴对称又关于横轴面对称或者忽略 AUV 外形可能存在的关于横轴面的不对称性时，$\boldsymbol{M}_A$ 可以进一步简化为

$$\boldsymbol{M}_A = -\begin{bmatrix} \lambda_{11} & 0 & 0 & 0 & 0 & 0 \\ 0 & \lambda_{22} & 0 & 0 & 0 & \lambda_{26} \\ 0 & 0 & \lambda_{33} & 0 & \lambda_{35} & 0 \\ 0 & 0 & 0 & \lambda_{44} & 0 & 0 \\ 0 & 0 & \lambda_{53} & 0 & \lambda_{55} & 0 \\ 0 & \lambda_{62} & 0 & 0 & 0 & \lambda_{66} \end{bmatrix} \tag{2.57}$$

这时式(2.55)中 $\boldsymbol{C}_A(\boldsymbol{V})$ 可表示为

$$\boldsymbol{C}_A(\boldsymbol{V}) = \begin{bmatrix} 0 & -\omega_z\lambda_{22} & \omega_y\lambda_{33} & 0 & \omega_y\lambda_{35} & -\omega_z\lambda_{26} \\ \omega_z\lambda_{11} & 0 & -\omega_x\lambda_{33} & 0 & -\omega_x\lambda_{35} & 0 \\ -\omega_y\lambda_{11} & \omega_x\lambda_{22} & 0 & 0 & 0 & \omega_x\lambda_{26} \\ 0 & -v_z\lambda_{22} + \omega_y\lambda_{62} & v_y\lambda_{33} + \omega_z\lambda_{53} & 0 & v_y\lambda_{35} - \omega_z\lambda_{55} & -v_z\lambda_{26} + \omega_y\lambda_{66} \\ v_z\lambda_{11} & -\omega_x\lambda_{62} & -v_x\lambda_{33} & \omega_x\lambda_{44} & -v_x\lambda_{35} & -\omega_x\lambda_{66} \\ -v_y\lambda_{11} & v_x\lambda_{22} & \omega_x\lambda_{53} & -\omega_y\lambda_{44} & \omega_x\lambda_{55} & v_x\lambda_{26} \end{bmatrix} \tag{2.58}$$

3. 黏性阻力

黏性阻力是作用在 AUV 上的阻力中最基本的部分。该部分阻力主要由与边界层有关的线性摩擦力、与紊流层有关的二次摩擦力以及与涡流有关的二次阻力组成，在此记为 $\boldsymbol{f}_N$。

在 Bx 方向流体阻力可以写为

$$\boldsymbol{f} = -\frac{1}{2}\rho C_D(Re)S|U_0|U_0 \tag{2.59}$$

式中，ρ 为流体密度；C_D 为与雷诺数 Re 有关的阻力系数；S 为 AUV 的最大截面积；U_0 为 AUV 总的速度。

当 AUV 做六自由度运动时，总黏性阻力可以写为

$$\boldsymbol{f}_N = \begin{bmatrix} |\boldsymbol{V}|^{\mathrm{T}} \boldsymbol{D}_1 \boldsymbol{V} \\ |\boldsymbol{V}|^{\mathrm{T}} \boldsymbol{D}_2 \boldsymbol{V} \\ |\boldsymbol{V}|^{\mathrm{T}} \boldsymbol{D}_3 \boldsymbol{V} \\ |\boldsymbol{V}|^{\mathrm{T}} \boldsymbol{D}_4 \boldsymbol{V} \\ |\boldsymbol{V}|^{\mathrm{T}} \boldsymbol{D}_5 \boldsymbol{V} \\ |\boldsymbol{V}|^{\mathrm{T}} \boldsymbol{D}_6 \boldsymbol{V} \end{bmatrix} \tag{2.60}$$

式中，$\boldsymbol{D}_i (i=1,\cdots,6)$ 为取决于 ρ 、C_D 和 S 的 6×6 矩阵。

在 AUV 静止或低速运动时，黏性力中的线性项占主要地位；当 AUV 高速运动时，黏性力中的非线性项则占主要地位。对于大部分长时工作的 AUV，其低速的特性使得可以把 AUV 所受的阻力按以下规则进行简化：①忽略平动和角运动的耦合；②假设 AUV 关于纵平面与横平面都是对称的。

此时 AUV 的黏性阻力 $\boldsymbol{f}_N$ 可以简化为以下矩阵的形式：

$$\begin{aligned} \boldsymbol{D}_N(\boldsymbol{V})\boldsymbol{V} = & -\mathrm{diag}\left\{F_{xv_x}, F_{yv_y}, F_{zv_z}, M_{x\omega_x}, M_{y\omega_y}, M_{z\omega_z}\right\} \\ & -\mathrm{diag}\left\{F_{xv_x|v_x|}|v_x|, F_{yv_y|v_y|}|v_y|, F_{zv_z|v_z|}|v_z|, M_{x\omega_x|\omega_x|}|\omega_x|, M_{y\omega_y|\omega_y|}|\omega_y|, M_{z\omega_z|\omega_z|}|\omega_z|\right\} \end{aligned} \tag{2.61}$$

4. 升力

AUV 在水下以一定的攻角运动时，会产生一定的升力和升力矩。升力可以分解为 AUV 主体产生的升力与舵产生的升力两部分。在本书中，舵产生的升力看成是控制力，所以这里仅考虑由 AUV 主体产生的升力。

在小攻角的条件下，由 AUV 主体产生的升力可以由下式计算：

$$F_{yL}=\frac{1}{2}\rho DC_y^{\alpha}\alpha v^2 \tag{2.62}$$

式中，C_y^{α} 为一个与攻角有关的升力系数，攻角 α 可以表示为

$$\alpha=-\arctan(v_y/v_x) \tag{2.63}$$

记 $K_{y\alpha}=\rho DC_y^{\alpha}/2$，则式(2.62)变为

$$F_{yL}=K_{y\alpha}\alpha v^2 \tag{2.64}$$

对于侧向力，其有类似的表达式

$$F_{zL}=K_{z\beta}\beta v^2 \tag{2.65}$$

式中，$K_{z\beta}=\rho DC_y^{\beta}/2$，$\beta$ 为侧滑角。

在计算力的基础上，计算力矩 M_{yL}、M_{zL}，即

$$M_{yL}=F_{zL}x_{cpm} \tag{2.66}$$

$$M_{zL}=F_{yL}x_{cpn} \tag{2.67}$$

力矩系数可以表示为

$$K_{my\beta}=K_{z\beta}x_{cpm} \tag{2.68}$$

$$K_{mz\alpha}=K_{y\alpha}x_{cpn} \tag{2.69}$$

式中，x_{cpm}、x_{cpn} 分别为 F_{zL}、F_{yL} 作用点距离体坐标系原点的距离。

于是，得到升力矩阵为

$$\boldsymbol{D}_L(\boldsymbol{V})\boldsymbol{V}=\left[0,F_{yL},F_{zL},0,M_{yL},M_{zL}\right]^{\mathrm{T}} \tag{2.70}$$

5. 控制力

对于大部分 AUV 来说，控制力主要包括由推进装置产生的推力与由鳍舵等控制面产生的舵力，其控制力记为

$$\boldsymbol{f_c}=\begin{bmatrix}\boldsymbol{T} & K_{y\delta r}\delta_r & K_{z\delta e}\delta_e & K_{mx\delta d}\delta_d & K_{my\delta e}\delta_e & K_{mz\delta r}\delta_r\end{bmatrix}^{\mathrm{T}} \tag{2.71}$$

式中，$\boldsymbol{T}$ 为主推进器的推力；$K_{y\delta r}$、$K_{z\delta e}$ 分别为水平舵、垂直舵的舵力系数；$K_{mx\delta d}$、$K_{my\delta e}$ 和 $K_{mz\delta r}$ 分别为差动舵、水平舵和垂直舵的舵力矩系数。

6. 动力学方程

将以上介绍各力代入，得到

$$\boldsymbol{M}_{RB}\dot{\boldsymbol{V}}+\boldsymbol{C}_{RB}(\boldsymbol{V})\boldsymbol{V}=-\boldsymbol{M}_A\dot{\boldsymbol{V}}-\boldsymbol{C}_A(\boldsymbol{V})-\boldsymbol{D}_N(\boldsymbol{V})\boldsymbol{V}-\boldsymbol{D}_L(\boldsymbol{V})\boldsymbol{V}+\boldsymbol{f}_E+\boldsymbol{f}_c \tag{2.72}$$

整理成广义矢量参数的形式有

$$\boldsymbol{M}\dot{\boldsymbol{V}}+\boldsymbol{C}(\boldsymbol{V})\boldsymbol{V}+\boldsymbol{D}(\boldsymbol{V})\boldsymbol{V}=\boldsymbol{f}_E+\boldsymbol{f}_c \tag{2.73}$$

式中，$\boldsymbol{M}=\boldsymbol{M}_{RB}+\boldsymbol{M}_A$，$\boldsymbol{C}(\boldsymbol{V})=\boldsymbol{C}_{RB}(\boldsymbol{V})+\boldsymbol{C}_A(\boldsymbol{V})$，$\boldsymbol{D}(\boldsymbol{V})=\boldsymbol{D}_N(\boldsymbol{V})+\boldsymbol{D}_L(\boldsymbol{V})$。

2.2.4 六自由度操纵运动数学模型

根据以上推导，联立运动学方程和动力学方程，即可得到欧拉角法描述下的 AUV 的六自由度操纵运动数学模型为

$$\begin{cases}\boldsymbol{M}\dot{\boldsymbol{V}}+\boldsymbol{C}(\boldsymbol{V})\boldsymbol{V}+\boldsymbol{D}(\boldsymbol{V})\boldsymbol{V}=\boldsymbol{f}_E+\boldsymbol{f}_c\\ \dot{\boldsymbol{R}}=\boldsymbol{J}(\boldsymbol{R})\boldsymbol{V}\end{cases} \tag{2.74}$$

四元数法描述下的 AUV 的六自由度操纵运动数学模型为

$$\begin{cases}\boldsymbol{M}\dot{\boldsymbol{V}}+\boldsymbol{C}(\boldsymbol{V})\boldsymbol{V}+\boldsymbol{D}(\boldsymbol{V})\boldsymbol{V}=\boldsymbol{f}_E+\boldsymbol{f}_c\\ \dot{\boldsymbol{\eta}}'=\boldsymbol{J}'(\varepsilon)q\end{cases} \tag{2.75}$$

参 考 文 献

杜晓旭. 2008. 回转体水下航行器近水面运动操纵性研究[D]. 西安: 西北工业大学.

李天森. 2007. 鱼雷操纵性[M]. 北京: 国防工业出版社.

张宇文. 1999. 鱼雷弹道与弹道设计[M]. 西安: 西北工业大学出版社.

David A S, Louis L W. 2004. Model-based dynamic positioning of underwater robotic vehicles: Theory and experiment[J]. IEEE Journal of Oceanic Engineering, 29(1): 169-185.

Fjellstad O E, Fossen T I. 1994. Position and attitude tracking of AUV's: A quaternion feedback approach[J]. IEEE Journal of Oceanic Engineering, 19(4): 512-518.

Fjellstad O E. 1994. Control of unmanned underwater vehicles in six degrees of freedom a quaternion feedback approach[D]. Trondheim: University of Trondheim.

Fossen T I. 1994. Guidance and Control of Ocean Vehicles[M]. New York: John Wiley & Sons Ltd.

Fossen T I. 2011. Handbook of Marine Craft Hydrodynamics and Motion Control[M]. New York: John Wiley & Sons Ltd.

Riedel J S. 1999. Seaway learning and motion compensation in shallow waters for small AUVs[D]. Monterey: Naval Postgraduate School.

第 3 章　流体动力计算与试验

在选定合适坐标系、建立操纵性数学模型后，就要对流体动力参数进行求解计算。本章对面元法和边界层理论方法、经验公式和以理论公式为基础的半经验公式方法、CFD 方法这三类流体动力参数求解方法进行分析，并给出流体动力的测试方法。本章内容主要包括：

(1) 简要叙述 AUV 流体动力计算的三种方法及其在不同类型 AUV 流体动力计算中的应用，并给出面元法和边界层理论方法、经验公式和以理论公式为基础的半经验公式方法的基本理论。

(2) 给出计算 AUV 流体动力的 CFD 数学模型，并以翼身融合水下滑翔机流体动力计算和 AUV 在极限流体中运动的流体动力计算两个典型实例说明了该方法的有效性。

(3) AUV 流体动力参数的确定往往需要经过相应的流体动力试验。对于 AUV 位置力和位置力矩，通过运用相似理论，设计水洞试验、风洞试验，探究 AUV 定常直线平移运动时所受位置力与相关流体动力学参数之间的关系。对于 AUV 旋转导数，通过设计悬臂水池试验，测定其旋转导数无因次系数。对于 AUV 附加质量，设计采用频率比较法转动惯量测定试验。

3.1　流体动力计算方法概述

求解流体动力参数的方法大致分为三类：面元法和边界层理论、经验公式和以理论公式为基础的半经验公式、CFD 方法。这三类方法各有优劣。针对 AUV 不同的外形、特点和工程实际需要，可采用不同的方法。

(1) 面元法和边界层理论，是指在研究流体对 AUV 的作用时，在外部势流场采用面元法求解，在边界层内部采用考虑流体黏性的边界层理论，综合两部分的结果，予以一定的修正，便可得到完整的、与实际基本相符的 AUV 流体动力特征。

(2) 经验公式和以理论公式为基础的半经验公式，一般用于 AUV 研发的前期计算中，以经验公式初步确定 AUV 部分流体动力参数的大致数值范围。对于回转体型 AUV 采用此方法，可以大幅减少流体动力计算的工作量。

(3) 计算流体动力学是流体力学的一个分支，是近代流体力学、数值数学和计算机科学结合的产物，是一门具有强大生命力的交叉科学。它以电子计算机为工具，应用各种离散化的数学方法，对流体力学的各类问题进行数值实验、计算机模拟和分析研究，以解决各种实际问题。对大多数情况下的流动特性，都有适合它的数值解法，用户可对显式或隐式差分格式进行选择，以期在计算速度、稳定性和精度等方面达到最佳。CFD 方法适用于任何外形 AUV 的流体力学计算，可以大幅减少试验次数，节约成本，它是 AUV 流体动力计算的有效方法，尤其是对于新型 AUV 的流体动力计算。

总之，对于回转体型或类回转体型 AUV，在前期概念设计阶段可采用第一种或第二种方法进行流体动力参数初步计算，在后期详细设计阶段可采用第三种方法进行修正；对于新外形的 AUV，在前期概念设计阶段可采用第一种方法进行流体动力参数初步计算，在后期详细设计阶段采用第三种方法进行修正。当然，在最后阶段，AUV 的流体动力参数都可以通过模型试验进行验证。

3.1.1　面元法和边界层理论

AUV 在航行时，流体黏性的主要影响区域为边界层区域。在其他区域中，可以看作理想流体的流动。因此，在研究流体对 AUV 的作用时，可以分别采用势流与边界层两种模型来研究。通过研究不可压缩理想流体绕 AUV 流动的势流流场，确定沿 AUV 表面的速度分布与流体动压力分布；通过研究 AUV 表面边界层，确定 AUV 表面上的流体黏性摩擦应力分布；综合两部分的结果，必要时予以一定修正，便可得到完整的、与实际基本相符的 AUV 流体动力特征。

1. 面元方法

1) 势流基本理论

若流场中的每一个流体质点都做无旋运动，则该流场被称为无旋流场。流场旋转角速度决定了一个流体质点是否做无旋运动。因此，若流体质点的旋转角速度 $\boldsymbol{\omega}=0$，则满足直角坐标系中的无旋条件：

$$\frac{\partial \boldsymbol{v}_z}{\partial y}=\frac{\partial \boldsymbol{v}_y}{\partial z},\quad \frac{\partial \boldsymbol{v}_x}{\partial z}=\frac{\partial \boldsymbol{v}_z}{\partial x},\quad \frac{\partial \boldsymbol{v}_y}{\partial x}=\frac{\partial \boldsymbol{v}_x}{\partial y} \tag{3.1}$$

若上式在流场内处处成立，则该流场内一定存在一个函数 φ，称为速度势函数，它的梯度为速度 $\boldsymbol{v}$，存在速度势的流动称为有势流动，即势流。

不可压缩流体运动的连续方程为

$$\nabla\cdot\boldsymbol{v}=\frac{\partial \boldsymbol{v}_x}{\partial x}+\frac{\partial \boldsymbol{v}_y}{\partial y}+\frac{\partial \boldsymbol{v}_z}{\partial z}=0 \tag{3.2}$$

由无旋条件及不可压缩流体的连续方程得到不可压缩势流理论的基本方程：

$$\nabla \cdot \nabla \varphi = \nabla^2 \varphi = 0 \tag{3.3}$$

式(3.3)又称为拉普拉斯方程，其边界条件包括外场边界条件和物面边界条件。外场边界条件一般是

$$\nabla \varphi|_{\infty} = \boldsymbol{v}|_{\infty} = 0 \tag{3.4}$$

物面边界条件大多数情况下是给出物面法线方向的流体速度 $\dfrac{\partial \varphi}{\partial \boldsymbol{n}}$，表示为

$$\left.\frac{\partial \varphi}{\partial \boldsymbol{n}}\right|_{\delta} = \boldsymbol{v} \cdot \boldsymbol{n}|_{\delta} = \boldsymbol{v}_b \cdot \boldsymbol{n} \tag{3.5}$$

式中，$\boldsymbol{v}_b$ 为物面上一点处的速度；$\boldsymbol{n}$ 为同一点处的物面法向单位向量。

2) 基本方程的建立

在一个任意形状的三维物体绕流流场，假定在物面上连续分布强度为 $\sigma(q)$ 的源汇，其扰动速度势为 φ，则流场中任一点 $P(x, y, z)$ 处的速度为

$$\boldsymbol{V} = \boldsymbol{v}_{\infty} + \boldsymbol{v} \tag{3.6}$$

φ 满足的物面边界条件为

$$\nabla \varphi \cdot \boldsymbol{n}|_{s} = \frac{\partial \varphi}{\partial n}\Big|_{s} = -\boldsymbol{v}_{\infty} \cdot \boldsymbol{n}|_{s} \tag{3.7}$$

扰动速度势 φ 为

$$\varphi(x, y, z) = -\iint_S \frac{\sigma(Q)}{r_{PQ}} \mathrm{d}S = -\iint_S \frac{\sigma(\xi, \eta, \zeta)\mathrm{d}S}{\sqrt{(x-\xi)^2 + (y-\eta)^2 + (z-\zeta)^2}} \tag{3.8}$$

由式(3.8)可以看出，当受扰点 P 在物面之外时，这个积分没有奇性，可以直接进行积分。求扰动速度只需要对式(3.8)分别求 x 、y 和 z 的偏导数。但是要使 φ 满足物面边界条件及后面求物面上的速度时，就要碰到受扰点 P 和布源点 Q 重合的问题。于是奇异性发生，这时就需要研究 P 点无限趋近 Q 点的极限问题。可以证明，当受扰点 P 无限趋近布源点 Q 时，布源点 Q 对其自身处的法向速度贡献为其源强的 2π 倍，对切向速度没有贡献。因此，当把扰动速度势 φ 的公式代入物面边界条件后可得物面分布源汇方法的基本方程：

$$2\pi\sigma(P) - \iint_S \frac{\partial}{\partial n}\left(\frac{1}{r_{PQ}}\right)\sigma(Q)\mathrm{d}S = -\boldsymbol{v}_{\infty} \cdot \boldsymbol{n}(P) \tag{3.9}$$

当来流 v_{∞} 非均匀 (V_{∞}) 时，只要给出它的分布，处理方法完全与直均流相同。此外，对于有流体从物面流入流出的情况，流场中有多个物体且物体间有相对运动的情况和其他一些情况，只要在式(3.9)的右端再加上一项对物面上的流体法向速度贡献就可以了。把式(3.9)应用于非定常流场，可得到流场的各瞬时状态。

为了求解方程(3.9)，可以用一组线性代数方程来近似这个积分方程。其大致思路与方法是：用许多块很小的表面元素来近似物体表面 S；在每个元素上，源强密度按已知规律分布，如源强为常值的均匀分布，这样就把求解物面坐标连续函数的源强密度 σ 转化为求解有限个 σ 值，每个元素上只有一个 σ 值；每个元素上分布的源汇对方程(3.9)中积分项的贡献，可以通过把是常量又是未知的 σ 提到积分号外，并对积分号内已知的几何量在该元素上进行面积分来获得；在每个元素上选一个称为控制点的点，求出该点处的法向速度，即式(3.9)的右端值，在该控制点上应用式(3.9)，可得到一个有关各元素上的 σ 值的线性代数关系式；因 N 个表面元素对应有 N 个控制点，则可以得到含有 N 个未知量 σ 的 N 个线性代数方程构成的方程组系统；一旦线性方程组系统被解出，每个元素上的 σ 值就是已知的了，于是，流场中任一点处的速度势和速度便可以通过累加各个元素的贡献和来流的贡献而求得；求出每个控制点处的速度及压力值，便可以得到速度和压力在物面上的分布规律。

2. *边界层方法*

边界层是 AUV 壳体壁面附近的薄流体层。由于流体的黏性及固体壁面的阻滞作用，AUV 壳体的壁面相当于一个连续分布的涡源，在流动中不断地产生漩涡。这些紧靠壁面附近的旋涡向外扩散，并随着流体向下游流动。反过来，前面来流的情况和边界层内流动的发展也激发旋涡的产生。旋涡向外的扩散速度取决于流体的运动黏性系数 ν。ν 的值越大，扩散越快。而旋涡向下游的流动速度取决于来流的速度 v_∞。因此，在大雷诺数的情况下，v_∞ 和 ν 的比值(v_∞/ν)很大，壁面附近的旋涡向下游流动的速度比垂直于流动方向的扩散速度大得多，以至于这些漩涡的流动仅限于贴近壁面的以一个向下游伸展的薄层，这就是边界层。目前在工程领域中，边界层问题的求解主要是利用边界层的积分方程解法。

边界层的积分方程可以直接沿 y 方向积分微分方程得到，为了能够有一个清晰的物理概念，可以采用动量定理导出。对于不可压缩流体的定常运动，动量定理可以表述为：单位时间内流出控制面的流体动量与流入控制面的流体动量之差等于作用在控制体内流体上的所有外力之和。

以分析回转体型 AUV 为例，应用边界层坐标系，在轴对称边界层中，取六面体控制体。对控制体内的流体沿 x 方向应用动量定理，得到定常轴对称边界层的动量积分方程

$$U_e\frac{\mathrm{d}}{\mathrm{d}x}\left(\int_0^\delta \rho ur\mathrm{d}y\right)-\frac{\mathrm{d}}{\mathrm{d}x}\left(\int_0^\delta \rho u^2 r\mathrm{d}y\right)+p\frac{\mathrm{d}}{\mathrm{d}x}\left(\int_0^\delta r\mathrm{d}y\right)-\frac{\mathrm{d}}{\mathrm{d}x}\left(\int_0^\delta pr\mathrm{d}y\right)=\tau_w r_0 \quad (3.10)$$

式中，U_e为 x 处的边界层外缘的势流速度；r 与 r_0 的关系由 $r(x, y) = r_0(x) + y\cos\alpha$ 给出。但是，这种形式的动量方程使用起来很不方便，物理意义也不清晰，需要作一些变形。于是，式(3.10)可以写成如下形式：

$$\frac{\mathrm{d}}{\mathrm{d}x}\left[\int_0^{\delta}\rho u(U_e - u)r\mathrm{d}y\right] + \frac{\mathrm{d}U_e}{\mathrm{d}x}\int_0^{\delta}\rho(U_e - u)r\mathrm{d}y = \tau_w r_0 \tag{3.11}$$

再引入由式 $\tau' = \tau + \tau_t = (\mu + \mu_t)\dfrac{\partial \overline{u}}{\partial y}$ 和 $\theta = \displaystyle\int_0^{\infty}\frac{\overline{u}}{U_e}\left(1 - \frac{\overline{u}}{U_e}\right)\frac{r}{r_0}\mathrm{d}y$ 定义的轴对称边界层的位移厚度 δ^* 与动量损失厚度 θ，就可以得到定常轴对称边界层动量积分方程的常用形式：

$$\frac{\mathrm{d}\theta}{\mathrm{d}x} + (2 + H)\frac{\theta}{U_e}\frac{\mathrm{d}U_e}{\mathrm{d}x} + \frac{\theta}{r_0}\frac{\mathrm{d}r_0}{\mathrm{d}x} = \frac{\tau_w}{\rho U_e^2} = \frac{C_f}{2} \tag{3.12}$$

式中，$H = \dfrac{\delta^*}{\theta}$ 为卡门形状因子；$C_f = \dfrac{2\tau_w}{\rho U_e^2}$ 为表面摩擦应力系数。

动量方程对定常轴对称层流边界层和湍流边界层都适用，只要把方程中的 C_f 分别理解为层流和湍流时的摩擦应力系数就可以了。但是可以看出，轴对称边界层积分解法的基本方程中含有三个未知量。因此，为了使方程可解，还需要补充另外的方程或条件。可能补充的方程或条件主要来自三个方面：

(1) 边界层内的速度分布规律；

(2) 表面摩擦应力系数的相关式；

(3) 其他的一些积分关系式，如能量积分关系式及卷吸积分关系式。

同理，边界层方法还可用于对如水下滑翔机等非回转体型 AUV 的流体动力参数进行计算。其计算方法与轴对称边界层方法相似，同样是建立相应的边界层的积分方程并进行求解。但由于是特殊外形，其求解过程更为复杂一些。

3.1.2 流体动力计算的经验公式

本节主要讨论回转体型 AUV 的流体位置力及位置力矩。由于回转体型 AUV 的外形结构尺寸类似鱼雷，为减少工作量，采用较为成熟的经验公式及半经验公式。

1. 流体位置力及位置力矩计算

AUV 以流体动力角 α、β 和速度 $\boldsymbol{V}$ 做定常直线平移运动时的力和力矩分别称为流体位置力和位置力矩。流体位置力包括阻力、升力和侧力；位置力矩主要包括俯仰力矩、偏航力矩和横倾力矩。

1) 阻力

针对回转体型 AUV 的阻力可以按照阻力元件来分解，表示为

$$D = D_{fH} + D_{pH} + D_a \tag{3.13}$$

式中，D_{fH} 为壳体的摩擦阻力；D_{pH} 为壳体的压差阻力；D_a 为附体的阻力。

根据雷诺数的不同，需要选择不同的平板摩擦阻力系数计算公式来计算壳体阻力：

当 $Re \leqslant 5\times10^5$ 时，可以应用平板层流时的公式

$$C_{x0fH} = \frac{1.328}{\sqrt{Re}} \tag{3.14}$$

当 $5\times10^5 < Re \leqslant 5\times10^7$ 时，可以应用混合边界层的公式

$$C_{x0fH} = \frac{0.455}{(\lg Re)^{2.58}} - \frac{1700}{Re} \tag{3.15}$$

当 $Re > 5\times10^7$ 时，适合应用完全是湍流的平板公式

$$C_{x0fH} = \frac{0.455}{(\lg Re)^{2.58}} \tag{3.16}$$

2) 升力

AUV 在流体中运动时，所受到的垂直于速度方向的力为升力。一般认为当攻角 α 和舵角 δ_h 不大时，升力系数 C_{y1} 和 α 及 δ_h 呈线性关系；在给定攻角 α 及舵角 δ_h 的情况下，考虑干扰后，AUV 定常运动时的升力系数 C_{y1} 可以表示成 AUV 壳体、鳍、舵及螺旋桨这几部分升力系数之和，即

$$C_{y1}(\alpha,\delta_h) = C_{y1H}(\alpha) + C_{y1hf}(\alpha) + C_{y1p}(\alpha) + C_{y1hr}(\delta_h) \tag{3.17}$$

对于 AUV 壳体升力，通过经验公式求解壳体的升力系数的位置导数，它们都是在试验的基础上形成的，因此，不可避免地都带有一定的局限性。中国船舶科学研究中心给出的公式为

$$C_{yH}^{\alpha} = \frac{\pi}{2f}(0.25 + 0.013f)\frac{S_M}{S} \tag{3.18}$$

式中，C_{yH}^{α} 为法向力系数的位置导数；f 为 AUV 壳体的长细比，$f = L/D$；S 为 AUV 壳体的最大横截面积；S_M 为 AUV 壳体最大纵剖面面积。

由于影响水平鳍升力的因素是多方面的，在理论上进行精确计算比较困难，因此应用经过试验修正的半经验公式对水平鳍升力系数进行计算。中国船舶科学研究中心提出的计算 AUV 水平鳍升力系数位置导数的估算公式为

$$C_{y1hf}^{\alpha}=\frac{\pi}{2}\lambda\left(-9.8+\frac{81.76a}{D}-186.8\left(\frac{a}{D}\right)^2+138\left(\frac{a}{D}\right)^3+\frac{6.3c}{l_t}-\frac{11.4a}{D}\cdot\frac{c}{l_t}\right)\frac{2A_f}{S} \tag{3.19}$$

其中，$\lambda=b^2/A_{ff}$ 为有效展弦比，A_{ff} 为航行体两侧的两块鳍板向航行体内延伸到航行体轴线后构成的一个假想的整体鳍板的面积，b 为整体鳍板的展长；a 为单块 AUV 鳍展长；D 为 AUV 的最大直径；c 为翼梢弦长；l_t 为 AUV 浮心到鳍后缘的距离。

基于经过修正的势流二维翼型理论，给出修正后的计算水平舵升力系数位置导数的半经验公式。中国船舶科学研究中心根据试验资料，仿照雷鳍相应公式的形式，给出了如下的水平舵升力系数位置导数的公式：

$$C_{y1hr}^{\delta_h}=2\pi\frac{\lambda_r}{\lambda_r+2}\left(0.5+0.734\overline{a}+0.6\sqrt{\frac{A_r}{A_f}}\right)\frac{2A_r}{S} \tag{3.20}$$

式中，$\lambda_r=a^2/A_r$ 为舵的展弦比；$\overline{a}=a/D$；A_f 为单块鳍和舵的面积之和。

3) 侧力

当把 AUV 由纵平面位置顺时针(由尾部向头部方向看)转 90° 时，攻角 α 就变为侧滑角 β，水平舵角 δ_h 就变为垂直舵角 δ_v。因此，求定侧力系数的方法和求定升力系数的方法没有什么本质不同，只要将攻角 α 换为侧滑角 β，水平舵角 δ_h 换为垂直舵角 δ_v，就可以利用求定升力系数的有关公式来计算 AUV 壳体、垂直鳍、垂直舵及螺旋桨的侧力系数，进而求出 AUV 的侧力系数，即

$$C_{z1}=C_{z1}(\beta,\delta_v)=C_{z1H}(\beta)+C_{z1vf}(\beta)+C_{z1vr}(\delta_v)+C_{z1p}(\beta) \tag{3.21}$$

4) 俯仰力矩

作用在 AUV 上的流体动力对坐标系原点 o 之矩(流体动力主力矩)为

$$\boldsymbol{M}_0=\iint_{\Omega_t}\boldsymbol{r}\times(-p\boldsymbol{n}+\tau\boldsymbol{t})\mathrm{d}\Omega_t \tag{3.22}$$

式中，p 和 τ 分别为流体作用在 AUV 上的压力和摩擦切应力；$\mathrm{d}\Omega_t$ 为 AUV 表面上任一点 A 的一个邻域上的微表面积；$\boldsymbol{n}$ 和 $\boldsymbol{t}$ 分别为该微表面 A 点处的单位外法向量及单位切向量；$\boldsymbol{r}$ 为 A 点向径。

主矩 $\boldsymbol{M}_0$ 在 z 方向上的分量 M_z 表示 AUV 绕 z 轴的转动，即 AUV 有抬头或低头的趋势，称为俯仰力矩，即

$$M_z=\frac{1}{2}m_z\rho v_\infty^2 SL \tag{3.23}$$

式中，m_z 为 AUV 的俯仰力矩系数；ρ 为流体的密度；v_∞、S 和 L 分别为特征速

度、特征面积和特征长度，它们通常取为 AUV 的航行速度、AUV 的最大横截面积及 AUV 的长度。俯仰力矩包括壳体俯仰力矩、水平鳍及舵的俯仰力矩。

从理论分析角度得到壳体俯仰力矩系数对攻角 α 的位置导数为

$$m_{zH}^{\alpha} = 2(K_{22} - K_{11})\phi_V - C_{y1H}^{\alpha}\overline{x_B} \tag{3.24}$$

式中，x_B 为 AUV 壳体的压力中心到浮心的距离，$\overline{x_B} = x_B / L$；L 为 AUV 的长度。

基于此理论公式，许多学者根据试验资料提出了一些半经验公式。不论用什么方法求得水平鳍的升力及其作用点之后，都不难求得水平鳍及舵的俯仰力矩

$$M_{zhf} = -Y_{1hf}\cos\alpha \cdot L_{hf} \approx -Y_{1hf}L_{hf} \tag{3.25}$$

式中，L_{hf} 为水平鳍的升力 Y_{1hf} 的作用点到浮心的距离。

因此，水平鳍的俯仰力矩系数及其对攻角 α 的位置导数为

$$m_{zhf} = -C_{y1hf}\frac{L_{hf}}{L} \tag{3.26}$$

$$m_{zhf}^{\alpha} = \left.\frac{\partial m_{zhf}}{\partial \alpha}\right|_{\alpha=0} = -C_{y1hf}^{\alpha}\frac{L_{hf}}{L} \tag{3.27}$$

水平舵的俯仰力矩求法与水平鳍类同，即

$$M_{zhr} = -Y_{1hr}L_{hr} \tag{3.28}$$

$$m_{zhr} = -C_{y1hr}\frac{L_{hr}}{L} \tag{3.29}$$

$$m_{zhr}^{\delta_h} = -C_{y1hr}^{\delta_h}\frac{L_{hr}}{L} \tag{3.30}$$

式中，L_{hr} 为水平舵升力 Y_{1hr} 的作用点到浮心的距离，一般可近似取水平舵的形心作为升力的作用点。

5) 偏航力矩

主矩 $\boldsymbol{M}_0$ 在 y 轴方向的分量 M_y 表示 AUV 绕 y 轴的转动，即有向 AUV 两侧转动的趋势，称为偏航力矩。

$$M_y = \frac{1}{2}m_y\rho v_{\infty}^2 SL \tag{3.31}$$

式中，m_y 为 AUV 的偏航力矩系数。

偏航力矩系数 $m_y(\beta,\delta_v)$ 的求定方法与俯仰力矩系数 $m_z(\alpha,\delta_h)$ 十分类似，因此不再详述。一般来说，只需将计算俯仰力矩的有关公式中的 α 换成 β，δ_h 换成 δ_v，z 换成 y；将 C_{y1hf}、C_{y1hr} 依次换成 $-C_{z1vf}$、$-C_{z1vr}$，即可得到相应的计算偏航力矩系数的公式。

AUV 的升力、俯仰力矩和侧向力、偏航力矩所对应的流体动力元件可能不相同的只有鳍和舵。一般情况下，AUV 的水平鳍(包括水平舵)和垂直鳍(包括垂直舵)是完全相同的，因此，AUV 纵向流体动力关于 α 的位置导数与相应的横向流体动力关于 β 的位置导数是相同的，即

$$C_{z1}^{\beta}=-C_{y1}^{\alpha} \tag{3.32}$$

$$m_{y}^{\beta}=m_{z}^{\alpha} \tag{3.33}$$

6) 横倾力矩

主矩 $\boldsymbol{M}_0$ 在 x 轴方向的分量 M_x 表示回转体型 AUV 绕其对称轴的转动趋势，称为横倾或滚动力矩。当 AUV 以一侧滑角 β 和垂直舵角 δ_v 航行时，便会由于侧向力的上下不对称而形成横倾力矩，因此可分解为鳍的横倾力矩和垂直舵的横倾力矩。

鳍的横倾力矩的无量纲系数形式为

$$M_{xf}=Z_{uvf}d_{uvf}-Z_{lvf}d_{lvf}\ m_{xf}=C_{zuvf}(\beta)\frac{d_{uvf}}{L}-C_{zlvf}(\beta)\frac{d_{lvf}}{L} \tag{3.34}$$

式中，d_{uvf} 为上垂直鳍侧向力作用点到航行器纵轴的距离；d_{lvf} 为下垂直鳍侧向力作用点到航行器纵轴的距离；C_{zuvf} 和 C_{zlvf} 分别为上、下垂直鳍的侧向力系数。在 β 不大的情况下，根据试验资料，可近似认为

$$m_{xf}(\beta)=0.75\left[C_{z1uvf}(\beta)\frac{b_{uvf}}{L}-C_{z1lvf}(\beta)\frac{b_{lvf}}{L}\right] \tag{3.35}$$

式中，$b_{uvf}=0.75b_{uvf}$ 和 $b_{lvf}=0.75b_{lvf}$ 分别表示上、下鳍的高度。

垂直舵的横倾力矩的计算与式(3.35)类似，只是系数 0.75 应改为 0.5～0.6，这里取 0.55，即

$$m_{xr}(\delta_v)=0.55\left[C_{z1uvr}(\delta_v)\frac{b_{uvf}}{L}-C_{z1lvr}(\delta_v)\frac{b_{lvf}}{L}\right] \tag{3.36}$$

2. AUV 流体阻尼力及阻尼力矩

当 AUV 的运动具有角速度时，其所受的流体动力及力矩与其进行定常直线平移运动时相比有所变化，其增量部分称为阻尼力和阻尼力矩。

1) 鳍舵旋转导数无因次系数的确定

鳍板因 ω_x 所产生的横倾力矩旋转导数的无因次系数为

$$m_{xf}^{\bar{\omega}_x}=m_{xhf}^{\bar{\omega}_x}+m_{xvf}^{\bar{\omega}_x}=\left(C_{zvf}^{\beta}y_0^2-C_{yhf}^{\alpha}z_0^2\right)\frac{1}{L^2(1-w)} \tag{3.37}$$

式中，$m_{xhf}^{\bar{\omega}_x}$ 为全部水平鳍因 ω_x 的存在所产生的横倾力矩增量的无因次系数；$m_{xvf}^{\bar{\omega}_x}$ 为全部垂直鳍因 ω_x 的存在所产生的横倾力矩增量的无因次系数；C_{zvf}^{β} 为以 S 为特征面积的垂直鳍侧力系数的位置导数；y_0 为垂直鳍面积对 x 轴的惯性半径；z_0 为水平鳍面积对 x 轴的惯性半径，

$$z_0^2 = \frac{1}{S_{hf}} \iint_{S_{hf}} z^2 dS_{hf} \tag{3.38}$$

C_{yhf}^{α} 为以 AUV 最大横截面面积 S 为特征面积的水平鳍升力系数的位置导数。

由式(3.37)可以看出，系数 $m_{xf}^{\bar{\omega}_x}$ 恒为负值。因此，由 ω_x 引起的横倾力矩增量总是与 ω_x 的旋转方向相反，是一种阻尼力矩，称为横倾阻尼力矩。

2) 壳体旋转导数的无因次系数

壳体旋转导数的理论计算是十分复杂的。因此仅介绍一种以试验为依据的计算方法。针对回转 AUV，大量的试验结果表明，AUV 旋转导数无因次系数的值一般较小，约为鳍舵值的 20%～25%。这样，AUV 壳体和鳍舵的旋转导数的无因次系数便可以写成

$$\begin{cases} C_y^{\bar{\omega}_z} = C_{yH}^{\bar{\omega}_z} + C_{yf}^{\bar{\omega}_z} = C_{yH}^{\bar{\omega}_z} + C_{yhf}^{\bar{\omega}_z} = (1.2\sim1.25)C_{yhf}^{\bar{\omega}_z} \\ m_z^{\bar{\omega}_z} = m_{zH}^{\bar{\omega}_z} + m_{zf}^{\bar{\omega}_z} = m_{zH}^{\bar{\omega}_z} + m_{zhf}^{\bar{\omega}_z} = (1.2\sim1.25)m_{zhf}^{\bar{\omega}_z} \\ C_z^{\bar{\omega}_y} = C_{zH}^{\bar{\omega}_y} + C_{zf}^{\bar{\omega}_y} = C_{zH}^{\bar{\omega}_y} + C_{zvf}^{\bar{\omega}_y} = (1.2\sim1.25)C_{zvf}^{\bar{\omega}_y} \\ m_y^{\bar{\omega}_y} = m_{yH}^{\bar{\omega}_y} + m_{yf}^{\bar{\omega}_y} = m_{yH}^{\bar{\omega}_y} + m_{yvf}^{\bar{\omega}_y} = (1.2\sim1.25)m_{yvf}^{\bar{\omega}_y} \end{cases} \tag{3.39}$$

由于壳体是一回转体，可以近似地认为它对横倾力矩增量没有贡献，有

$$\begin{cases} m_x^{\bar{\omega}_x} = m_{xf}^{\bar{\omega}_x} \\ m_x^{\bar{\omega}_y} = m_{xvf}^{\bar{\omega}_y} \end{cases} \tag{3.40}$$

根据给出的壳体和鳍舵的旋转导数无因次系数的计算公式，再加上 AUV 螺旋桨所产生的对应系数即得到整个 AUV 的旋转导数无因次系数。将所求得的各个系数代入式(3.39)，即可求得 AUV 由旋转而产生的阻尼力和阻尼力矩。

中国船舶科学研究中心综合现有理论和试验结果，给出计算 AUV 壳体旋转导数无因次系数的公式如下：

$$\begin{cases} C_{yH}^{\alpha} = \dfrac{\pi}{2}\left(\dfrac{D}{L}\right)(0.25 + 0.013f)\dfrac{S_M}{S} \\ C_{yH}^{\bar{\omega}_z} = 0.4C_{yH}^{\alpha} \\ m_{zH}^{\bar{\omega}_z} = -0.2C_{yH}^{\alpha} \end{cases} \tag{3.41}$$

式中，S_M 为壳体最大纵剖面面积；f 为壳体长细比；S 为壳体最大横截面面积。

3. 附加质量及附加动量矩

当 AUV 在流体介质中运动时，必然会带动一部分周围流体同时流动。推动 AUV 的力不仅要为增加 AUV 的动能做功，还要为增加周围流体的动能做功。因此与 AUV 在真空中运动时相比较，AUV 在理想流体中运动时相当于其各个惯性系数上均增加了一个附加值。通常将 λ_{ik} 统称为“附加质量”。

1) AUV 附加质量的计算

$$\begin{cases} \lambda_{22}=\int_L \lambda_{22}(x)\mathrm{d}x, \quad \lambda_{33}=\int_L \lambda_{33}(x)\mathrm{d}x \\ \lambda_{26}=\int_L x\lambda_{22}(x)\mathrm{d}x, \quad -\lambda_{35}=\int_L x\lambda_{33}(x)\mathrm{d}x \\ \lambda_{55}=\int_L x^2\lambda_{33}(x)\mathrm{d}x, \quad \lambda_{66}=\int_L x^2\lambda_{22}(x)\mathrm{d}x \end{cases} \tag{3.42}$$

由此可见，只要求得 $\lambda_{22}(x)$ 和 $\lambda_{33}(x)$，则依照式(3.42)即可得出 λ_{22}、λ_{33}、λ_{26}、λ_{35}、λ_{55} 和 λ_{66}。

2) 回转体型 AUV 壳体附加质量的计算

无限长圆柱体单位长度上所对应的附加质量为

$$\lambda_{22}(x)=\frac{\lambda_{22}}{L}=\rho\pi a^2 \tag{3.43}$$

类似地，如果令该圆柱体以速度 $V_{0z}(t)$ 沿 oz 轴做平移运动，则可得到

$$\lambda_{33}(x)=\rho\pi a^2 \tag{3.44}$$

采用所谓“平面假定”，即将回转体型 AUV 壳体分割为许多长度为 $\mathrm{d}x$ 的小段，每一小段可视为直径等于该处壳体直径 $D(x)$ 的无限长圆柱体的一个小段。对于有限长度的回转体型 AUV，当其作横向运动时，实际上存在纵向绕流，故应予以修正，则有

$$\lambda_{22H}=\lambda_{33H}=\mu_y\rho\frac{\pi}{4}\int_L D^2(x)\mathrm{d}x=\mu_y\rho V_{\mathrm{b}} \tag{3.45}$$

式中，μ_y 为修正系数，对现有回转体型 AUV，μ_y 值通常在 0.95～0.98；V_{b} 为 AUV 壳体体积。

当回转体型 AUV 壳体以单位角速度绕 x 轴旋转，其余速度及角速度分量均为零时，λ_{44H} 就等于 AUV 壳体做上述运动时所引起的流体动量矩沿 x 轴的投影。在理想流体中，没有摩擦力。AUV 壳体为一回转体，当其进行上述运动时将不会引起流体的运动，故 $\lambda_{44H}=0$。

3) 回转体型 AUV 鳍、舵附加质量的计算

在下面的计算中，恒取舵角为零，并将舵视为鳍的一部分。

(1) λ_{11f} 的计算。

在理论上视回转体型AUV鳍舵为一无限薄平板，并且与回转体型AUV纵轴方向一致。当回转体型AUV在理想流体中沿x轴方向运动时，不引起流体的扰动。故有

$$\lambda_{11f}=0 \tag{3.46}$$

(2) λ_{22f} 的计算。

λ_{22f}是由水平鳍舵所引起的。水平鳍舵在单位长度上(两侧水平鳍舵，并考虑到与壳体相互干扰)所产生的横向附加质量为

$$\lambda_{22f}(x)=\pi\rho s^2\left(1-\frac{2r^2}{s^2}+\frac{r^4}{s^4}\right) \tag{3.47}$$

式中，s为水平鳍舵的几何尺寸；r为对应的壳体半径。

(3) λ_{33f} 的计算。

λ_{33f}是由垂直鳍舵所引起的。与上述完全类似，有

$$\lambda_{33f}(x)=\pi\rho s^2\left(1-\frac{2r^2}{s^2}+\frac{r^4}{s^4}\right) \tag{3.48}$$

式中，r和s应取与垂直鳍舵所对应的数值。

(4) λ_{44f} 的计算。

λ_{44f}是由水平鳍舵和垂直鳍舵二者共同产生的，应分别予以计算，再叠加起来。令λ_{44vf}与λ_{44hf}分别为垂直鳍舵和水平鳍舵的对应附加质量。先考虑水平鳍舵，将水平鳍舵分为长度等于dx的若干微段，并设每一微段上所受到的流体动力均集中于该微段的面积中心处。面积中心与x轴的距离为z。

设AUV以$\omega_x(x)$绕x轴旋转，某一微段上的平均线速度可以近似地表示为$V_y=z\omega_x$，可得出该微段上由ω_x所引起的附加质量系数关系式为

$$\lambda_{44hf}(x)=\lambda_{22f}(x)z^2 \tag{3.49}$$

$$\lambda_{44vf}(x)=\lambda_{33f}(x)y^2 \tag{3.50}$$

式中，y为垂直鳍舵上任一微段面积中心与x轴的距离。

对整个鳍长进行积分，得出

$$\lambda_{44}=\int_b\lambda_{22f}(x)z^2\mathrm{d}x+\int_b\lambda_{33f}(x)y^2\mathrm{d}x \tag{3.51}$$

以上分别求得了AUV壳体和鳍舵的附加质量。这些附加质量之和，便是相应回转体型AUV的附加质量。

3.2　流体动力计算的 CFD 方法

CFD 方法通过计算机数值计算和图像显示，对包含有流体流动和热传导等相关物理现象的系统进行分析。相较于传统理论分析法和试验测量法，CFD 方法可以计算外形更加复杂的对象，并且不需要巨大的人力物力消耗，就好像在计算机上做了一次物理试验。流场的各种细节，如激波的运动、强度，涡的生成与传播，流动的分离等结果均可以精准地在屏幕上显示，因此 CFD 方法具有其独特的优势。为了进行 CFD 计算，用户可以借助商用软件来完成所需要的任务，也可以自己直接编写计算程序，两种方法的基本工作过程是相同的，如图 3.1 所示。

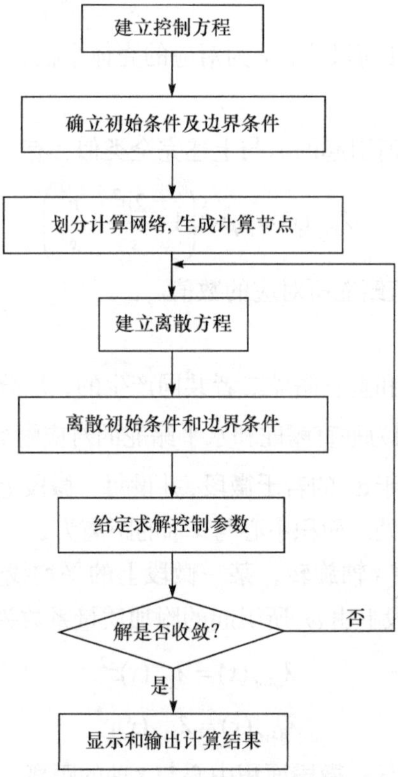

图 3.1　CFD 的基本工作过程

为了完成 CFD 计算，过去用户多是自己编写计算程序。由于 CFD 的复杂性以及计算机软硬件条件的多样性，CFD 方法比较适合被制成通用的商用软件。1981 年以来出现了如 PHOENICS、CFX、STAR-CD、FIDIP、FLUENT 等多个商用 CFD 软件。其中 FLUENT 是目前功能最全面、适用性最广、国内使用最广泛的 CFD 软件之一，它提供了灵活的网格特性，可读入多种 CAD 软件的三维几何模型，内置多种湍流模型，可对绝大多数的问题进行模拟计算。此外，用户还可以使用基于 C 语言的用户自定义函数(UDF)功能对 FLUENT 进行扩展。

目前，工程上确定流体动力性能的方法主要有物理试验法和利用计算机的计算流体力学法两种，相较于物理试验法，计算流体力学方法以其耗费人力物力资源少、周期短等明显优势更加受人青睐。然而，物理试验法往往作为利用计算流体力学方法确定外形方案后对计算结果进行确认的一环，与计算流体力学法相互取长补短，同样具有其不可替代的作用。

3.2.1　流动基本方程

流体流动要受物理守恒定律的支配，基本的守恒定律包括：质量守恒定律、动量守恒定律、能量守恒定律等。本节对包括连续性方程、动量守恒方程和湍流方程在内的流动基本方程进行介绍。

1. 连续性方程

由于流体运动必须遵循质量守恒方程,故通过相应变换引申出了连续性方程。选取空间固定的无穷小体积元模型，这些微小体积元所对应的物理量分别是体积元的空间坐标 (x, y, z) 与时间 t 的函数，则在直角坐标系中三个方向的净质量流量分别为

$$\left[\rho u+\frac{\partial(\rho u)}{\partial x}\mathrm{d}x\right]\mathrm{d}y\mathrm{d}z-(\rho u)\mathrm{d}y\mathrm{d}z=\frac{\partial(\rho u)}{\partial x}\mathrm{d}x\mathrm{d}y\mathrm{d}z \tag{3.52}$$

$$\left[\rho v+\frac{\partial(\rho v)}{\partial y}\mathrm{d}y\right]\mathrm{d}x\mathrm{d}z-(\rho v)\mathrm{d}x\mathrm{d}z=\frac{\partial(\rho v)}{\partial y}\mathrm{d}x\mathrm{d}y\mathrm{d}z \tag{3.53}$$

$$\left[\rho w+\frac{\partial(\rho w)}{\partial z}\mathrm{d}z\right]\mathrm{d}x\mathrm{d}y-(\rho w)\mathrm{d}x\mathrm{d}y=\frac{\partial(\rho w)}{\partial z}\mathrm{d}x\mathrm{d}y\mathrm{d}z \tag{3.54}$$

因此通过该无穷小体积微元的净质量流量为

$$\text{净质量流量}=\left[\frac{\partial(\rho u)}{\partial x}+\frac{\partial(\rho v)}{\partial y}+\frac{\partial(\rho \omega)}{\partial z}\right]\mathrm{d}x\mathrm{d}y\mathrm{d}z \tag{3.55}$$

而无穷小体积微元的总质量为 $\rho(\mathrm{d}x\mathrm{d}y\mathrm{d}z)$，于是该无穷小体积微元的内部质量随时间的增长率为

$$\text{质量随时间的增长率}=\frac{\partial \rho}{\partial t}(\mathrm{d}x\mathrm{d}y\mathrm{d}z) \tag{3.56}$$

基于质量守恒这一物理原理，得到如下表述：通过该无穷小体积微元的净质量流量等于其质量随时间的减少量，即

$$\left[\frac{\partial(\rho u)}{\partial x}+\frac{\partial(\rho v)}{\partial y}+\frac{\partial(\rho w)}{\partial z}\right]\mathrm{d}x\mathrm{d}y\mathrm{d}z=-\frac{\partial \rho}{\partial t}(\mathrm{d}x\mathrm{d}y\mathrm{d}z) \tag{3.57}$$

或者

$$\frac{\partial \rho}{\partial t}+\left[\frac{\partial(\rho u)}{\partial x}+\frac{\partial(\rho v)}{\partial y}+\frac{\partial(\rho \omega)}{\partial z}\right]=0 \tag{3.58}$$

任何流动问题都必须满足质量守恒定律(mass conservation equation)。该定律可以表述为：单位时间内流体微元体中质量的增加，等于同一时间间隔内流入该微元体的静质量。

$$\frac{\partial \rho}{\partial t}+\frac{\partial(\rho u)}{\partial x}+\frac{\partial(\rho v)}{\partial y}+\frac{\partial(\rho w)}{\partial z}=0 \tag{3.59}$$

对于任意矢量$\boldsymbol{a}=a_x\boldsymbol{i}+a_y\boldsymbol{j}+a_z\boldsymbol{k}$，定义矢量散度$\nabla\cdot\boldsymbol{a}=\frac{\partial a_x}{\partial x}+\frac{\partial a_y}{\partial y}+\frac{\partial a_z}{\partial z}$。这样，式(3.59)便可写成

$$\frac{\partial \rho}{\partial t}+\mathrm{div}(\rho \boldsymbol{V})=0 \tag{3.60}$$

$$\frac{\partial \rho}{\partial t}+\nabla\cdot(\rho \boldsymbol{V})=0 \tag{3.61}$$

式中，ρ为密度；t为时间；$\boldsymbol{V}$为速度矢量；u、v、w为速度矢量$\boldsymbol{V}$在x、y、z方向的分量。

式(3.60)、式(3.61)即为瞬态三维可压缩流体的质量守恒方程。若流体不可压缩，密度ρ为常数，式(3.59)变为

$$\frac{\partial u}{\partial x}+\frac{\partial v}{\partial y}+\frac{\partial w}{\partial z}=0 \tag{3.62}$$

若流动处于稳态，则密度不随时间变化，式(3.59)变为

$$\frac{\partial(\rho u)}{\partial x}+\frac{\partial(\rho v)}{\partial y}+\frac{\partial(\rho w)}{\partial z}=0 \tag{3.63}$$

质量守恒方程常称作连续方程(continuity equation)。

2. 动量守恒方程

动量方程在笛卡儿坐标系中三个方向的分量分别表述如下：

$$\rho\left(\frac{\partial u}{\partial t}+u\frac{\partial u}{\partial x}+v\frac{\partial u}{\partial y}+\omega\frac{\partial u}{\partial z}\right)=-\frac{\partial p}{\partial x}+\mu\left(\frac{\partial^2 u}{\partial x^2}+\frac{\partial^2 u}{\partial y^2}+\frac{\partial^2 u}{\partial z^2}\right) \tag{3.64}$$

$$\rho\left(\frac{\partial v}{\partial t}+u\frac{\partial v}{\partial x}+v\frac{\partial v}{\partial y}+\omega\frac{\partial v}{\partial z}\right)=-\frac{\partial p}{\partial y}+\mu\left(\frac{\partial^2 v}{\partial x^2}+\frac{\partial^2 v}{\partial y^2}+\frac{\partial^2 v}{\partial z^2}\right) \tag{3.65}$$

$$\rho\left(\frac{\partial \omega}{\partial t}+u\frac{\partial \omega}{\partial x}+v\frac{\partial \omega}{\partial y}+\omega\frac{\partial \omega}{\partial z}\right)=-\frac{\partial p}{\partial z}+\mu\left(\frac{\partial^2 w}{\partial x^2}+\frac{\partial^2 w}{\partial y^2}+\frac{\partial^2 w}{\partial z^2}\right) \tag{3.66}$$

式中，(u,v,w) 为流体速度分量；p 为流体压力；ρ 为流体密度；μ 为流体动力黏性系数。

3. *湍流方程*

在实际工程应用中，通常只有小雷诺数流动才是层流流动，而大多情况都是湍流流动。在湍流流动中，各个物理量是随时间瞬态变化的。通常用时间平均值代替统计平均值，将湍流流动的各个物理量表示为时均物理量，这就是所模拟的定常流流动计算思想。对于一个任意的流动变量 φ，定义其时均值为

$$\overline{\varphi}=\frac{1}{T}\int_t^{t+T}\varphi(t)\mathrm{d}t \tag{3.67}$$

则在湍流中该流动变量 φ 随时间变化的瞬态值可以用时均值加脉动值来替代，定义如下：

$$\varphi=\overline{\varphi}+\varphi' \tag{3.68}$$

式中，φ' 为 φ 的脉动值。将方程(3.68)转化为相应的物理量并代入方程(3.63)～方程(3.66)，即相应控制方程的时均流动方程可定义如下：

连续性方程

$$\frac{\partial \overline{u}}{\partial x}+\frac{\partial \overline{v}}{\partial y}+\frac{\partial \overline{w}}{\partial z}=0 \tag{3.69}$$

动量方程

$$\begin{aligned}\rho\left(\frac{\partial \overline{u}}{\partial t}+\overline{u}\frac{\partial \overline{u}}{\partial x}+\overline{v}\frac{\partial \overline{u}}{\partial y}+\overline{\omega}\frac{\partial \overline{u}}{\partial z}\right)=&-\frac{\partial \overline{p}}{\partial x}+\mu\left(\frac{\partial^2 \overline{u}}{\partial x^2}+\frac{\partial^2 \overline{u}}{\partial y^2}+\frac{\partial^2 \overline{u}}{\partial z^2}\right)\\&+\left[\frac{\partial\left(-\rho\overline{u'u'}\right)}{\partial x}+\frac{\partial\left(-\rho\overline{u'v'}\right)}{\partial y}+\frac{\partial\left(-\rho\overline{u'w'}\right)}{\partial z}\right]\end{aligned} \tag{3.70}$$

$$\begin{aligned}\rho\left(\frac{\partial \overline{v}}{\partial t}+\overline{v}\frac{\partial \overline{u}}{\partial x}+\overline{v}\frac{\partial \overline{v}}{\partial y}+\overline{v}\frac{\partial \overline{w}}{\partial z}\right)=&-\frac{\partial \overline{p}}{\partial y}+\mu\left(\frac{\partial^2 \overline{v}}{\partial x^2}+\frac{\partial^2 \overline{v}}{\partial y^2}+\frac{\partial^2 \overline{v}}{\partial z^2}\right)\\&+\left[\frac{\partial\left(-\rho\overline{v'u'}\right)}{\partial x}+\frac{\partial\left(-\rho\overline{v'v'}\right)}{\partial y}+\frac{\partial\left(-\rho\overline{v'w'}\right)}{\partial z}\right]\end{aligned} \tag{3.71}$$

$$\rho\left(\frac{\partial\overline{w}}{\partial t}+\overline{w}\frac{\partial\overline{u}}{\partial x}+\overline{w}\frac{\partial\overline{v}}{\partial y}+\overline{w}\frac{\partial\overline{w}}{\partial z}\right)=-\frac{\partial\overline{p}}{\partial z}+\mu\left(\frac{\partial^2\overline{w}}{\partial x^2}+\frac{\partial^2\overline{w}}{\partial y^2}+\frac{\partial^2\overline{w}}{\partial z^2}\right)+\left[\frac{\partial\left(-\rho\overline{w'u'}\right)}{\partial x}+\frac{\partial\left(-\rho\overline{w'v'}\right)}{\partial y}+\frac{\partial\left(-\rho\overline{w'w'}\right)}{\partial z}\right] \tag{3.72}$$

式中，$-\rho\overline{u'u'}$、$-\rho\overline{u'v'}$和$-\rho\overline{u'w'}$等为雷诺应力项(包括正应力与切应力)。方程(3.70)～方程(3.72)称为雷诺方程。相比于纳维-斯托克斯(Navier-Stokes，N-S)方程，雷诺方程在各个项都加了雷诺应力项。因此，可以认为雷诺应力主要是由非均匀流场所引起的，其物理意义为由于湍流脉动引起了单位面积上的动量输运率，其表现形式为湍流应力。

3.2.2 常用离散格式及流场数值计算简介

CFD 计算中的控制方程是各个空间节点的流动方程累积所得，故为一系列方程组，且是偏微分方程，因此求解解析解几乎不可能实现。目前，人们主要通过数值求解控制方程来得到近似解，而有限体积法(finite volume method，FVM)是现代 CFD 领域常用的数值离散方法，该方法可以很好地适用于各类网格划分策略。

FVM 的基本思路是：首先将计算域进行空间离散，即通常所说的画网格，这是 CFD 计算的前处理阶段，也是 CFD 计算的难点之一；在将计算域离散为互不重复的微小控制体后，将控制方程分别在每个控制体上进行积分，这样就会得到一系列关于整个计算域各个节点的离散方程，即可开展数值求解。

1. 常见的离散格式

基于 FVM 建立离散方程组时，其中的一个关键步骤就是基于插值来求解相应的各单元节点的物理量。插值的意义在于生成离散方程组，插值方式又被称为离散格式。目前常用的离散格式较多，主要靠精度分类，精度是由截断误差的阶数来定义的。常见的离散格式如下：

1) 中心差分格式

中心差分格式是一种误差较小的一阶精度差分方法，这是一种线型插值方式，即取上游和下游网格节点物理量的算术平均值。

2) 一阶迎风格式

一阶迎风格式是一种无条件稳定的差分格式，但是由于其截断误差的精度为一阶，若想获得较高的计算精度，必须对网格节点加密，所以近年来其已很少被用于数值计算。然而，由于该格式有无条件稳定的特点，在数值计算中仍是不可替代的。

3) 二阶迎风格式

二阶迎风格式是一种截断误差为二阶精度的离散格式。同样地，二阶迎风格式也是无条件稳定的，但是它同时考虑了上游的两个节点处的物理量，因此可以认为考虑了曲线的影响。目前大多应用都是二阶迎风格式，但是如果为了获得一个比较容易收敛的结果，可以首先选用一阶格式，当计算达到一定程度后，再选用二阶迎风格式则可以快速收敛。

4) QUICK 格式

QUICK 格式是一种改进的离散格式，截断误差精度为三阶，因此计算结果精度相比于一阶与二阶格式更高，但是该格式是条件稳定的，通常只适用于结构化网格。

5) High Resolution 格式

High Resolution 格式的特点是精度可以自动变化。当所参考变量参数的波动性较大时，采用较低的精度，而当波动变小时，自动调节至高精度，因此该格式可以有效地避免计算过程中出现的发散情况，同时能够得到比较准确的结果。该方法主要用于商业软件 ANSYS CFX 中。

2. *求解算法*

CFD 数值计算的本质是对离散方程组进行数值求解。通常有两种方法：分离解法和耦合解法。

分离解法单步求解基本过程如图 3.2 所示，它并不会将所有方程进行联立求解，而是逐个方程进行求解。压力修正法是一种最常用的分离解法，也有很多的实现形式。目前，SIMPLE 算法是最普及、适用范围最广的算法。

耦合解法单步求解基本过程如图 3.3 所示，它会首先将控制方程进行联立求解，然后对一些其他的方程进行求解。由于该算法是求解一组非线性耦合方程，需要首先进行迭代才会获得收敛解。

SIMPLE 算法是求解压力耦合方程的半隐式方法，它是目前工程应用中最广泛的一种求解算法。该算法的求解基本步骤是：首先，为了获得迭代计算的各系数与各常数 $u^*, v^*, \phi^*(u, v, \phi)$ 而假设一组值，也就是速度分布；然后，假设一个压力 P^*；最后，根据当前的假设值开展后续方程计算，具体步骤如下。

(1) 根据速度及压力求解动量离散方程：

$$a_{i,J}u_{i,J}^* = \sum a_{nb}u_{nb}^* + (p_{I-1,J}^* - p_{I,J}^*)A_{i,J} + b_{i,J} \tag{3.73}$$

$$a_{I,j}v_{I,j}^* = \sum a_{nb}v_{nb}^* + (p_{I,J-1}^* - p_{I,J}^*)A_{I,j} + b_{I,j} \tag{3.74}$$

(2) 根据 u^* 和 v^* 求解压力修正方程：

$$a_{I,J}p'_{I,J} = a_{I+1,J}p'_{I+1,J} + a_{I-1,J}p'_{I-1,J} + a_{I,J+1}p'_{I,J+1} + a_{I,J-1}p'_{I,J-1} + b'_{I,J} \tag{3.75}$$

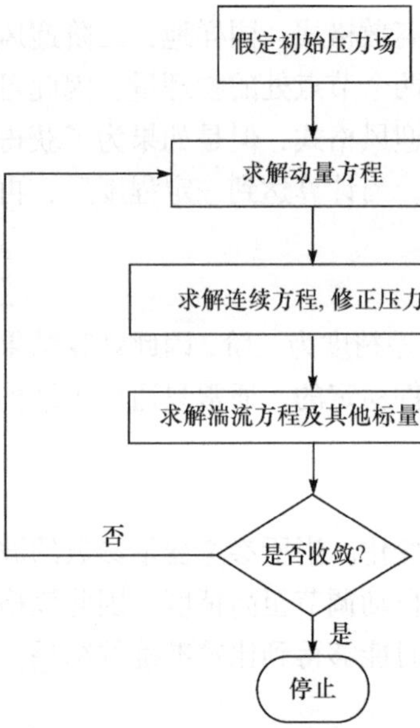

图 3.2　分离求解单步流程图

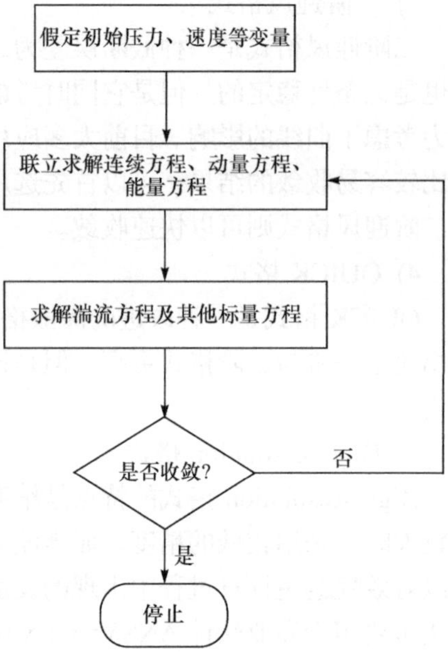

图 3.3　耦合求解单步流程图

(3) 修正压力和速度：

$$p_{I,J} = p^*_{I,J} + p'_{I,J} \tag{3.76}$$

$$u_{i,J} = u^*_{i,J} + d_{i,J}(p'_{I-1,J} - p'_{I,J}) \tag{3.77}$$

$$v_{I,j} = v^*_{I,j} + d_{I,j}(p'_{I,J-1} - p'_{I,J}) \tag{3.78}$$

(4) 求解所有其他的离散化输运方程：

$$a_{I,J}\varphi_{I,J} = a_{I+1,J}\varphi_{I+1,J} + a_{I-1,J}\varphi_{I-1,J} + a_{I,J+1}\varphi_{I,J+1} + a_{I,J-1}\varphi_{I,J-1} + b_{I,J} \tag{3.79}$$

还有几种其他常见的算法，包括SIMPLER 算法、SIMPLEC算法及PISIO 算法。这几种算法均是 SIMPLE 算法的改进算法，它们各有各的优点及适用范围，选用合适的算法会起到事半功倍的效果。通常 SIMPLE 算法是各种商业软件的默认算法，但是对于一些简单流场，可以采用加了欠松弛因子的 SIMPLEC 算法。SIMPLEC 算法可以明显增加计算收敛性，但是也可能会导致计算不稳定而发散。PISIO 算法相比于其他算法多了一个修正步，计算收敛极快，但是每步又需要花费较多时间，对于一些网格质量差的过渡问题有极好的应用前景。

3.2.3　湍流模拟方法与湍流模型

1. 湍流模拟方法

在实际工程应用中，人们遇到的往往是湍流流动。湍流流动极其复杂，目前人们对湍流流动的机理并没有一个深刻而清楚的认识，迄今为止还没有一种公认的能够解决湍流流动的最佳方法。然而，随着近年来湍流试验技术的进步，包括 PIV 试验测量等已能够清楚直观地观察流场结构，人们逐渐对瞬态的湍流各种涡结构等有了更清楚的认识。随着计算机技术的发展，近年来人们已经逐渐运用数值方法对湍流进行数值模拟，也能很好地对实际流动进行仿真，对流场结构进行观察分析。

目前所发展的湍流模拟方法主要有两种。一种是直接数值模拟(direct numerical simulation，DNS)方法，需要直接求解瞬态湍流 N-S 方程，得到计算域各个单元节点的信息。过去由于计算机硬件的限制，DNS 方法被认为是无法实现的。但是现在计算机的计算能力越来越强，DNS 方法已经可以有效实现，被认为是一种实际有效的数值模拟方法。然而该方法毕竟计算信息量较大，因此目前还只能应用于一些如后台阶流动、平板流动等比较简单的低雷诺数流动。对于具体复杂的工程应用尚不成熟，相信在不久的将来，该方法会大放异彩。另一种是非直接数值模拟方法，主要包括大涡模拟(large eddy simulation，LES)、统计平均法和雷诺平均(Reynolds average Navier-Stockers，RANS)法。LES 方法的思想是对湍流脉动进行空间平均，使用某些特定的滤波函数将大小尺度涡分开，从而分别模拟。LES 方法模拟的雷诺数越高，计算尺度越大，所需要的计算网格就会越多，其所需的计算时间与网格数目是一种几何倍数的关系，因此目前仍旧受限于计算机硬件条件，将该方法成熟地运用于湍流计算仍需要很大的努力。RANS 法是目前工程应用中使用最广泛的湍流数值模拟方法。RANS 方法与 LES 方法相比，只计算各尺度湍流脉动的时均流，使用湍流模型来使湍流脉动对时均流动的作用进行封闭。由于 RANS 方法只需计算时均流，极大地提高了计算效率，目前它已经相对成熟，且对计算机硬件的依赖性较弱，成为应用最广泛的数值模拟方法。RANS 方法主要分为两类：雷诺应力模式和涡黏封闭模式。

2. 湍流模型

雷诺应力模型是将雷诺应力方程的右端项中的未知项用时均量与湍流特征尺度表示，从而得出湍流中的时均量及雷诺应力分布。通常将采用雷诺应力形式的偏微分方程叫做雷诺应力模型(RSM)。

涡黏模型在工程应用中被广泛应用。该模型不直接求解雷诺应力项，而是引入一个关于湍流流动的参数 μ_t，则雷诺应力可以被表示成 μ_t 的函数，表示如下：

$$-\rho\overline{u'u'} = 2\mu_t\frac{\partial\overline{u}}{\partial x},\quad -\rho\overline{v'v'} = 2\mu_t\frac{\partial\overline{v}}{\partial y},\quad -\rho\overline{w'w'} = 2\mu_t\frac{\partial\overline{\omega}}{\partial z} \tag{3.80}$$

$$-\rho\overline{u'v'} = \mu_t\left(\frac{\partial\overline{v}}{\partial x}+\frac{\partial\overline{u}}{\partial y}\right),\quad -\rho\overline{u'w'} = \mu_t\left(\frac{\partial\overline{u}}{\partial z}+\frac{\partial\omega}{\partial x}\right),\quad -\rho\overline{v'w'} = \mu_t\left(\frac{\partial\overline{v}}{\partial z}+\frac{\partial\omega}{\partial y}\right) \tag{3.81}$$

由此可见，当引入 Boussinesq 假设后，只要确定参数 μ_t，RANS 方程即可被求解。根据引入的湍流量的不同，可以得到不同的 μ_t 表达形式，也可以称为不同的涡黏模型。根据引入附加湍流量的数目，涡黏模型可以被分为零、一以及两方程模型。目前常用的湍流模型包括 Spalart-Allmaras 模型、标准 k-ε 模型 、标准 k-ω 模型 、RNG k-ε 模型 、Realizable k-ε 模型 和 SST k-ω 模型 等。每个湍流模型都有各自的特点，在实际应用中选择合适的湍流模型是数值计算必须解决的关键问题。

Spalart-Allmaras 模型是一种单方程模型，即仅引入一个湍流量，其计算比较简单。在使用商业软件进行数值计算时，Spalart-Allmaras 模型对于质量不好的网格效果更好。标准 k-ε 模型是一种应用极为广泛的两方程湍流模型，其计算收敛性和准确性都十分符合工程计算的要求。该方程是一种半经验公式方程，是依据试验总结所得。然而由于仅是单方程模型，故对于分离流动等复杂情况并不能得到很好的结果。

RNG k-ε 模型是标准 k-ε 模型的改进模型，对于旋转流等复杂流动模拟精度较高。该模型相比于标准 k-ε 模型，有以下特点：

(1) 在标准的 ε 方程中加入一个新的条件，从而大大提高数值计算的精度。

(2) 将湍流漩涡对计算结果的影响考虑在内，故该模型对复杂流动模拟情况效果较好。

(3) 增加一个公式来求解低雷诺数流动，该公式的有效应用能够正确处理压力梯度较大的近壁区域。

以上特点使得 RNG k-ε 模型比标准 k-ε 模型在工程实际中具有更高的可靠度与计算精度。其控制方程如下：

湍流脉动动能方程(k 方程)

$$\frac{\partial}{\partial t}(\rho k)+\frac{\partial}{\partial x_i}(\rho k u_i)=\frac{\partial}{\partial x_j}\left[(\alpha_k \mu_{\text{eff}})\frac{\partial k}{\partial x_j}\right]+G_k+G_b-\rho\varepsilon-Y_M \tag{3.82}$$

耗散率方程(ε 方程)

$$\frac{\partial}{\partial t}(\rho \varepsilon)+\frac{\partial}{\partial x_i}(\rho \varepsilon u_i)=\frac{\partial}{\partial x_j}\left[(\alpha_\varepsilon \mu_{\text{eff}})\frac{\partial \varepsilon}{\partial x_j}\right]+C_{1\varepsilon}\frac{\varepsilon}{k}(G_k+G_{3\varepsilon}G_b)-C_{2\varepsilon}\rho\frac{\varepsilon^2}{k}-R \tag{3.83}$$

式中，

$$\begin{cases}\mu_{\text{eff}}=\mu+\mu_t\\ \mu_t=\rho C_\mu \dfrac{k^2}{\varepsilon}\end{cases} \tag{3.84}$$

标准 k-ω 模型是基于 Wilcox k-ω 模型的改进模型，该模型适用于模拟转捩与逆压梯度较大的边界层分离模拟。当然，其他湍流模型均是在标准模型的基础上做了一些改进,可以用于求解更特殊的流场,但是选择合适的湍流模型也更困难。

3.2.4 动参考系模型

在运用 CFD 方法进行极限流域流体动力计算或者螺旋桨水动力特性数值仿真时，需要采用动参考系进行流场求解，即可转化为相对的稳态流场，从而不需要网格、计算域发生实际运动或变形，降低了计算难度与计算成本。动参考系模型通常包括一重参考系的单参考系(single reference frame， SRF)模型、多重参考系的多参考系(multi-reference frame， MRF)模型、适用于复杂情况的混合面(mixing plane，MP)模型以及网格发生相对变形的滑移网格(sliding mesh，SM)模型。通常在计算螺旋桨水动力特性时，由于螺旋桨在实际情况中是转动的，需要用到动参考系模型，而且需要将计算域划分为包含螺旋桨的子域以及其余部分构成的域，若子域数目大于 1，SRF 模型将不再适用。因此，本节主要对后三种动参考系模型进行详细介绍。

1) MRF 模型

MRF 模型是一种最简单的动参考系模型,该模型能够对多个子域流场同时展开计算。运用 MRF 模型可以同时模拟各个不同子域的平动与转动,在每个运动区域的网格分别使用动参考系方程求解流动。在各个子域的交界面处，相邻子域间的流动变量将通过局部参考系进行转化，从而实现整个计算域流动变量的统一。值得注意的是运用该模型进行多区域求解时，各计算子域及网格并不会发生移动变形且其位置是绝对固定的，因此该模型也被称为“冰冻转子法”。同时，该模型可以为瞬态滑移网格计算提供极好的初始条件。尽管该模型是一种近似求解瞬态动流场问题的模型，但模拟结果还是相对可信的，也在螺旋桨水动力特性数值计算中得到了广泛的应用。然而，该模型还是有一定的限制条件：①使用 MRF 动参考系模型求解时不能选择 Realizable k-ε 湍流模型；②对于相对运动区域间的交界面，必须确保法向速度分量为 0，对于旋转模型，通常旋转域与固定域的交界面需为 0；③在该模型中运用相对速度公式不能准确地描述轴对称的漩涡流；④如果需要求解非稳态问题，则需要在输运控制方程中添加相应的非稳态原项。

2) MP 模型

MP 模型是 ANSYS FLUENT 提供的一种求解一个或多个相对运动区域的模型。对于不同计算域交界面上流动情况相差较大的流场，使用 MRF 模型将不再能得到精确解，此时使用 SM 模型是最好的选择，但是对于一些不适合采用 SM 模型的地方使用 MP 模型会得到更好的计算结果。在 MP 模型中，整个计算域的各个子域中的流动变量均被分别当作稳态问题进行求解，而且在相邻子域间是通过对交界面两侧的流动变量进行平均，然后将平均值作为相邻子域的边界条件，从而分别在各子域进行求解。该模型会混合溢出任意由周向变量引起的非稳态物理量(例如尾流、激波以及分离流动等)，故 MP 模型求解的是稳态流场。该模型同样可以提供时间平均流的可信解。

3) SM 模型

SM 模型相对于前两种模型是一种求解非定常流动的动参考系模型，在求解过程中，所设置计算域按预定目标进行平动或转动。该模型的特殊之处就在于它所求解的各个子域是发生绝对运动的，故各个子域的网格也会发生相对运动，在交界面两侧的网格则会发生相对滑动。相对于前两种动参考系模型，该模型最符合实际情况，且对瞬态流场信息的捕获效果更好，但是对计算时间的要求较高，同时必须满足下列条件：①以不同速度平动或转动的区域必须由不同的网格区域构成，即必须划分不同的计算域；②两个相邻的计算子域应该相对于交界面做滑动，不能垂直于交界面运动；③必须确保在滑移边界上有单独设置的滑移面，且滑移面两侧的面域应该确保有相同的形状与位置。

3.2.5 动网格技术

动网格模型是 FLUENT 商业软件提供的一种能够模拟变边界条件流场的实用新技术。通常边界运动分为两种：一种是已知运动形式，即需要在 FLUENT 中通过编写用户自定义函数(UDF)来实现；另一种是未知运动形式，需要先计算一步然后确定下一步运动方式，以此类推。

1. 守恒型动网格流场计算方程

对于边界运动的任意一个控制体 V 上的一般标量 ϕ 的守恒型的方程可以表示为

$$\frac{\mathrm{d}}{\mathrm{d}t}\int_V \rho\phi \mathrm{d}V + \int_{\partial V} \rho\phi\left(\boldsymbol{u}-\boldsymbol{u}_g\right)\cdot \mathrm{d}\boldsymbol{A} = \int_{\partial V} \Gamma \nabla\phi \mathrm{d}\boldsymbol{A} + \int_V S_\phi \mathrm{d}V \tag{3.85}$$

式中，V 为控制体体积；∂V 为控制体的运动边界；$\boldsymbol{u}_g$ 为动网格运动速度；$\boldsymbol{u}$ 为流体的速度矢量。将上式中的第一项表示为差分方式：

$$\frac{\mathrm{d}}{\mathrm{d}t}\int_V \rho\phi \mathrm{d}V = \frac{(\rho\phi V)^{n+1}-(\rho\phi V)^n}{\Delta t} \tag{3.86}$$

式中，$(\rho\phi V)$ 的上标 n 与 n+1 表示的是相邻计算步的时间层。其中第 n+1 时间步的控制体体积 V^{n+1} 表示如下：

$$V^{n+1} = V^n + \frac{\mathrm{d}V}{\mathrm{d}t}\Delta t \tag{3.87}$$

$\mathrm{d}V/\mathrm{d}t$ 可以由网格守恒定律定义如下：

$$\frac{\mathrm{d}V}{\mathrm{d}t}=\int_{\partial V}\boldsymbol{u}_g=\sum_{j}^{n_f}\boldsymbol{u}_{g,j}\cdot\mathrm{d}\boldsymbol{A}_j \tag{3.88}$$

式中，

$$\boldsymbol{u}_{g,j}\cdot\mathrm{d}\boldsymbol{A}_j=\frac{\delta V_j}{\Delta t} \tag{3.89}$$

其中的 δV_j 是控制体上的面 j 在时间步 Δt 内扫掠所得的体积。

2. 动网格更新方法

动网格更新可通过如下三种模型来实现，它们分别为弹簧近似光滑模型(spring-based smoothing)、动态铺层模型(dynamic layering)及局部重构模型(local remeshing)。

1) 弹簧近似光滑模型

在弹簧近似光滑模型中，两个相邻网格节点间假设依靠“弹簧”来连接，这样整个计算域就是由有限多个“弹簧”构成。在初始时刻，整个“弹簧”系统是平衡的。当动网格更新一个时间步长之后，部分节点随着边界进行运动，于是整个“弹簧”系统的平衡被破坏，所有网格节点都会受到非平衡的力，从而按照受力情况发生位移。网格节点通过一定的位置调整获得新的力的平衡，使整个“弹簧”系统达到了新的平衡。之后开始第二个时间步长，网格继续变形、平衡，以此类推。对于每一个网格节点，不管该节点上面连着多少个“弹簧”，在平衡状态它所受到的合力必定为 0。这是该模型的核心思想。对于合力为零可以由以下迭代方程表示：

$$\Delta\boldsymbol{x}_i^{m+1}=\frac{\sum_j^{n_i}k_{ij}\Delta\boldsymbol{x}_j^m}{\sum_j^{n_i}k_{ij}} \tag{3.90}$$

式中，$\Delta\boldsymbol{x}_i$ 是网格节点位移；n_i 为与该节点所连“弹簧”的数目；k_{ij} 为相邻节点间的弹性系数常量，定义为 $k_{ij}=1\Big/\sqrt{\left|\boldsymbol{x}_i-\boldsymbol{x}_j\right|}$。由于运动边界的位移是已知的，式(3.90)可以通过雅可比矩阵进行求解。值得注意的是，网格更新后的新节点位置可由下式得出：

$$\boldsymbol{x}_i^{n+1}=\boldsymbol{x}_i^n+\Delta\boldsymbol{x}_i^{k,\text{conerged}} \tag{3.91}$$

该模型主要适用于非结构化网格，在具体应用中，该模型需要设置的参数较多，且很多参数是耦合作用的，通常情况一种网格对应一套参数。因此对于某一个具体问题，需要不断调节各参数并通过网格预览功能观察网格变形情况，网格变形较好时再对网格节点施加物理量观察计算结果，如果结果不稳定需再次调节参数。因此，相应的参数调节同样是数值计算的难点之一。

2) 动态铺层模型

对于棱柱形网格区域(六面体或者三棱柱网格)，可以运用该模型来更新网格。该模型是通过边界运动带动与边界接触的网格发生运动，故沿着运动方向的网格层高度会发生变化，前方网格层高度变小，后方网格层高度变大，即前方网格压缩，后方网格拉伸。当达到一定程度后，前方网格发生"坍塌"，与第二层网格融合成新的网格层继续被压缩，而后方网格发生"再生成"，一层网格就变成两层，临近运动边界的网格继续被拉伸。

假定拉伸因子为 α ，理想网格层高度为 h_0 ，那么当拉伸的网格层高度 $h>(1+\alpha)h_0$ 后，该层网格就会变成高度为 h_0 与 αh_0 的两层网格。同样地，假定收缩因子 β ，当网格层高度 $h<\beta h_0$ 后，该网格单元层将与邻近的单元层网格合并。在具体问题中，该模型仅需 α 、β 、h_0 三个参数，故调节参数较为简单，通常仅需两三次参数调节即可完成动网格部分设置。

3) 局部重构模型

局部重构模型通常是与弹簧近似光滑模型搭配使用的，当网格发生变形后出现极端网格时，就会引起计算错误。为了解决此问题，需要将这些不满足要求的极端网格进行标记,并对这些标记区域重新划分网格,然后进行下一步网格变形，以此类推。此外，该模型仅能用于非结构化网格。在采用动网格开展数值计算时，调节相关动网格参数对于数值计算来说是非常复杂且耗时的，因此合理的动网格参数设置是保证数值计算结果合理与精确的基础之一。此外，使用这两种动网格更新方法进行数值计算时由于每个迭代步长都需要进行网格的重构与变形，所以计算是非常耗时的。

3.2.6 翼身融合水下滑翔机的流体动力数值计算

使用 ANSYS ICEM 对翼身融合水下滑翔机进行结构网格的划分，如图 3.4 所

图 3.4 计算域及滑翔机网格细节

示，以 determinant3*3*3 为评估标准，检查网格质量达到 0.65 以上，网格数量达到 1000 万。计算域设置为矩形计算域，其尺寸长×宽×高为(20×30×10)m。速度入口流速取为 0.514m/s(1kn)，介质密度为 1025kg/m^3，特征面积为沾湿表面积 10m^2，特征长度为展长 5m。通过估算，取无量纲壁面距离 y^+ 值为 1，计算得到边界层第一个网格厚度 0.05mm，边界层方向节点数设置在 30 个以上。计算滑翔机在−10°～10°攻角下的位置力及位置力矩等流体动力参数。

为验证计算网格无关性，分别计算了翼身融合水下滑翔机在 4°攻角时，其升力系数(C_l)和阻力系数(C_d)随网格数的变化规律。如图 3.5 所示，当网格数量达到 9×10^6 后，升力系数、阻力系数便基本平稳不变。基于此，取网格总数为 1×10^7，网格质量在 determinant3*3*3 条件下达到 0.6 以上，从而确保计算的准确性。

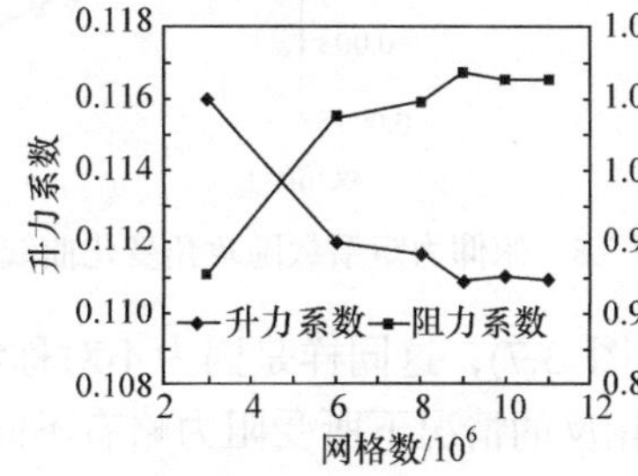

图 3.5 网格无关性验证

使用 ANSYS FLUENT 进行滑翔机的数值模拟计算，考虑重力作用，湍流模型设置为 SST k-ω，离散格式为二阶迎风格式，收敛残差为 1×10^{-5}，迭代计算 1300 步。边界条件设置包括：速度入口；压力出口；自由滑移壁面；滑翔机表面均设为静止无滑移壁面。在网格绘制完成后，通过绕 Z 轴旋转网格，便可仿真模拟出不同攻角下翼身融合水下滑翔机的流体动力参数。图 3.6～图 3.9 给出了不同水动力参数随攻角的变化趋势。图 3.10 为翼身融合水下滑翔机在不同攻角时，总对称面的压力、速度云图。

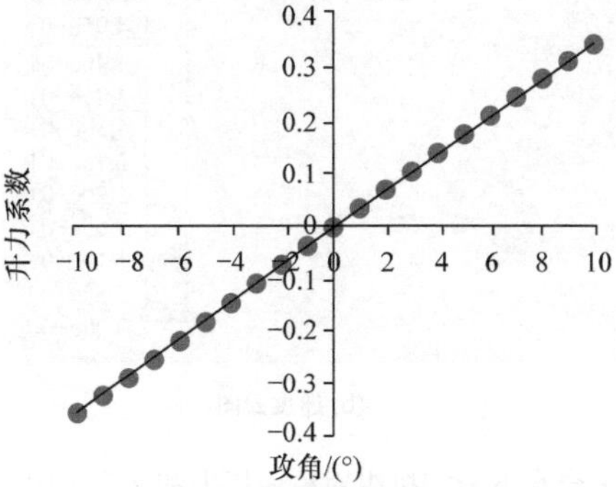

图 3.6 升力系数随攻角变化曲线

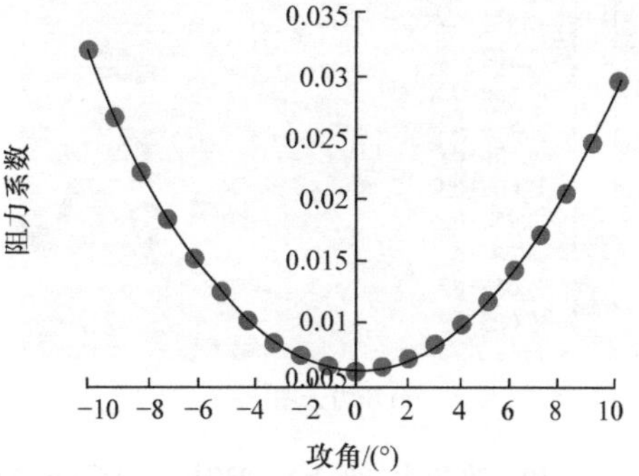

图 3.7 阻力系数随攻角变化曲线

在翼身融合水下滑翔机的设计过程中，最大升阻比是检验外形是否优越的重要指标，它直接决定了水下滑翔机的滑翔性能。垂直尾翼的存在导致翼身融合水下滑翔机沿水平面并不完全对称，因此其升力系数曲线为一条含有常数项的一次曲线，即在0°攻角时升力不为 0(图 3.6)；阻力系数曲线为一条对称轴右偏的二次

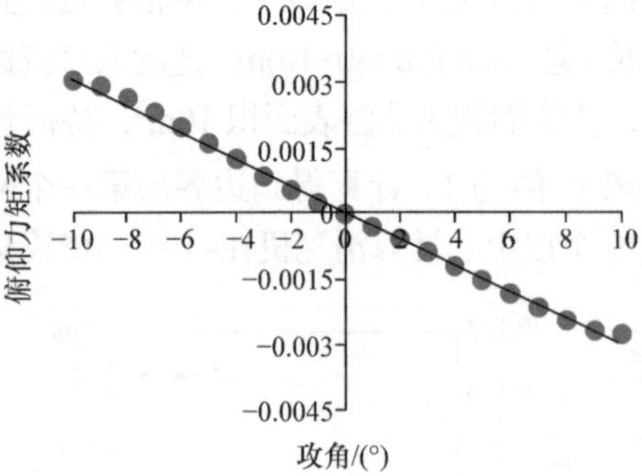

图 3.8　俯仰力矩系数随攻角变化曲线

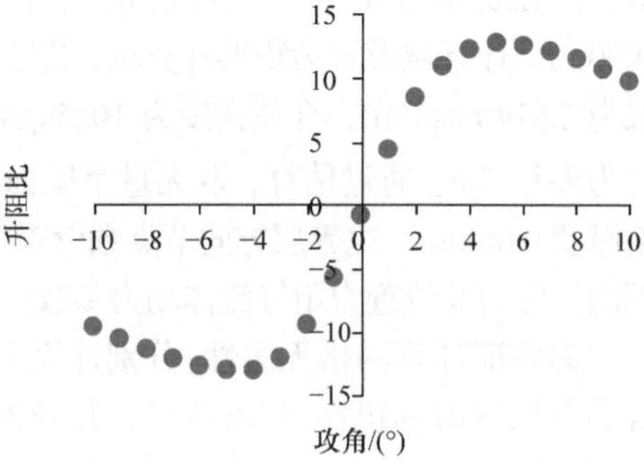

图 3.9　升阻比随攻角变化曲线

曲线(图 3.7)，这同样是因为不对称性导致翼身融合水下滑翔机在攻角大小相同、方向相反的情况下所受阻力略有不同，如图 3.10 所示。从图 3.9 可以看出，翼身融合水下滑翔机在攻角为±5°左右时，升阻比达到最大值 14 左右。

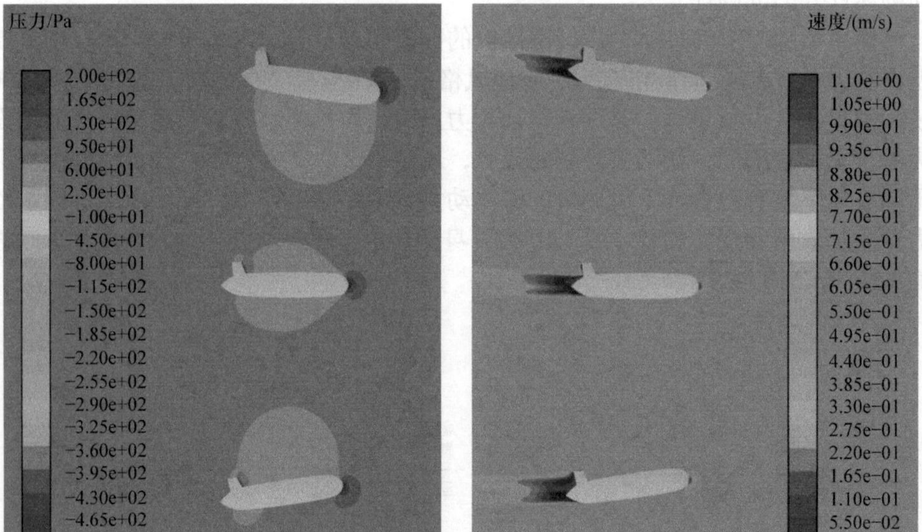

(a) 压力云图　　(b) 速度云图

图 3.10　攻角为−8°(上)、0°(中)、8°(下)时翼身融合水下滑翔机纵对称面压力和速度云图

经过不断地对翼身融合水下滑翔机外形的修改，在确认其仿真计算的流体动力学参数达到设计指标，即外形方案确定后，通过保证雷诺相似，对其进行风洞吹风试验，以验证计算结果，试验及仿真对比见图 3.11 和图 3.12。从图中可以看出，数值仿真计算对于翼身融合水下滑翔机升力系数的预测对比试验数值在所有

攻角范围内均相对准确，对阻力系数的预测在小攻角范围相对较好。

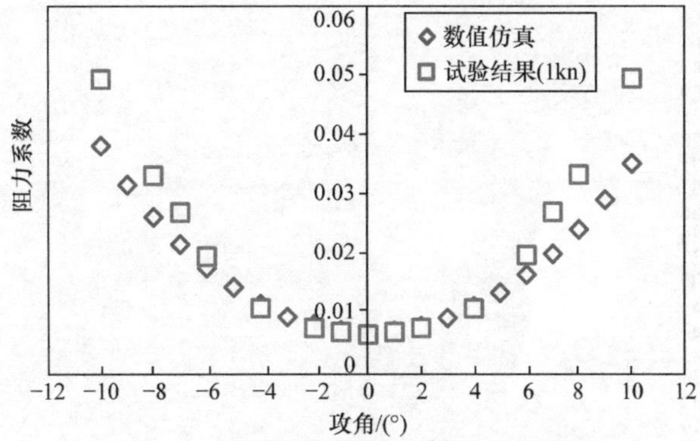

图 3.11 阻力系数数值仿真与试验结果对比图

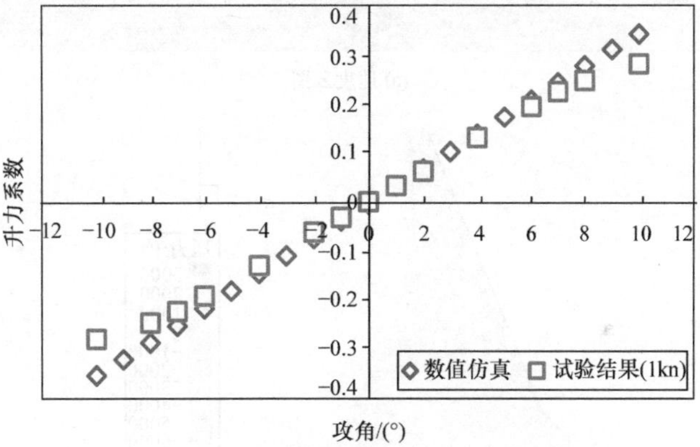

图 3.12 升力系数数值仿真与试验结果对比图

绕 Y 轴旋转网格，可以模拟仿真出翼身融合水下滑翔机不同侧滑角时的流体动力参数。表 3.1 详细列出了不同侧滑角时，翼身融合水下滑翔机的位置力及位置力矩的系数。图 3.13 给出了 10°侧滑角下滑翔机的速度和压力云图。

表 3.1 变侧滑角流体动力计算结果(1kn)

侧滑角/(°)	侧力系数/10^{-3}	阻力系数/10^{-3}	偏航力矩系数/10^{-4}	横滚力矩系数/10^{-5}
0	0.014	8.66	−0.00311	−0.0156
2	0.0641	8.75	0.207	0.311
4	0.846	8.75	1.27	3.24
6	1.21	8.67	1.97	7.20
8	1.17	8.55	2.21	9.77
10	1.18	8.34	2.32	1.69

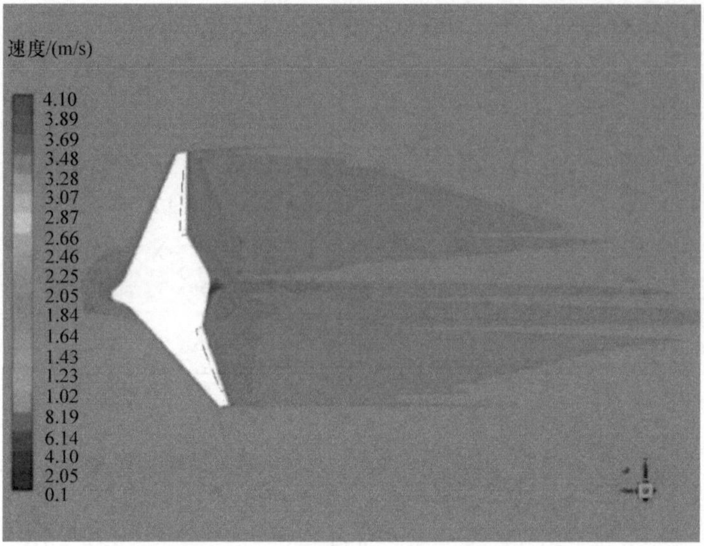

(a) 速度云图

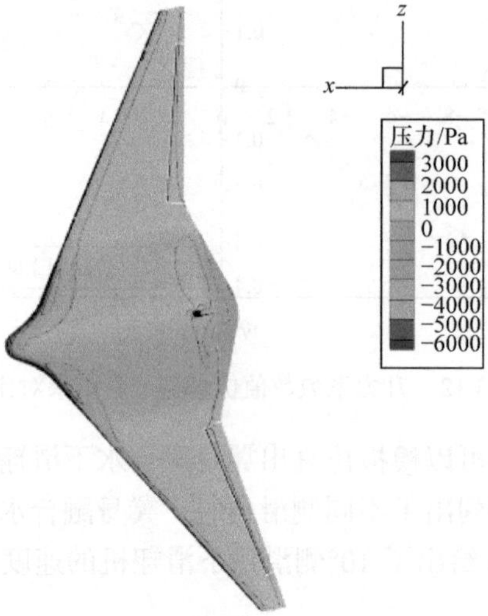

(b) 压力云图

图 3.13　10° 侧滑角下速度云图与压力云图

同样，也可保持翼身融合水下滑翔机主体部分网格不变，单纯旋转后缘舵周围网格，便可模拟出滑翔机打不同舵角时刻的流体动力参数；考虑滑翔机无攻角情况下，右侧舵板打正舵角，左侧舵板打负舵角，差动舵角大小定义为两舵角之差的绝对值(图 3.14)。图 3.15～图 3.18 为不同流体动力参数随舵角的变化曲线图。图 3.19 为不同舵角下滑翔机纵平面内的速度与压力云图。

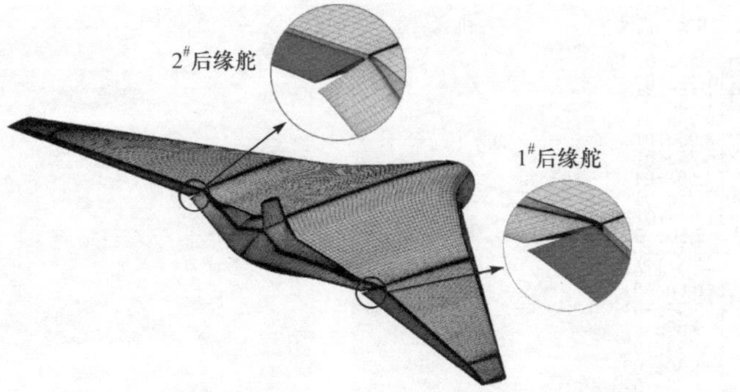

图 3.14　差动舵角示意图

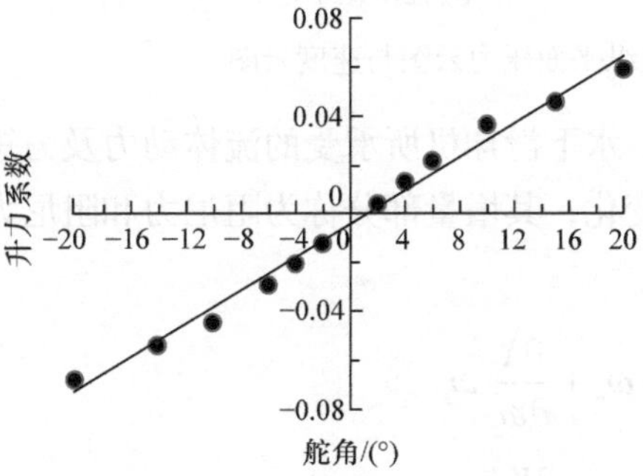

图 3.15　升力系数随舵角变化曲线

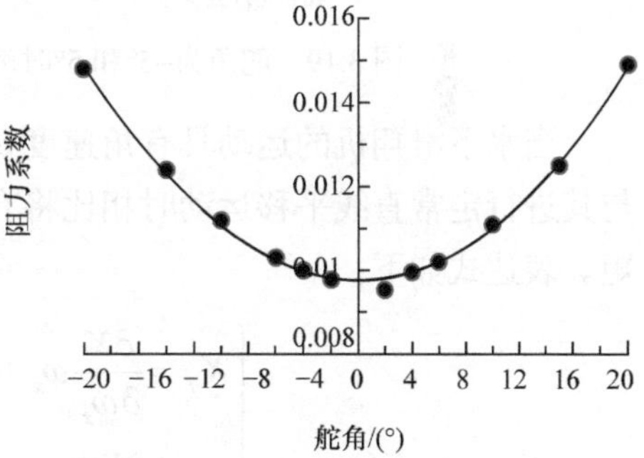

图 3.16　阻力系数随舵角变化曲线

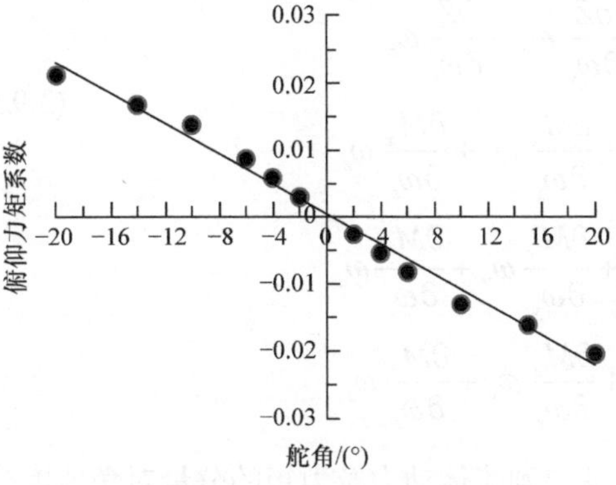

图 3.17　俯仰力矩系数随舵角变化曲线

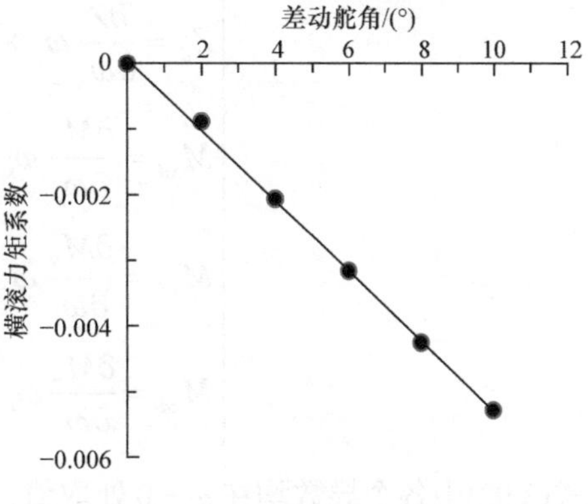

图 3.18　横滚力矩系数随差动舵角变化曲线

水下滑翔机在实际航行的许多情况下，例如进行机动回转航行、定角航行、上浮或下潜时，除了平移运动外，还伴随着一定的旋转运动。显然，在这些情况下，需要考虑水下滑翔机旋转而引起的附加力或力矩，习惯上用旋转导数来衡量旋转运动引起的水下滑翔机阻尼力及力矩的变化。本节将对由旋转运动而产生的流体动力及力矩的增量部分进行讨论。

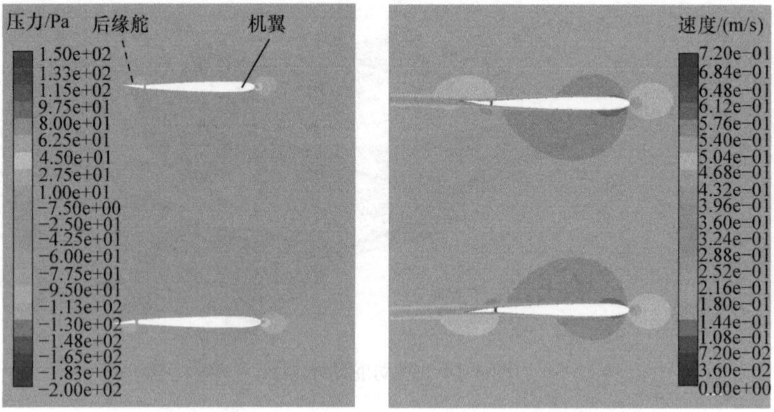

(a) 压力云图　　　　(b) 速度云图

图 3.19　舵角为−5°和 5°时滑翔机纵平面压力云图与速度云图

当水下滑翔机的运动具有角速度 ω 时，水下滑翔机所承受的流体动力及力矩与其进行定常直线平移运动时相比将有所变化，其增量部分称为阻尼力和阻尼力矩。表达式如下：

$$\begin{cases} X_d = \dfrac{\partial X}{\partial \omega_x}\omega_x + \dfrac{\partial X}{\partial \omega_y}\omega_y + \dfrac{\partial X}{\partial \omega_z}\omega_z \\ Y_d = \dfrac{\partial Y}{\partial \omega_x}\omega_x + \dfrac{\partial Y}{\partial \omega_y}\omega_y + \dfrac{\partial Y}{\partial \omega_z}\omega_z \\ Z_d = \dfrac{\partial Z}{\partial \omega_x}\omega_x + \dfrac{\partial Z}{\partial \omega_y}\omega_y + \dfrac{\partial Z}{\partial \omega_z}\omega_z \\ M_{xd} = \dfrac{\partial M_x}{\partial \omega_x}\omega_x + \dfrac{\partial M_x}{\partial \omega_y}\omega_y + \dfrac{\partial M_x}{\partial \omega_z}\omega_z \\ M_{yd} = \dfrac{\partial M_y}{\partial \omega_x}\omega_x + \dfrac{\partial M_y}{\partial \omega_y}\omega_y + \dfrac{\partial M_y}{\partial \omega_z}\omega_z \\ M_{zd} = \dfrac{\partial M_z}{\partial \omega_x}\omega_x + \dfrac{\partial M_z}{\partial \omega_y}\omega_y + \dfrac{\partial M_z}{\partial \omega_z}\omega_z \end{cases} \tag{3.92}$$

式(3.92)中各个导数均在 $\omega=0$ 处取值，就得到流体动力及力矩的分量对角速度分量的导数。当角速度分量为单位值时，对应流体动力或力矩分量的增量，称为流体动力的旋转导数。具体来说，$\dfrac{\partial Y}{\partial \omega_z}$ 称为法向力对角速度 ω_z 的旋转导数，简记 Y^{ω_z}；$\dfrac{\partial M_y}{\partial \omega_z}$ 称为偏航力矩对角速度 ω_z 的旋转导数，简记 $M_y^{\omega_z}$，等等。很显然，航行器流体动力及力矩的旋转导数共有 18 个。

对于水下滑翔机来说，可以采取一些简化措施。当角速度不大时，可近似地认为

$$X^{\omega_y}=X^{\omega_z}=0 \tag{3.93}$$

同时，很明显 ω_x 对阻力的影响也很小，即有

$$X^{\omega_x}=0 \tag{3.94}$$

如果水下滑翔机具有两个对称面(纵向对称面和横向对称面)，还可以有以下近似：

$$Y^{\omega_x}=Y^{\omega_y}=0 \tag{3.95}$$

$$Z^{\omega_x}=Z^{\omega_z}=0 \tag{3.96}$$

$$M_x^{\omega_y}=M_x^{\omega_z}=M_y^{\omega_x}=M_y^{\omega_z}=M_z^{\omega_x} \tag{3.97}$$

综上所述，不为 0 的旋转导数只剩下 5 个：Y^{ω_z}，$M_z^{\omega_z}$，Z^{ω_y}，$M_y^{\omega_y}$，$M_x^{\omega_x}$。表达式可以简化为

$$\begin{cases} X_d=0 \\ Y_d=Y^{\omega_z}\omega_z \\ Z_d=Z^{\omega_y}\omega_y \\ M_{xd}=M_x^{\omega_x}\omega_x \\ M_{yd}=M_y^{\omega_y}\omega_y \\ M_{zd}=M_z^{\omega_z}\omega_z \end{cases} \tag{3.98}$$

在实际应用中，通常使用它们的无因次系数形式。以 Y^{ω_z} 为例，对旋转导数进行无因次化。根据

$$Y=\frac{1}{2}C_y\rho u^2S \tag{3.99}$$

定义无因次角速度：

$$\overline{\omega}=\frac{\omega L}{u} \tag{3.100}$$

式中，L 为水下滑翔机特征长度。因此有

$$Y^{\omega_z}=\frac{\partial Y}{\partial\omega_z}=\frac{\dfrac{\partial Y}{\partial\overline{\omega_z}}}{\dfrac{u}{L}}=\frac{\dfrac{1}{2}C_y^{\overline{\omega_z}}\rho u^2S}{\dfrac{u}{L}}=\frac{1}{2}C_y^{\overline{\omega_z}}\rho uSL \tag{3.101}$$

最终得到水下滑翔机由旋转而产生的流体动力和力矩的增量为

$$\begin{cases} Y_d = \dfrac{1}{2} C_y^{\bar{\omega}_z} \rho u S L \omega_z \\ Z_d = \dfrac{1}{2} C_z^{\bar{\omega}_y} \rho u S L \omega_y \\ M_{xd} = \dfrac{1}{2} m_x^{\bar{\omega}_x} \rho S L^2 \omega_x \\ M_{yd} = \dfrac{1}{2} m_y^{\bar{\omega}_y} \rho S L^2 \omega_y \\ M_{zd} = \dfrac{1}{2} m_z^{\bar{\omega}_z} \rho S L^2 \omega_z \end{cases} \tag{3.102}$$

由式(3.102)可知，需要确定的 5 个旋转导数的无因次系数为：$C_y^{\bar{\omega}_z}$、$C_z^{\bar{\omega}_y}$、$m_x^{\bar{\omega}_x}$、$m_y^{\bar{\omega}_y}$ 和 $m_z^{\bar{\omega}_z}$。

国内外广泛采用悬臂水池设备来测定物体旋转导数的无因次系数，本节通过 CFD 手段模拟旋臂水池试验，求解水下滑翔机的旋转导数。然而，悬臂水池试验只能测定水下滑翔机两个轴(Y 轴和 Z 轴的旋转导数)，无法测得绕其 X 轴的旋转导数，因此单独提出一种多运动参考系模型来数值求解水下滑翔机绕 X 轴的旋转导数。

旋臂水池的单平面模型试验是在水平面内进行的，模型的线速度保持不变，改变回转半径，即改变回转角速度，这样保证试验满足雷诺相似条件。数值模拟旋臂水池试验是将旋臂试验这样的非定常问题简化为定常问题来处理，将模型置于圆弧管流域，并定义圆弧管内流体的非均匀流动，根据相对运动的原理来形象模拟模型做旋转运动时所受的流体动力。

模型按一定角速度旋转时，模型表面各点的角速度相同，而线速度不同。数值模拟计算时，管内流体流速的非均匀性定义是关键。其设置需要保证计算模型各点的相对角速度相同，则管内流体速度大小沿管的径向方向呈递增变化，采用 UDF 程序控制入口速度的方法来定义管内流体的流速。

如图 3.20 所示，圆弧管轴线处线速度为定值 V=常数(如取为 1kn 流速，V=0.514m/s)，圆弧管半径为 R，速度入口面上各网格中心点(图中点 A 所示意)到圆弧管中心线的投影距离为 L'，则速度入口处各网格点的入口速度为 $\text{VInlet} = L' \times V / R$。以绕 Y 轴为例，设圆管中心线上 O 点坐标为(X, Y, Z)，在 UDF 中定义入口速度表达式为：$\text{VInlet} = \text{sqrt}((x-X)*(x-X)+(z-Z)*(z-Z)) \times V/R$。UDF 程序如下：

```
#include "udf.h"
DEFINE_PROFILE(inlet, thread, position)
{
   real x [ND_ND];
   real y , z;
   face_t f;
   begin_f_loop(f, thread)
   {
   F_CENTROID(x,f,thread);
   y = x[0];
   z = x[2];
   F_PROFILE(f,thread,position)=sqrt(y*y+z*z)*0.514/50;
//回转半径为 50m 为例
   }
   end_f_loop(f, thread)
}
```

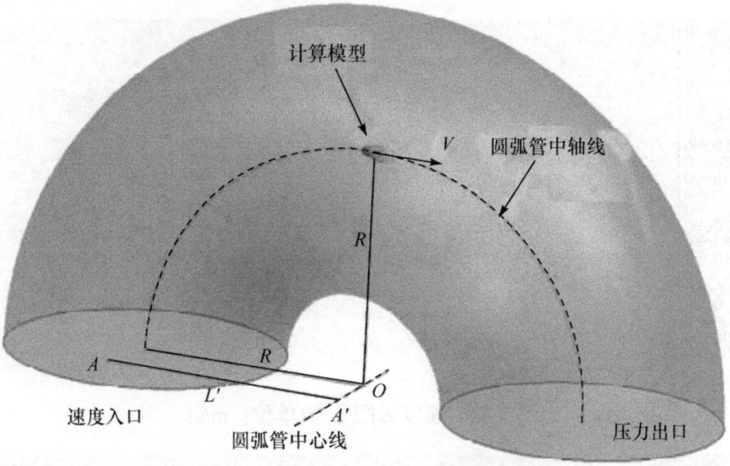

图 3.20　数值模拟旋臂水池试验示意图

利用 ANSYS ICEM 对计算域划分结构化的六面体网格。以圆弧管模拟计算域，端面直径为 D。计算域分为两部分(圆弧弯管域和航行器伴随流场域)，航行器位于加密域，两个区域之间设置 interface 交界面。

根据计算旋转导数的需要，圆弧管的半径分别取为 $R1$、$R2$、$R3$、$R4$ 和 $R5$(通常至少需要 5 个计算点)。对多种工况的圆弧弯管划分网格，网格质量 0.7 以上，满足计算要求。计算域网格如图 3.21 所示。

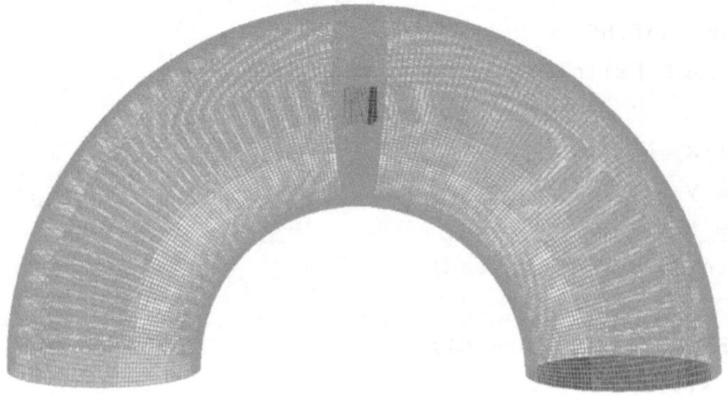

图 3.21 计算域网格

除速度入口用 UDF 定义外，其他边界条件及计算参数设置与计算航行器定常流体动力特性相同。图 3.22 为采用 UDF 控制入口速度后圆管域流场的速度云图分布。图 3.23 为压力云图分布。由图可以看出，圆弧弯管中流场速度控制得到了预期的效果，流体速度大小沿管的径向方向分层分布，符合旋臂试验模拟的要求。

图 3.22 速度云图分布(单位：m/s)

图 3.23 压力云图分布(单位：Pa)

按式 $\overline{\omega}=\omega L/V$ 将角速度 ω 转化为无量纲化角速度 $\overline{\omega}$，其中 L 为水下滑翔机特征长度，V 为水下滑翔机航行速度。表 3.2 给出了水下滑翔机绕 Y 轴的阻尼力和力矩，图 3.24、图 3.25 和表 3.3 给出了水下滑翔机绕 Y 轴的旋转导数无量纲系数(绕 Z 轴计算方法类似)。

表 3.2　绕 *Y* 轴阻尼力计算结果

R	ω	$\overline{\omega}$	C_z	m_y
40	0.0125	0.1375	−0.00588	−0.00170
50	0.0100	0.1100	−0.00483	−0.00153
67	0.0075	0.0825	−0.00390	−0.00145
100	0.0050	0.0550	−0.00282	−0.00125
200	0.0025	0.0275	−0.00174	−0.00109
250	0.0020	0.0220	−0.00156	−0.00108

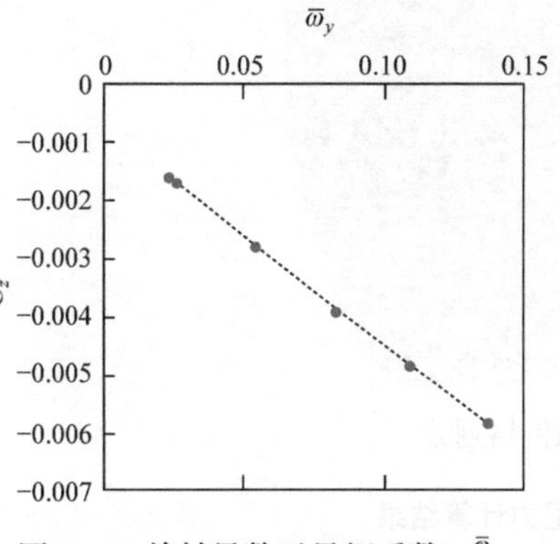

图 3.24　旋转导数无量纲系数 $C_z^{\overline{\omega}_y}$

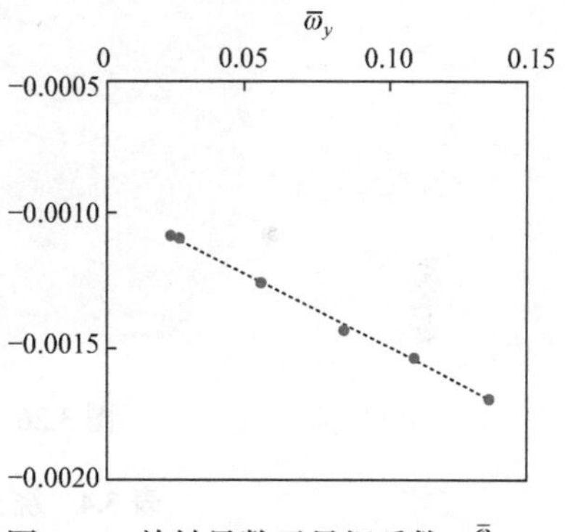

图 3.25　旋转导数无量纲系数 $m_y^{\overline{\omega}_y}$

表 3.3　绕 *Y* 轴旋转导数无量纲系数

系数	$C_z^{\overline{\omega}_y}$	$m_y^{\overline{\omega}_y}$
数值	− 0.0375	− 0.0055

水下滑翔机绕 Y 轴和 Z 轴的阻尼力和阻尼力矩可以通过上述方法进行计算(CFD 近似模拟悬臂水池试验法)，但是水下滑翔机绕 X 轴的阻尼力矩是无法通过悬臂水池试验测得的，因此下面通过多参考系模型(MRF)来计算。

MRF 法为稳态求解方法，可以独立地计算不同区域指定不同的旋转或平移运动。在计算过程中，MRF模型的计算区域之间的网格不会发生相对运动，类似于在指定位置冻结运动部件，在相应位置上观察瞬态流场。

为求得水下滑翔机绕X轴的旋转导数，建立类似于圆柱状流场，模拟水下滑翔机绕X轴旋转的瞬态流场，其网格划分如图3.26所示。为了提高计算精度，避免出现大尺度的瞬态效应，滑翔机绕X轴的旋转角速度取值较小。由于绕X轴的旋转速度较小，水下滑翔机壁面的压力场受主流影响较大，同时由于绕X轴的旋转角速度的存在，水下滑翔机壁面左右出现压力不对称的情况。表3.4、表3.5和图3.27给出了水下滑翔机绕X轴的阻尼力、力矩及旋转导数无量纲系数的计算结果。

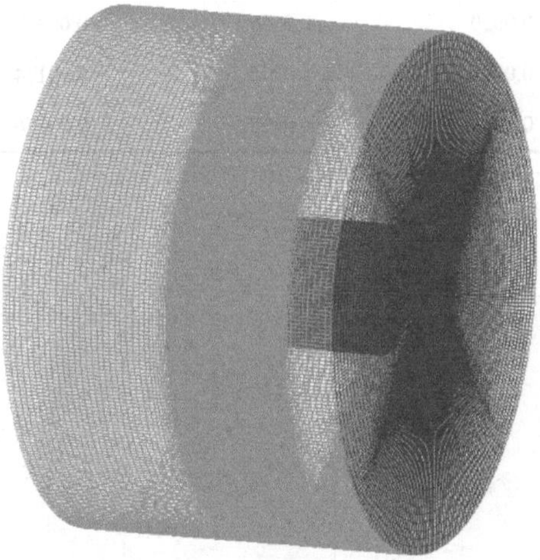

图3.26 计算域网格划分

表3.4 绕X轴阻尼力计算结果

ω	$\overline{\omega}$	m_x
0.00100	0.01070	−0.00228
0.00200	0.02140	−0.00525
0.00300	0.03210	−0.00792
0.00400	0.04280	−0.01038
0.00500	0.05350	−0.01296
0.00600	0.06420	−0.01590

表3.5 绕X轴旋转导数无量纲系数

系数	$m_x^{\overline{\omega}_x}$
数值	−0.2502

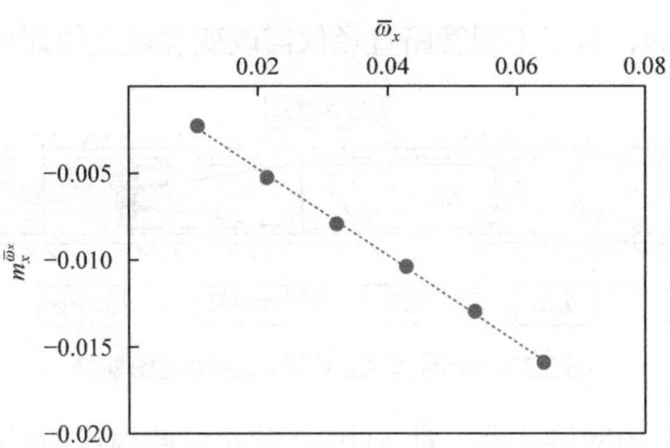

图 3.27　旋转导数无量纲系数 $m_x^{\overline{\omega}_x}$

3.2.7　AUV 在极限流域中运动的流体动力数值计算

AUV 在狭窄管路内运动时与螺旋桨始终处于有界极限流域，它们的水动力特性受管路内壁耦合影响明显。本节主要以管路直径为研究变量，数值计算全附体 AUV 在狭窄管路内向前及向后运动时的水动力特性，揭示其受管路内壁及自身的耦合影响规律。

本节所研究的几何模型如图 3.28 所示。为了消除 AUV 在运动过程中前后边界造成的影响，本节所模拟狭窄管路较长。定义 AUV 向前方向为 x 方向，向上方向为 y 方向，z 方向根据右手螺旋法则确定。坐标原点 O 位于 AUV 初始时刻的螺旋桨尾部圆心处。

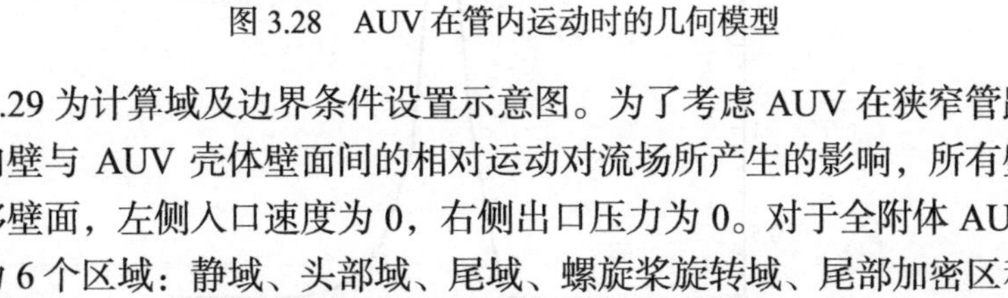

图 3.28　AUV 在管内运动时的几何模型

图 3.29 为计算域及边界条件设置示意图。为了考虑 AUV 在狭窄管路内运动时管路内壁与 AUV 壳体壁面间的相对运动对流场所产生的影响，所有壁面均设为无滑移壁面，左侧入口速度为 0，右侧出口压力为 0。对于全附体 AUV，将计算域分为 6 个区域：静域、头部域、尾域、螺旋桨旋转域、尾部加密区和动域，为了方便区分，分别用不同的颜色表示。由于需要考虑 AUV 与管壁不同间隙，故头部、尾部、螺旋桨旋转域及尾部加密区在不同工况计算中是不变的，仅需重新进行静域划分，大大提高了计算效率。AUV 直径为 0.2m，头部域直径设定为 0.218m，头部域前端距离 AUV 头部 0.05m，外域前端面距离 AUV 头部 18m，尾

端面距离螺旋桨 6m，对于不同管路直径仅需改变静域直径即可。

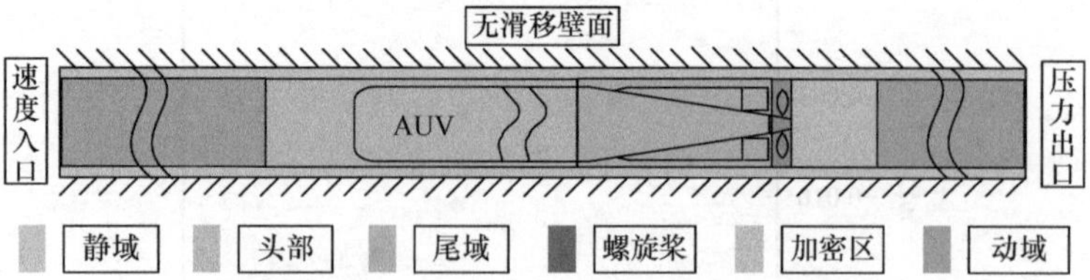

图 3.29　全附体 AUV 管内运动流场划分

基于 FLUENT 动网格技术，对 AUV 在狭窄管路内运动时的水动力特性开展数值仿真，以管路直径为研究变量，揭示水动力特性受管路内壁的耦合影响规律。

1. 速度对 AUV 在极限流域中运动的影响

选用内径 220mm 的对接管的模型进行数值计算，在不考虑海流的情况下，分别研究 AUV 以不同速度进入和退出对接管时的流场特性。

1) AUV 匀速驶入对接管的阻力

模拟 AUV 以 0.5m/s、1m/s、1.5m/s、2m/s、2.5m/s 五种速度进管，不同速度下 AUV 进管的阻力系数变化如图 3.30 所示。

从图 3.30 可以看出，AUV 从开始对接到进入对接管收缩段的过程中，阻力系数增长很小，开始进入等截面段时，阻力系数急速上升；随着 AUV 继续进入，对接管开放排水加剧，阻力系数开始下降；当 AUV 运动到 3.2m 时，趋于平缓。在对接过程中，AUV 运动的速度对阻力系数的影响很小。图 3.31 以 v =2m/s 为例给出了 AUV 匀速进管时的压力和速度云图。

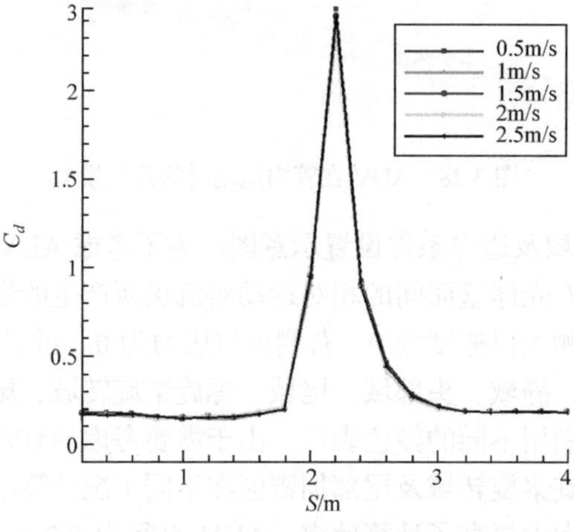

图 3.30　不同速度下 AUV 匀速进管时的阻力系数变化曲线

(a) v=2m/s, L=1m, 压力云图

(b) v=2m/s, L=1m, 速度云图

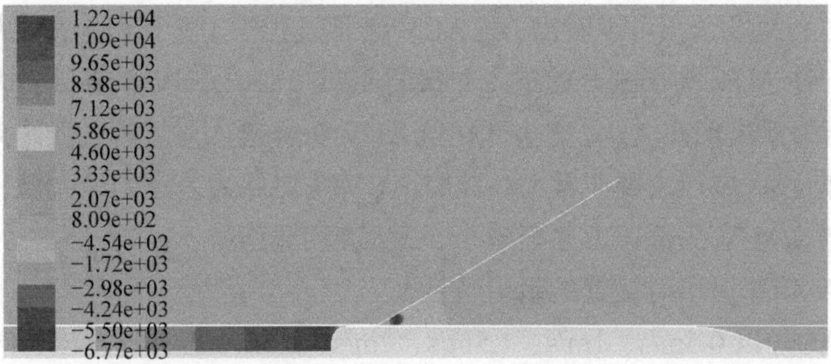

(c) v=2m/s, L=2.2m, 压力云图

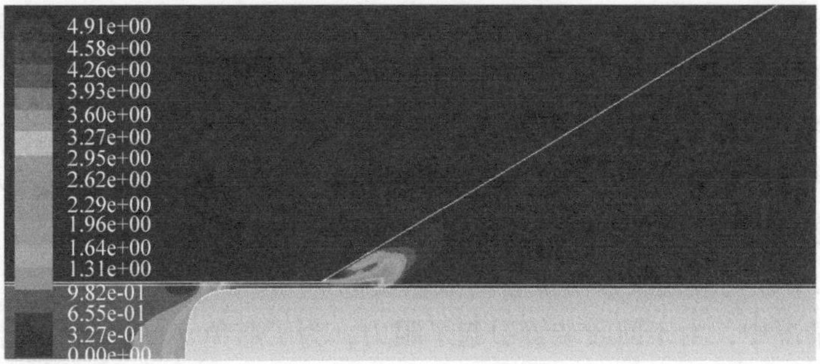

(d) v=2m/s, L=2.2m, 速度云图

(e) v=2m/s, L=4m, 压力云图

(f) v=2m/s, L=4m, 速度云图

图 3.31　AUV 以 v=2m/s 速度匀速进管时的压力(单位为 Pa)与速度(单位为 m/s)云图

从压力和速度云图可以看出，在 AUV 进管过程中，整个流场的最大压力先增大后减小。在 AUV 头部刚开始进入对接管喇叭口时，AUV 头部压力大于尾部压力，最大压力点出现在 AUV 的头部；当 AUV 头部进入对接管一段距离后，整个 AUV 头部前段区域压力都非常大，此时 AUV 头尾压力差达到最大值；随着进管距离的增加，AUV 头部压力逐渐减小，最后趋于稳定。

2) AUV 匀速退出对接管的阻力特性

模拟 AUV 以 0.5m/s、1m/s、1.5m/s、2m/s、2.5m/s 五种速度出管时的阻力系数变化如图 3.32 所示。

通过对比分析发现，随着速度的增加，阻力系数不断减小，即出管速度越大，阻力系数越小。AUV 开始运动时，其阻力系数先增大后减小，当退出对接管 1m 左右，即 AUV 约一半退出了等截面，阻力系数加剧减小；在 AUV 头部达到等截面时，其阻力系数达到最小值，出现推力；而后 AUV 退出喇叭口进入无界流域，其阻力系数逐渐增大到其在无界流域中的值。

3) AUV 以匀减速驶入对接管的数值模拟

实际情况中，由于回收装置引起了阻力，为了避免 AUV 与回收装置相撞，对接时 AUV 的速度应该逐渐减小。研究 AUV 以匀减速方式进入对接管，初始速度分别设为 0.5m/s、1m/s、1.5m/s、2m/s、2.5m/s，到 AUV 完全进入对接管且速度降为 0 的情况下，AUV 进入对接管时的阻力。

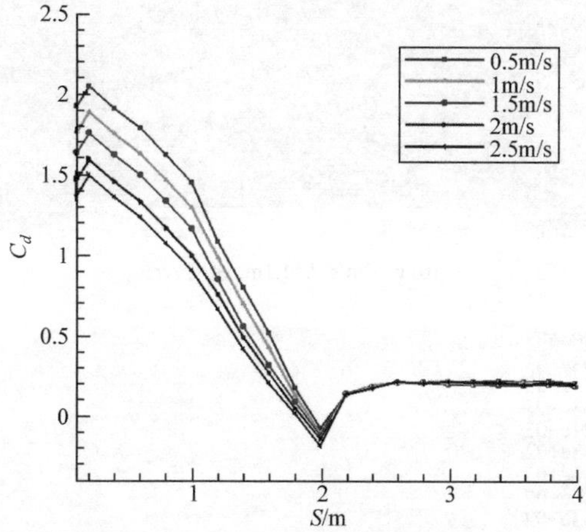

图 3.32　不同速度下 AUV 匀速出管时的阻力系数变化曲线

图 3.33 是 AUV 以初始速度 $v_0 = 2\text{m/s}$ 、加速度 $a = -0.5\text{m/s}^2$ 、匀减速进管的压力和速度云图。对比发现，AUV 进入喇叭口段时，AUV 头部压力高于尾部压力，最大压力点出现在头部；随着 AUV 继续前进，AUV 头部压力持续增大，AUV 头部压力依然高于尾部压力；AUV 头部进入等截面一段距离后，AUV 头部压力开始减小，尾部压力开始增大，AUV 头尾压力差出现负值，出现吸力。

阻力系数计算结果如图 3.34 所示。图 3.34 给出了 AUV 以初始速度 $v_0 = 0.5$ ～ 2.5m/s 匀减速进管的阻力系数变化曲线，可以看出，AUV 开始航行时，阻力逐渐减小；当 AUV 即将驶入等截面段时，阻力急剧增大，而后又迅速减小，并在 3m 时达到 0，然后改变方向，出现反向力，即吸力，吸力的最大值出现在终点处。在整个进管过程中，初始速度越大，阻力系数越大，同样吸力越大，吸力最大值约为 AUV 初始运动阻力的一半。

(a) v_0=2m/s, L=1.1m, 压力云图

(b) v_0=2m/s, L=1.1m, 速度云图

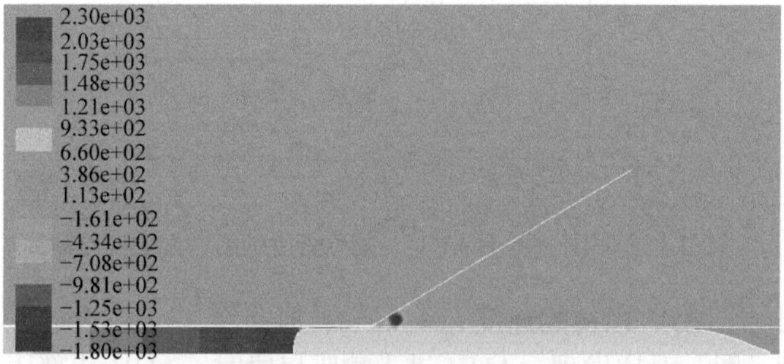

(c) v_0=2m/s, L=2.3m, 压力云图

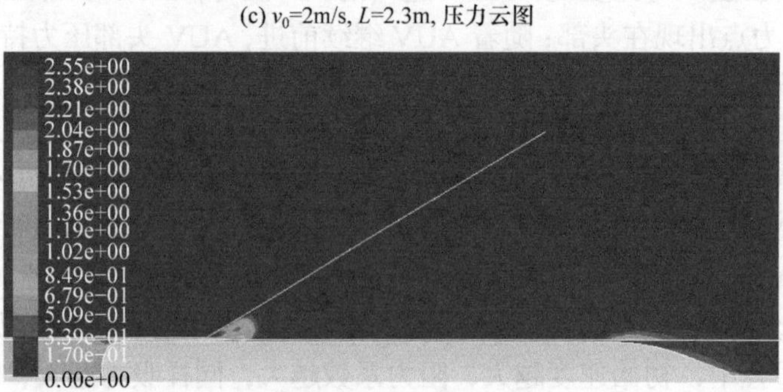

(d) v_0=2m/s, L=2.3m, 速度云图

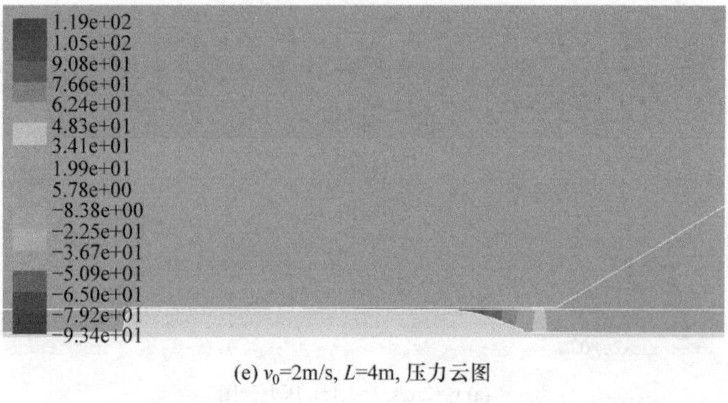

(e) v_0=2m/s, L=4m, 压力云图

(f) v=2m/s, L=4m, 速度云图

图 3.33　AUV 以 v_0=2m/s 初始速度匀减速进管时的压力(单位为 Pa)和速度云图(单位为 m/s)

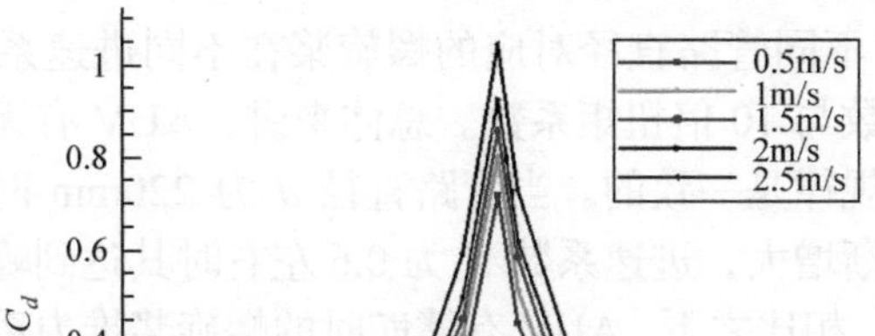

图 3.34　不同初始速度下 AUV 匀减速进管的阻力系数变化曲线

图 3.35 给出了 AUV 以匀速 $v = 2\text{m/s}$ 和匀减速 $v_0 = 2\text{m/s}$，加速度 $a = -0.5\text{m/s}^2$ 进管时的阻力曲线。对比发现，减速对接在 AUV 进入对接装置后大大减少了对

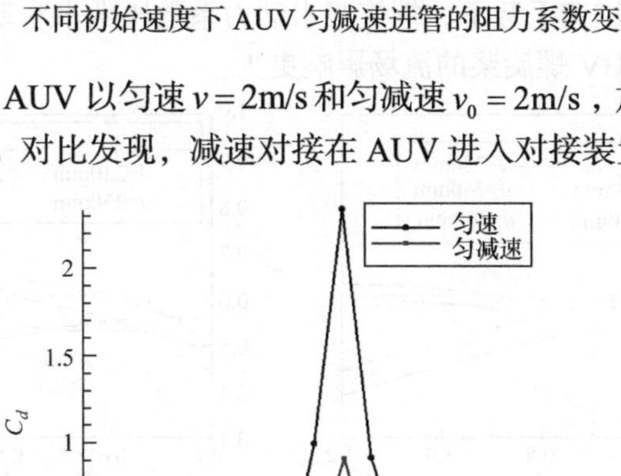

图 3.35　AUV 以匀速和匀减速运动进管时的阻力系数变化曲线

接阻力，甚至出现阻力为负的情况，即吸力，减速对接有利于 AUV 对接成功地实施。但是，当初始速度 $v_0 = 2\text{m/s}$、加速度 $a = -0.5\text{m/s}^2$ 时，匀减速对接用时 4s，而匀速对接用时 2s，即匀减速对接延长了对接时间，增加了遇见突发海流的风险性。

2. 极限流域中 AUV 螺旋桨水动力特性分析

1) 全附体 AUV 向前运动时螺旋桨水动力特性分析

下面主要研究全附体 AUV(光体 AUV+控制鳍舵+螺旋桨)在不同直径管路内向前运动时的螺旋桨水动力系数变化规律。研究的管路直径为 220mm、230mm、240mm、250mm、300mm、850mm(敞水)，通过改变 AUV 运动速度 V 来调节螺旋桨进速系数 J，J 的变化范围为 0.4～1.2。

图 3.36 给出了不同管路直径对应的螺旋桨在不同进速系数情况下的水动力系数，包括推力系数与 10 倍扭矩系数。总体来讲，AUV 有无控制鳍舵对螺旋桨水动力系数的影响规律是一致的。当管路直径 d 为 220mm 时，螺旋桨推力系数与扭矩系数均先逐渐增大，进速系数 J 为 0.6 左右时其达到峰值，然后随着进速系数的增大而减小，相比之下，AUV 有鳍舵时的螺旋桨推力系数在高进速系数工况下降更明显。当管路直径 d 为 240mm 时，螺旋桨水动力系数随进速系数增大而增大，尤其是扭矩系数增大更明显，当进速系数 J 为 1.2 时，其数值约比光体 AUV 对应的数值大 0.05 左右。当管路直径 d 为 250mm 时，螺旋桨水动力系数随着进速系数增大而增大，增加幅度明显比光体 AUV 时更明显。当管路直径 d 为 300mm 时，在进速系数 $J<0.8$ 的工况里，螺旋桨水动力系数与敞水水动力系数几乎一致，但是在高进速系数下，螺旋桨水动力系数比敞水水动力系数更大，可见管路内壁对高速 AUV 螺旋桨的流场影响更大。

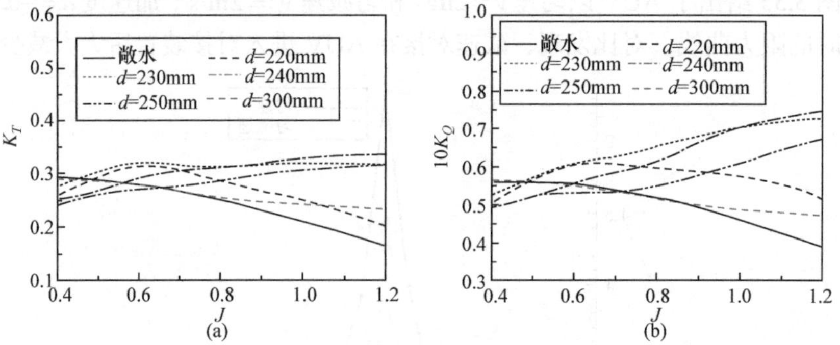

图 3.36　全附体 AUV 运动时不同管路直径螺旋桨水动力特性

图 3.37 给出了不同管路直径对应的全附体 AUV 的螺旋桨在进速系数为 0.6 时的桨叶表面压力分布。图中，左侧为吸力面，中间为推力面，右侧为 0.7R 叶高处的流场环向压力分布。与光体 AUV 的螺旋桨表面压力分布相比，全附体 AUV 的螺旋桨

表面压力分布更加紊乱，但总体来看，两者压力分布、最大正负压等都相差不大。当 d =230mm 时，螺旋桨桨叶吸力面与推力面有最大正负压，当 d =240mm 时有最小正负压，且最大正负压均集中在 0.5R 叶高处的导边处附近。可以认为 AUV 在狭窄管路内运动时，螺旋桨的桨叶表面压力分布相对受控制鳍舵的影响较小，因为 AUV 向前运动时，管路内壁与 AUV 间的间隙极小，能够引起速度较大的间隙流，虽然这种间隙流在流经控制鳍舵后会更加紊乱，但是总体上对螺旋桨桨叶表面压力分布影响并不是很大。

(a) d=220mm

(b) d=230mm

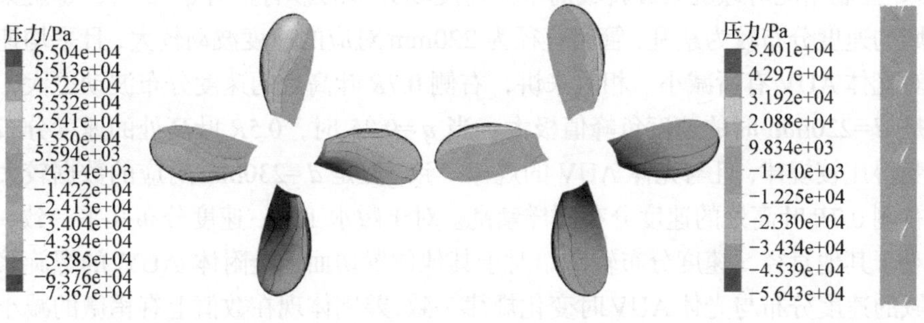

(c) d=240mm

图 3.37　不同管路直径对应的全附体 AUV 的螺旋桨在进速系数为 0.6 时的桨叶表面的压力分布

图 3.38 给出了 J=0.6 时不同管路直径对应的不同叶高(0.5R、0.7R)处的螺旋桨桨叶弦向压力系数分布曲线。同样地，不同管路直径对螺旋桨桨叶表面压力分布的影响主要还是集中在推力面的导边处，主要表现为负压不同。由图 3.36 可知，当进速系数为 0.6 时，管路直径为 230mm 对应的螺旋桨水动力系数最大，在图 3.38 中表现为在导边处有最大的负压，且推力面与吸力面的压力梯度相对最大。当管路直径 d>250mm 时，0.5R 叶高时靠近导边处的桨叶压力分布相同，整个叶面处的压力分布有微小差别，这也在图 3.36 中表现为水动力系数的差别。但总体来看，随着管路直径的增大，管路内壁对螺旋桨水动力系数的影响会逐渐减弱，最终水动力系数曲线会靠近敞水水动力系数。

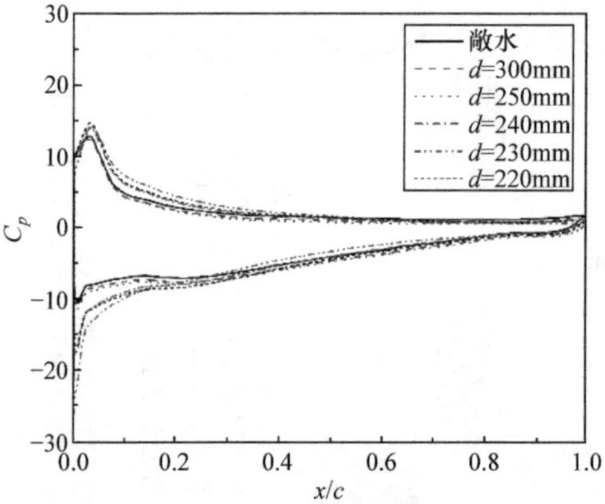

(a) r/R=0.5

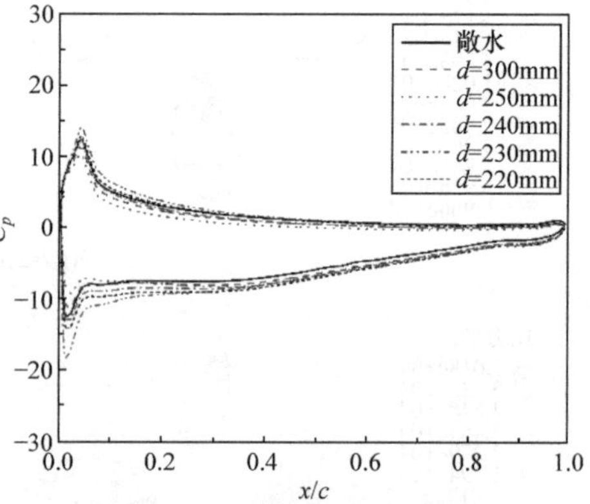

(b) r/R=0.7

图 3.38 不同管路直径对应的不同叶高处 AUV 的螺旋桨桨叶弦向压力系数分布

图 3.39 为全附体 AUV 在不同直径管路中向前运动时，其螺旋桨不同位置切面的不同叶高处沿环向分布的轴向速度分布曲线。与图 3.35 相比，可以明显看到 AUV 控制鳍舵对螺旋桨旋转域前半段速度场分布的影响。当 q=0 时，螺旋桨旋转域的速度分布较为紊乱，管路直径为 220mm 对应的速度波动较大，且平均速度相对光体 AUV 有所减小。相对来讲，右侧 0.7R 叶高处的速度分布波动更大，尤其是 d=220mm 时的速度负峰值极大。当 q=0.25 时，0.5R 叶高处的速度分布已经变得比较规律，且与光体 AUV 的规律一致，但是 d=230mm 对应的数据较大，而右侧 0.7R 叶高处的速度分布同样紊乱。对于敞水工况，速度分布几乎一致，但是对于其他直径，速度分布较乱。对于其他位置切面，全附体 AUV 的螺旋桨旋转域的速度分布与光体 AUV 时变化规律一致，差别体现在数值上有稍微的减小。由此可以认为在螺旋桨域后半段，螺旋桨旋转已经稳定了流场，因而减弱了 AUV 鳍舵的影响。

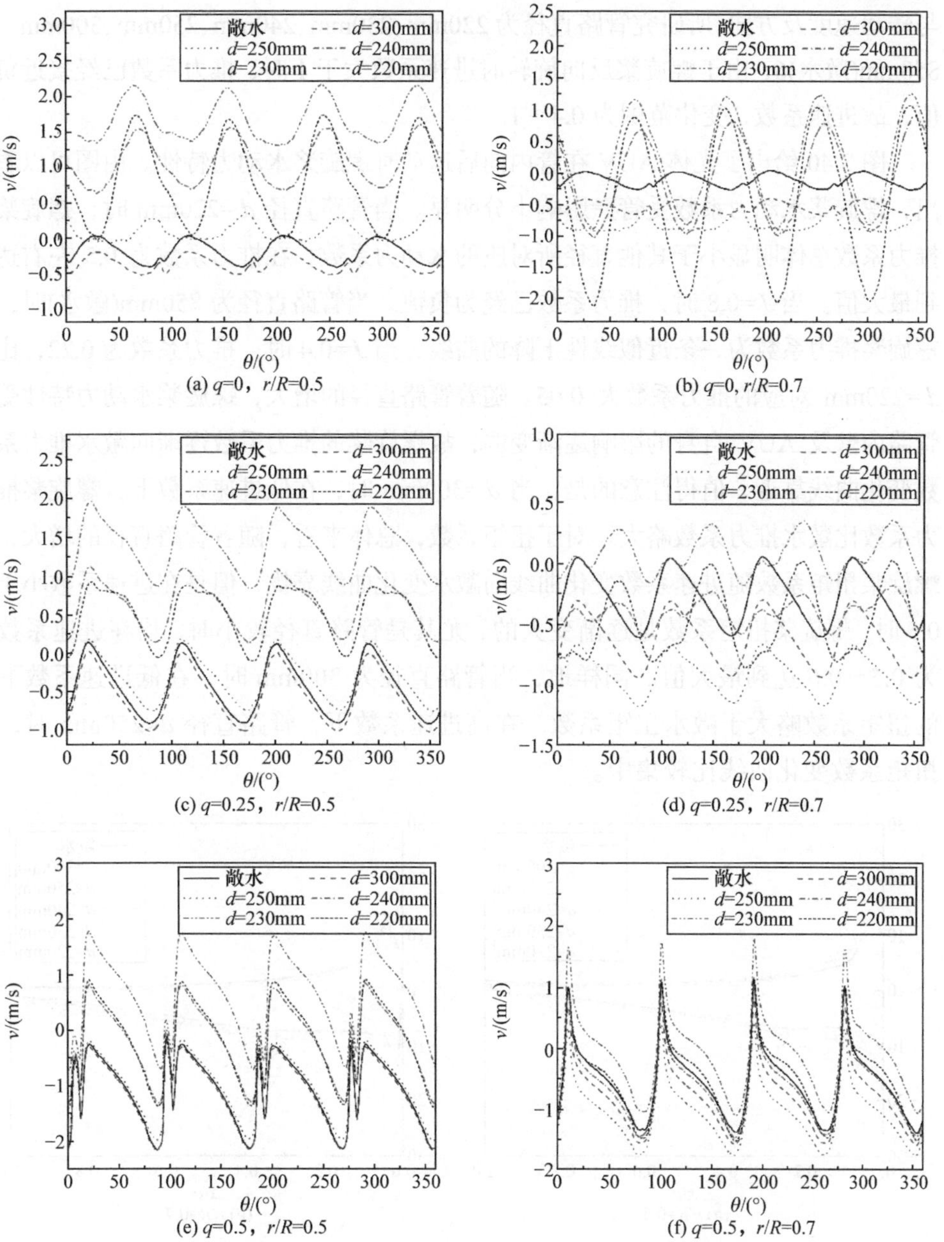

(a) q=0，r/R=0.5　(b) q=0, r/R=0.7

(c) q=0.25，r/R=0.5　(d) q=0.25，r/R=0.7

(e) q=0.5，r/R=0.5　(f) q=0.5，r/R=0.7

图 3.39　全附体 AUV 在不同直径管路中运动时的螺旋桨的流场速度分布

2) AUV 向后运动时螺旋桨水动力特性分析

对光体 AUV+螺旋桨与全附体 AUV+螺旋桨在狭窄管路内向后运动时的螺旋桨水动力特性进行数值研究，通过改变 UDF 的宏定义来调节 AUV+螺旋桨的平动与转动速度及方向。所研究管路直径为 220mm、230mm、240mm、250mm、300mm、850mm(敞水)6，由于螺旋桨反向旋转时进速系数大于 1 时，推力系数已经接近负值，故进速系数 J 变化范围为 0.4～1。

图 3.40 给出了光体 AUV 在管内向后运动时螺旋桨水动力特性。由图可以看出，螺旋桨水动力系数受管壁影响十分明显。当管路直径 d=220mm 时，螺旋桨推力系数总体明显小于其他直径所对应的水动力系数，在推力系数为 0.5 左右达到最大值。当 J=0.8 时，推力系数已经为负值。当管路直径为 850mm(敞水)时，螺旋桨推力系数为一条近似线性下降的曲线，当 J=0.4 时，推力系数为 0.22，比 d=220mm 对应的推力系数大 0.05。随着管路直径的增大，螺旋桨水动力特性受管路内壁及 AUV 自身的影响逐渐变弱，故螺旋桨的推力系数逐渐向敞水推力系数变化曲线靠近。值得注意的是，当 d=300mm 时，在低进速系数下，螺旋桨推力系数比敞水推力系数略大。对于扭矩系数，总体来看，随着管路直径的增大，螺旋桨扭矩系数随进速系数变化曲线向敞水变化曲线靠拢，但是在进速系数小于 0.5 时，螺旋桨扭矩系数是逐渐变大的，尤其是管路直径较小时，均在进速系数为 0.5～0.6 达到最大值。同样地，当管路直径为 300mm 时，在低进速系数下的扭矩系数略大于敞水扭矩系数。在高进速系数下，管路直径 d<250mm 时，扭矩系数变化曲线比较集中。

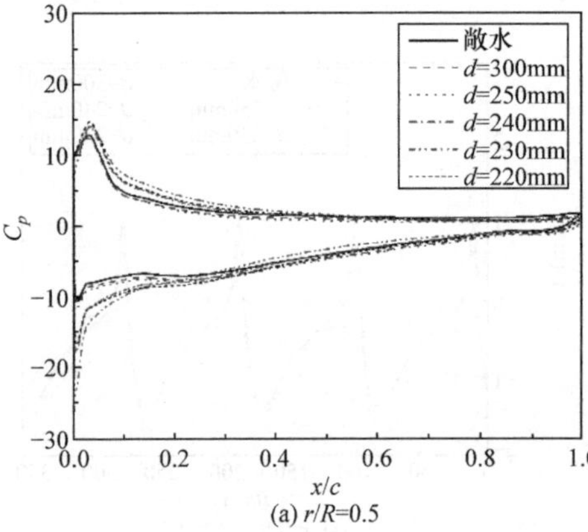

(a) r/R=0.5

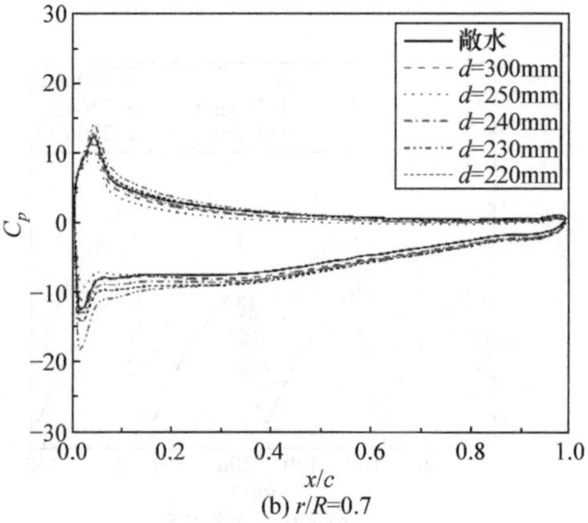

(b) r/R=0.7

图 3.40　光体 AUV 在管内向后运动时螺旋桨水动力特性

图 3.41 给出了全附体 AUV 在不同直径管路内向后运动时的螺旋桨推力系数与 10 倍扭矩系数随进速系数的变化曲线。总体来看，AUV 有无控制鳍舵对于在狭窄管路内向后运动的螺旋桨水动力系数的影响并不明显，图 3.41 与图 3.40 的曲线

变化规律几乎一致，不同之处只是数值的微小不同，具体表现为 AUV 有控制鳍舵后的螺旋桨水动力系数略有增大。由于 AUV 向后运动，故螺旋桨来流并不会受到 AUV 的影响，且相对是比较稳定的来流场。此外，螺旋桨叶梢与管壁的间隙流也不会受到 AUV 的影响，AUV 仅会影响螺旋桨尾流，由于鳍舵会对螺旋桨的旋转尾流有一个整流的作用，故总体上来讲 AUV 有无控制鳍舵对螺旋桨水动力特性的影响规律是一致的，但是在具体数值上会略有差别。

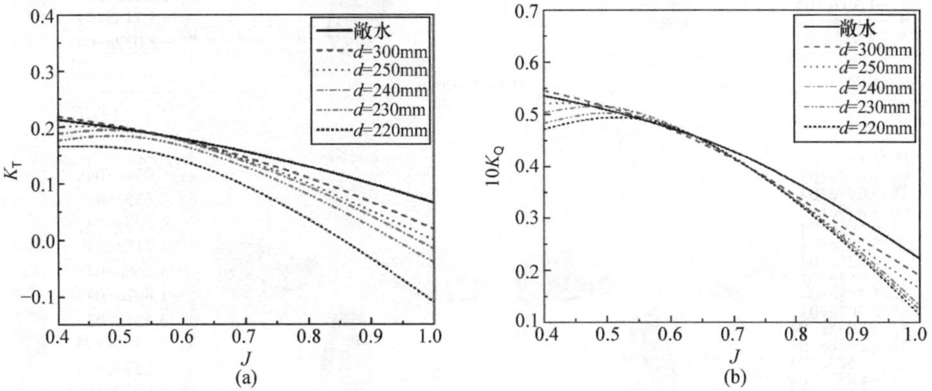

图 3.41　全附体 AUV 在不同直径管路内向后运动时的螺旋桨水动力特性

图 3.42 给出了进速系数为 0.7 时的螺旋桨推力面(左侧)、吸力面(中间)以及 0.7R 叶高处的环向压力分布(右侧)。由于 AUV 在管路内向后运动时，螺旋桨反向旋转，故推力面为螺旋桨靠近 AUV 的一侧，而吸力面为远离 AUV 一侧。可以看见螺旋桨的最大最小压力区均集中在导边处，在桨叶其他位置压力分布均匀。随着管路直径的减小，螺旋桨的最大最小压力均逐渐减小，直至趋于稳定，但是推力面与吸力面的压力差是逐渐增大的。

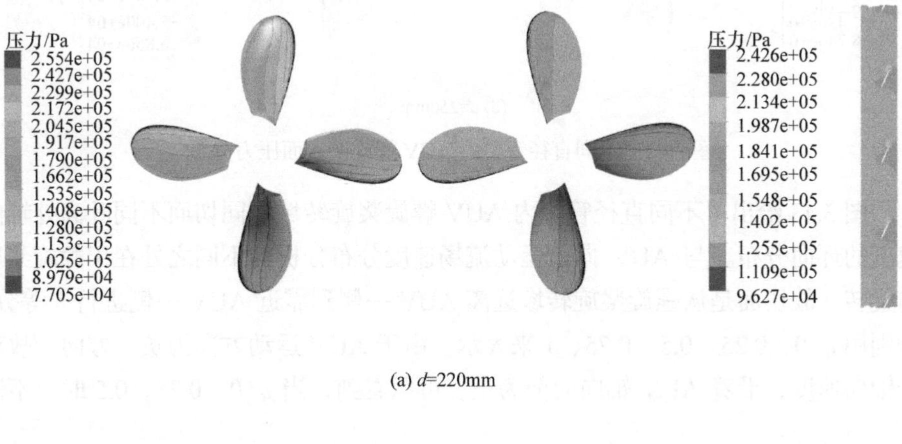

(a) d=220mm

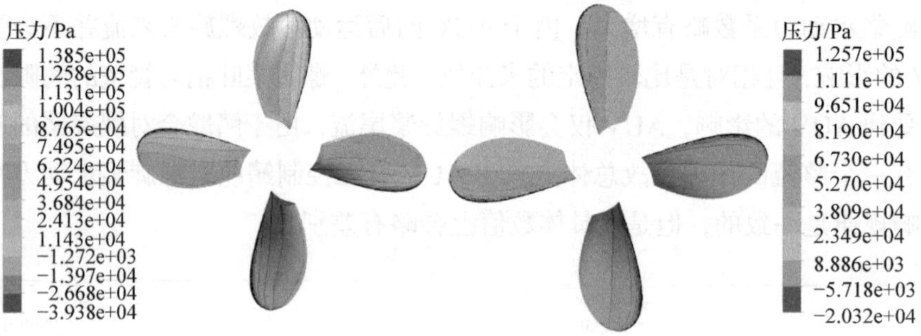

(b) d=230mm

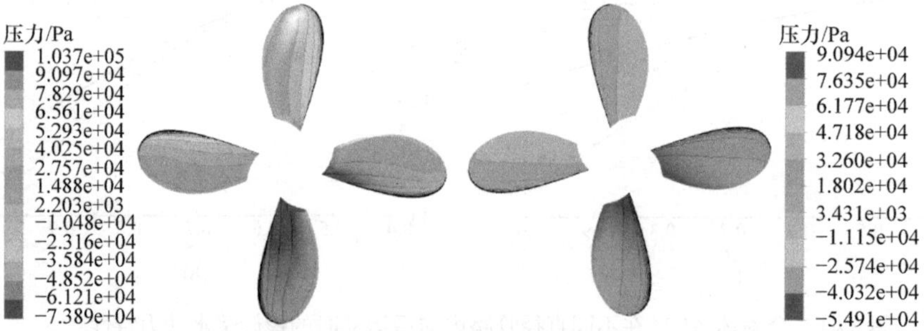

(c) d=240mm

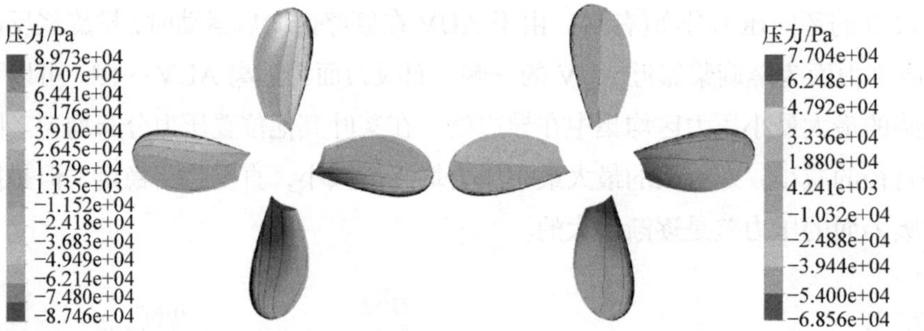

(d) d=250mm

图 3.42　不同直径管路内 AUV 螺旋桨表面压力分布

图 3.43 给出了不同直径管路内 AUV 螺旋桨旋转域不同切面不同叶高处轴向速度的环向分布。与 AUV 向前运动流场速度分布分析的不同之处在于螺旋桨反向旋转，故切面是从螺旋桨旋转域远离 AUV 一侧到靠近 AUV 一侧进行 5 等分，分别用 q=0、0.25、0.5、0.75、1 来表示。由于 AUV 运动方向为负 x 方向，故对于轴向速度，沿着 AUV 轴向向前为正。可以看到，当 q=0、0.25、0.5 时，不同

管路直径对应的螺旋桨旋转域轴向速度的环向分布几乎一致。这是因为 AUV 向后运动时，相对于螺旋桨来流是稳定流场，且其不受 AUV 及管路内壁的影响。此外，随着切面向螺旋桨旋转域中间切面变化，轴向速度的平均值增大，这也是由螺旋桨的旋转抽吸作用导致的。相对于 0.5R 叶高处，0.7R 叶高处的轴向速度更大，但是在 q=0.5 时正好相反。当 q=0.5 时，可以看到 0.7R 叶高处不同管路直径对应的轴向速度分布已经出现了较为明显的区别，说明管路内壁及 AUV 自身对螺旋桨流场已经有了影响。而对于 q=0.75 与 q=1 切面，不同管路直径对应的轴向速度分布差别明显，尤其 d=220mm 时速度分布明显较小，这也是该直径对应的螺旋桨水动力系数明显小于其他直径的原因。随着管路直径增大，螺旋桨尾流场受到 AUV 及管路内壁的影响逐渐减小，对尾流场的“阻挡”效果逐渐减弱，对应的轴向速度分布曲线逐渐收敛，水动力系数也逐渐收敛。

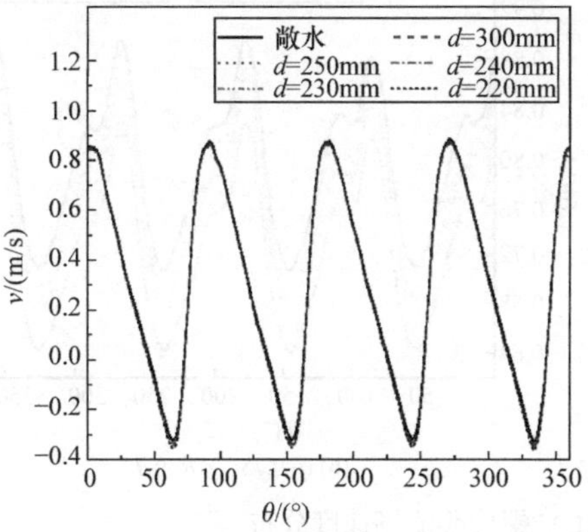

(a) q=0，r/R=0.5

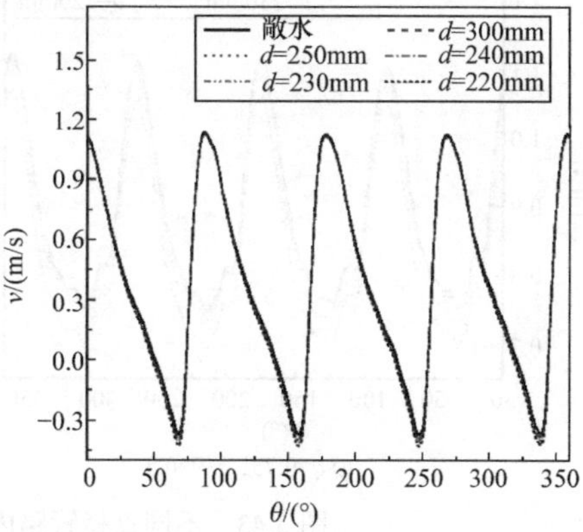

(b) q=0，r/R=0.7

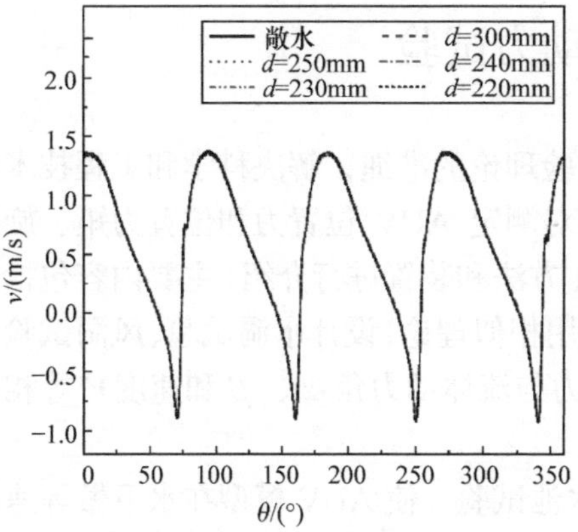

(c) q=0.25，r/R=0.5

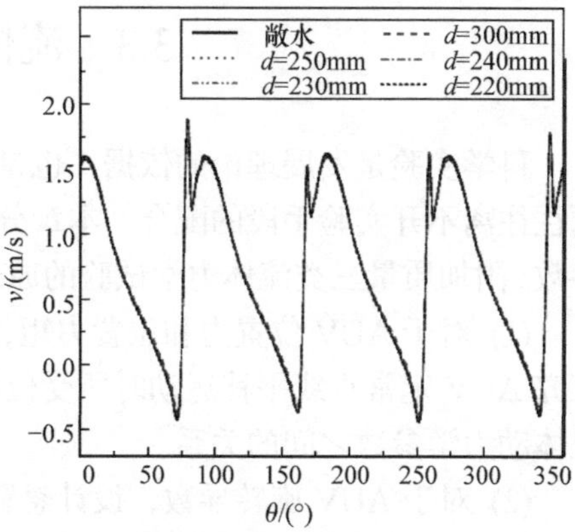

(d) q=0.25，r/R=0.7

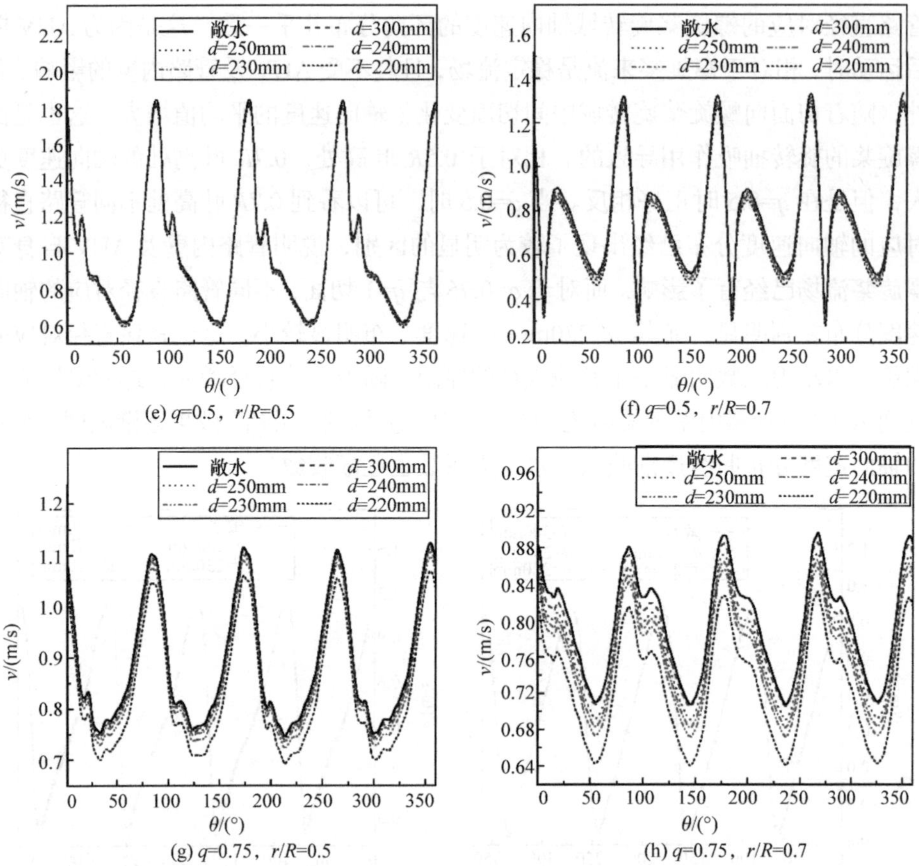

图 3.43　不同直径管路内 AUV 螺旋桨流场速度分布

3.3　流体动力试验

科学实验是发展理论的依据，也是检验理论的准绳，解决科学和工程技术问题往往离不开实验手段的配合。本章分别对测定 AUV 位置力和位置力矩、旋转导数、附加质量三类流体力学试验的原理、方法和装置进行介绍，主要内容包括：

(1) 对于 AUV 位置力和位置力矩，应用相似理论，设计水洞试验、风洞试验，探究 AUV 定常直线平移运动时所受位置力与流体动力角 α 、β 和速度 V 等相关流体动力学参数之间的关系。

(2) 对于 AUV 旋转导数，设计悬臂水池试验，使 AUV 模型在水下做等速圆周运动，从而测定其旋转导数无因次系数，进一步对复杂的壳体旋转导数的理论进行验证和研究。

(3) 对于 AUV 附加质量，设计采用频率比较法转动惯量测定试验进行测定研究。在附加质量的理论计算中，引入许多假定，在计算过程中做出不少简化，这些都会导致误差，因此附加质量的准确确定有赖于试验。

3.3.1　位置力

1. 相似准则

由于影响 AUV 流体动力参数获取的因素较多，故采用流体动力试验测定其流体动力参数已成为一种不可缺少的手段。AUV 的流体动力试验，一般通过缩比模型进行。但由于受限于试验条件，模型实验往往不能完全真实地再现 AUV 的运动，因此这就提出了一个模型试验应满足什么条件才能模拟 AUV 真实运动的问题，即相似准则问题。相似理论是流体动力试验的理论基础。

AUV 在流体中运动可视为刚体运动，从流体力学观点讲，流体作用于刚体上的流体动力除与刚体的几何形状有关外，还与流体的特性、刚体相对流体的运动特性有关。在 AUV 流体动力试验中，必须满足力学相似的三个方面：几何相似、运动相似和动力相似。

1) 几何相似

几何相似是指 AUV 模型与原型对应的线性尺寸之比为一常数。几何相似是 AUV 流体动力试验测定中最基本的相似准则，是力学相似的必要条件。

尺寸之比称为模型缩比。相对于舰船的模型试验(模型缩比通常为 1:20～1:50)，AUV 模型试验的尺度效应影响是很小的，因此 AUV 的模型试验有较高的精度。

2) 运动相似

运动相似是指模型相对于流体的运动参数要与 AUV 原型的运动参数相似。运动参数主要是指 AUV 相对流体的运动速度 V 和角速度 ω。

无量纲线速度分量有 $\overline{v}_x=\dfrac{v_x}{V}$、$\overline{v}_y=\dfrac{v_y}{V}$、$\overline{v}_z=\dfrac{v_z}{V}$，其中 $\overline{v}_x$ 为无量纲纵向线速度，$\overline{v}_y$ 和 $\overline{v}_z$ 分别为无量纲垂向和横向线速度，后两个量在 AUV 流体动力试验中用攻角 α 和侧滑角 β 来代替。

无量纲角速度分量有 $\overline{\omega}_x=\dfrac{\omega_x L}{V}$、$\overline{\omega}_y=\dfrac{\omega_y L}{V}$、$\overline{\omega}_z=\dfrac{\omega_z L}{V}$，它们分别为无量纲横滚角速度、无量纲偏航角速度和无量纲俯仰角速度。

AUV 的舵角 δ_h、δ_v 在流体动力试验中也被当作运动参数，而不作为形状参数。

3) 动力相似

根据黏性运动的 N-S 方程，对于黏性不可压缩流体运动，可得到如下四个相似准则。

(1) 雷诺数。

雷诺数 Re 表示惯性力 F_i 与黏滞力 F_v 之比，即

$$Re = \frac{F_i}{F_v} = \frac{\rho v^2 l^2}{\mu v l} = \frac{\rho v l}{\mu} = \frac{v l}{\nu} \tag{3.103}$$

式中，μ 为黏性系数；ρ 为流体密度；$\nu = \dfrac{\mu}{\rho}$ 为运动黏性系数。

表 3.6 给出了一个标准大气压(101.325 kPa)下、温度在 0～30℃时，空气和水的密度 ρ 、运动黏性系数 ν 值。

表 3.6　标准大气压下水和空气的密度 (kg / m³) 和运动黏性系数 (10⁶m² / s)

温度 t/℃	淡水		海水		空气	
	ν	ρ	ν	ρ	ν	ρ
0	1.7867	999.8	1.8284	1028.0	1.3238	1.2928
1	1.7270	999.8	1.7692	1027.9	1.3325	1.2880
2	1.6704	999.9	1.7131	1027.8	1.3412	1.2834
3	1.6167	999.9	1.6599	1027.8	1.3499	1.2787
4	1.5656	999.9	1.6094	1027.7	1.3587	1.2741
5	1.5170	999.9	1.5614	1027.6	1.3674	1.2695
6	1.4707	999.9	1.5158	1027.4	1.3762	1.2650
7	1.4267	999.8	1.4724	1027.3	1.3851	1.2604
8	1.3847	999.8	1.4310	1027.1	1.3939	1.2560
9	1.3446	999.7	1.3915	1027.0	1.4028	1.2515
10	1.3064	999.6	1.3538	1026.9	1.4117	1.2471
11	1.2699	999.5	1.3177	1026.7	1.4207	1.2427
12	1.2350	999.4	1.2832	1026.6	1.4296	1.2383
13	1.2016	999.3	1.2503	1026.3	1.4386	1.2340
14	1.1696	999.1	1.2186	1026.1	1.4476	1.2297
15	1.1390	999.0	1.1883	1025.9	1.4567	1.2254
16	1.1097	998.9	1.1592	1025.7	1.4658	1.2212
17	1.0816	998.7	1.1313	1025.4	1.4749	1.2170
18	1.0546	998.5	1.1044	1025.2	1.4840	1.2128
19	1.0287	998.3	1.0785	1025.0	1.4932	1.2086
20	1.0037	998.1	1.0537	1024.7	1.5024	1.2045
21	0.9798	997.9	1.0298	1024.4	1.5116	1.2004
22	0.9568	997.7	1.0068	1024.1	1.5208	1.1964

续表

温度 t/℃	淡水		海水		空气	
	ν	ρ	ν	ρ	ν	ρ
23	0.9347	997.4	0.9846	1023.8	1.5301	1.1923
24	0.9134	997.2	0.9632	1023.5	1.5394	1.1883
25	0.8929	996.9	0.9425	1023.2	1.5487	1.1843
26	0.9731	996.7	0.9226	1022.9	1.5581	1.1804
27	0.8541	996.5	0.9033	1022.6	1.5675	1.1764
28	0.8357	996.2	0.8847	1022.2	1.5769	1.1725
29	0.8180	995.9	0.8667	1022.0	1.5863	1.1686
30	0.8009	995.6	0.8493	1021.7	1.5958	1.1648

对于空气，可根据表 3.6，利用状态方程计算其他条件下的值 ρ 、ν 值。

$$\begin{cases}\rho = 3.4831\dfrac{p}{273+t}\\[2ex] \nu = (0.49135+0.00141t)\dfrac{273+t}{p}\times 10^{-5}\end{cases} \tag{3.104}$$

式中，p 为大气压力(kPa)；t 为温度(℃)。

雷诺数越大，流体的黏性影响就越小；反之，雷诺数越小，流体的黏性影响就越大。雷诺数是一个表征流体的黏性对流动影响的相似准则。凡是与流体的黏性有关的物理量，如阻力、最大升力、抖振起始点等，都与雷诺数有关。

在研究黏性运动的相似问题时，雷诺数是主要相似准则。依照相似原理，如果流体有相似的几何边界条件，即使尺寸大小不同，或速度不同，甚至流体也不同，只要雷诺数相同，它们都是动力相似的，这就是 AUV 流体动力试验可以在水洞、风洞中进行的道理。

(2) 弗劳德数(Froude number)。

弗劳德数 Fr 是表征惯性力 F_i 与重力 F_g 之比的相似准则，即

$$\frac{F_i}{F_g} = \frac{\rho v^2 l^2}{\rho g l^3} = \frac{v^2}{gl} = Fr^2$$

$$Fr = \frac{v}{\sqrt{gl}} \tag{3.105}$$

弗劳德数是重力作用对流动影响的一个度量。但 AUV 完全浸没于水下运动，兴波可忽略不计，因此不考虑重力的影响，即在进行 AUV 流体动力试验时，不考

虑弗劳德数的影响。

(3) 欧拉数(Euler number)。

欧拉数 Eu 表征流体的压力 F_p 与惯性力 F_i 之比，即

$$Eu = \frac{F_p}{F_i} = \frac{pl^2}{\rho v^2 l^2} = \frac{p}{\rho v^2} \tag{3.106}$$

流体力学中的压力系数 C_p 即欧拉数。如果模型试验流场与实物相似，那么两者表面各对应点的压力系数相等。由于 AUV 完全浸没于水下运动，通常其体表面不产生空泡，故在进行 AUV 流体动力试验时，不考虑欧拉数。

(4) 斯特劳哈尔数(Strouhal number)。

斯特劳哈尔数 Sr 是非定常运动惯性力 F_e 与惯性力 F_i 之比，即

$$\frac{F_e}{F_i} = \frac{\rho v l^3 / t}{\rho v^2 l^2} = \frac{l}{vt} = Sr$$

$$Sr = \frac{l}{vt} = \frac{lf}{v} \tag{3.107}$$

式中，f 为周期性的非定常流动的特征频率。

Sr 相等是表征流体流动非定常特性的相似准则。当进行结构弹性振动、旋涡、螺旋桨、旋翼、旋转天平、马格努斯力及声学等模型实验时，要求模型与实物的 Sr 相等。

当 AUV 做定常运动时，局部惯性力等于零，可以不考虑斯特劳哈尔数。但当 AUV 做周期性运动时，如螺旋桨试验，必须考虑 Sr，并用进速系数 λ_p 来代替。

$$\lambda_p = \frac{V}{nD} \tag{3.108}$$

式中，n 为螺旋桨的转速(1/s)；D 为螺旋桨直径(m)。

综上所述，AUV 位置力流体试验雷诺数和进速系数相似准则是必须考虑的。试验时，螺旋桨的进速系数相等容易满足，但是雷诺数相等难于满足。因为实际 AUV 的雷诺数较大，而模型试验时，由于试验条件的限制，模型相对流体的速度达不到所要求的速度。

例如，某 AUV 长 $L = 6.5\text{m}$，航速 $V = 50\text{kn}$，假定水温 T=5℃，则 $Re = 1.07\times 10^8$。

如果在水池或水洞中进行模型试验，模型缩比为 1∶1.5，则模型长 $L = 4.333\text{m}$，如果水温 T=15℃，则为了达到与实际的雷诺数相等，模型拖曳速度 $V_M = 28.14\text{m/s}$。

如果在风洞中进行模型试验，在同样的条件下，风速 $V_M = 360\text{m/s}$。

不管是在水池或水洞中做试验，还是在风洞中做试验，上述所要求的模型速

度都是达不到的。但是大量的试验表明，雷诺数达到某一临界值时(临界雷诺数)，航行器表面已形成稳定的湍流边界层，AUV 的流体动力系数已基本不变。因此实验时，只要模型的雷诺数大于临界雷诺数，就可以认为试验满足了相似准则。试验时，雷诺数通常取 $Re \geqslant 1\times 10^7$ 左右。

在动力相似条件下，AUV 模型的流体动力系数与实际 AUV 对应的流体动力系数是相等的。

2. 试验设计

试验设计的内容应包括试验目的、模型设计、试验参数的选取、试验设备及测试方法、模型组合状态以及试验数据处理等部分。

1) 试验目的

AUV 的流体动力可分为黏性类流体动力和惯性类流体动力两大类。根据运动参数种类，再把黏性类流体动力分解成两部分：一部分是位置力，它仅与运动参数 α、β、$\boldsymbol{V}$、δ_h、δ_v、δ_d 有关；另一部分是与旋转有关的力，它包括旋转力以及旋转角速度与位置参数的交叉项。这里讨论位置力，将其表示为

$$\boldsymbol{f} = f(\alpha,\beta,\boldsymbol{V},\delta_h,\delta_v,\delta_d) \tag{3.109}$$

2) 模型设计

模型设计的目的是为了确定模型尺寸的大小、模型的材料和分段、模型内需要安装的设备与位置等。

(1) 模型尺寸。

模型尺寸主要根据试验设备来确定。如果是在风洞或水洞中做试验，则模型长度主要根据风洞或水洞试验段的长度来确定。为保证流场品质(流场的稳定性和均匀性)，一般模型长度不得超过试验段长度的 70%；为减小流动阻塞效应，模型的最大横截面积不得超过试验段横截面积的 4%。如果是在水池中用拖曳模型做实验，则除了考虑水池的宽度和深度(池壁效应)外，还应考虑水池船坞的长度和宽度，以便模型的安装和拆卸。

当然，为保证模型几何外形与实际 AUV 外形相似，模型的加工和安装精度是必须首先保证的，有关这方面的内容可参照实验规范。一般要求，主体长度和宽度加工误差分别在 ± 1～2mm 和 ± 0.5mm 以内，鳍和舵的位置误差小于 0.5mm，安装误差小于 0.1°等。

(2) 模型的材料和分段。

AUV 流体动力试验模型一般分为三段，即主体段、尾锥段和鳍舵、推进器或假尾。

对于风洞试验，AUV 主体段可用铝合金材料或优质木材，如红松等。AUV 水

池或水洞试验，木质模型已被淘汰，因为木质模型浸水后易变形，其重量难于准确测量，因此模型回转时的离心力也难于完全扣除。目前水中试验模型的主体多采用玻璃钢模型或金属模型，这样不仅可保证模型浸水后不变形、重量不增加，而且可提高加工、安装精度。

模型尾锥和鳍舵等附件一般采用铝合金材料，也可以采用有机玻璃。这段模型总的要求是重量要轻，与主体段连接要简单，并能左右旋转。这样在风洞试验时，模型由正装到反装，尾部旋转 180°即可。另外，鳍、舵的安装也要简单，拆卸方便，互换性好。

关于推进器部分，不管是对转桨或者是泵喷，它们都与 AUV 有一定间隙。这部分模型通常与其他试验共用,可单独加工,但要与模型动力装置的轴系相配。在无动力模型试验时，要安装模拟桨毂的假尾。

(3) 模型内需要安装的设备与位置。

模型内必需安装的设备主要是测力元件和动力装置。例如，模型一般要安装六分力应变天平，以测量模型运动时所受流体动力；有时要安装小的二分力或单分力应变天平，以便测量舵力或舵轴力矩，或其他附件的力。有动力模型试验时要安装动力装置，以驱动桨(或泵)按所要求的转速转动。

六分力应变天平的位置，在纵向和横向要与浮心坐标一致，在垂向要在体坐标系的 y 轴轴线上。舵轴力矩测试天平要安装在舵轴上。动力装置要尽量靠近模型的浮心位置，以减少配重。

3) 试验参数的选取

根据运动相似准则，模型与原型运动参数的无量纲量应分别相等。

(1) 攻角和侧滑角的确定。

攻角和侧滑角由 AUV 实际的航行状态确定，不同的 AUV 攻角和侧滑角范围差别极大。对于大部分航行器正常航行时，侧滑角范围都在 $[-10°,10°]$，对于特殊 AUV，如有动力定位功能的 AUV，其攻角取值范围为 $[-180°,180°]$ 全攻角范围。

试验时，间距 $\Delta\alpha = 2°$，$\Delta\beta = 2°$。

(2) 舵角的确定。

AUV 的最大舵角可达 25°，差动舵角最大为 6°，即：$\delta_h \in [-25°,25°]$、$\delta_v \in [-25°,25°]$，$\delta_d \in [-6°,6°]$。

在采用舵机控制试验舵偏角时，舵角的变化间距可取 $\Delta\delta_h = 2°$，$\Delta\delta_v = 2°$，$\Delta\delta_d = 2°$，在舵角大于 10°以后，间距可取 5°。

在采用手动机械操舵时，舵角的变化间距可适当大一点，一般取 $\Delta\delta_h = \Delta\delta_v = \Delta\delta_d = 5°$。

4) 试验设备的选取

一般来讲，AUV小攻角流体动力性能的确定主要以大型高速拖曳水池和高速水洞为主，较大攻角试验一般在风洞中进行。下面主要对高速水洞和风洞作一些简要介绍。

(1) 高速水洞。

高速水洞主要由洞体、电源间、辅助装置及测试仪表等组成，可以满足AUV在小攻角情况下流体动力性能试验的要求。图3.44是西北工业大学高速水洞的结构示意图，图3.45是该水洞的现场图。水洞洞体为一个不锈钢封闭循环管道，洞内充满水，在叶轮泵的驱动下水沿管道循环流动，并在工作段内形成一个稳定、均匀的流场。水流的速度和压力可以按照相似条件的要求进行调节并保持稳定。试验模型置于工作段内并与测试仪器相连，从而测定模型的流体动力特性。

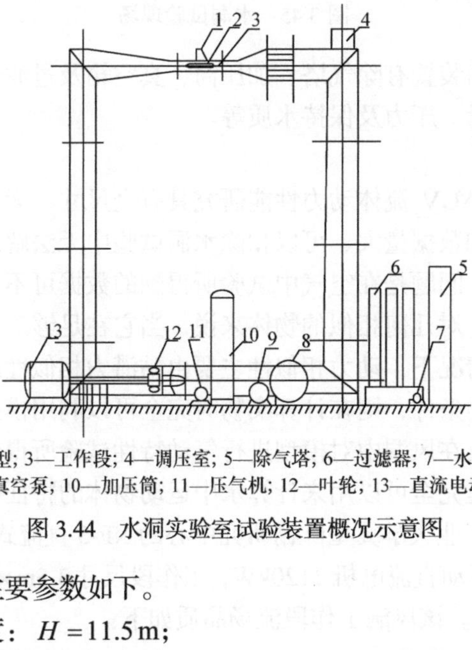

1—天平; 2—模型; 3—工作段; 4—调压室; 5—除气塔; 6—过滤器; 7—水泵; 8—真空箱; 9—真空泵; 10—加压筒; 11—压气机; 12—叶轮; 13—直流电动机

图3.44　水洞实验室试验装置概况示意图

该高速水洞的主要参数如下。

洞体中心线高度：$H = 11.5\,\text{m}$；

洞体中心线长度：$L = 11.8\,\text{m}$；

工作段尺寸：$\phi 400 \times 2000\text{mm}$；

工作段水速：0～18m，连续可调；

最小空化数：$K = 0.15$；

叶轮泵功率：125kW；

工作段压力：0.2～3个大气压，连续可调。

图 3.45　水洞试验现场

水洞的主要辅助装置有除气塔、加压筒、真空箱及过滤器等，分别用于调节水洞内水的空气含量、压力及保持水质等。

(2) 风洞。

利用风洞开展 AUV 流体动力性能研究具有全尺寸、无水密问题、可重复性好、便于部件研究和数据量大、可以扣除水洞试验中无法解决的支架干扰、效益高等若干技术优势。问题是在空气中试验所得到的数据可不可以用来进行水中物体的流体动力计算？对几何相似的物体来说，当它在足够深的水流中运动，排除形成表面波可能的情况下，动力相似性主要由黏滞力相似性决定。如果模型和实物符合雷诺数相等的条件，则在计算实物时完全可以利用模型试验中获得的流体动力系数数据。所以，在风洞中对模型进行气动特性试验所得到的流体动力系数，只要雷诺数相等，是完全可以用来计算水中运动物体的特征的。

图 3.46 是西北工业大学翼型叶栅研究中心的 NF-3 直流式大型低速风洞照片。该风洞总长 80m，驱动直流电机 1120kW，工作段尺寸 $3.5\text{m}\times2.5\text{m}\times12\text{m}$，空载时风洞最大风速 90m/s。该风洞工作段流场品质如下：

气流偏斜 $(\alpha,\beta)<0.25$；

动压变化 $(q/q_{cp})<0.005$；

轴向静压梯度 $(\mathrm{d}c_p/\mathrm{d}x)<0.0029$；

湍流度为 0.078%；

稳速压精度 0.1%。

该风洞的数据采集系统包括：测试天平为六分量杆式应变天平，精度 1‰；攻角(侧滑角)由攻角机构自动设定，精度±0.5′；数据采集系统为由美国引进的 PSI8400 电子扫描阀和与它联网的 SUN-44-330 计算机工作站组成，扫描速度

50000 次/s，精度 0.5‰，16 个通道，16 位精度的模拟量输入单元，用以采集各分力信号，计算机工作站为 24M，计算速度为 3000 万次/s。

图 3.46　NF-3 直流式大型低速风洞试验现场

(3) 拖曳水池。

拖曳水池常用于进行水动力学试验，采用模型试验方法来了解航行体的运动、航速、推进功率及其他性能；水池试验是由电动拖车牵引进行的。AUV、船舶、鱼雷、滑行艇、水翼艇、气垫船、冲翼船、水上飞机和各种海洋结构物等都可在水池中进行模型试验。

图 3.47 为西北工业大学拖曳水池实验室照片。该水池长 170m、宽 7m、深 6m。在对拖曳长 7m、直径 533mm 的回转体型水下航行器模型进行试验时，最高速度可达 7m/s。

5) 模型组合状态

为了便于叙述，令模型部件代号为：B 表示 AUV 主体；F 表示鳍；R 表示舵；P 表示螺旋桨。

通常，AUV 在研制中要进行如下内容的组合方案试验：

$$\left.\begin{array}{l} B+F+R+P \\ B+F+P \\ B+R+P \\ B+P \end{array}\right\} \text{有动力模型试验}$$

$$\left.\begin{array}{l} B \\ B+R \\ B+F+R \end{array}\right\} \text{无动力模型试验}$$

图 3.47　拖曳水池实验室

如果垂直鳍舵与水平鳍舵不同，则水平面试验与垂直面试验要分别进行；如果相同，则只要做一个单平面的试验即可。通过上述试验组合，既可得到 AUV 壳体的流体动力，又可得到各部件的贡献以及鳍、舵、桨之间的干扰，为后续 AUV 的改进和流体动力工程估算积累资料。

6) 试验数据处理

在选择试验设备和进行模型组合方案时，就要考虑到如何进行数据处理问题。

在风洞试验中通常要进行支杆干扰扣除、天平各力之间的干扰修正、模型阻塞修正、坐标系转换等。

各力的系数要按照下面方法进行无量纲化处理：

纵向力

$$C_x = \frac{X}{\frac{1}{2}\rho V^2 S} \tag{3.110}$$

垂向力

$$C_y = \frac{Y}{\frac{1}{2}\rho V^2 S} \tag{3.111}$$

横向力

$$C_z = \frac{Z}{\frac{1}{2}\rho V^2 S} \tag{3.112}$$

横滚力矩

$$M_x = \frac{M_x}{\frac{1}{2}\rho V^2 SL} \tag{3.113}$$

偏航力矩

$$M_y = \frac{M_y}{\frac{1}{2}\rho V^2 SL} \tag{3.114}$$

俯仰力矩

$$M_z = \frac{M_z}{\frac{1}{2}\rho V^2 SL} \tag{3.115}$$

式中，X、Y、Z 是流体动力在体坐标系中的分量(N)；M_x、M_y、M_z 是流体动力矩在体坐标系中的分量(N·m)；ρ 是流体密度(kg/m^3)；V 是速度(m/s)；S 是模型最大横截面面积(m^2)；L 是模型长度(m)。

3.3.2　旋转导数

1. 试验原理及设备

测定 AUV 旋转导数无因次系数的常用试验方法是使模型在水下做等速圆周运动。如图 3.48 所示，设模型以角速度 $\boldsymbol{\omega}_z$、半径 $\boldsymbol{R}$ 绕 O' 点做等速圆周运动。

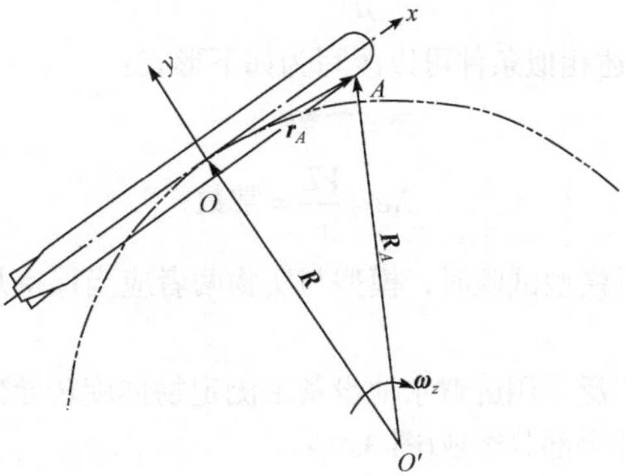

图 3.48　AUV 旋转导数无因次系数的测定试验方法

模型坐标原点的速度为

$$\boldsymbol{V} = \boldsymbol{R}\boldsymbol{\omega}_z \tag{3.116}$$

模型上任一点 A 处的速度为

$$\boldsymbol{V}_A = \boldsymbol{R}_A \times \boldsymbol{\omega}_z \tag{3.117}$$

因为$\boldsymbol{R}_A = \boldsymbol{R} + \boldsymbol{r}_A$，所以上式可写成

$$\boldsymbol{V}_A = (\boldsymbol{R} + \boldsymbol{r}_A) \times \boldsymbol{\omega}_z = \boldsymbol{V} + \boldsymbol{r}_A \times \boldsymbol{\omega}_z \tag{3.118}$$

由上式可以看出，模型以角速度$\boldsymbol{\omega}_z$绕点O'做等速圆周运动，相当于模型以速度$\boldsymbol{V}$做瞬时平动，并同时以角速度$\boldsymbol{\omega}_z$绕坐标原点O做等速旋转运动。因此，如果能够测得模型做等速圆周运动时所受到的流体动力及力矩，扣除掉平动时的流体动力及力矩和离心力，即可得出因$\boldsymbol{\omega}_z$而产生的流体动力及力矩的增量，从而求得各个旋转导数的无因次系数。

显然，当 AUV 在水下作圆周运动时，影响其流体动力的主要因素有角速度$\boldsymbol{\omega}$、回转半径R、流体介质密度ρ、黏性系数μ及 AUV 本身的尺度L，即有

$$P\,(\text{流体动力或力矩}) = f(\boldsymbol{\omega}, L, \rho, R, \mu)$$

选取$\boldsymbol{\omega}$、L、ρ作为基本量，根据π定理，上式可化为下列无因次关系式：

$$\frac{P}{\frac{1}{2}\rho L^4 \omega^2} = F\left(\frac{L}{R}, \frac{\rho L^2 \omega}{\mu}\right) \tag{3.119}$$

因此，在几何相似的条件下，确定 AUV 旋转导数无因次系数的模型试验的相似条件为

$$\begin{gathered} \frac{L}{R} = \text{常数} \\ \frac{\rho L^2 \omega}{\mu} = \text{常数} \end{gathered} \tag{3.120}$$

考虑到$\boldsymbol{V} = \boldsymbol{\omega R}$，上述相似条件可以改写为如下形式：

$$\begin{gathered} \bar{\omega} = \text{常数} \\ Re = \frac{VL}{\nu} = \text{常数} \end{gathered} \tag{3.121}$$

式(3.121)表明，进行模型试验时，模型与实物两者应当保持几何相似，无因次角速度和雷诺数相等。

目前，国内外广泛采用旋臂水池设备来测定物体旋转导数的无因次系数。旋臂水池主要由以下几个部分组成(图 3.49)。

水池：通常为圆形，具有坚固的池壁。池中心处有一直径不大的中央岛，用以安置铅垂转轴等设备。一般中等水池的直径为 30～50m，深度为 5m 左右。

旋臂：通常是一具有良好刚性的桁架结构。其一端与铅垂转轴相连接，另一端通过滚轮安装在池壁轨道上。在动力系统的驱动下，旋臂可绕铅垂转轴旋转，并可变换不同的角速度。

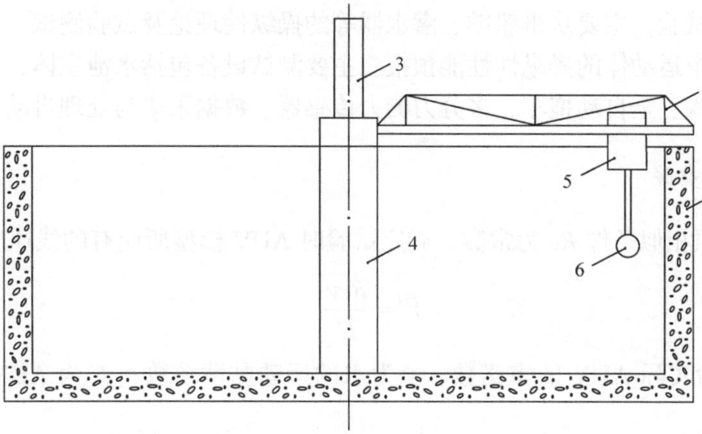

1—水池; 2—旋臂; 3—转轴; 4—中央岛; 5—拖车; 6—模型

图 3.49　旋臂水池示意图

拖车：拖车与旋臂相连，并可沿旋臂前后移动，以便模型获得不同的回转半径。拖车的支杆与装在模型内部的测力天平相固联。此外，拖车上还备有可以设定模型姿态角的装置。

测量系统：由一三分力或六分力应变式天平和一组测量仪表所组成。天平固定在模型内部，当天平因受力而变形时，变形量可转化为电信号传给测量仪表并显示出相应的读数。

图 3.50 是某研究所的操纵性旋臂水池实验室。该实验室拥有可在稳定的角速度下进行模型水动力测试的大型试验设施，长期从事船舶主要性能之一——操纵

图 3.50　某研究所的操纵性旋臂水池实验室

性的研究和试验，主要从事船舶、潜水器等的操纵性理论及试验测试，广泛开展针对各型水中运动体的操纵性性能预报。主要测试设备包括水池主体、旋臂、全自动转盘机构、全自动拖车、多分力测力传感器、数据采集与处理自动化系统。

2. 试验步骤

(1) 依照相似条件 Re 为常数，确定试验时 AUV 模型所应有的线速度

$$V'=\frac{Re\nu}{L'} \tag{3.122}$$

式中，Re 为实际 AUV 的雷诺数；ν 为水的运动黏性系数；L' 为 AUV 模型的长度。

在整个试验过程中，模型的线速度应当保持不变。

(2) 在拖车行程的允许范围内，选择若干个回转半径 R，同时依照确定的模型线速度计算出对应的模型角速度 ω_z 和无因次角速度 $\overline{\omega}_z$，列入表 3.7 中。

表 3.7 不同回转半径 R 下的模型角速度 ω_z 和无因次角速度 $\overline{\omega}_z$

组次	1	2	3	…
R	R_1	R_2	R_3	…
ω_z	ω_{z1}	ω_{z2}	ω_{z3}	…
$\overline{\omega}_z$	$\overline{\omega}_{z1}$	$\overline{\omega}_{z2}$	$\overline{\omega}_{z3}$	…

(3) 将 AUV 模型正确地安装在支杆上。按照表 3.7 所列各组 R 及 ω_z ($\overline{\omega}_z$)开动旋臂，通过天平测量其对应的力及力矩。扣除掉离心力及离心力矩之后，便得到对应的流体动力及力矩，将所得各值列于表 3.8 中。

表 3.8 流体动力及力矩

组次	1	2	3	…
$\overline{\omega}_z$	$\overline{\omega}_{z1}$	$\overline{\omega}_{z2}$	$\overline{\omega}_{z3}$	…
Y	Y_1	Y_2	Y_3	…
M_z	M_{z1}	M_{z2}	M_{z3}	…

(4) 根据所得流体动力及力矩，求出对应的流体动力及力矩的无因次系数，并列于表 3.9 之中。

(5) 依照表 3.9，分别绘出 $\overline{C}_y(\omega_z)$ 及 $m_z(\overline{\omega}_z)$ 曲线。求出各曲线在 $\overline{\omega}_z=0$ 处的斜

率，即 $C_y^{\bar{\omega}_z}$ 和 $m_z^{\bar{\omega}_z}$。

表 3.9　不同 $\bar{\omega}_z$ 下的 C_y 与 m_z

组次	1	2	3	…
$\bar{\omega}_z$	$\bar{\omega}_{z1}$	$\bar{\omega}_{z2}$	$\bar{\omega}_{z3}$	…
C_y	C_{y1}	C_{y2}	C_{y3}	…
m_z	m_{z1}	m_{z2}	m_{z3}	…

如果将 AUV 模型绕其纵轴转过 90°重新安装，采用完全相同的方法，还可求得 $C_z^{\bar{\omega}_y}$ 和 $m_y^{\bar{\omega}_y}$。

这样，应用旋臂水池试验可以测得 AUV 的上述四个旋转导数的无因次系数。至于 $m_x^{\bar{\omega}_x}$ 的测定，需要借助另外的试验设备。

3.3.3　附加质量

1. 附加质量测定的原理与装置

试验原理如图 3.51 所示。用钢梁简支于其两端，跨度可以调节。该梁中央由支杆与所试验模型固结在一起，使模型与梁能够一起上下振动。在梁的上下两侧贴电阻应变片，它们与电桥相连接。当梁处于平衡位置时，调节电桥，使 A、B 两点之间没有电位差，因而也就没有电流通过频率记录仪中的电磁线圈，此时，摆针将固定不动。但是，当梁上下振动时，应变片的电阻将发生变化，A、B 间

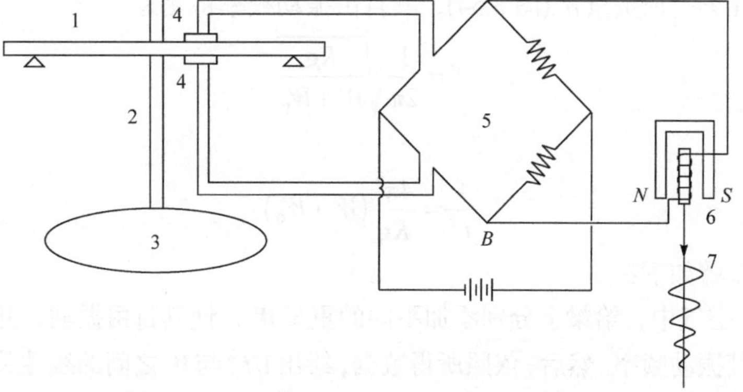

1—钢梁; 2—支杆; 3—试验模型; 4—电阻应变片; 5—电桥; 6—线圈; 7—摆针

图 3.51　附加质量测定原理

产生电位差，从而有电流流经线圈使摆针左右摆动。这样，便绘出了梁的振动波形，其频率即为梁的振动频率。与此同时，记录仪还可绘出时间信号。

设每个时间信号所代表的时间为 t (s)。若取 n_1 个振动波，其对应的时间信号为 n 个(见图 3.52)，即梁(或模型)的振动频率应为

$$f = \frac{n_1}{nt} \tag{3.123}$$

参见图 3.53，设模型及支杆的重量为 W_0，梁的重量比 W_0 小很多，可以略去不计，则梁的自由振动频率为

$$f = \frac{1}{2\pi}\sqrt{\frac{Kg}{W_0}} \tag{3.124}$$

式中，K 为梁的抗弯刚度(当梁确定时，为一常数)；g 为重力加速度。

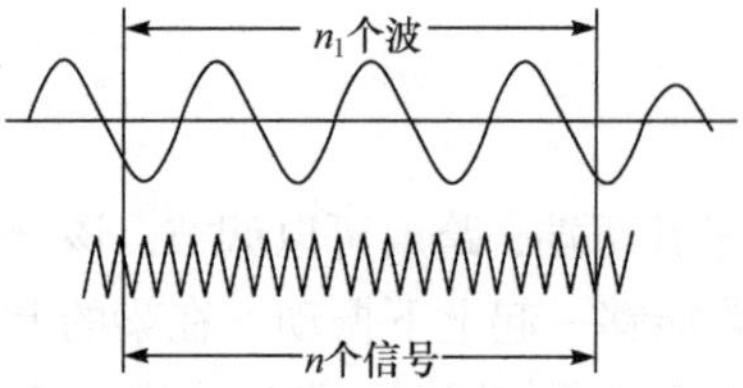

图 3.52　振动波图

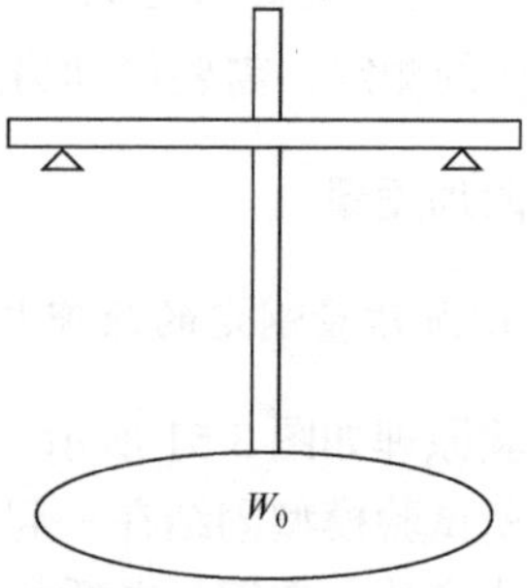

图 3.53　梁的自由振动

这里，没有考虑振动系统的阻尼。实际测量表明，在上述系统中，阻尼对振动频率的影响是很小的，可以略而不计。

如果在梁上加重量 W (图 3.54)，其自由振动频率将变为

$$f = \frac{1}{2\pi}\sqrt{\frac{Kg}{W + W_0}} \tag{3.125}$$

或

$$\frac{1}{f^2} = \frac{4\pi^2}{Kg}\left(W + W_0\right) \tag{3.126}$$

试验步骤如下：

(1) 在空气中，给梁上分别添加不同的重量 W，使其自由振动，并应用上述方法测定其振动频率。然后，依照所得数据，绘出 $1/f^2$ 与 W 之间的线性关系曲线，如图 3.55 所示。

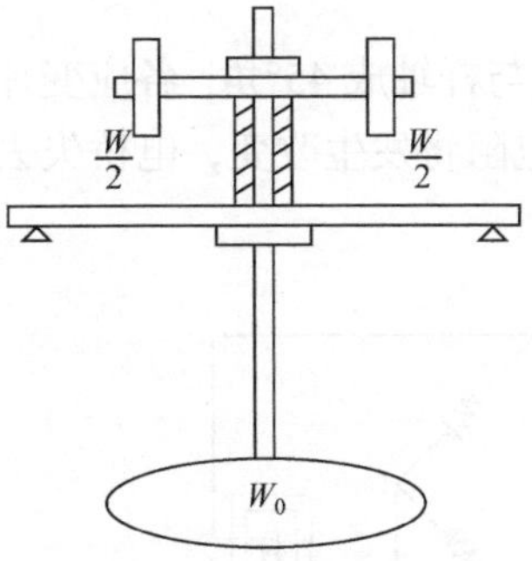

图 3.54　加重 W 后的自由振动

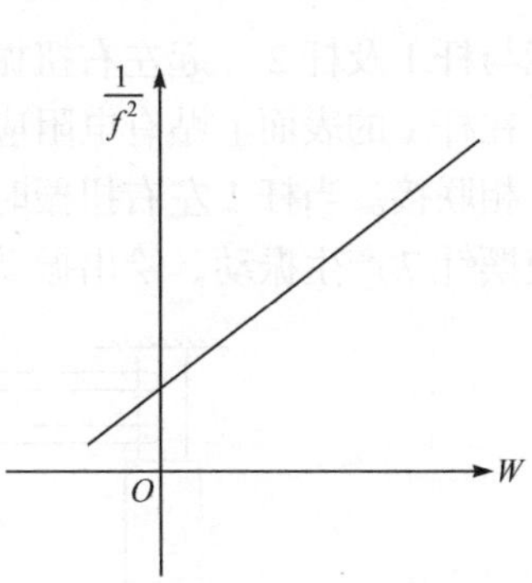

图 3.55　$1/f^2$ 与 W 的线性关系曲线

(2) 去掉重量 W，将梁及模型置于一水槽中，充水使模型淹没，再使梁产生振动。此时，参与振动的质量除去 W_0/g 之外，还有附加质量 λ (图 3.56)。将 λ 表示为重量，有 $W_\lambda=\lambda g$，故其振动频率应为

$$f_1=\frac{1}{2\pi}\sqrt{\frac{Kg}{W_0+W_\lambda}} \tag{3.127}$$

$$\frac{1}{f_1^2}=\frac{4\pi^2}{Kg}\left(W_0+W_\lambda\right) \tag{3.128}$$

按照前述方法测定 f_1 值，算出 $1/f_1^2$ 值，并由此在图 3.55 上找出未知的模型附加重量 W_λ 的值(图 3.57)，从而求得 $\lambda=W_\lambda/g$ 的值。

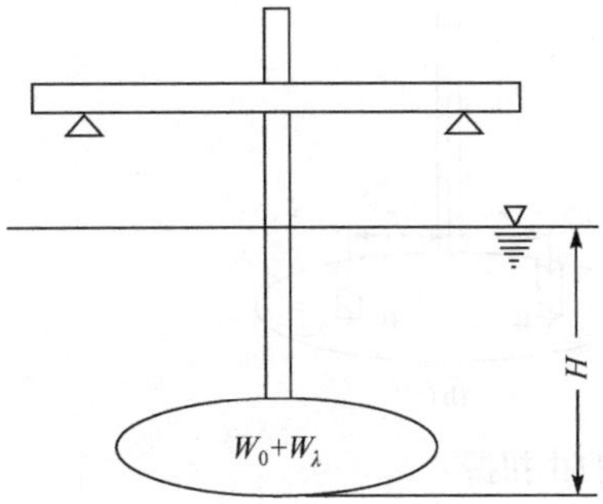

图 3.56　水中振动

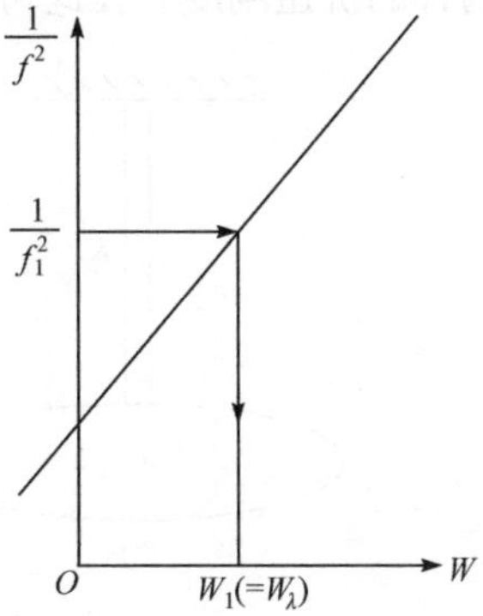

图 3.57　$1/f^2$ 与 W_1 的关系

2. 附加转动惯量测定的原理与装置

试验装置的原理如图 3.58 所示。

钢杆 1 的上端固定，下端固结于杆 2。杆 2 下端固结于试验模型 3 上，使模

型能与杆 1 及杆 2 一起左右扭振。

在杆 1 的表面上贴有电阻应变片 4，它们与杆轴成 45°角。各应变片分别与电桥 5 相联接。当杆 1 左右扭振时，应变片的电阻将发生改变，电桥失去平衡，从而使摆针 7 产生振动，绘出振动波形。

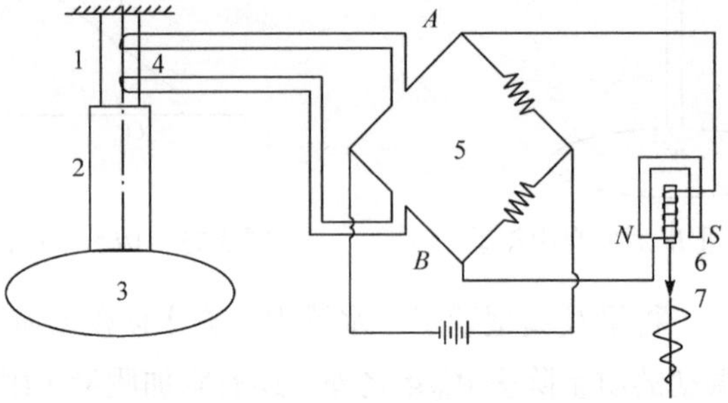

1—钢杆; 2—杆; 3—试验模型; 4—电阻应变片; 5—电桥; 6—线圈; 7—摆针

图 3.58　附加转动惯量测定试验装置

试验步骤如下：

(1) 如图 3.59(a)所示，设模型(包括杆)绕杆轴的转动惯量为 J_0 (以重量单位表示)。令模型在空气中发生自由扭振，则其扭振频率应为

$$f_1 = \frac{1}{2\pi}\sqrt{\frac{Kg}{J_0}} \tag{3.129}$$

式中，K 为杆的抗扭刚度。在此可不考虑系统阻尼对频率的影响。

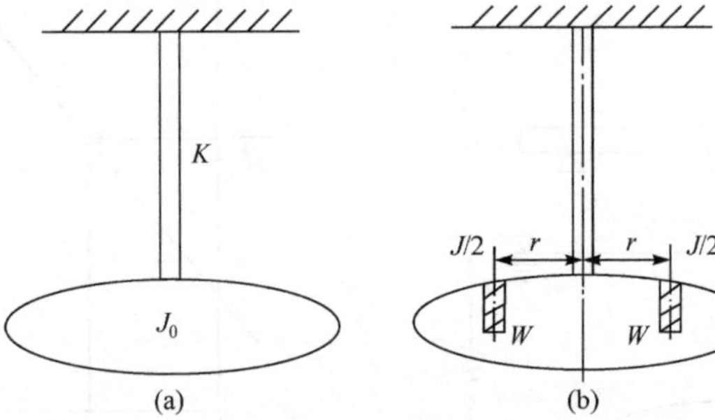

图 3.59　在空气中自由扭振

然后，在模型中嵌以重块(图 3.59(b))，使其转动惯量增加一个已知值 $J = \dfrac{2W}{g}r^2$，或以重量单位表示，则 $J = 2Wr^2$，再令其在空气中发生自由扭振，其扭振频率应为

$$f_2 = \frac{1}{2\pi}\sqrt{\frac{Kg}{J_0 + J}} \tag{3.130}$$

可以得出模型(包括杆)在空气中的转动惯量为

$$J_0 = \frac{J}{\left(\dfrac{f_1}{f_2}\right)^2 - 1} \tag{3.131}$$

式中，f_1 及 f_2 可以沿用前述频率测定方法测得；J 为已知值。

(2) 去掉在模型上所加的转动惯量 J (即去掉重块 W，并以与模型相同的材料将该空间填满)，然后放入水中进行试验，并测量其扭振频率 f_3(图 3.60)。此时参与扭振的转动惯量除去模型的 J_0 外，还有附加转动惯量 J_λ，故其扭振频率应为

$$f_3 = \frac{1}{2\pi}\sqrt{\frac{Kg}{J_0 + J_\lambda}} \tag{3.132}$$

模型的附加转动惯量为

$$J_\lambda = J_0\left[\left(\frac{f_1}{f_3}\right)^2 - 1\right] \tag{3.133}$$

式中，J_0、f_1 及 f_3 均可由试验确定。

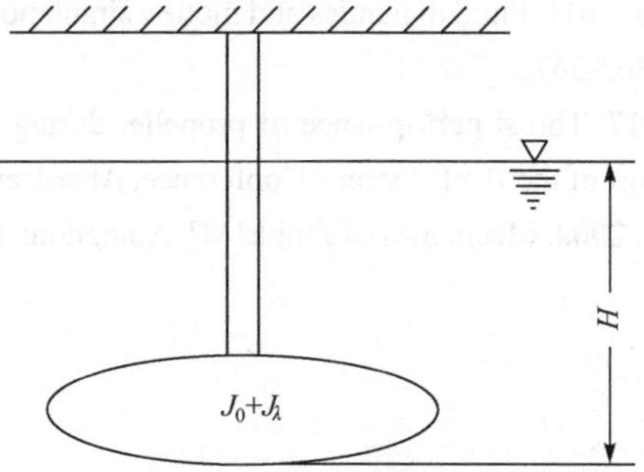

图 3.60　在水中扭振

上述测量附加质量和附加转动惯量的方法均采用频率比较的方法，因此由试验设备及操作技术所产生的某些误差可因比较而消除,从而获得较为精确的结果。

用已知惯性参数的椭球体进行试验的结果表明，上述方法的测量结果与理论值之差约为 2%左右(其中还包括由黏性影响所产生的误差在内)。AUV 模型测定的结果表明，测定值与现有理论计算值之间的误差约在 3%～6%。

此外，自由表面对物体附加质量及附加转动惯量的数值是有影响的。试验表明，当模型距自由表面的距离等于或大于其四倍直径，自由表面的影响可以略去。

参 考 文 献

杜晓旭. 2008. 回转体水下航行器近水面运动操纵性研究[D]. 西安: 西北工业大学.
杜晓旭. 2011. 新概念 UUV 流体动力特性及运动性能研究[R]. 西安: 西北工业大学.
杜晓旭，张正栋. 2017. 自主水下航行器回收过程中螺旋桨推力特性分析[J].兵工学报, 38(6): 1154-1160.
黄景泉，张宇文. 1989. 鱼雷流体力学[M]. 西安: 西北工业大学出版社.
黄桥高. 2010. 疏水表面减阻数值仿真与水洞试验研究[D]. 西安: 西北工业大学.
李天森. 2007. 鱼雷操纵性(第 2 版)[M]. 北京: 国防工业出版社.
李新亮. 2015. AUV 在极限流域中的力学与运动特性研究[D]. 西安: 西北工业大学.
肖京平. 2008. 水中兵器风洞试验技术[M]. 北京: 国防工业出版社.
《鱼雷力学》编著组. 1992. 鱼雷力学[M]. 北京: 国防工业出版社.
詹致祥，陈景熙. 1990. 鱼雷航行力学[M]. 西安: 西北工业大学出版社.
张宇文. 1998. 鱼雷外形设计[M]. 西安: 西北工业大学出版社.
张宇文. 1999. 鱼雷弹道与弹道设计[M]. 西安: 西北工业大学出版社.
张正栋. 2018. 极限流域螺旋桨水动力特性数值研究[D]. 西安: 西北工业大学.
Du X X, Wang H, Hao C Z, et al. 2014. Analysis of hydrodynamic characteristics of unmanned underwater vehicle moving close to the sea bottom[J]. Defense Technology, 10(1): 76-81.
Du X X, Wang H, Li X L. 2015. Hydrodynamics and motion simulation of autonomous underwater vehicle self-propelled launching[C]. The 34th International Conference on Ocean, Offshore and Arctic Engineering.
Du X X, Song B W, Pan G. 2011. Fluid dynamics and motion simulation of underwater glide vehicle[J]. Mechanika, 17(4): 363-367.
Du X X, Zhang Z D. 2017. Thrust performance of propeller during underwater recovery process of AUV[C]. Proceedings of the IEEE Oceans Conference, Aberdeen.
Potter M C, Wiggert D C. 2008. Mechanics of Fluids[M]. Abingdon: Taylor & Francis Group.

第 4 章　操纵性分析

操纵性分析是水下航行器总体性能研究的重要组成部分。K-T 分析方法是水下航行器操纵性分析中常用的方法之一。

本章主要内容包括：

(1) 在建立 AUV 纵向运动扰动方程的基础上，提出了纵向运动的 K-T 分析指数，并对 AUV-A、AUV-B 两型水下航行器的纵向操纵性进行了分析。

(2) 在建立 AUV 横向-横滚运动扰动方程的基础上，提出了横向-横滚运动的 K-T 分析指数，并对 AUV-A、AUV-B 两型水下航行器的横向-横滚操纵性进行了分析。

4.1　纵向运动的操纵性分析

4.1.1　纵向运动扰动方程

如果假定未扰动之前的运动是定常直线运动，即 V_T 为常数，扰动引起的各个运动参量变化为：$\Delta\alpha,\Delta\omega_z,\Delta\theta,\Delta\delta_e$，则扰动后各运动参量可表示为

$$\begin{cases}\alpha=\alpha_0+\Delta\alpha\\ \omega_z=\omega_{z0}+\Delta\omega_z\\ \theta=\theta_0+\Delta\theta\\ \delta_e=\delta_{e0}+\Delta\delta_e\end{cases}\tag{4.1}$$

假设水下航行器运动是处于小攻角条件下，则有

$$\begin{cases}v_x=V_T\cos\alpha\approx V_T, & \dot{v}_x=0\\ v_y=-V_T\sin\alpha\approx -V_T\alpha, & \dot{v}_y=-V_T\dot{\alpha}\end{cases}\tag{4.2}$$

水下航行器在纵向运动时，运动参数 $\beta,v_z,\omega_x,\omega_y,\varphi,\psi,z$ 均为零,代入空间简化方程可得到纵向运动的简化式：

$$
\begin{cases}
(m+\lambda_{11})\dot{v}_x - my_c\dot{\omega}_z = T - \Delta G\sin\theta + K_{cxS}V_T^2 \\
(m+\lambda_{22})\dot{v}_y + (mx_c+\lambda_{26})\dot{\omega}_z + mv_x\omega_z - my_c\omega_z^2 \\
\quad = -\Delta G\cos\theta + V_T^2(K_{y\alpha}\alpha + K_{y\delta e}\delta_e) + K_{y\omega z}w_zV_T \\
(J_z+\lambda_{66})\dot{\omega}_z - my_c\dot{v}_x + (mx_c+\lambda_{26})\dot{v}_y + mx_cv_x\omega_z + my_cv_y\omega_z \\
\quad = G(-x_c\cos\theta + y_c\sin\theta) + V_T^2(K_{mz\alpha}\alpha + K_{mz\delta e}\delta_e) + K_{mz\omega z}V_T\omega_z \\
\dot{\theta} = \omega_z \\
\dot{x}_0 = v\cos\Theta \\
\dot{y}_0 = v\sin\Theta \\
\Theta = \theta - \alpha \\
V_T^2 = v_x^2 + v_y^2 \\
\alpha = -\arctan(v_y / v_x)
\end{cases}
\tag{4.3}
$$

把式(4.1)和式(4.2)代入纵向运动方程组(4.3)中，则有

$$
\begin{cases}
T - \Delta G\sin(\theta_0+\Delta\theta) + K_{cxs}V_T^2 = 0 \\
-(m+\lambda_{22})V_T(\dot{\alpha}_0+\Delta\dot{\alpha}) + (mx_G+\lambda_{26})(\dot{\omega}_{z0}+\Delta\dot{\omega}_z) + mV_T(\omega_{z0}+\Delta\omega_z) \\
\quad = -\Delta G\cos(\theta_0+\Delta\theta) + V_T[K_{y\alpha}V_T(\alpha_0+\Delta\alpha) + K_{y\omega z}(\omega_{z0}+\Delta\omega_z) \\
\quad + K_{y\delta e}V_T(\delta_{e0}+\Delta\delta_e)] \\
(J_z+\lambda_{66})(\dot{\omega}_{z0}+\Delta\dot{\omega}_z) - (mx_G+\lambda_{26})V_T(\dot{\alpha}_0+\Delta\dot{\alpha}) + mx_GV_T(\omega_{z0}+\Delta\omega_z) \\
\quad = G[-x_G\cos(\theta_0+\Delta\theta) + y_G\sin(\theta_0+\Delta\theta)] + V_T[K_{mz\alpha}V_T(\alpha_0+\Delta\alpha) \\
\quad + K_{mz\omega z}(\omega_{z0}+\Delta\omega_z) + K_{mz\delta e}(\delta_{e0}+\Delta\delta_e)]
\end{cases}
\tag{4.4}
$$

略去二阶小量，整理可得水下航行器的纵向扰动方程为

$$
\begin{cases}
a_{12}\Delta\dot{\omega}_z + a_{13}\Delta\omega_z + a_{14}\Delta\dot{\alpha} + a_{15}\Delta\alpha = a_{16}\Delta\delta_e \\
a_{22}\Delta\dot{\omega}_z + a_{23}\Delta\omega_z + a_{24}\Delta\dot{\alpha} + a_{25}\Delta\alpha = a_{26}\Delta\delta_e
\end{cases}
\tag{4.5}
$$

其中各个系数表达式为

$$
\begin{aligned}
&a_{12} = (mx_G+\lambda_{26}), && a_{13} = (m-K_{y\omega z})V_T \\
&a_{14} = -(m+\lambda_{22})V_T, && a_{15} = -K_{y\alpha}V_T^2 \\
&a_{16} = K_{y\delta e}V_T^2, && a_{22} = (J_z+\lambda_{66}) \\
&a_{23} = (mx_G-K_{mz\omega z})V_T, && a_{24} = -(mx_G+\lambda_{26})V_T \\
&a_{25} = -K_{mz\alpha}V_T^2, && a_{26} = K_{mz\delta e}V_T^2
\end{aligned}
\tag{4.6}
$$

4.1.2 特征方程

在各个运动参数初值为零的条件下，方程(4.5)经过拉氏变换可表示为

$$\begin{cases}(a_{12}s+a_{13})\omega_z(s)+(a_{14}s+a_{15})\alpha(s)=a_{16}\delta_e(s)\\(a_{22}s+a_{23})\omega_z(s)+(a_{24}s+a_{25})\alpha(s)=a_{26}\delta_e(s)\end{cases} \tag{4.7}$$

这样方程(4.5)所示的一阶微分方程就转换为方程(4.7)所示的代数方程。方程(4.7)所示的系统是一个二阶系统，其中输入为 $\delta_e(s)$，输出为 $\omega_z(s)$ 和 $\alpha(s)$。方程(4.7)的特征方程可表示为

$$P(s)=\begin{vmatrix}a_{12}s+a_{13} & a_{14}s+a_{15}\\a_{22}s+a_{23} & a_{24}s+a_{25}\end{vmatrix}=p_2s^2+p_1s+p_0=p_2(s+s_1)(s+s_2)=0 \tag{4.8}$$

其中，

$$p_0=a_{13}a_{25}-a_{15}a_{23}，\quad p_2=a_{12}a_{24}-a_{14}a_{22}，\quad p_1=a_{12}a_{25}+a_{13}a_{24}-a_{14}a_{23}-a_{15}a_{22}$$

当 $\Delta=p_1^2-4p_0p_2\geqslant 0$ 时，方程(4.8)有两个实特征根，可表示为

$$\begin{cases}-s_1=(-p_1+\sqrt{p_1^2-4p_0p_2})/(2p_2)\\-s_2=(-p_1-\sqrt{p_1^2-4p_0p_2})/(2p_2)\end{cases} \tag{4.9}$$

当 $\Delta=p_1^2-4p_0p_2<0$，方程(4.8)有一对共轭复根，可表示为

$$\begin{cases}-s_1=(-p_1+\mathrm{i}\sqrt{p_1^2-4p_0p_2})/(2p_2)=-(\rho_1-\mathrm{i}\rho_2)\\-s_2=(-p_1-\mathrm{i}\sqrt{p_1^2-4p_0p_2})/(2p_2)=-(\rho_1+\mathrm{i}\rho_2)\end{cases} \tag{4.10}$$

其中 $\rho_1=p_1/(2p_2)$ 为实部；$\rho_2=\sqrt{4p_0p_2-p_1^2}/(2p_2)$ 为虚部。

特征方程(4.8)决定了二阶系统的稳定性和运动参数的响应过程。当特征根具有负实部，即 s_1、s_2 的实部为正时，水下航行器的纵向运动是稳定的。

当输入 $\delta_e(s)$ 为零时，方程(4.7)表示的就是一种自由运动，否则表示的是一种受控运动。根据赫尔维茨稳定性判据，可知其稳定的充分必要条件是

$$p_i>0,\quad i=0,1,2 \tag{4.11}$$

即如果 p_i 有一个为负或等于零，则系统就不稳定。

特征方程的系数 $p_i(i=0,1,2)$ 由水下航行器的流体动力参数和总体参数决定，对于给定的水下航行器，$p_i(i=0,1,2)$ 是一定的，与输入量 $\delta_e(s)$ 无关，也就验证了系统的稳定性是系统固有的特性与输入量无关的理论。所以对于研究操纵性来讲，受控运动和自由运动在本质上是相同的。

4.1.3 运动参数的传递函数

传递函数是指线性系统的初始条件为零时，系统的输出拉氏变换与输入拉氏变换的比值。根据式(4.7)，可得俯仰角速度的传递函数为

$$G_{\omega z}(s)=\frac{\omega_z(s)}{\delta_e(s)}=\begin{vmatrix}a_{16} & a_{14}s+a_{15}\\ a_{26} & a_{24}s+a_{25}\end{vmatrix}\frac{1}{P(s)}=\frac{r_1 s+r_0}{p_2(s+s_1)(s+s_2)}=k_{\omega z}\frac{s+s_3}{(s+s_1)(s+s_2)} \tag{4.12}$$

其中，

$$r_1=a_{16}a_{24}-a_{14}a_{26}\text{，}\quad r_0=a_{16}a_{25}-a_{15}a_{26}\text{，}\quad s_3=r_0/r_1\text{，}\quad k_{\omega z}=r_1/p_2$$

类似的，可求得攻角的传递函数

$$\begin{aligned}G_\alpha(s)&=\frac{\alpha(s)}{\delta_e(s)}=\begin{vmatrix}a_{12}s+a_{13} & a_{16}\\ a_{22}s+a_{23} & a_{26}\end{vmatrix}\frac{1}{P(s)}=\frac{\alpha_1 s+\alpha_0}{p_2(s+s_1)(s+s_2)}\\ &=k_\alpha\frac{s+s_4}{(s+s_1)(s+s_2)}\end{aligned} \tag{4.13}$$

其中，

$$\alpha_1=-a_{16}a_{22}+a_{12}a_{26}\text{，}\quad \alpha_0=-a_{16}a_{23}+a_{13}a_{26}\text{，}\quad s_4=\alpha_0/\alpha_1\text{，}\quad k_\alpha=\alpha_1/p_2$$

4.1.4 阶跃操舵条件下纵平面运动参数的过渡函数

阶跃作用对系统来说是较为严格的工作条件，通常在此条件下研究运动参数的过渡函数，即过渡过程，以此来衡量系统的品质好坏，即扰动后运动参数的过渡品质。

当舵角为单位阶跃函数时，有

$$\delta_e(t)=\begin{cases}0, & t<0\\ 1, & t\geqslant 0\end{cases} \tag{4.14}$$

它的象函数为$1/s$。

1. 特征根为实根时运动参数的过渡函数

1) 俯仰角速度$\omega_z(t)$的过渡函数

当水平舵单位阶跃变化时，俯仰角速度$\omega_z(t)$的象函数为$\omega_z(s)=G_{\omega z}(s)/s$。$\omega_z(t)$为$\omega_z(s)$的拉氏反变换，具体表示为

$$\omega_z(t)=L^{-1}\left[k_{\omega z}\frac{s+s_3}{s(s+s_1)(s+s_2)}\right] \tag{4.15}$$

因为s_1,s_2为实数，由海维塞展开定理可得

$$\omega_z(t)=\sum_{i=0}^{2}k_i\mathrm{e}^{-s_it} \tag{4.16}$$

其中，

$$s_0=0\,,\quad k_i=\left[\frac{G_{\omega z}(s)}{s}(s+s_i)\right]_{s=s_i}\,,\quad i=0,1,2$$

所以，$k_0=G_{\omega z}(0)=k_{\omega z}s_3/(s_1s_2)$，再令 $K_{\omega z}=k_0=r_0/p_0$，则有

$$\omega_z(t)=K_{\omega z}\left[1-\frac{s_2(s_3-s_1)}{s_3(s_2-s_1)}\mathrm{e}^{-s_1t}-\frac{s_1(s_3-s_2)}{s_3(s_1-s_2)}\mathrm{e}^{-s_2t}\right] \tag{4.17}$$

式(4.17)的就是 $\omega_z(t)$ 的过渡函数。

2) 攻角 $\alpha(t)$ 的过渡函数

同样的方法，可以推导出攻角的过渡函数 $\alpha(t)$ 为

$$\alpha(t)=K_\alpha\left[1-\frac{s_2(s_4-s_1)}{s_4(s_2-s_1)}\mathrm{e}^{-s_1t}-\frac{s_1(s_4-s_2)}{s_4(s_1-s_2)}\mathrm{e}^{-s_2t}\right] \tag{4.18}$$

其中，$K_\alpha=\alpha_0/p_0$。

3) 俯仰角 $\theta(t)$ 的过渡函数

在纵向运动中有 $\dot{\theta}(t)=\omega_z(t)$，所以

$$\theta(t)=\int_0^t\omega_z(t)\mathrm{d}t \tag{4.19}$$

将 $\omega_z(t)$ 的表达式代入上式，可得

$$\theta(t)=K_{\omega z}[t-(\tau_1+\tau_2)+\tau_1\mathrm{e}^{-s_1t}+\tau_2\mathrm{e}^{-s_2t}] \tag{4.20}$$

其中，

$$\tau_1=\frac{s_2(s_3-s_1)}{s_1s_3(s_2-s_1)}\,,\quad \tau_2=\frac{s_1(s_4-s_1)}{s_2s_4(s_1-s_2)}$$

4) 航行深度 $y(t)$ 的过渡函数

根据式(4.3)有 $\dot{y}(t)=V_T(\theta-\alpha)$，所以

$$y(t)=\int_0^tV_T(\theta-\alpha)\mathrm{d}t=V_T\int_0^t\theta(t)\mathrm{d}t-V_T\int_0^t\alpha(t)\mathrm{d}t \tag{4.21}$$

把 $\theta(t)$、$\alpha(t)$ 代入上式积分并整理后得

$$\begin{aligned}y(t)=&V_TK_{\omega z}\left[\frac{1}{2}t^2-(\tau_1+\tau_2)t+\left(\frac{\tau_1}{s_1}+\frac{\tau_2}{s_2}\right)-\frac{\tau_1}{s_1}\mathrm{e}^{-s_1t}-\frac{\tau_2}{s_2}\mathrm{e}^{-s_2t}\right]\\&-V_TK_\alpha[t-(\tau_3+\tau_4)t+\tau_3\mathrm{e}^{-s_1t}+\tau_4\mathrm{e}^{-s_2t}]\end{aligned} \tag{4.22}$$

其中，

$$\tau_3 = \frac{s_2(s_4 - s_1)}{s_1 s_4(s_2 - s_1)}, \qquad \tau_4 = \frac{s_1(s_4 - s_2)}{s_2 s_4(s_1 - s_2)}$$

2. 当特征根为一对复根

1) 俯仰角速度 $\omega_z(t)$ 的过渡函数

对于俯仰角速度 $\omega_z(t)$ ，当特征根为一对复根时，参照式(4.14)有

$$\omega_z(t) = L^{-1}\left[k_{\omega z}\frac{s+s_3}{s(s+s_1)(s+s_2)}\right] \tag{4.23}$$

将一对复根代入上式有

$$\begin{aligned}\omega_z(t) &= L^{-1}\left[k_{\omega z}\frac{s+s_3}{s(s+\rho_1-\mathrm{i}\rho_2)(s+\rho_1+\mathrm{i}\rho_2)}\right]\\ &= L^{-1}\left[\frac{K_{\omega z}}{s} - \frac{K_{\omega z}(s+\rho_1)}{s^2+2s\rho_1+\rho_1^2+\rho_2^2} - \frac{\tau_{\omega z}\rho_1}{s^2+2s\rho_1+\rho_1^2+\rho_2^2}\right]\\ &= K_{\omega z}(1-\mathrm{e}^{-\rho_1 t}\cos\rho_2 t) - \tau_{\omega z}\mathrm{e}^{-\rho_1 t}\sin\rho_2 t\end{aligned} \tag{4.24}$$

其中，

$$\tau_{\omega z} = K_{\omega z} - \frac{r_1}{p_1\rho_1}$$

2) 攻角 $\alpha(t)$ 的过渡函数

同样可得攻角 $\alpha(t)$ 的过渡函数为

$$\begin{aligned}\alpha(t) &= L^{-1}\left[k_{\alpha}\frac{s+s_4}{s(s+\rho_1-\mathrm{i}\rho_2)(s+\rho_1+\mathrm{i}\rho_2)}\right]\\ &= L^{-1}\left[\frac{K_{\alpha}}{s} - \frac{K_{\alpha}(s+\rho_1)}{s^2+2s\rho_1+\rho_1^2+\rho_2^2} - \frac{\tau_{\alpha}\rho_1}{s^2+2s\rho_1+\rho_1^2+\rho_2^2}\right]\\ &= K_{\alpha}(1-\mathrm{e}^{-\rho_1 t}\cos\rho_2 t) - \tau_{\alpha}\mathrm{e}^{-\rho_1 t}\sin\rho_2 t\end{aligned} \tag{4.25}$$

其中，

$$\tau_{\alpha} = K_{\alpha} - \frac{\alpha_1}{p_1\rho_1}$$

3) 俯仰角 $\theta(t)$ 的过渡函数

将 $\omega_z(t)$ 的表达式代入式(4.19)，则有

$$\theta(t) = \int_0^t [K_{\omega z}(1-\mathrm{e}^{-\rho_1 t}\cos\rho_2 t) - \tau_{\omega z}\mathrm{e}^{-\rho_1 t}\sin\rho_2 t]\mathrm{d}t \tag{4.26}$$

经积分有

$$\int_0^t \mathrm{e}^{-\rho_1 t}\cos\rho_2 t\mathrm{d}t = \frac{\rho_2\mathrm{e}^{-\rho_1 t}\sin\rho_2 t - \rho_1\mathrm{e}^{-\rho_1 t}\cos\rho_2 t + \rho_1}{\rho_1^2+\rho_2^2} \tag{4.27}$$

$$\int_0^t \mathrm{e}^{-\rho_1 t}\sin\rho_2 t\mathrm{d}t = \frac{-\rho_2\mathrm{e}^{-\rho_1 t}\cos\rho_2 t - \rho_1\mathrm{e}^{-\rho_1 t}\sin\rho_2 t + \rho_2}{\rho_1^2+\rho_2^2} \tag{4.28}$$

将上述二式代入式(4.17)，整理后得

$$\begin{aligned}\theta(t) = {} & K_{\omega z}t + (K_{\omega z}\rho_1 + \tau_{\omega z}\rho_2)\frac{\mathrm{e}^{-\rho_1 t}\cos\rho_2 t}{\rho_1^2+\rho_2^2} \\ & + (\tau_{\omega z}\rho_1 - K_{\omega z}\rho_2)\frac{\mathrm{e}^{-\rho_1 t}\sin\rho_2 t}{\rho_1^2+\rho_2^2} - \frac{\tau_{\omega z}\rho_2 + K_{\omega z}\rho_1}{\rho_1^2+\rho_2^2}\end{aligned} \tag{4.29}$$

4) 航行深度 $y(t)$ 的过渡函数

类似的，可以得到

$$\begin{aligned}\int_0^t \theta(t)\mathrm{d}t = {} & \int_0^t \left[K_{\omega z}t + (K_{\omega z}\rho_1 + \tau_{\omega z}\rho_2)\frac{\mathrm{e}^{-\rho_1 t}\cos\rho_2 t}{\rho_1^2+\rho_2^2} + (\tau_{\omega z}\rho_1 - K_{\omega z}\rho_2)\frac{\mathrm{e}^{-\rho_1 t}\sin\rho_2 t}{\rho_1^2+\rho_2^2}\right. \\ & \left. - \frac{\tau_{\omega z}\rho_2 + K_{\omega z}\rho_1}{\rho_1^2+\rho_2^2}\right]\mathrm{d}t \\ = {} & \frac{1}{2}K_{\omega z}t^2 + \frac{K_{\omega z}(\rho_2^2-\rho_1^2) - 2\tau_{\omega z}\rho_1\rho_2}{(\rho_1^2+\rho_2^2)^2}\mathrm{e}^{-\rho_1 t}\cos\rho_2 t \\ & + \frac{\tau_{\omega z}(\rho_2^2-\rho_1^2) - 2K_{\omega z}\rho_1\rho_2}{(\rho_1^2+\rho_2^2)^2}\mathrm{e}^{-\rho_1 t}\sin\rho_2 t - \frac{\tau_{\omega z}\rho_2 + K_{\omega z}\rho_1}{\rho_1^2+\rho_2^2}t \\ & - \frac{K_{\omega z}(\rho_2^2-\rho_1^2) - 2\tau_{\omega z}\rho_1\rho_2}{(\rho_1^2+\rho_2^2)^2}\end{aligned} \tag{4.30}$$

$$\begin{aligned}\int_0^t \alpha(t)\mathrm{d}t = {} & K_{\alpha z}t + (K_\alpha\rho_1 + \tau_\alpha\rho_2)\frac{\mathrm{e}^{-\rho_1 t}\cos\rho_2 t}{\rho_1^2+\rho_2^2} \\ & + (\tau_\alpha\rho_1 - K_\alpha\rho_2)\frac{\mathrm{e}^{-\rho_1 t}\sin\rho_2 t}{\rho_1^2+\rho_2^2} - \frac{\tau_\alpha\rho_2 + K_\alpha\rho_1}{\rho_1^2+\rho_2^2}\end{aligned} \tag{4.31}$$

将式(4.30)和式(4.31)代入式(4.22)中，经整理得

$$\begin{aligned}y(t) = v\Bigg\{ & \frac{1}{2}K_{\omega z}t^2 - K_\alpha t + \left[\frac{K_{\omega z}(\rho_2^2-\rho_1^2) - 2\tau_{\omega z}\rho_1\rho_2}{(\rho_1^2+\rho_2^2)^2} - \frac{K_\alpha\rho_1 + \tau_\alpha\rho_2}{\rho_1^2+\rho_2^2}\right]\mathrm{e}^{-\rho_1 t}\cos\rho_2 t \\ & + \left[\frac{\tau_{\omega z}(\rho_2^2-\rho_1^2) - 2K_{\omega z}\rho_1\rho_2}{(\rho_1^2+\rho_2^2)^2} - \frac{\tau_\alpha\rho_1 - K_\alpha\rho_2}{\rho_1^2+\rho_2^2}\right]\mathrm{e}^{-\rho_1 t}\sin\rho_2 t - \frac{\tau_{\omega z}\rho_2 + K_{\omega z}\rho_1}{\rho_1^2+\rho_2^2}t \\ & - \frac{K_{\omega z}(\rho_2^2-\rho_1^2) - 2\tau_{\omega z}\rho_1\rho_2}{(\rho_1^2+\rho_2^2)^2} + \frac{\tau_\alpha\rho_2 + K_\alpha\rho_1}{\rho_1^2+\rho_2^2}\Bigg\}\end{aligned} \tag{4.32}$$

4.1.5 K-T 分析

K-T 分析是日本学者野本谦作(Nomoto)教授于 1956 年提出来的，即基于操纵运动的线性化方程，从控制工程的角度研究舵角的改变引起的各种操纵运动，并推导操纵运动的输出与输入舵角之间的响应关系，从而得出二阶和简化的一阶响应数学模型。从响应方程出发，提出了能够表征操纵性能的操纵性指数概念。响应方程和操纵性指数的提出为船舶和水下航行器设计、性能衡量和舵的设计提供了便利，把操纵性的研究引入到了一个全新的领域。下面研究纵向运动的 K-T 操纵性指数。

野本谦作教授提出的操纵性响应方程是通过对操纵方程的拉普拉斯变换得到的。由式(4.13)可知俯仰角速度 ω_z 的传递函数可表示为

$$G_{\omega z}(s) = K_{\omega z}\frac{T_{3\omega z}s+1}{(T_{1\omega z}s+1)(T_{2\omega z}s+1)} \tag{4.33}$$

则有

$$\omega_z(s) = K_{\omega z}\frac{T_{3\omega z}s+1}{(T_{1\omega z}s+1)(T_{2\omega z}s+1)}\delta_e(s) \tag{4.34}$$

其中，

$$T_{i\omega z} = \frac{1}{s_i}, \quad i = 1,2,3$$

将式(4.34)所示的俯仰角速度和舵角在频域中的关系利用拉氏反变换转化到时域中得

$$T_{1\omega z}T_{2\omega z}\frac{\mathrm{d}^2\omega_z}{\mathrm{d}t^2} + (T_{1\omega z}+T_{2\omega z})\frac{\mathrm{d}\omega_z}{\mathrm{d}t} + \omega_z = K_{\omega z}\delta_e + K_{\omega z}T_{3\omega z}\frac{\mathrm{d}\delta_e}{\mathrm{d}t} \tag{4.35}$$

式(4.35)所示的就是水下航行器纵平面操舵响应的一元二阶线性微分方程，也称为二阶响应模型。

将式(4.33)所示的传递函数对参数 s 进行级数展开

$$G_{\omega z}(s) = K_{\omega z}[1-(T_{1\omega z}+T_{2\omega z}-T_{3\omega z})s + (T_{1\omega z}+T_{2\omega z})(T_{1\omega z}+T_{2\omega z}-T_{3\omega z})^2 s^2 + \cdots] \tag{4.36}$$

如果选取一阶传递函数为

$$G_{\omega z1}(s) = \frac{K_{\omega z}}{1+T_{\omega z}s} \tag{4.37}$$

将式(4.37)对参数 s 进行幂级数展开

$$G_{\omega z1}(s)=\frac{K_{\omega z}}{1+T_{\omega z}s}=K_{\omega z}(1-T_{\omega z}s+T_{\omega z}^2s^2-\cdots) \tag{4.38}$$

一般情况下，水下航行器的操舵速度是有限的，而且操纵运动是低频运动，也就是说 s 较小，这样就可以略去式(4.36)和式(4.38)中的二阶小量，同时令 $T_{\omega z}=T_{1\omega z}+T_{2\omega z}-T_{3\omega z}$，则式(4.36)和式(4.38)近似相等，即

$$G_{\omega z}(s)\approx G_{\omega z1}(s) \tag{4.39}$$

相应地，式(4.35)可近似简化为

$$T_{\omega z}\frac{\mathrm{d}\omega_z}{\mathrm{d}t}+\omega_z=K_{\omega z}\delta_e \tag{4.40}$$

式(4.40)是操纵运动的一阶响应模型，也常被称为一阶 K-T 方程或野本谦作方程。一阶响应方程反映了操纵运动响应的本质，比二阶响应方程简单。

这样就将平面操纵运动简化为俯仰角速度对舵角变化的单自由度运动，通过传递函数或直接求解响应方程就可求得各种舵角变化所对应的俯仰角运动。无论是前者还是后者，所求得的俯仰角运动都与二阶模型或一阶模型中的系数直接相关。吴秀恒教授通过阶跃操舵和有限操舵，研究了响应方程系数 $K_{\omega z}$、$T_{\omega z}$ 和操纵特性之间的关系。其研究结果表明：

(1) 相对回转半径与系数 $K_{\omega z}$ 成反比，$K_{\omega z}$ 值越大，相应的回转半径就越小，也就是机动性就越好，即一阶响应方程的系数 $K_{\omega z}$ 表征单位舵角变化对应的俯仰角速度变化，被称为放大倍数，常作为衡量机动性的指标。

(2) 从操舵到进入定常运动的时间也就是过渡时间与系数 $T_{\omega z}$ 直接相关，$T_{\omega z}$ 值越小，表明过渡时间越短，即对舵的响应特性就越快，也就表明稳定性越好。因此 $T_{\omega z}$ 常作为衡量稳定性的指标。

综上所述，一阶响应方程的系数 $K_{\omega z}$、$T_{\omega z}$ 表征了操纵性，较全面地定义了操纵性，是衡量操纵性的重要指标，因此常以 $K_{\omega z}$、$T_{\omega z}$ 系数来评价操纵性。$K_{\omega z}$、$T_{\omega z}$ 也被称为操纵性指数。在实际使用中，常依据 $T_{\omega z}$ 的物理意义，采用过渡时间来计算 $T_{\omega z}$。

由放大倍数 $K_{\omega z}$ 的定义可知，俯仰角速度的放大倍数 $K_{\omega z}=k_0$。如果纵向运动稳定，当特征根为实数时，由式(4.18)、式(4.19)、式(4.22)和式(4.23)知，水下航行器纵向运动的各个参数是由两个稳定的非周期运动叠加的，不会产生振荡，其特性主要由过渡时间决定。又因为 $s_1>0$、$s_2>0$ 且 $s_1<s_2$，所以过渡时间就是 $1/s_1$，即 $T_{\omega z}=1/s_1$；当特征根为一对复根时，水下航行器的纵向运动是振荡衰减的。这时放大倍数 $K_{\omega z}$ 的计算和实根时相同，而过渡时间取决于 s_1 和 ρ_1 中绝对值

较小的一个，当$s_1 > \rho_1$时，$T_{\omega z} = 1/\rho_1$，否则$T_{\omega z} = 1/s_1$。

4.1.6 纵向运动参数的频率特性

系统对正弦输入的稳态响应称为频率特性，以频率特性为基础对系统进行分析研究的方法称为频率分析法。频率分析法是描述水下航行器动态特性的一种重要方法，它描述了系统控制过程的能力，即稳定性、快速性和稳态精度。

在纵向运动的参数中，选取最具有代表性的俯仰角速度来分析其频率特性。设输入舵变化量为$\delta_e(t) = A_\delta \sin \omega t$，角速度输出量为$\omega_z(t) = A_{\omega z} \sin(\omega t + \varphi_{\omega z})$，则称$A_\delta$为输入幅值；$\omega$为输入角频率；$A_{\omega z}$为输出幅值；$M_{\omega z} = A_{\omega z} / A_\delta$为幅值比，又称角速度$\omega_z(t)$的幅频特性；$\varphi_{\omega z}$为相位差，又称为角速度$\omega_z(t)$的相频特性，$\varphi_{\omega z} < 0$，表示输出滞后于输入，$\varphi_{\omega z} > 0$，则表示输出超前于输入。

对于一个线性系统，正弦输入时，其稳态输出也是同频率的正弦信号，分析其频率特性时，只需将其运动参数的传递函数中的s变换成$\mathrm{i}\omega$即可，则有俯仰角速度$\omega_z(t)$在正弦操舵条件下的频率特性函数，为

$$W_{\omega z}(\mathrm{i}\omega) = k_q \frac{\mathrm{i}\omega + s_3}{(\mathrm{i}\omega + s_1)(\mathrm{i}\omega + s_2)} \tag{4.41}$$

$W_{\omega z}(\mathrm{i}\omega)$的模和相角就是幅值比和相位差，即

$$M_{\omega z} = |W_{\omega z}(\mathrm{i}\omega)| = k_{\omega z} \frac{\sqrt{s_3^2 + \omega^2}}{\sqrt{(s_1^2 + \omega^2)(s_2^2 + \omega^2)}} \tag{4.42}$$

$$\varphi_{\omega z} = \angle W_{\omega z}(\mathrm{i}\omega) = -\arctan\frac{\omega}{s_1} - \arctan\frac{\omega}{s_2} + \arctan\frac{\omega}{s_3} \tag{4.43}$$

为了便于分析频率对频率特性的相应，采用对数坐标图来表示频率特性，记

$$L_{\omega z} = 20\lg M_{\omega z} \tag{4.44}$$

则有

$$\begin{cases} L_{\omega z} = 20\lg k_{\omega z} - 20\lg\sqrt{s_1^2 + \omega^2} - 20\lg\sqrt{s_2^2 + \omega^2} + 20\lg\sqrt{s_4^2 + \omega^2} \\ \varphi_{\omega z} = -\arctan\dfrac{\omega}{s_1} - \arctan\dfrac{\omega}{s_2} + \arctan\dfrac{\omega}{s_4} \end{cases} \tag{4.45}$$

4.1.7 算例分析

下面以AUV-A、AUV-B两种型号的回转体型水下航行器为例进行分析研究。

在相同介质参数条件下，分别输入各自的总体参数、流体动力参数进行计算，结果见表 4.1。

表 4.1　AUV-A、AUV-B 操纵性指数对比

参数	V_T	$K_{\omega z}$	$T_{\omega z}$	$L_{\omega z}$	$\varphi_{\omega z}$	s_1	s_2	s_3	s_4
AUV-A	8.267	−0.3636	1.3723	11.2072	−2.5236	0.7287	4.3662	0.7238	6.6226
AUV-B	8.267	−0.4679	1.6021	13.2947	−5.0024	0.6242	4.0422	0.7165	6.1879

由上面的参数可以得到纵向运动各个运动参数的过渡函数和频率特性函数。

对于 AUV-A，有

$$\omega_z(t) = -0.3636(1+0.0081\mathrm{e}^{-0.7287t} - 1.0081\mathrm{e}^{-4.3662t}) \tag{4.46}$$

$$\alpha(t) = -0.2084(1-1.0683\mathrm{e}^{-0.7287t} + 0.0683\mathrm{e}^{-4.3662t}) \tag{4.47}$$

$$\theta(t) = -0.3636(t-0.2197-0.0112\mathrm{e}^{-0.7287t} + 0.2309\mathrm{e}^{-4.3662t}) \tag{4.48}$$

$$\begin{aligned} y(t) = &-3.0056(0.5t^2 - 0.2197t+0.0375+0.0153\mathrm{e}^{-0.7287t} - 0.0529\mathrm{e}^{-4.3662t}) \\ &+1.7226(t-1.4503+1.4659\mathrm{e}^{-0.7287t} - 0.0156\mathrm{e}^{-4.3662t}) \end{aligned} \tag{4.49}$$

$$L_{\omega z} = 24.0731 - 20\lg\sqrt{0.5310+\omega^2} - 20\lg\sqrt{19.0639+\omega^2} + 20\lg\sqrt{0.5239+\omega^2} \tag{4.50}$$

$$\varphi_{\omega z} = -\arctan\frac{\omega}{0.7287} - \arctan\frac{\omega}{4.3662} + \arctan\frac{\omega}{0.7238} \tag{4.51}$$

对于 AUV-B，有

$$\omega_z(t) = -0.4679(1-0.1523\mathrm{e}^{-0.6242t} - 0.8477\mathrm{e}^{-4.0422t}) \tag{4.52}$$

$$\alpha(t) = -0.4292(1-1.0633\mathrm{e}^{-0.6242t} + 0.0633\mathrm{e}^{-4.0422t}) \tag{4.53}$$

$$\theta(t) = -0.4679(t-0.4537+0.2440\mathrm{e}^{-0.6242t} + 0.2097\mathrm{e}^{-4.0422t}) \tag{4.54}$$

$$\begin{aligned} y(t) = &-3.8683(0.5t^2 - 0.4537t+0.4429-0.3910\mathrm{e}^{-0.6242t} - 0.0519\mathrm{e}^{-4.0422t}) \\ &+3.5481(t-1.6879+1.7036\mathrm{e}^{-0.6242t} - 0.0157\mathrm{e}^{-4.0422t}) \end{aligned} \tag{4.55}$$

$$L_{\omega z} = 24.3386 - 20\lg\sqrt{0.3896+\omega^2} - 20\lg\sqrt{16.3398+\omega^2} + 20\lg\sqrt{0.5133+\omega^2} \tag{4.56}$$

$$\varphi_{\omega z} = -\arctan\frac{\omega}{0.6242} - \arctan\frac{\omega}{4.0422} + \arctan\frac{\omega}{0.7165} \tag{4.57}$$

依据过渡函数和频率特性函数可以得到过渡曲线及频率特性曲线，如图 4.1～图 4.6 所示。

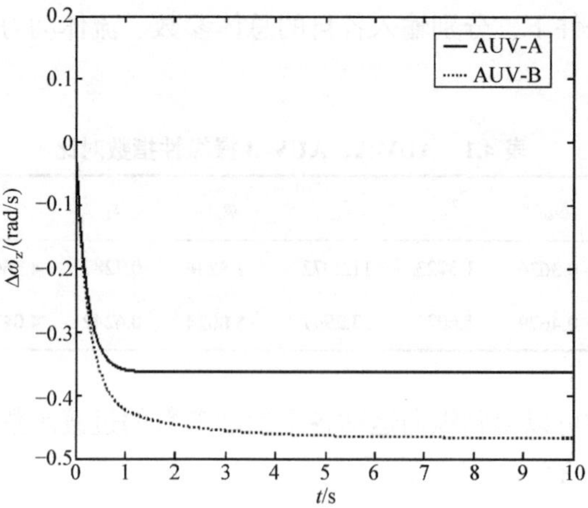

图 4.1　旋转角速度 ω_z 的过渡曲线

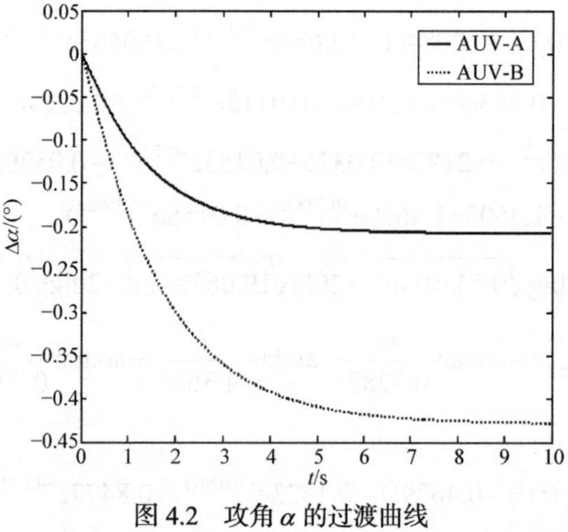

图 4.2　攻角 α 的过渡曲线

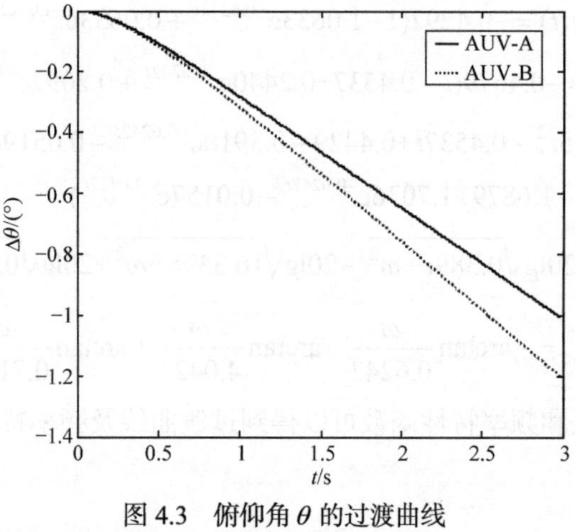

图 4.3　俯仰角 θ 的过渡曲线

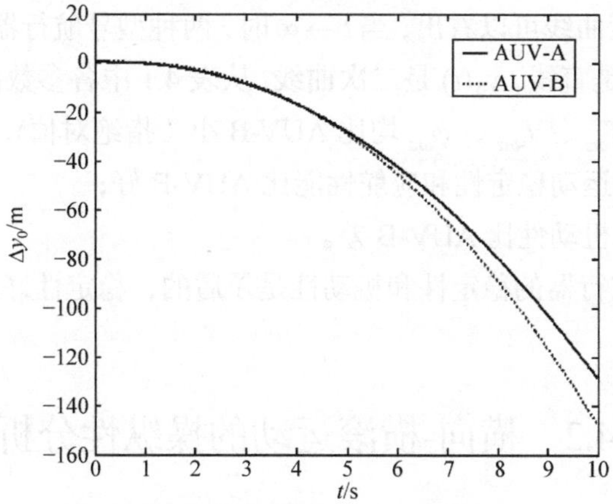

图 4.4　航行深度 y_0 的过渡曲线

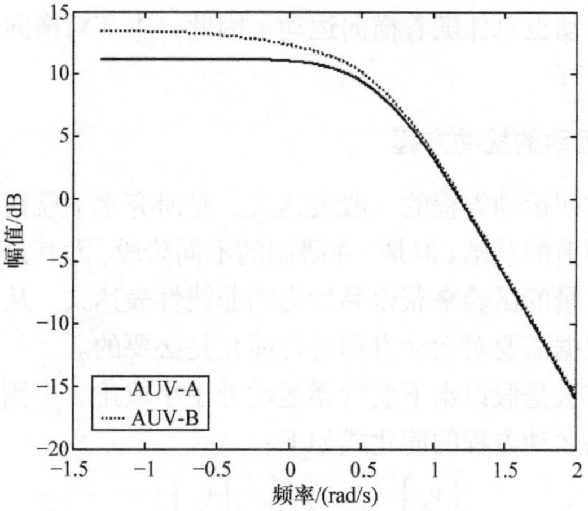

图 4.5　频率特性曲线($L_{\omega z}$)

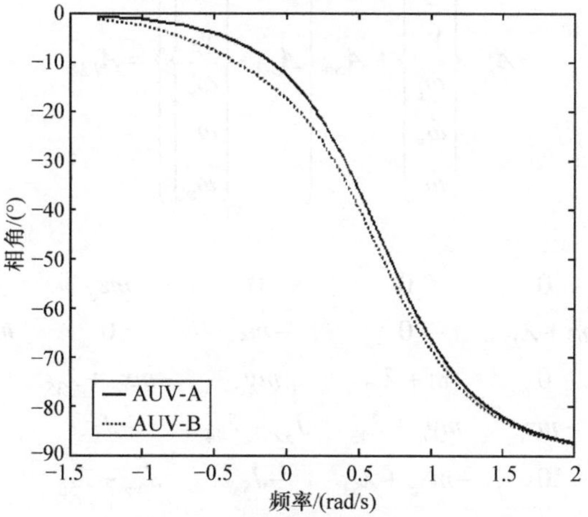

图 4.6　频率特性曲线($\varphi_{\omega z}$)

从上面的过渡曲线可以看出，当$t \to \infty$时，两种型号航行器的$\omega_z(t)$和$\alpha(t)$都是收敛的；而$\theta(t)$是直线，$y_0(t)$是二次曲线。从表 4.1 中各参数的大小可以看出，AUV-A 的$K_{\omega z}$、$T_{\omega z}$、$L_{\omega z}$、$\varphi_{\omega z}$均比 AUV-B 小（指绝对值)，这表明：

(1) AUV-A 的运动稳定性和应舵性能比 AUV-B 好；

(2) AUV-A 的机动性比 AUV-B 差。

这也说明，水下航行器的稳定性和机动性是矛盾的，稳定性好的水下航行器的机动性一般较差。

4.2 横向-横滚运动的操纵性分析

横向运动和横滚运动是相互影响和耦合、不可分割的，即横向运动必然引起横滚运动，横滚运动也总伴随着横向运动。因此，本节对横向运动和横滚运动的操纵性一起进行研究。

4.2.1 横向-横滚运动的扰动方程

水下航行器空间运动方程的一般表达式，是研究水下航行器运动、精确预报水下航行器空间弹道的基础。但是，在研制的不同阶段，尤其是在初始设计阶段，没有必要通过做大量的试验来获得黏性力的非线性表达式，从而进行空间弹道预报工作。因此，根据需要对运动方程进行简化是必要的。

通常的处理方法是假设水下航行器运动处于小攻角、小侧滑角、小机动条件下，可以得到空间运动方程的简化式如下：

$$\boldsymbol{A}_{m\lambda}\begin{Bmatrix}\dot{v}_x\\ \dot{v}_y\\ \dot{v}_z\\ \dot{\omega}_x\\ \dot{\omega}_y\\ \dot{\omega}_z\end{Bmatrix}+\boldsymbol{A}_{v\omega}\left\{\boldsymbol{A}_{m\lambda}\cdot\begin{Bmatrix}v_x\\ v_y\\ v_z\\ \omega_x\\ \omega_y\\ \omega_z\end{Bmatrix}\right\}=\boldsymbol{A}_{FM} \tag{4.58}$$

其中，

$$\boldsymbol{A}_{m\lambda}=\begin{bmatrix} m+\lambda_{11} & 0 & 0 & 0 & mz_c & -my_c \\ 0 & m+\lambda_{22} & 0 & -mz_c & 0 & mx_c+\lambda_{26} \\ 0 & 0 & m+\lambda_{33} & my_c & -mx_c+\lambda_{35} & 0 \\ 0 & -mz_c & my_c+\lambda_{43} & J_{xx}+\lambda_{44} & -J_{xy} & -J_{zz} \\ mz_c & 0 & -mx_c+\lambda_{53} & -J_{yx} & J_{yy}+\lambda_{55} & -J_{yz} \\ -my_c & mx_c & 0 & -J_{zx} & -J_{zy} & J_{zz}+\lambda_{66} \end{bmatrix} \tag{4.59}$$

$$
\boldsymbol{A}_{v\omega}=\begin{bmatrix} 0 & -\omega_z & \omega_y & 0 & 0 & 0 \\ \omega_z & 0 & -\omega_x & 0 & 0 & 0 \\ -\omega_y & \omega_x & 0 & 0 & 0 & 0 \\ 0 & -v_{0z} & v_{0y} & 0 & -\omega_z & \omega_y \\ v_{0z} & 0 & -v_{0x} & \omega_z & 0 & -\omega_x \\ -v_{0y} & v_{0x} & 0 & -\omega_y & \omega_x & 0 \end{bmatrix} \tag{4.60}
$$

$$
\boldsymbol{A}_{FM}=\begin{bmatrix} -\frac{1}{2}\rho SV_T^2 C_x+\rho V\sin\theta-G\sin\theta+T \\ \frac{1}{2}\rho SV_T^2(C_y^{\alpha}\alpha+C_y^{\delta}\delta_h)+\frac{1}{2}\rho SLV_T\omega_z C_y^{\omega_z}+\rho V\cos\theta\cos\varphi-G\cos\theta\cos\varphi \\ \frac{1}{2}\rho SV_T^2(C_z^{\beta}\beta+C_z^{\delta}\delta_v)+\frac{1}{2}\rho SLV_T\omega_y C_z^{\omega_y}-\rho V\cos\theta\sin\varphi+G\cos\theta\sin\varphi \\ \frac{1}{2}\rho SLV_T^2(m_x^{\beta}\beta+m_x^{\delta_v}\delta_v+m_x^{\delta_d}\delta_d)+\frac{1}{2}\rho SL^2V_T(m_x^{\omega_x}\omega_x+m_x^{\omega_y}\omega_y) \\ +G\cos\theta(y_c\sin\varphi+z_c\cos\varphi) \\ \frac{1}{2}\rho SLV_T^2(m_y^{\beta}\beta+m_y^{\delta}\delta_v)+\frac{1}{2}\rho SL^2V_T(m_y^{\omega_x}\omega_x+m_y^{\omega_y}\omega_y)-G(x_c\cos\theta\sin\varphi+z_c\sin\theta) \\ \frac{1}{2}\rho SLV_T^2(m_z^{\alpha}\alpha+m_z^{\delta}\delta_h)+\frac{1}{2}\rho SL^2V_T m_z^{\omega_z}\omega_z+G(y_c\sin\theta-x_c\cos\theta\cos\varphi) \end{bmatrix} \tag{4.61}
$$

在分析水下航行器运动的操纵性时，还常把简化式在水下航行器的纵向运动和侧向运动没有耦合的假设条件下分解为纵向运动方程的简化式和横向-横滚运动方程的简化式。

水下航行器浮心在水平面内的平移运动和绕 Bx 、By 轴转动的合成运动称为水下航行器横向-横滚运动。在水下航行器横向-横滚运动中，v_y,ω_z,Y_0 等于零，θ 是小量，可近似认为 $\sin\theta=0,\cos\theta=1$，代入空间简化方程可得水下航行器横向-横滚运动的简化式，即

$$
\begin{cases} (m+\lambda_{33})\dot{v}_z-(mx_c-\lambda_{35})\dot{\omega}_y-mv_x\omega_y=-\Delta G\sin\varphi \\ \qquad +(K_{z\beta}\beta+K_{z\delta v}\delta_v)V_T^2+(K_{z\omega x}\omega_x+K_{z\omega y}\omega_y)V_T \\ (J_x+\lambda_{44})\dot{\omega}_x+my_cv_x\omega_y+my_G\dot{v}_z=G(y_c\sin\varphi+z_c\cos\varphi) \\ \qquad +(K_{mx\beta}\beta+K_{mx\delta v}\delta_v+K_{mx\delta d}\delta_d)V_T^2+(K_{mx\omega x}\omega_x+K_{mx\omega y}\omega_y)V_T \\ (J_y+\lambda_{55})\dot{\omega}_y-(mx_c-\lambda_{35})\dot{v}_z+mx_cv_x\omega_y=-Gx_c\sin\varphi+(K_{my\beta}\beta \\ \qquad +K_{my\delta v}\delta_v)V_T^2+(K_{my\omega x}\omega_x+K_{my\omega y}\omega_y)V_T \end{cases} \tag{4.62}
$$

其中，

$$
\begin{aligned}
&\dot{\varphi} = \omega_x \\
&\dot{\psi} = \omega_y \cos\varphi \\
&V_T = \sqrt{{v_x}^2 + {v_z}^2} \\
&\beta = \arctan(v_z / v_x) \\
&v_y = V_T \cos\beta \\
&\dot{x}_0 = v_x \cos\psi + v_z \sin\psi \cos\varphi \\
&\dot{y}_0 = -v_x \sin\psi + v_z \cos s\psi \cos\varphi
\end{aligned}
$$

假定水下航行器受扰后，横向-横滚运动参数的改变量分别为Δv_z、$\Delta\omega_y$、$\Delta\beta$、$\Delta\omega_x$、$\Delta\phi$、$\Delta\delta_v$，略去$\Delta\phi$的影响。在小侧滑角情况下，$\beta = \arcsin\dfrac{v_z}{V_T} \approx \dfrac{v_z}{V_T}$、$\Delta v_z = V_T\Delta\beta$、$\Delta\dot{v}_z = V_T\Delta\dot{\beta}$，代入式(4.62)所示的横向-横滚运动模型，经整理并略去各个参数前的Δ，可得扰动方程为

$$
\begin{cases}
(\lambda_{35} - mx_G)\dot{\omega}_y - mV_T\omega_y + (m+\lambda_{33})V_T\dot{\beta} = (K_{z\beta}\beta + K_{z\delta v}\delta_v){V_T}^2 + (K_{z\omega y}\omega_y + K_{z\omega x}\omega_x)V_T \\
(J_y + \lambda_{55})\dot{\omega}_y + mx_G V_T\omega_y + (\lambda_{35} - mx_G)V_T\dot{\beta} \\
\quad = (K_{my\beta}\beta + K_{my\delta v}\delta_v){V_T}^2 + (K_{my\omega y}\omega_y + K_{my\omega x}\omega_x)V_T - my_G V_T\omega_y - Gy_G\varphi + (J_x + \lambda_{44})\dot{\omega}_x \\
\quad = (K_{mx\beta}\beta + K_{mx\delta v}\delta_v){V_T}^2 + (K_{mx\omega y}\omega_y + K_{mx\omega x}\omega_x)V_T - \omega_x + \dot{\varphi} = 0
\end{cases}
\tag{4.63}
$$

令

$$
\begin{aligned}
&a_{41} = (\lambda_{35} - mx_G),\quad a_{42} = -(m + K_{z\omega y})V_T,\quad a_{43} = (m+\lambda_{33})V_T \\
&a_{44} = -K_{z\beta}{V_T}^2,\quad a_{46} = -K_{z\omega x}V_T, a_{49} = K_{z\delta v}{V_T}^2 \\
&a_{51} = (J_y + \lambda_{55}),\quad a_{52} = (mx_G - K_{my\omega y})V_T,\quad a_{53} = (\lambda_{35} - mx_G)V_T \\
&a_{54} = -K_{my\beta}{V_T}^2,\quad a_{56} = -K_{my\omega x}V_T,\quad a_{59} = K_{my\delta v}{V_T}^2 \\
&a_{62} = -(my_G + K_{mx\omega y})V_T,\quad a_{64} = -K_{mx\beta}{V_T}^2,\quad a_{65} = (J_x + \lambda_{44}) \\
&a_{66} = -K_{mx\omega x}V_T,\quad a_{68} = -Gy_G,\quad a_{69} = K_{mx\delta v}{V_T}^2
\end{aligned}
\tag{4.64}
$$

将式(4.64)中的各个系数的代入式(4.63)，经整理可得

$$
\begin{cases}
a_{41}\dot{\omega}_y + a_{42}\omega_y + a_{43}\dot{\beta} + a_{44}\beta + a_{46}\omega_x = a_{49}\delta_v \\
a_{51}\dot{\omega}_y + a_{52}\omega_y + a_{53}\dot{\beta} + a_{54}\beta + a_{56}\omega_x = a_{59}\delta_v \\
a_{62}\omega_y + a_{64}\beta + a_{65}\dot{\omega}_x + a_{66}\omega_x + a_{68}\varphi = a_{69}\delta_v - \omega_x + \dot{\varphi} = 0
\end{cases}
\tag{4.65}
$$

4.2.2　特征方程

当运动参数初值为零时，方程(4.65)经过拉普拉斯变换可得

$$\begin{cases}(a_{41}s+a_{42})\omega_y(s)+(a_{43}s+a_{44})\beta(s)+a_{46}\omega_x(s)=a_{49}\delta_v(s)\\(a_{51}s+a_{52})\omega_y(s)+(a_{53}s+a_{54})\beta(s)+a_{56}\omega_x(s)=a_{59}\delta_v(s)\\a_{62}\omega_y(s)+a_{64}\beta(s)+(a_{65}s+a_{66})\omega_x(s)+a_{68}\phi(s)\\\quad=a_{69}\delta_v(s)-\omega_x(s)+s\phi(s)=0\end{cases}\tag{4.66}$$

式(4.66)所示的是一个四阶系统，其输入量为 $\delta_v(s)$ ，输出量为 $\omega_y(s)$、$\beta(s)$ 、$\omega_x(s)$、$\phi(s)$ 。当输入量 $\delta_v(s)$ 为零时，表示自由运动；否则代表的是受控运动，不管 $\delta_v(s)$ 是否为零，四阶系统的稳定性是一样的。式(4.66)所表示系统的特征方程为

$$e(s)=\begin{vmatrix}a_{41}s+a_{42} & a_{43}s+a_{44} & a_{46} & 0\\a_{51}s+a_{52} & a_{53}s+a_{54} & a_{56} & 0\\a_{62} & a_{64} & a_{65}s+a_{66} & a_{68}\\0 & 0 & -1 & s\end{vmatrix}=e_4s^4+e_3s^3+e_2s^2+e_1s+e_0\tag{4.67}$$

$$=e_4E(s)=e_4(s+s_1)(s+s_2)(s+s_3)(s+s_4)=0$$

式中，

$$E(s)=(s+s_1)(s+s_2)(s+s_3)(s+s_4)=s^4+E_3s^3+E_2s^2+E_1s+E_0\tag{4.68}$$

其中，

$$E_i=\frac{e_i}{e_4},\ i=0,1,2,3,\quad e_0=a_{68}h_3$$

$$e_1=a_{68}h_2+a_{46}(a_{52}a_{64}-a_{54}a_{62})+a_{44}(a_{56}a_{62}-a_{52}a_{66})+a_{42}(a_{54}a_{66}-a_{56}a_{64})$$
$$e_2=a_{65}h_3+a_{66}h_2+a_{46}(a_{51}a_{64}-a_{53}a_{62})+a_{43}(a_{56}a_{62}-a_{51}a_{68})+a_{41}(a_{53}a_{68}-a_{56}a_{64})$$
$$e_3=a_{66}h_1+a_{65}h_2,\quad e_4=a_{65}h_1, h_1=a_{41}a_{53}-a_{43}a_{51}$$
$$h_2=a_{41}a_{54}+a_{42}a_{53}-a_{43}a_{52}-a_{44}a_{51},\quad h_3=a_{42}a_{54}-a_{44}a_{52}$$

其中，$-s_i$ 表示特征方程的特征根，$i=1,2,3,4$ ，且 $s_1<s_2<s_3<s_4$ 。

根据赫尔维茨稳定性判据可知，式(4.66)所示系统稳定的充分必要条件是特征方程式(4.68)满足

$$\begin{cases}E_i>0,\quad i=0,1,2,3\\E_1(E_2E_3-E_1)-E_0E_3^2>0\end{cases}\tag{4.69}$$

4.2.3 运动参数的传递函数

由式(4.66)可以求得

$$\begin{cases} \omega_y(s) = \dfrac{q_3 s^3 + q_2 s^2 + q_1 s + q_0}{e(s)} \delta_v(s) \\ \omega_x(s) = \dfrac{p_3 s^3 + p_2 s^2 + p_1 s + p_0}{e(s)} \delta_v(s) \\ \beta(s) = \dfrac{\beta_3 s^3 + \beta_2 s^2 + \beta_1 s + \beta_0}{e(s)} \delta_v(s) \end{cases} \tag{4.70}$$

所以偏航角速度 ω_y 、横滚角速度 ω_x 和侧滑角 β 的传递函数为

$$\begin{cases} W_{\omega y}(s) = \dfrac{\omega_y(s)}{\delta_v(s)} = \dfrac{q_3 s^3 + q_2 s^2 + q_1 s + q_0}{e(s)} \\ W_{\omega x}(s) = \dfrac{\omega_x(s)}{\delta_v(s)} = \dfrac{p_3 s^3 + p_2 s^2 + p_1 s + p_0}{e(s)} \\ W_{\beta}(s) = \dfrac{\beta(s)}{\delta_v(s)} = \dfrac{\beta_3 s^3 + \beta_2 s^2 + \beta_1 s + \beta_0}{e(s)} \end{cases} \tag{4.71}$$

由式(4.67)的第四个方程可知

$$\frac{\mathrm{d}\phi}{\mathrm{d}t} = \omega_x \tag{4.72}$$

故横滚角 ϕ 的传递函数为

$$W_{\phi}(s) = \frac{W_{\omega x}(s)}{s} = \frac{p_3 s^2 + p_2 s + p_1}{e(s)} \tag{4.73}$$

其中各系数为

$$\begin{aligned} &q_3 = a_{65}h_4, \quad q_2 = a_{65}h_5 + a_{66}h_4 + a_{69}(a_{43}a_{56} - a_{46}a_{53}) \\ &q_1 = a_{64}(a_{46}a_{59} - a_{49}a_{56}) + a_{66}h_5 + a_{68}h_4 + a_{69}(a_{44}a_{56} - a_{46}a_{54}) \\ &q_0 = a_{68}h_5, \quad h_4 = a_{49}a_{53} - a_{43}a_{59}, \quad h_5 = a_{49}a_{54} - a_{44}a_{59} \\ &p_3 = a_{69}h_1, \quad p_2 = a_{69}h_2 + a_{62}(a_{43}a_{59} - a_{49}a_{53}), \quad p_0 = 0 \\ &p_1 = a_{62}(a_{44}a_{59} - a_{49}a_{54}) + a_{69}h_3 + a_{64}(a_{49}a_{52} - a_{42}a_{59}) \\ &\beta_3 = a_{65}h_8, \quad \beta_2 = a_{65}h_9 + a_{66}h_8 + a_{69}(a_{46}a_{51} - a_{41}a_{56}) \\ &\beta_1 = a_{65}(a_{49}a_{56} - a_{46}a_{59}) + a_{66}h_9 + a_{68}h_8 + a_{69}(a_{46}a_{52} - a_{42}a_{56}) \\ &\beta_0 = a_{68}h_9, \quad h_8 = a_{41}a_{59} - a_{49}a_{51}, \quad h_9 = a_{42}a_{59} - a_{49}a_{52} \end{aligned}$$

4.2.4 阶跃操舵条件下运动参数的过渡函数

本节依据根的不同情况（全部实根和两个实根、两个复根)对运动参数过渡函数和操纵性指数分别进行研究。

1. 全部为实根时运动参数的过渡函数

1) 传递函数的归一化

为了简化推导过程，各运动参数的传递函数可统一为

$$W_i(s)=\frac{G_3s^3+G_2s^2+G_1s+G_0}{e_4E(s)}=\frac{G_i(s)}{E(s)} \tag{4.74}$$

式中，$i=\omega_y,\omega_x,\beta,\phi$。

根据式(4.71)和式(4.72)可知

$$\begin{cases} G_{\omega y}(s)=\dfrac{q_3s^3+q_2s^2+q_1s+q_0}{e_4} \\ G_{\omega x}(s)=\dfrac{p_3s^3+p_2s^2+p_1s+p_0}{e_4} \\ G_{\beta}(s)=\dfrac{\beta_3s^3+\beta_2s^2+\beta_1s+\beta_0}{e_4} \\ G_{\phi}(s)=\dfrac{\phi_3s^3+\phi_2s^2+\phi_1s+\phi_0}{e_4} \end{cases} \tag{4.75}$$

2) 过渡函数

在阶跃舵角输入的情况下，$\delta_v(t)$ 的拉氏变换 $\delta_v(s)$ 为 $1/s$，因此当特征根全部为实数时，各个运动参数的过渡函数可表示为

$$i(t)=L^{-1}\left[\frac{W_i(s)}{s}\right]=L^{-1}\left[\frac{G_i(s)}{sE(s)}\right]=L^{-1}\left[\frac{G_i(s)}{s(s+s_1)(s+s_2)(s+s_3)(s+s_4)}\right] \tag{4.76}$$

根据海维塞展开定理有

$$i(t)=L^{-1}\left[\frac{y_0}{s}+\frac{y_1}{s+s_1}+\frac{y_2}{s+s_2}+\frac{y_3}{s+s_3}+\frac{y_4}{s+s_4}\right]=\sum_{j=0}^{4}y_j\mathrm{e}^{-s_jt} \tag{4.77}$$

式中，

$$s_0=0,\quad y_j=\frac{W_i(s)}{s}(s+s_j),\quad i=\omega_y,\omega_x,\beta,\phi,\quad j=0,1,2,3,4$$

则有

$$\begin{cases} y_0 = \dfrac{G_i(0)}{s_1 s_2 s_3 s_4} \\ y_1 = \dfrac{G_i(-s_1)}{-s_1(s_2-s_1)(s_3-s_1)(s_4-s_1)} \\ y_2 = \dfrac{G_i(-s_2)}{-s_2(s_1-s_2)(s_3-s_2)(s_4-s_2)} \\ y_3 = \dfrac{G_i(-s_3)}{-s_3(s_1-s_3)(s_2-s_3)(s_4-s_3)} \\ y_4 = \dfrac{G_i(-s_4)}{-s_4(s_1-s_4)(s_2-s_4)(s_3-s_4)} \end{cases} \tag{4.78}$$

依据式(4.74)给出的各个运动参数过渡函数的归一化表达式，就可以求出各个运动参数的过渡函数，其中 $y_j(j=0,1,2,3,4)$ 可由式(4.78)计算得到。

2. 两个实根和两个复根时运动参数的传递函数

1) 传递函数的归一化表达式

设式(4.61)所示系统的两个实特征根为 $-s_1$ 和 $-s_2$，且 $s_1 < s_2$；一对复特征根为 $-(\rho_3 \pm i\rho_4)$，将这四个特征根代入式(4.62)所示的特征方程得

$$e(s) = e_4(s+s_1)(s+s_2)(s^2+\rho_3^2+\rho_4^2+2s\rho_3) = e_4 E(s) \tag{4.79}$$

式中，$E(s)=(s+s_1)(s+s_2)(s^2+\rho_3^2+\rho_4^2+2s\rho_3)$，这样传递函数可统一表示为

$$W_I(s) = \frac{G_I(s)}{E(s)} = \frac{G_3 s^3 + G_2 s^2 + G_1 s + G_0}{e_4(s+s_1)(s+s_1)(s^2+\rho_3^2+\rho_4^2+2\rho s)} \tag{4.80}$$

其中，

$$G_I(s) = (G_3 s^3 + G_2 s^2 + G_1 s + G_0)/e_4, \quad I = \omega_y, \omega_x, \beta, \phi \tag{4.81}$$

2) 过渡函数

当阶跃操舵时，各个运动参数过渡函数的归一化表达式为

$$\begin{aligned} I(t) &= L^{-1}\left[\frac{W_I(s)}{s}\right] = L^{-1}\left[\left(\frac{a_1}{s+s_1} + \frac{a_2}{s+s_2} + \frac{a_3 s + a_4}{s^2+\rho_3^2+\rho_4^2+2s\rho_3}\right)\frac{1}{s}\right] \\ &= L^{-1}\left[\frac{z_0}{s} + \frac{z_1}{s+s_1} + \frac{z_2}{s+s_2} + \frac{z_3 s + z_4}{s^2+\rho_3^2+\rho_4^2+2s\rho_3}\right] \end{aligned} \tag{4.82}$$

其中，

$$a_1 = \frac{G_I(-s_1)}{(s_2-s_1)(s_1^2-2s_1\rho_3+\rho_3^2+\rho_4^2)}, \quad a_2 = \frac{G_I(-s_2)}{(s_1-s_2)(s_2^2-2s_2\rho_3+\rho_3^2+\rho_4^2)}$$

$$a_3=\frac{G_3}{e_4}-(a_1+a_2),\quad a_4=\frac{G_2}{e_4}-[s_1(a_2+a_3)+s_2(a_1+a_3)+2\rho_3(a_1+a_2)]$$

$$z_0=\frac{G_0}{e_4s_1s_2(\rho_3^2+\rho_4^2)},\quad z_1=-\frac{a_1}{s_1},\quad z_2=-\frac{a_2}{s_2},\quad z_3=\frac{-a_4}{\rho_3^2+\rho_4^2},\quad z_4=a_3+2\rho_3z_3$$

根据拉氏变换可知

$$I(t)=z_0+z_1e^{-s_1t}+z_2e^{-s_2t}+z_3e^{-\rho_3t}\left(\cos\rho_4t+\frac{z_4/z_3-\rho_3}{\rho_4}\sin\rho_4t\right),\quad I=\omega_y,\omega_x,\beta,\phi \tag{4.83}$$

依据上式就可求出各个运动参数的过渡函数。

4.2.5 K-T 分析

依据特征根情况（全部实根、两个实根和两个复根)分别进行研究。

1. 全部为实根

前面已经假设 $s_1<s_2<s_3<s_4$，因此 $i(t)$ 衰减速度或过渡时间主要取决于 s_1，则时间常数 $T_{\omega y}=1/s_1$。对于式(4.66)所示的系统，其特征根只有一组，所以各个运动参数的时间常数都是相同的，均为 $T_{\omega y}=1/s_1$，且由式(4.77)知，各个运动参数随时间呈指数变化，不会出现振荡。

依据式(4.77)可知，当 $t\to\infty$ 时，$i(t)\to y_0$，由 K 的定义知，放大倍数 $K=y_0$，即 $K=G_i(0)/(s_1s_2s_3s_4)$。所以，各个运动参数放大倍数是不同的。

当 $i=\omega_y$ 时，偏航角速度的放大倍数 $K_{\omega y}=q_0/(e_4s_1s_2s_3s_4)$，即 $t\to\infty$ 时，$\omega_y(t)\to K_{\omega y}$，从物理意义上讲，$K_{\omega y}$ 代表了单位水平舵角对应的稳态偏航角速度。

当 $i=\omega_x$ 时，横滚角速度的放大倍数 $K_{\omega x}=p_0/(e_4s_1s_2s_3s_4)$，因为 $p_0=0$，所以 $K_{\omega x}=0$，即只要当 $s_i\geqslant0$，$t\to\infty$ 时，$\omega_x(t)\to0$，把 $K_{\omega x}$ 作为操纵性指数来衡量水下航行器的横滚特性是没有意义的。

当 $i=\beta$ 时，侧滑角的放大倍数 $K_\beta=\beta_0/(e_4s_1s_2s_3s_4)$，即 $t\to\infty$ 时，$\beta(t)\to K_\beta$，从物理意义上讲，K_β 代表了单位水平舵角对应的稳态侧滑角。

当 $i=\phi$ 时，横滚角的放大倍数 $K_\phi=p_1/(e_4s_1s_2s_3s_4)$，即 $t\to\infty$ 时，$\phi(t)\to K_\phi$，从物理意义上讲，K_ϕ 代表了单位水平舵角对应的稳态横滚角，是衡量水下航行器横滚特性的操纵性指数。

对于横向-横滚运动，偏航角速度和横滚角是重要因素，因此衡量横向-横滚运动的操纵性指数是 $T_{\omega y},K_{\omega y},K_\phi$。$T_{\omega y}$ 是时间常数，表征了系统的稳定性，其值越小，表明系统的稳定性就越好；$K_{\omega y}$ 是偏航角速度的放大倍数，代表了系统的机动性，其值越大，表明系统的机动性就越好；K_ϕ 是横滚角的放大倍数，其值越小，表明系统的稳态横滚角就越小。

2. 两个实根和两个复根

前面已经假设$s_1 < s_2$，所以时间常数$T_{\omega y}$就取决于ρ_3和s_1中较小的一个。当$\rho_3 > s_1$，其值为$T_{\omega y} = 1/s_1$，各个运动参数开始呈振荡变化，随着时间的增长，逐渐呈指数变化；当$\rho_3 < s_1$，$T_{\omega y} = 1/\rho_3$，各个运动参数呈振荡变化。

依据式(4.83)可知，当$t \to \infty$时，$I(t) \to z_0$，由K的定义知，放大倍数$K = z_0$，$K = G_0 / (e_4 s_1 s_2 (\rho_3^2 + \rho_4^2))$。

当$I = \omega_y$时，偏航角速度的放大倍数$K_{\omega y} = q_0 / (e_4 s_1 s_2 (\rho_3^2 + \rho_4^2))$，即$t \to \infty$时，$q(t) \to K_{\omega y}$，从物理意义上讲，$K_{\omega y}$代表了单位水平舵角对应的稳态偏航角速度。

当$I = \omega_x$时，横滚角速度的放大倍数$K_{\omega x} = p_0 / (e_4 s_1 s_2 (\rho_3^2 + \rho_4^2))$，因为$p_0 = 0$，所以$K_{\omega x} = 0$，即只要当$s_i \geqslant 0$，$t \to \infty$时，$\omega_x(t) \to 0$，把$K_{\omega x}$作为操纵性指数来衡量水下航行器的横滚特性是没有意义的。

当$I = \beta$时，侧滑角的放大倍数$K_\beta = \beta_0 / (e_4 s_1 s_2 (\rho_3^2 + \rho_4^2))$，即$t \to \infty$时，$\beta(t) \to K_\beta$，从物理意义上讲，$K_\beta$代表了单位水平舵角对应的稳态侧滑角。

当$I = \phi$时，横滚角的放大倍数$K_\phi = p_1 / (e_4 s_1 s_2 (\rho_3^2 + \rho_4^2))$，即$t \to \infty$时，$\phi(t) \to K_\phi$，从物理意义上讲，$K_\phi$代表了单位水平舵角对应的稳态横滚角，是衡量水下航行器横滚特性的操纵性指数。

依据式(4.76)和式(4.83)，可以求出各个运动参数的过渡函数，同时依据特征根，可以求出横向-横滚运动的操纵性指数。

4.2.6 算例分析

以 AUV-A、AUV-B 为例进行 K-T 分析的计算结果见表 4.2。同时，可得出偏航角速度、横滚角速度、侧滑角和横滚角的过渡函数及过渡曲线(图 4.7～图 4.10)。

表 4.2 AUV-A、AUV-B 的操纵性指数对比

参数	V_t	s_1	s_2	s_3, s_4	$T_{\omega y}$	$K_{\omega y}$	K_β	K_ϕ
AUV-A	6kn	0.8089	9.832	$1.4070 \pm 1.9103\mathrm{i}$	1.2363	−0.1077	−0.1088	0.0724
AUV-B	5kn	0.4128	4.164	$0.8794 \pm 2.2035\mathrm{i}$	5.2226	−0.1261	−0.1435	0.0552

1) AUV-A

$$\omega_y(t) = -0.1077 + 0.0429\mathrm{e}^{-0.8089t} + 0.0648\mathrm{e}^{-9.832t} + 1.5779 \times 10^{-16}\mathrm{e}^{-1.4070t}[\cos(1.9103t) + 1.1049\sin(1.9103t)] \quad (4.84)$$

$$\beta(t) = -0.1088 + 0.1105\mathrm{e}^{-0.8089t} - 0.0017\mathrm{e}^{-9.832t} - 3.9449\times10^{-17}\mathrm{e}^{-1.4070t}[\cos(1.9103t) - 1.8417\sin(1.9103t)] \tag{4.85}$$

$$\omega_x(t) = 0.0256\mathrm{e}^{-0.8089t} + 0.0369\mathrm{e}^{-9.832t} - 0.0626\mathrm{e}^{-1.4070t}[\cos(1.9103t) - 2.4749\sin(1.9103t)] \tag{4.86}$$

$$\phi(t) = 0.0724 - 0.0317\mathrm{e}^{-0.8089t} - 0.0038\mathrm{e}^{-9.832t} - 0.0369\mathrm{e}^{-1.4070t}[\cos(1.9103t) + 1.6238\sin(1.9103t)] \tag{4.87}$$

2) AUV-B

$$\omega_y(t) = -0.1261 + 0.0636\mathrm{e}^{-0.4128t} + 0.0625\mathrm{e}^{-4.1641t} - 5.9173\times10^{-17}\mathrm{e}^{-0.8794t}[\cos(2.2035t) - 0.0267\sin(2.2035t)] \tag{4.88}$$

$$\beta(t) = -0.175 + 0.1469\mathrm{e}^{-0.4128t} - 0.0034\mathrm{e}^{-4.164t} - 9.8621\times10^{-18}\mathrm{e}^{-8794t}[\cos(2.2035t) + 1.6763\sin(2.2035t)] \tag{4.89}$$

$$\omega_x(t) = 0.0115\mathrm{e}^{-0.4128t} + 0.0450\mathrm{e}^{-4.164t} - 0.0565\mathrm{e}^{-8794t}[\cos(2.2035t) + 1.1442\sin(2.2035t)] \tag{4.90}$$

$$\phi(t) = 0.0552 - 0.0279\mathrm{e}^{-0.4128t} - 0.0108\mathrm{e}^{-4.164t} - 0.0165\mathrm{e}^{-8794t}[\cos(2.2035t) + 1.9549\sin(2.2035t)] \tag{4.91}$$

由以上计算结果及过渡曲线可以看出：

(1) AUV-A 的 $T_{\omega z}$ 值比 AUV-B 的小，说明 AUV-A 的稳定性比 AUV-B 好；

(2) AUV-B 的 $K_{\omega y}$ 值比 AUV-A 的大，说明 AUV-B 的机动性比 AUV-A 好；

(3) AUV-B 的 K_{ϕ} 值比 AUV-A 的小，说明 AUV-B 的抗横滚性能比 AUV-A 好。

另外，经计算，AUV-A、AUV-B 均满足赫尔维茨稳定性判据，说明两低速水下航行器系统稳定，可以满足低速水下航行器的稳定性要求。

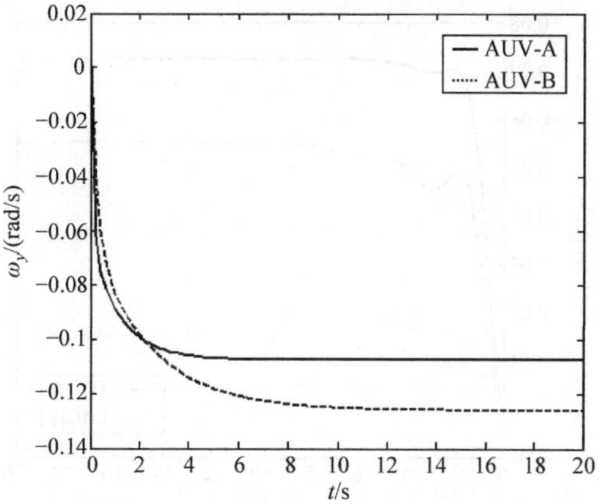

图 4.7　偏航角速度 ω_y 的过渡曲线

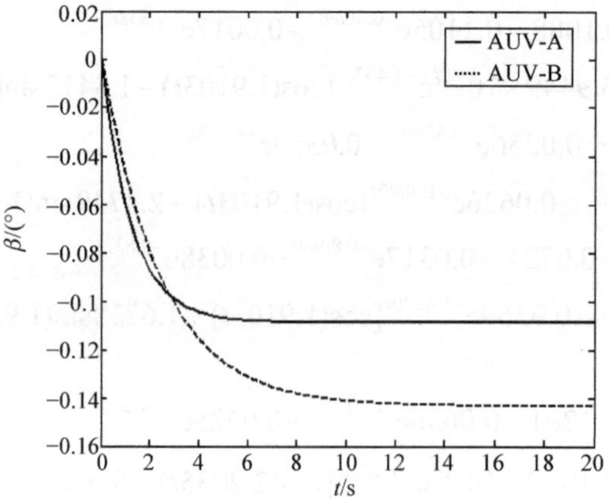

图 4.8　侧滑角 β 的过渡曲线

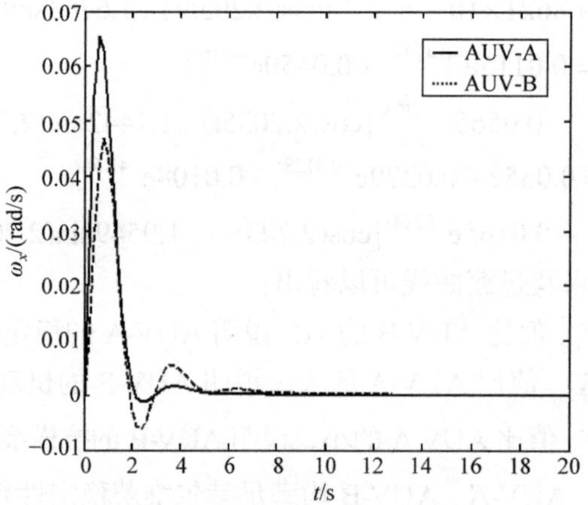

图 4.9　横滚角速度 ω_x 的过渡曲线

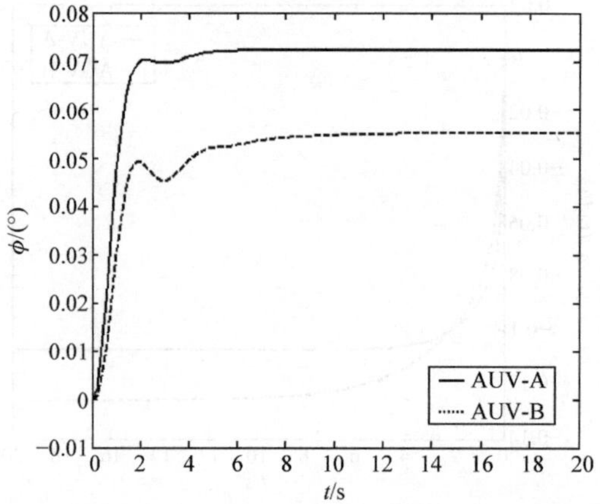

图 4.10　横滚角 ϕ 的过渡曲线

参 考 文 献

杜晓旭, 潘光, 宋保维. 2005. 低速水下航行器横向-横滚操纵性研究[J]. 弹箭与制导学报, 25(8): 581-583.

李天森. 1997. 水下航行体操纵性指数与频率特性计算[J]. 中国造船, (1): 15-24.

李天森. 2007. 鱼雷操纵性[M]. 2. 北京: 国防工业出版社.

于春令. 2004. 自主水下航行器低速航行操纵性研究[D]. 西安: 西北工业大学.

张彬. 2015. 船舶操纵性指数 K/T 计算方法及其应用研究[D]. 厦门: 集美大学.

第 5 章　操纵性仿真

AUV 操纵性仿真的基本方法是将已建立的 AUV 操纵性数学模型转换为适合在计算机上编程的仿真模型，然后对模型进行仿真试验。仿真的过程不仅是试验的过程，而且是系统地收集和积累信息的过程。应用仿真技术是提供所需信息的重要方法。

本章主要内容包括如下方面：

(1) 在建立动力定位下 AUV 控制力计算模型和非线性流体动力参数计算模型的基础上，给出了六自由度操纵性模型，对动力定位下回转体型 AUV 的操纵性能进行了仿真分析。

(2) 在对 AUV 仿生扑翼的推力计算模型进行数值分析的基础上，对仿生 AUV 的两种下潜运动进行了仿真，对扑翼推进的流体动力特性、扑翼推进型 AUV 的操纵运动性能等进行研究。

(3) 在分析水下滑翔机的运动特点的基础上，建立了水下滑翔机运动数学模型，对水下滑翔机的滑翔运动进行了仿真分析。

5.1　回转体型 AUV 操纵性仿真

5.1.1　动力定位模型的建立

实现回转体型 AUV 在动力定位系统作用下的运动时，AUV 六自由度操纵性模型主要有以下几点变化：①回转体型 AUV 在动力定位下采用辅助推进器进行控制，因此控制力计算模型产生变化；②回转体型 AUV 在动力定位运动时的攻角可能出现在 $-180°\sim180°$，也就是说回转体型 AUV 可能在大攻角(大于 5°)条件下运动，其流体动力随攻角发生变化但非线性变化，流体动力不再是攻角的线性函数，因此需要研究回转体型 AUV 的非线性流体动力学参数。

1. 动力定位下 AUV 控制力计算模型建立

当回转体型 AUV 由动力定位系统控制时，其控制力由以下模型确定。

假设回转体型 AUV 有 n 个推力装置，推力矩阵为

$$\boldsymbol{T}=[T_1,T_2,\cdots,T_n]^{\mathrm{T}} \tag{5.1}$$

其中，$T_i\ (i=1,2,\cdots,n)$ 为第 i 个推力装置的推力。假设由 $\boldsymbol{T}$ 产生的推力矢量为 $\boldsymbol{U}$，则有

$$\boldsymbol{U}=\boldsymbol{L}\boldsymbol{T} \tag{5.2}$$

式中，$\boldsymbol{L}$ 为推力映象矩阵。将 $\boldsymbol{T}$ 从推力空间映射到推力矢量空间，其形式为

$$\boldsymbol{L}=\begin{bmatrix} L_{11} & L_{12} & \cdots & L_{1n} \\ L_{21} & L_{22} & \cdots & L_{2n} \\ \vdots & \vdots & & \vdots \\ L_{61} & L_{62} & \cdots & L_{6n} \end{bmatrix} \tag{5.3}$$

其中，$L_{ji}\ (j=1,2,\cdots,6;i=1,2,\cdots,n)$ 为第 i 个推力对第 j 个自由度的影响系数(自由度的表示顺序一般为：沿纵轴的直线运动，沿垂直轴的直线运动，沿横轴的直线运动；绕纵轴的旋转运动，绕垂直轴的旋转运动，绕横轴的旋转运动)。根据推力装置安装的位置以及自由度控制的需要，L_{ji} 一般是固定的，即 $\boldsymbol{L}$ 为常量矩阵。

从所需要的推力矢量 $\boldsymbol{U}$ 也可以通过反映象运算

$$\boldsymbol{T}=\boldsymbol{L}^{*}\boldsymbol{U} \tag{5.4}$$

得到推力矩阵 $\boldsymbol{T}$，即得到了每一个推力装置所需的推力。这里 $\boldsymbol{L}^{*}$ 为伪逆矩阵，当推力映象矩阵 $\boldsymbol{L}$ 非满秩时，其逆矩阵是不存在的，因此利用 $\boldsymbol{L}^{*}$ 来完成反映象运算，且有

$$\boldsymbol{L}^{*}=(\boldsymbol{L}^{\mathrm{T}}\boldsymbol{L})^{-1}\boldsymbol{L}^{\mathrm{T}} \tag{5.5}$$

图 5.1 为推进器在回转体型 AUV 上的布置。由图可以看出，推进器 1 产生的推力沿 Bx 方向，推进器 2、3 产生的推力沿 By 方向，推进器 4、5 产生的推力沿 Bz 方向。因此具体到该回转体型 AUV，上述式中的 $\boldsymbol{T}$、$\boldsymbol{L}$、$\boldsymbol{U}$ 可以写成

$$\boldsymbol{U}=\begin{bmatrix} F_{Tx} \\ F_{Ty} \\ F_{Tz} \\ M_{Tx} \\ M_{Ty} \\ M_{Tz} \end{bmatrix},\quad \boldsymbol{L}=\begin{bmatrix} 1 & 0 & 0 & 0 & 0 \\ 0 & 1 & 1 & 0 & 0 \\ 0 & 0 & 0 & 1 & 1 \\ 0 & 0 & 0 & 0 & 0 \\ 0 & 0 & 0 & -l_3 & l_4 \\ 0 & l_1 & -l_2 & 0 & 0 \end{bmatrix},\quad \boldsymbol{T}=\begin{bmatrix} T_1 \\ T_2 \\ T_3 \\ T_4 \\ T_5 \end{bmatrix} \tag{5.6}$$

式(5.5)中的 $\boldsymbol{L}^{*}$ 为

$$\boldsymbol{L}^{*}=\begin{bmatrix} 1 & 0 & 0 & 0 & 0 & 0 \\ 0 & \dfrac{l_2}{l_1+l_2} & 0 & 0 & 0 & \dfrac{1}{l_1+l_2} \\ 0 & \dfrac{l_1}{l_1+l_2} & 0 & 0 & 0 & \dfrac{-1}{l_1+l_2} \\ 0 & 0 & 0 & \dfrac{l_4}{l_3+l_4} & \dfrac{-1}{l_3+l_4} & 0 \\ 0 & 0 & 0 & \dfrac{l_3}{l_3+l_4} & \dfrac{1}{l_3+l_4} & 0 \end{bmatrix} \tag{5.7}$$

式中，l_1、l_2、l_3和l_4分别为图 5.1 中推进器 2、3、4、5 的推力至浮心 B 的距离。

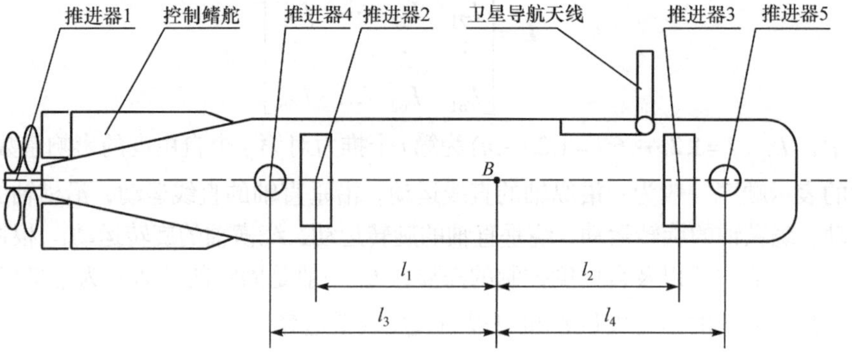

图 5.1　推进器在回转体型 AUV 上的布置

2. 非线性流体动力参数的计算

大攻角下绕回转体型 AUV 的流动，是一种十分复杂的分离流动。为了简单分析问题，将大攻角下回转体型 AUV 的非线性流体动力分为两部分：AUV 主体的流体动力和 AUV 附体的流体动力。这里附体的流体动力为研究鳍舵、稳定环的流体动力(忽略推进器对回转体型 AUV 流体动力的影响)。

1) AUV 主体非线性流体动力计算模型

回转体型 AUV 主体的流体动力随攻角的变化而变化。已有资料显示，回转体型 AUV 主体的流体动力可以由一个线性势流部分和一个非线性横流部分描述。在小攻角(小于 5°)条件下，流体动力可以运用势流理论很好的近似，而且流体动力相对攻角是线性的。当攻角达到 5°以上时，横流在 AUV 末端开始初步分离，最后随着攻角的增大分离区扩展到整个 AUV。

1996 年，Nahon 描述的 AUV 主体流体动力计算方法不适用于计算大攻角情况下的流体动力，因此必须对已有的方法进行改进。为了选择一个合适的计算公式，这里对关于流线型壳体的研究进行回顾。各种各样的研究用于尝试估算流线型壳体在一定攻角下的受力。1924 年，Munk 提出采用势流理论估算流线型壳体受力的方法来计算飞艇壳体的受力，这种方法在分析回转体型 AUV 的受力时同样有效。1951 年，Allen 和 Perkins 提出了运用黏性横流理论分析的计算方法，这样就产生了一个黏性横流项加在 Munk 的势流项上。1951 年，Hopkins 在 Allen 和 Perkins 的基础上作了一个相似的分析，但是改变了积分的上下限，势流部分仅仅作用在壳体前部，黏性项加在了壳体的尾部。但是 Munk、Allen、Perkins 和 Hopkins 提出的这些分析方法仅在小攻角条件(攻角小于 12°)下是正确的。而这里期望得到的公式是在攻角为整个 360°范围内都有效的，因为 AUV 在低速航行时或者在横流存在的情况下很可能遭遇到这样的角度。1973 年，Jorgensen 提出的公式是在攻角为整个 360°范围内都有效的。2003 年 Hwang 与 2004 年 Evans 等在其各自的论文中使用了该方法。下面根据以上的方法提出适合于本书研究的回转体型 AUV 大攻角下主体流体动力的计算方法。

(1) 势流解。

如图 5.2 所示，以 AUV 头部中点为坐标原点建立体轴系。当来流以速度 U 、攻角 α_1 绕 AUV 流动时，若回转体型 AUV 的长细比足够大，则 AUV 表面流体的轴向分速度为 $U_x \approx U\cos\alpha_1$ 。此时，流体绕 AUV 的流动可视为平行于 YZ 平面的横流(近似认为是横向绕无限长圆柱体的二元流)，而该横流平面又以恒速 $U\cos\alpha_1$ 沿轴向运动。通过对非定常的伯努利方程积分，可导出来流以速度 U 、攻角 α_1 绕 AUV 流动时作用在 AUV 主体上的单位长度的势流法向力为

$$P(x) = q_0 \frac{\mathrm{d}S(x)}{\mathrm{d}x}\sin 2\alpha_1 \cos\frac{\alpha_1}{2}, \quad 0 \leqslant \alpha_1 \leqslant 90° \tag{5.8}$$

式中，$S(x)$ 为 AUV 主体的横截面面积，由 AUV 主体的线型确定；q_0 为来流动压头，其值为 $\rho U^2/2$ ，ρ 为来流流体密度。

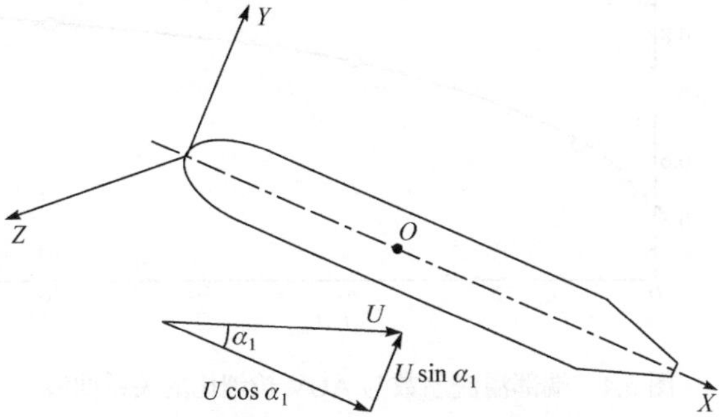

图 5.2　均匀来流以攻角 α_1 绕航行体流动示意图

需要说明的是，这里的攻角 α_1 不同于第 2 章的攻角 α ，这里

$$\alpha_1 = -\arctan(\sqrt{v_y^2 + v_z^2}/v_x) \tag{5.9}$$

因此，用这里的公式计算 AUV 大攻角条件下的流体动力参数并进行 AUV 的运动仿真时，需要对法向力和俯仰力矩在 AUV 体坐标系投影后使用。

(2) 黏性横流解。

假设作用于 AUV 的每一微元段上的黏性法向力和以速度 $U\sin\alpha_1$ 绕流与该微元段等直径的无限长圆柱体相同，并考虑实际有限长圆柱体端部溢流的修正，可得 AUV 主体单位长度上的黏性法向力为

$$D(x) = \eta d C_{dn} q_0 \sin^2\alpha_1, \quad 0 \leqslant \alpha_1 \leqslant 90° \tag{5.10}$$

式中，d 为 x 处 AUV 直径，由 AUV 主体的线型决定；C_{dn} 为稳态横流阻力系数，它是横流雷诺数($Re_n = U\sin\alpha_1 \cdot d / \nu$)的函数，可由 Hartmann 曲线确定(图 5.3)；η 为端部溢流系数，它是 AUV 长细比($L/d_{\max}$)的函数，由图 5.4 给出的曲线确定。

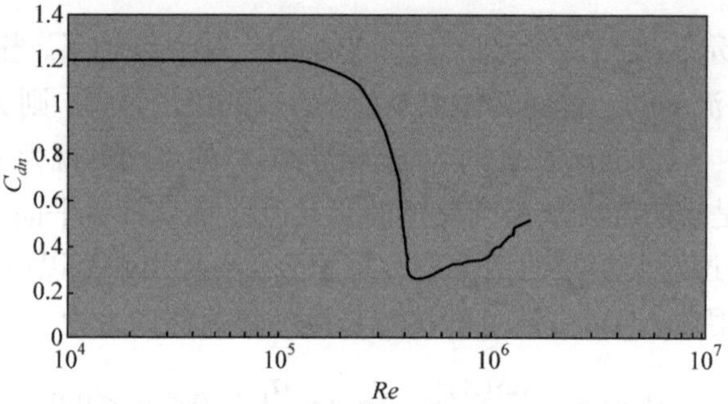

图 5.3　Hartmann 曲线

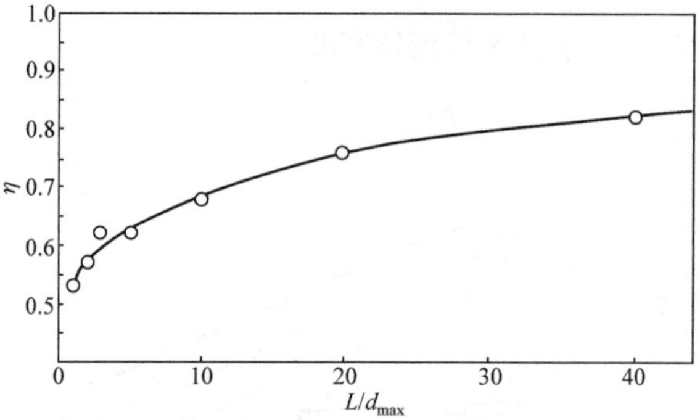

图 5.4　端部溢流系数与 AUV 长细比的关系曲线

(3) AUV 主体法向力系数 C_{NBA} 和俯仰力矩系数 m_{zBA} 的计算。

可得 AUV 单位长度上的法向力为

$$N(x) = \sin 2\alpha_1 \cos\frac{\alpha_1}{2}\frac{dS}{dx}q_0 + \eta d C_{dn}\sin^2\alpha_1 q_0, \quad 0 \leqslant \alpha_1 \leqslant 90° \tag{5.11}$$

于是，势流部分作用在 AUV 前段，黏性横流部分作用在 AUV 后段，AUV 主体的法向力系数为

$$C_{NBA} = \frac{\sin 2\alpha_1' \cos\dfrac{\alpha_1'}{2}}{S_r}\int_0^{x_{sa}}\frac{\mathrm{d}S}{\mathrm{d}x}\mathrm{d}x + \frac{2\eta C_{dn}\sin^2\alpha_1'}{S_r}\int_{x_{sc}}^{L}R\mathrm{d}x, \quad 0 \leqslant \alpha_1 \leqslant 90° \tag{5.12}$$

$$C_{NBA} = \frac{\sin 2\alpha_1' \cos\dfrac{\alpha_1'}{2}}{S_r}\int_L^{x_{sa}'}\frac{\mathrm{d}S}{\mathrm{d}x}\mathrm{d}x + \frac{2\eta C_{dn}\sin^2\alpha_1'}{S_r}\int_{x_{sc}'}^{0}R\mathrm{d}x, \quad 90 \leqslant \alpha_1 \leqslant 180° \tag{5.13}$$

式中，

$$\alpha_1'=\begin{cases}\alpha_1, & 0\leqslant\alpha_1\leqslant 90^\circ\\ 180-\alpha_1, & 90^\circ<\alpha_1\leqslant 180^\circ\end{cases}$$

S_r 为特征面积，取 AUV 主体圆柱段的横截面面积；x_{sa} 和 x_{sa}' 分别为轴向流动的分离点在 x 轴上的位置；x_{sc} 和 x_{sc}' 为横向流动的分离点在 x 轴上的位置；$R(x)$ 为 AUV 主体半径。

AUV 主体的俯仰力矩取浮心为参考中心，设浮心 x 坐标为 x_m，AUV 长度为 L，则 AUV 主体俯仰力矩系数为

$$m_{zBA}=\frac{\sin 2\alpha_1'\cos\left(\dfrac{\alpha_1'}{2}\right)}{S_r L}\int_0^{x_{xa}}\frac{\mathrm{d}S}{\mathrm{d}x}(x_m-x)\mathrm{d}x+\frac{2\eta C_{dn}\sin^2\alpha_1'}{S_r L}\int_{x_{sc}}^{L}R(x_m-x)\mathrm{d}x,\quad 0\leqslant\alpha_1\leqslant 90^\circ \tag{5.14}$$

$$m_{zBA}=\frac{\sin 2\alpha_1'\cos\left(\dfrac{\alpha_1'}{2}\right)}{S_r L}\int_L^{x_{xa}'}\frac{\mathrm{d}S}{\mathrm{d}x}(x_m-x)\mathrm{d}x+\frac{2\eta C_{dn}\sin^2\alpha_1'}{S_r L}\int_{x_{sc}'}^{0}R(x_m-x)\mathrm{d}x,\quad 90^\circ\leqslant\alpha_1\leqslant 180^\circ \tag{5.15}$$

2) 附体流体动力的计算模型

(1) 鳍舵流体动力的计算模型。

鳍舵流体动力与攻角 α_1、舵等效展弦比 Ar、鳍上来流速度 U_f、鳍舵线型、锥度比和鳍之间的相互作用有关。鳍舵法向力系数 C_{Lq}、可以用一个线性部分和一个横流部分充分描述如下：

$$C_{Lq}=\left[\left(\frac{\partial C_L}{\partial\alpha_1'}\right)_{\alpha_1=0}\alpha_1'+\frac{C_{dn1}}{Ar}\sin^2\alpha_1'\right](K_{wb}+K_{bw})\left(\frac{U_f}{U}\right)^2,\quad 0\leqslant\alpha_1\leqslant 180^\circ \tag{5.16}$$

式中，C_{dn1} 为鳍板稳态横流阻力系数；K_{bw} 为 AUV 主体对鳍影响的因素；K_{wb} 为鳍对 AUV 主体的影响因素；$U_f=(1-w)U$，w 为伴流系数，U 为来流速度。

(2) 稳定环流体动力的计算模型。

稳定环对 AUV 的流体动力和稳定性有重要的影响。稳定环的几何结构如图 5.5 所示。稳定环的流体动力系数通常与攻角 α_1、环半径 R_2、AUV 尾锥体半径 R_1、弦长 C 有关。稳定环的法向力系数可由下式确定：

$$C_{Lh}=\frac{2\alpha_1'(1-r^2)}{1+\dfrac{\alpha_1'}{\pi AR}(1-r^2)}\alpha_1' \tag{5.17}$$

式中，$AR=\dfrac{8R_2}{\pi C}$；$r=\dfrac{R_1}{R_2}$。

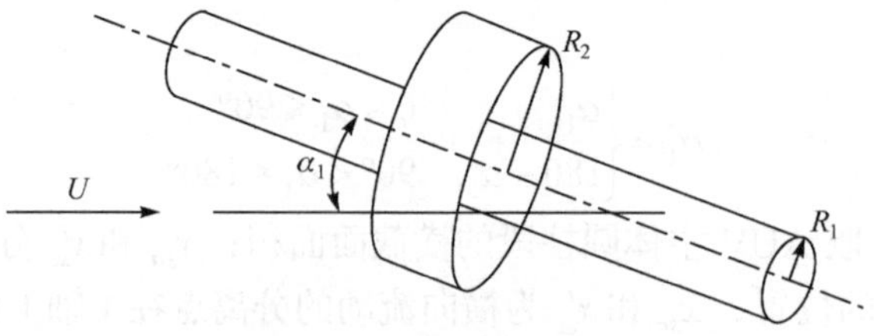

图 5.5　稳定环的几何模型

3) 回转体型 AUV 大攻角流体动力参数的计算

将式(5.12)、式(5.16)和式(5.17)相加可得到回转体型 AUV 大攻角时法向力系数为

$$C_N = C_{NBA} + C_{Lq} + C_{Lh} \tag{5.18}$$

回转体型 AUV 大攻角时的俯仰力矩系数 m_z 可直接按下式计算：

$$m_z = m_{zBA} + \Delta m_z \tag{5.19}$$

其中，$\Delta m_z = C_{Lq}L_q + C_{Lh}L_h$，$L_q$、$L_h$ 分别为鳍舵、稳定环流体动力对浮心的力臂。

回转体型 AUV 大攻角时阻力系数一般可按下式计算：

$$\begin{cases} C_x = C_{x(\alpha_1=0°)}\cos^2\alpha_1', & 0 \leqslant \alpha_1 \leqslant 90° \\ C_x = C_{x(\alpha_1=180°)}\cos^2\alpha_1', & 90° < \alpha_1 \leqslant 180° \end{cases} \tag{5.20}$$

其中，$C_{x(\alpha_1=0°)}$ 为零攻角时回转体型 AUV 的阻力系数；$C_{x(\alpha_1=180°)}$ 为攻角180° 时回转体型 AUV 的阻力系数。

4) 非线性流体动力参数计算结果与风洞试验对比

为了检验以上建立的 AUV 大攻角条件下非线性流体动力参数计算模型的准确性，分别对某型 AUV 大攻角下的流体动力参数进行了计算，以下是部分计算结果同风洞试验结果的对比分析。

图 5.6～图 5.8 为某型 AUV 大攻角条件下非线性流体动力参数的试验值和采用本节建立的数学模型计算的结果的对比曲线。该型 AUV 长 3.4m，最大直径 0.534m，头部曲线段长度为 1m，整体为圆头无尾锥段无鳍舵外形。其中，图 5.6 中的阻力系数和图 5.7 中的升力系数是 AUV 速度系下的计算及试验结果。

从以上的计算结果和试验数据的对比可以看出，根据本节建立的数学模型计算的 AUV 大攻角条件下的流体动力参数和试验结果吻合很好，说明根据本节建立的数学模型计算得到的 AUV 大攻角条件下的流体动力参数可信。

5) 计算结果及分析

根据建立的 AUV 大攻角条件下的非线性流体动力参数计算模型，计算得到研究的回转体型 AUV 的流体动力参数 C_x、C_y 及 m_z 如图 5.9～图 5.11 所示，包括单独 AUV 主体以及整个航行器的流体动力参数曲线。

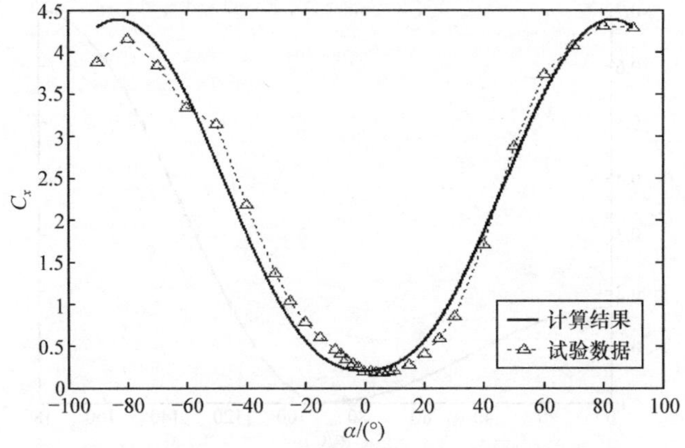

图 5.6　阻力系数 C_x 计算结果与风洞试验值对比曲线

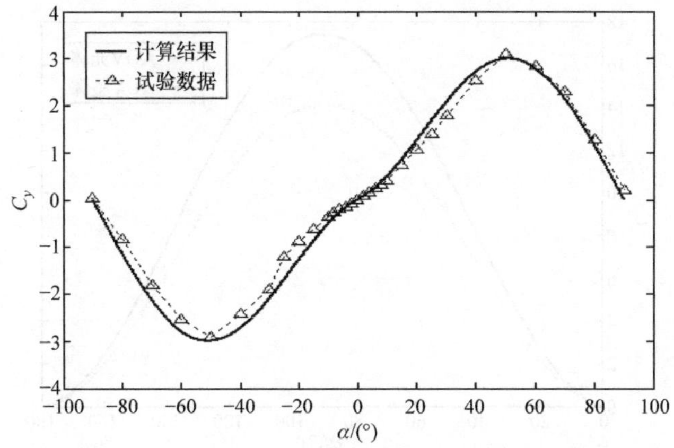

图 5.7　升力系数 C_y 计算结果与风洞试验值对比曲线

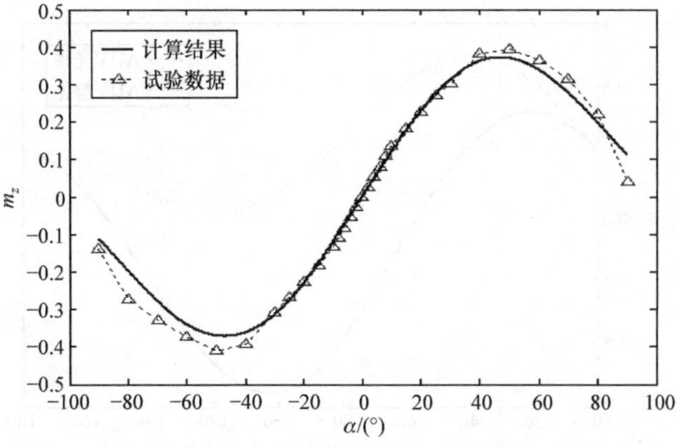

图 5.8　俯仰力矩系数 m_z 计算结果与风洞试验值对比曲线

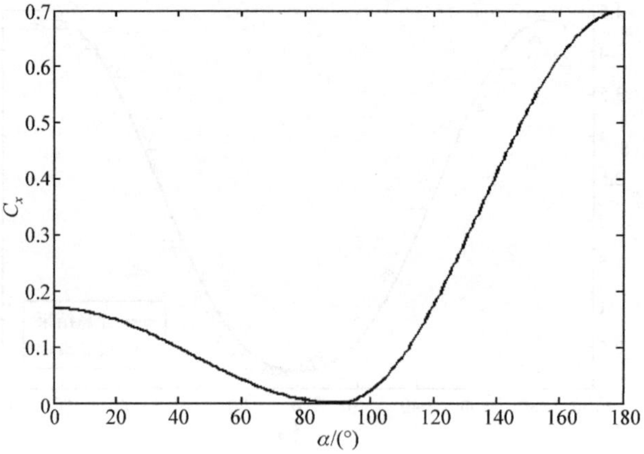

图 5.9　阻力系数 C_x 随攻角变化曲线

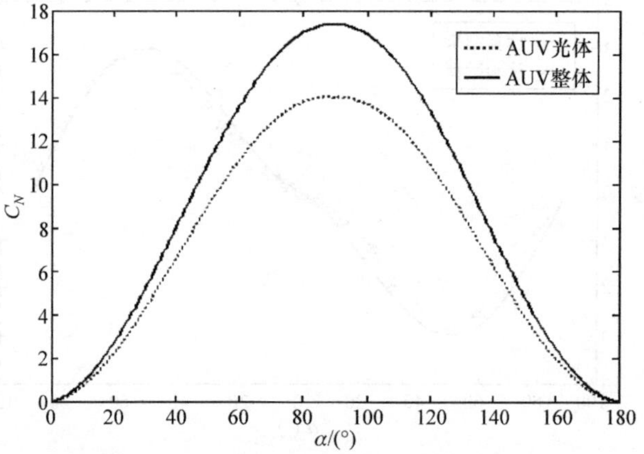

图 5.10　法向力系数 C_N 随攻角变化曲线

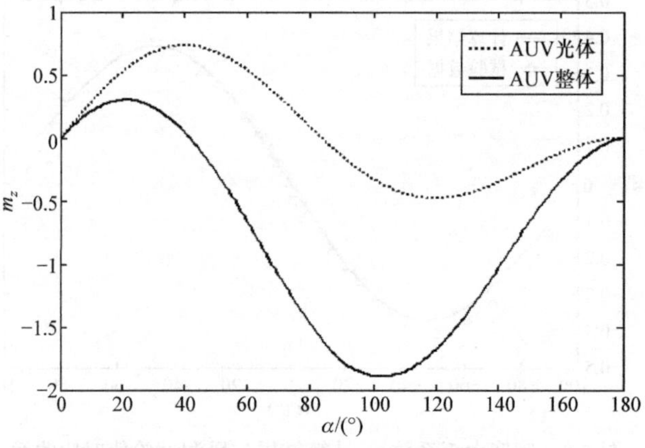

图 5.11　俯仰力矩系数 m_z 随攻角变化曲线

从图 5.9～图 5.11 可知，当攻角在 0°～90° 变化时，回转体型 AUV 的阻力系数随着攻角的增大而减小；当攻角在 90°～180° 变化时，阻力系数随着攻角的增大而增大；当攻角在 0°～90° 变化时，法向力系数随着攻角的增大而增大；当攻角在 90°～180° 变化时，法向力系数随着攻角的增大而减小，附体对法向力系数的影响是使其增大；俯仰力矩系数在 21° 时达到正最大值，在 103° 时达到负最大值，附体对俯仰力矩系数的影响是使其减小。

3. 动力定位状态六自由度操纵性模型

回转体型 AUV 在动力定位状态下的控制力不再由舵角系统产生，而是由动力定位系统(即五个推进器产生的推力)控制。于是，六自由度运动模型中的舵力需改成由动力定位系统产生的推力 $\boldsymbol{U}=[F_{Tx},F_{Ty},F_{Tz},M_{Tx},M_{Ty},M_{Tz},]^{\mathrm{T}}$，同时，流体动力参数不再是攻角、侧滑角的线性函数。

动力定位状态下回转体型 AUV 六自由度模型的动力学方程变为

$$\boldsymbol{A}_{m\lambda}\begin{Bmatrix}\dot{v}_x\\ \dot{v}_y\\ \dot{v}_z\\ \dot{\omega}_x\\ \dot{\omega}_y\\ \dot{\omega}_z\end{Bmatrix}+\boldsymbol{A}_{v\omega}\left\{\boldsymbol{A}_{m\lambda}\begin{Bmatrix}v_x\\ v_y\\ v_z\\ \omega_x\\ \omega_y\\ \omega_z\end{Bmatrix}\right\}=\boldsymbol{A}_{FM} \tag{5.21}$$

式中，

$$\boldsymbol{A}_{m\lambda}=\begin{bmatrix} m+\lambda_{11} & 0 & 0 & 0 & mz_c & -my_c\\ 0 & m+\lambda_{22} & 0 & -mz_c & 0 & mx_c+\lambda_{26}\\ 0 & 0 & m+\lambda_{33} & my_c & -mx_c+\lambda_{35} & 0\\ 0 & -mz_c & my_c+\lambda_{43} & J_{xx}+\lambda_{44} & -J_{xy} & -J_{zz}\\ mz_c & 0 & -mx_c+\lambda_{53} & -J_{yx} & J_{yy}+\lambda_{55} & -J_{yz}\\ -my_c & mx_c & 0 & -J_{zx} & -J_{zy} & J_{zz}+\lambda_{66} \end{bmatrix} \tag{5.22}$$

$$\boldsymbol{A}_{v\omega}=\begin{bmatrix} 0 & -\omega_z & \omega_y & 0 & 0 & 0\\ \omega_z & 0 & -\omega_x & 0 & 0 & 0\\ -\omega_y & \omega_x & 0 & 0 & 0 & 0\\ 0 & -v_{0z} & v_{0y} & 0 & -\omega_z & \omega_y\\ v_{0z} & 0 & -v_{0x} & \omega_z & 0 & -\omega_x\\ -v_{0y} & v_{0x} & 0 & -\omega_y & \omega_x & 0 \end{bmatrix} \tag{5.23}$$

$$
A_{FM}=\begin{bmatrix}
-\frac{1}{2}\rho SV_T^2C_x(\alpha)+\rho V\sin\theta-G\sin\theta+F_{Tx}\\
\frac{1}{2}\rho SV_T^2C_y(\alpha)+\frac{1}{2}\rho SLV_T\omega_zC_y^{\omega_z}(\alpha)+\rho V\cos\theta\cos\varphi-G\cos\theta\cos\varphi+F_{Ty}\\
\frac{1}{2}\rho SV_T^2C_z(\beta)+\frac{1}{2}\rho SLV_T\omega_yC_z^{\omega_y}(\beta)-\rho V\cos\theta\sin\varphi+G\cos\theta\sin\varphi+F_{Tz}\\
\frac{1}{2}\rho SLV_T^2m_x(\beta)+\frac{1}{2}\rho SL^2V_T(m_x^{\omega_x}\omega_x+m_x^{\omega_y}\omega_y)+G\cos\theta(y_c\sin\varphi+z_c\cos\varphi)+M_{Tx}\\
\frac{1}{2}\rho SLV_T^2m_y(\beta)+\frac{1}{2}\rho SL^2V_T(m_y^{\omega_x}\omega_x+m_y^{\omega_y}(\beta)\omega_y)-G(x_c\cos\theta\sin\varphi+z_c\sin\theta)+M_{Ty}\\
\frac{1}{2}\rho SLV_T^2m_z(\alpha)+\frac{1}{2}\rho SL^2V_Tm_z^{\omega_z}(\alpha)\omega_z+G(y_c\sin\theta-x_c\cos\theta\cos\varphi)+M_{Tz}
\end{bmatrix}
\tag{5.24}
$$

其中，F_{Tx}、F_{Ty}、F_{Tz}、M_{Tx}、M_{Ty}、M_{Tz} 是由动力定位系统产生在六个自由度上的力和力矩，具体的取值由动力定位控制系统决定；$C_x(\alpha)$、$C_y(\alpha)$、$C_y^{\omega_z}(\alpha)$、$m_z(\alpha)$、$m_z^{\omega_z}(\alpha)$是攻角 α 的函数，$C_z(\beta)$、$C_z^{\omega_y}(\beta)$、$m_y(\beta)$、$m_y^{\omega_y}(\beta)$是侧滑角 β 的函数。

运动学方程不变，仍采用式(2.22)。

5.1.2　动力定位下 AUV 操纵性仿真

本节对回转体型 AUV 在动力定位系统作用下的操纵性进行了仿真研究，对仿真结果和湖上外场试验进行了对比分析。

(1) 回转体型 AUV 垂直上浮运动，是指回转体型 AUV 保持水平姿态，在纵向辅助推进器作用下垂直向上的运动方式。图 5.12～图 5.15 显示了回转体型 AUV 垂直上浮时的运动轨迹以及俯仰角、速度、攻角随时间的变化曲线。

由图 5.12～图 5.15 可以看出，通过动力定位系统可以实现回转体型 AUV 在 x_0 方向位移很小的情况下，在 y_0 方向直线上浮；俯仰角在一个小的振荡后趋于稳定；速度 v_y 逐渐加速到 0.328m/s 后稳定；攻角一直保持 –90° 状态。

(2) 回转体型 AUV 水平横移运动，是指回转体型 AUV 保持航向不变，在横向辅助推进器的作用下水平横向移动的运行形式。图 5.16～图 5.18 显示了回转体型 AUV 水平横移时的运动轨迹以及偏航角、侧滑角随时间的变化曲线。

由图 5.16～图 5.18 可以看出，通过动力定位系统可以实现回转体型 AUV 在 x_0 方向位移很小的情况下，在 z_0 方向直线横移；偏航角在一个小的振荡后趋于稳定；侧滑角一直很大。

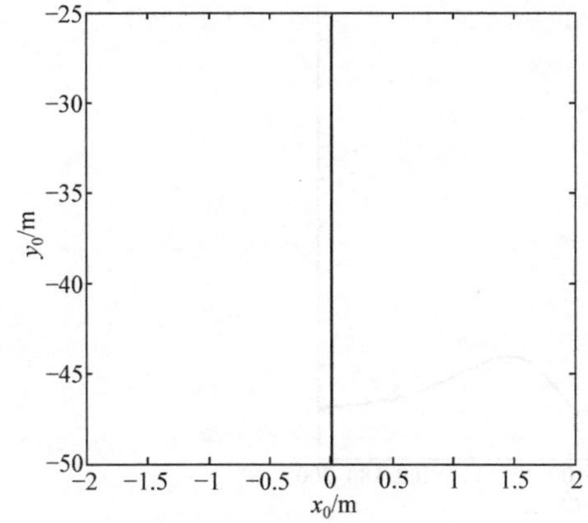

图 5.12　垂直上浮运动轨迹

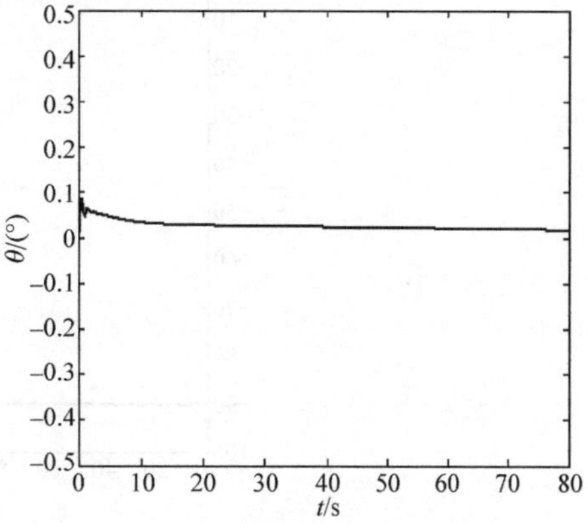

图 5.13　俯仰角随时间变化曲线

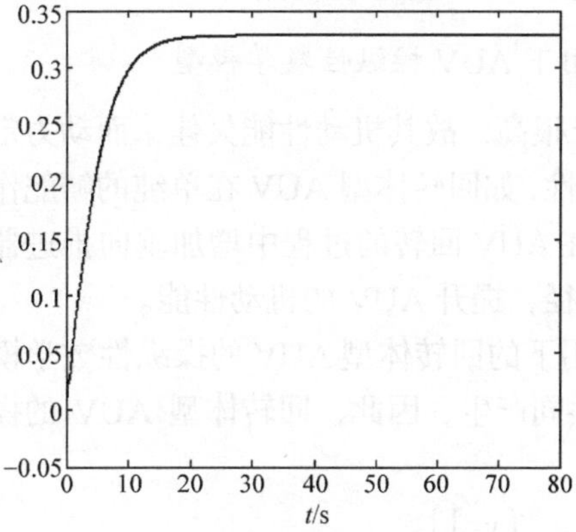

图 5.14　速度 v_y 随时间变化曲线

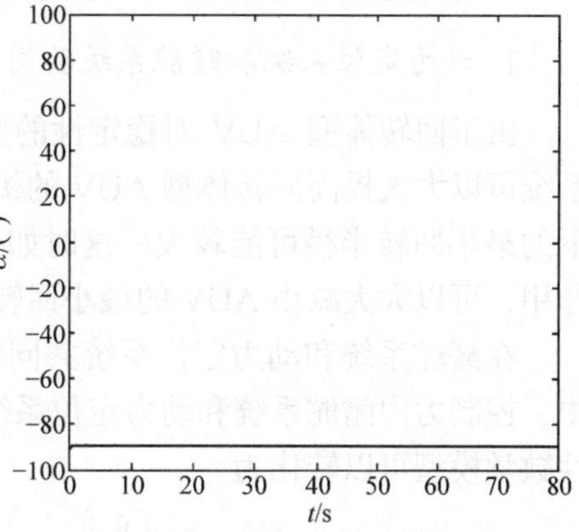

图 5.15　攻角随时间变化曲线

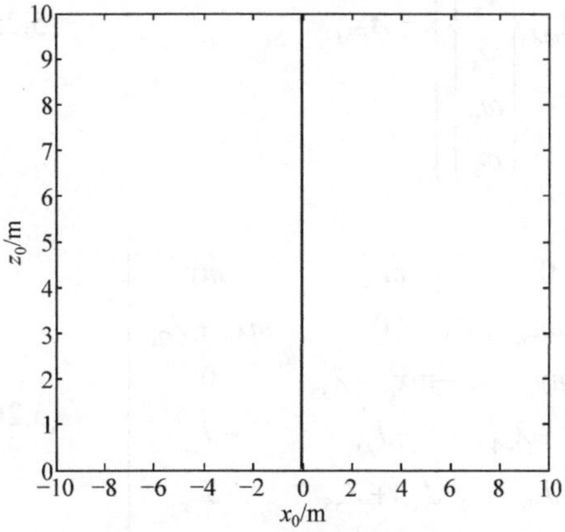

图 5.16　横移运动轨迹

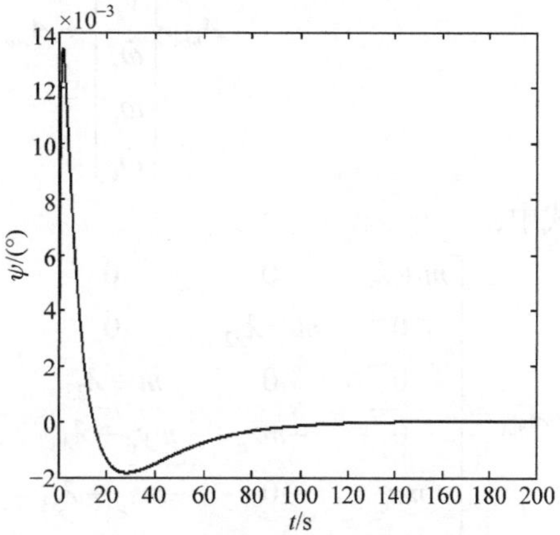

图 5.17　偏航角随时间变化曲线

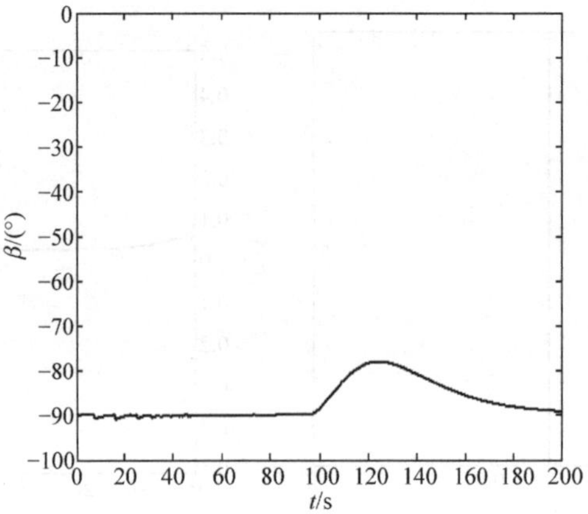

图 5.18　侧滑角随时间变化曲线

5.1.3　动力定位系统和鳍舵系统共同作用下 AUV 操纵性仿真

1. 动力定位系统和鳍舵系统共同作用下 AUV 操纵性数学模型

由于回转体型 AUV 对稳定性的要求很高，故其机动性能欠佳，而动力定位系统可以大大提高回转体型 AUV 的机动性，如回转体型 AUV 在单纯的鳍舵作用下的最小回转半径可能较大，这时如果在 AUV 回转的过程中增加垂向推进器的作用，可以大大减小 AUV 的最小回转半径，提升 AUV 的机动性能。

在鳍舵系统和动力定位系统共同作用下的回转体型 AUV 的操纵性数学模型中，控制力由鳍舵系统和动力定位系统共同产生，因此，回转体型 AUV 的操纵性数学模型可以转化为

$$\boldsymbol{A}_{m\lambda}\begin{Bmatrix}\dot{v}_x\\ \dot{v}_y\\ \dot{v}_z\\ \dot{\omega}_x\\ \dot{\omega}_y\\ \dot{\omega}_z\end{Bmatrix}+\boldsymbol{A}_{v\omega}\left\{\boldsymbol{A}_{m\lambda}\begin{Bmatrix}v_x\\ v_y\\ v_z\\ \omega_x\\ \omega_y\\ \omega_z\end{Bmatrix}\right\}=\boldsymbol{A}_{FM} \tag{5.25}$$

式中，

$$\boldsymbol{A}_{m\lambda}=\begin{bmatrix} m+\lambda_{11} & 0 & 0 & 0 & mz_c & -my_c\\ 0 & m+\lambda_{22} & 0 & -mz_c & 0 & mx_c+\lambda_{26}\\ 0 & 0 & m+\lambda_{33} & my_c & -mx_c+\lambda_{35} & 0\\ 0 & -mz_c & my_c+\lambda_{43} & J_{xx}+\lambda_{44} & -J_{xy} & -J_{zz}\\ mz_c & 0 & -mx_c+\lambda_{53} & -J_{yx} & J_{yy}+\lambda_{55} & -J_{yz}\\ -my_c & mx_c & 0 & -J_{zx} & -J_{zy} & J_{zz}+\lambda_{66}\end{bmatrix} \tag{5.26}$$

$$
\boldsymbol{A}_{v\omega}=\begin{bmatrix} 0 & -\omega_z & \omega_y & 0 & 0 & 0 \\ \omega_z & 0 & -\omega_x & 0 & 0 & 0 \\ -\omega_y & \omega_x & 0 & 0 & 0 & 0 \\ 0 & -v_{0z} & v_{0y} & 0 & -\omega_z & \omega_y \\ v_{0z} & 0 & -v_{0x} & \omega_z & 0 & -\omega_x \\ -v_{0y} & v_{0x} & 0 & -\omega_y & \omega_x & 0 \end{bmatrix} \tag{5.27}
$$

$$
\boldsymbol{A}_{FM}=\begin{bmatrix} -\frac{1}{2}\rho S V_T{}^2 C_x(\alpha)+\rho V\sin\theta-G\sin\theta+F_{Tx} \\ \frac{1}{2}\rho S V_T{}^2 C_y(\alpha,\delta_h)+\frac{1}{2}\rho S L V_T\omega_z C_y^{\omega_z}(\alpha)+\rho V\cos\theta\cos\varphi-G\cos\theta\cos\varphi+F_{Ty} \\ \frac{1}{2}\rho S V_T{}^2 C_z(\beta,\delta_v)+\frac{1}{2}\rho S L V_T\omega_y C_z^{\omega_y}(\beta)-\rho V\cos\theta\sin\varphi+G\cos\theta\sin\varphi+F_{Tz} \\ \frac{1}{2}\rho S L V_T{}^2 m_x(\beta,\delta_v,\delta_d)+\frac{1}{2}\rho S L^2 V_T(m_x^{\omega_x}\omega_x+m_x^{\omega_y}\omega_y)+G\cos\theta(y_c\sin\varphi+z_c\cos\varphi)+M_{Tx} \\ \frac{1}{2}\rho S L V_T{}^2 m_y(\beta,\delta_v)+\frac{1}{2}\rho S L^2 V_T(m_y^{\omega_x}\omega_x+m_y^{\omega_y}(\beta)\omega_y)-G(x_c\cos\theta\sin\varphi+z_c\sin\theta)+M_{Ty} \\ \frac{1}{2}\rho S L V_T{}^2 m_z(\alpha,\delta_h)+\frac{1}{2}\rho S L^2 V_T m_z^{\omega_z}(\alpha)\omega_z+G(y_c\sin\theta-x_c\cos\theta\cos\varphi)+M_{Tz} \end{bmatrix} \tag{5.28}
$$

式中 F_{Ty}、F_{Tz}、M_{Tx}、M_{Ty}、M_{Tz} 是由动力定位系统产生在各个自由度上的力和力矩，具体的取值由动力定位控制系统决定。

运动学方程不变，仍采用式(2.22)。

2. 动力定位系统和鳍舵系统共同作用下 AUV 操纵性仿真

对回转体型 AUV 在低速定深运动时打极限垂直舵角进行回转运动，以及在侧向辅助推进器作用下的 AUV 的操纵运动进行仿真，来说明动力定位系统对 AUV 机动性能的改善。

由图 5.19～图 5.22 的仿真结果可以看出，回转体型 AUV 在单纯鳍舵系统作用下以及在鳍舵系统和动力定位系统共同作用下都可以稳定地完成在水平面的回转运动；动力定位系统可以大大改善回转体型 AUV 的机动性能，回转体型 AUV 在单纯鳍舵系统作用下的最小回转半径为 66.72m，而在鳍舵系统和动力定位系统共同作用下的最小回转半径减小为 29.9m。

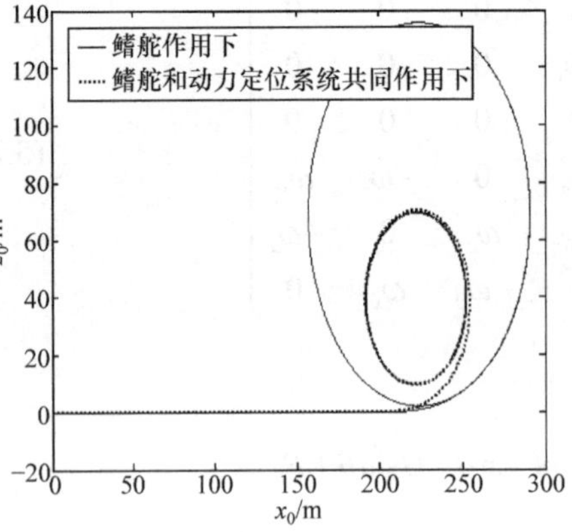

图 5.19 水平面运动曲线

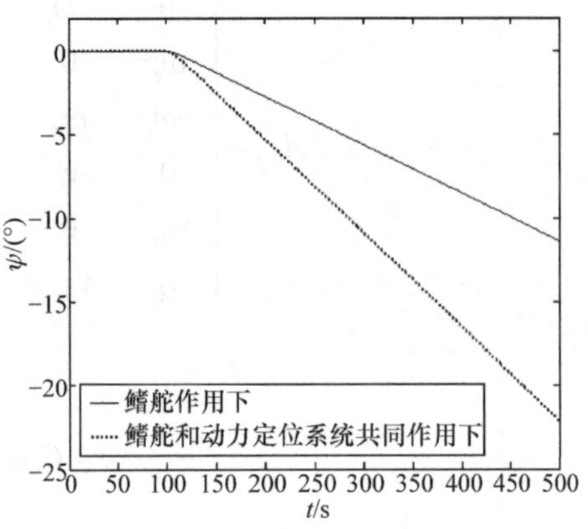

图 5.20 偏航角随时间的变化曲线

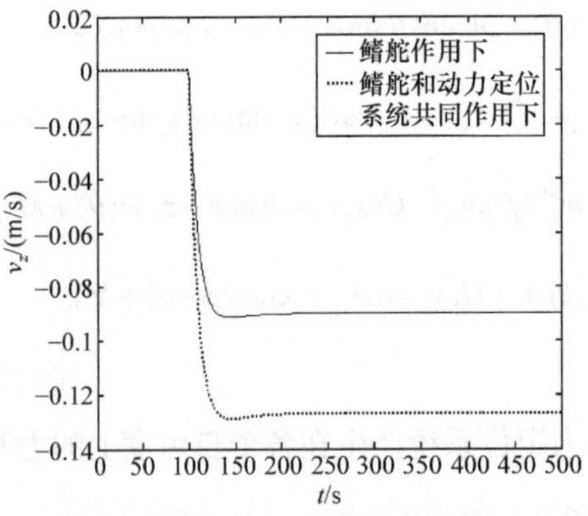

图 5.21 横向速度随时间变化曲线

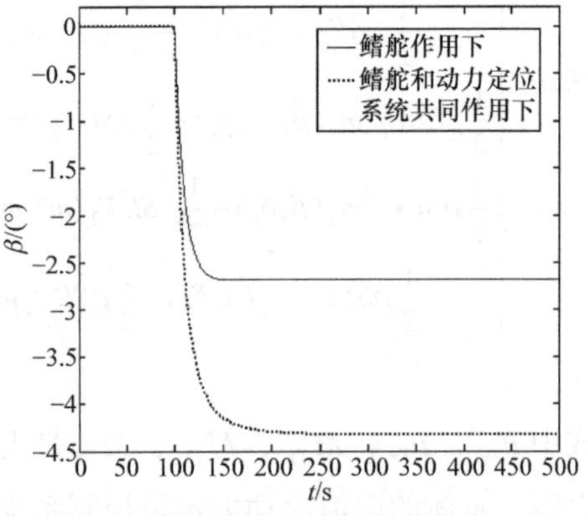

图 5.22 侧滑角随时间的变化曲线

5.2 扑翼推进型 AUV 操纵性仿真

5.2.1 扑翼运动方式研究

AUV 采用扑翼推进方式，可以解决高效推进、精确机动等性能要求。通过实际观察海龟的运动形态，参考海龟的典型运动方式，设计多种扑翼滑翔 AUV 的运动形式，建立扑翼运动的数学模型。目前，初步研究了以下几种扑翼的运动形式。

1. 单自由度推进方式

扑翼推进型 AUV 扑翼的单自由度运动方式(图 5.23)是指，AUV 靠扑翼绕着与 AUV 主体垂直的 x' 轴做变幅值、变频率、变初始角度的转动而产生推力的一种运动形式。

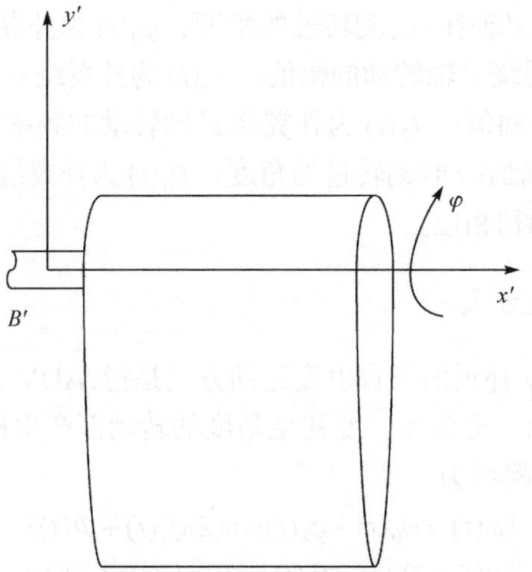

图 5.23　单自由度运动方式

式(5.29)是单自由度推进方式扑翼运动的数学模型：

$$\varphi(t)=\varphi_0(t)+\varphi_1(t)\sin(2\pi f(t)t+\Phi(t)) \tag{5.29}$$

式中，$\varphi(t)$ 为扑翼在 t 时刻转过的角度；$\varphi_0(t)$ 为扑翼开始转动的初始角度；$\varphi_1(t)$ 为扑翼转动的幅值；$f(t)$ 为扑翼转动的频率；$\Phi(t)$ 为初相位。

2. 二自由度推进方式

扑翼推进型 AUV 扑翼的二自由度运动方式(图 5.24)是指，AUV 靠扑翼同时绕着 x' 轴和 y' 轴做变幅值、变频率、变初始角度的转动而产生推力的一种运动形式。

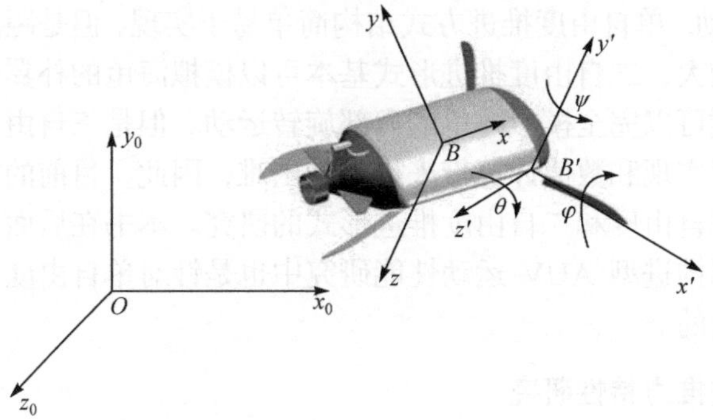

图 5.24　二自由度运动方式

二自由度推进方式扑翼运动的数学模型为

$$\begin{cases}\varphi(t)=\varphi_0(t)+\varphi_1(t)\sin(2\pi f_1(t)t+\Phi(t))\\ \theta(t)=\theta_0(t)+\theta_1(t)\sin(2\pi f_2(t)t+\Theta(t))\end{cases} \tag{5.30}$$

式中，$\varphi(t)$ 为扑翼绕 x' 轴在 t 时刻转过的角度；$\varphi_0(t)$ 为扑翼绕 x' 轴开始转动的初始角度；$\varphi_1(t)$ 为扑翼绕 x' 轴转动的幅值；$f_1(t)$ 为扑翼绕 x' 轴转动的频率；$\theta_1(t)$ 为扑翼绕 z' 轴转动的幅值；$f_2(t)$ 为扑翼绕 z' 轴转动的频率；$\Phi(t)$ 是绕 x' 轴初相位；$\theta(t)$ 为扑翼绕 z' 轴在 t 时刻转过的角度；$\theta_0(t)$ 为扑翼绕 z' 轴开始转动的初始角度；$\Theta(t)$ 为绕 z' 轴初相位。

3. 三自由度推进方式

扑翼推进型 AUV 扑翼的三自由度运动方式是指，AUV 靠扑翼同时绕着 x' 轴、y' 轴和 z' 轴作变幅值、变频率、变初始角度的转动而产生推力的一种运动形式。这种运动方式的数学模型为

$$\begin{cases}\varphi(t)=\varphi_0(t)+\varphi_1(t)\sin(2\pi f_1(t)+\Phi(t))\\ \theta(t)=\theta_0(t)+\theta_1(t)\sin(2\pi f_2(t)t+\Theta(t))\\ \psi(t)=\psi_0(t)+\psi_1(t)\sin(2\pi f_3(t)t+\Psi(t))\end{cases} \tag{5.31}$$

式中，$\varphi_1(t)$ 为扑翼绕 x' 轴转动的幅值；$f_1(t)$ 为扑翼绕 x' 轴转动的频率；$\theta_1(t)$ 为扑翼绕 z' 轴转动的幅值；$f_2(t)$ 为扑翼绕 z' 轴转动的频率；$\varphi(t)$ 为扑翼绕 x' 轴在 t 时刻转过的角度；$\varphi_0(t)$ 为扑翼绕 x' 轴开始转动的初始角度；$\Phi(t)$ 为绕 x' 轴初相位；$\theta(t)$ 为扑翼绕 z' 轴在 t 时刻转过的角度；$\theta_0(t)$ 为扑翼绕 z' 轴开始转动的初始角度；$\Theta(t)$ 为绕 z' 轴初相位；$\psi(t)$ 为扑翼绕 y' 轴在 t 时刻转过的角度；$\psi_0(t)$ 为扑翼绕 y' 轴开始转动的初始角度；$\psi_1(t)$ 为扑翼绕 y' 轴转动的幅值；$f_3(t)$ 为扑翼绕 y' 轴转动的频率；$\Psi(t)$ 为绕 y' 轴初相位。

这几种推进方式都可以通过扑翼的摆动对 AUV 产生力的作用，从而控制 AUV 的各种运动。单自由度推进方式结构简单易于实现，但是距离海龟的扑翼运动形式相差比较大，二自由度推进形式基本可以模拟海龟的扑翼运动形式，而三自由度推进形式可以完全模拟海龟的肩部旋转运动。但是三自由度推进形式的运行复杂，给工程实现和数值计算带来很大的困难，因此，目前的扑翼推进系统研究主要集中在单自由度和二自由度推进形式的研究。本书在后面的扑翼流体动力特性研究和扑翼推进型 AUV 运动性能研究中也是针对单自由度和二自由度的扑翼推进形式进行的。

5.2.2 扑翼推进推力特性研究

扑翼产生推力的流体力学特征，主要体现在其尾部脱落的涡流，这种脱落的涡流根据其运动形态被定义为反卡门涡街，与普通物体尾部所产生的涡流运动形态恰好相反。这是低雷诺数下扑翼在水中摆动能够产生推力的主要原因之一。本节从描述流动现象最完整的 N-S 方程出发，采用现代计算流体力学方法，针对扑翼周围流场的特点，数值计算扑翼的运动流场。计算流体力学方法的相关理论在

第 3 章已经给出，这里不再赘述。

1. 扑翼流体动力定义

扑翼推进型 AUV 水动力特性研究中的常用参数主要有攻角 α、升力 L、阻力 D 和俯仰力矩 M。其中，攻角定义为无穷来流与翼弦的交角，升力定义为水流作用在扑翼上的合力在垂直于来流方向的分量，阻力定义为水流作用在扑翼上的合力在平行于来流方向的分量，俯仰力矩定义为水流作用在扑翼上的分布力相对于扑翼前缘的合力矩。

1) 升力特性

计算扑翼升力的定义公式为

$$L = \frac{1}{2} C_L \rho U_\infty^2 S \tag{5.32}$$

式中，ρ 为流体密度；U_∞ 为来流速度；S 为水翼平面面积；C_L 为升力系数。升力特性也可以说是升力系数的特性。影响升力系数的因素很多，主要有来流攻角 α、来流雷诺数 Re、水翼弦长等。其中攻角对升力系数的影响最大，典型的升力特性常用升力系数 C_L 对攻角 α 的关系曲线(升力曲线)表示。

2) 阻力特性

计算扑翼阻力的定义公式为

$$D = \frac{1}{2} C_D \rho U_\infty^2 S \tag{5.33}$$

式中，C_D 为阻力系数。不包括兴波阻力时，典型的阻力特性也可用阻力系数 C_D 与攻角 α 的关系曲线表示。其中 C_D 包括黏性阻力系数 C_{d0} 和诱导阻力系数 C_{df}。对于 C_{d0}，可认为是翼剖面的翼型阻力，它与边界层特性密切相关，还与翼型厚度比、拱度及物面粗糙度有关。推力定义为阻力负值。

3) 俯仰力矩特性

计算扑翼俯仰力矩的定义公式为

$$M = \frac{1}{2} C_M \rho U_\infty^2 C^2 \tag{5.34}$$

式中，C 为平均弦长，典型的俯仰力矩特性也用俯仰力矩系数 C_M 与攻角 α 的关系曲线表示，同样有多种因素对俯仰力矩系数大小有影响。

2. 单自由度扑翼推进流体动力计算

取图 5.25 所示的坐标系，原点 O 与扑翼 1/4 前缘点重合，x 轴与扑翼的翼弦所在的方向重合，且指向扑翼的后缘点，y 轴垂直于扑翼的翼弦所在的方向。

扑翼坐标系固连于地面，来流速度大小为 U_∞，攻角为 α，即与 x 正方向之间的夹角为α，且规定逆时针为正，则水流速度可用如下关系表示：

$$\boldsymbol{U} = U_\infty \cos\alpha \boldsymbol{i} + U_\infty \sin\alpha \boldsymbol{j} \tag{5.35}$$

扑翼在图示坐标系中绕原点 O 做正弦摆动运动，其摆动幅度为φ_m(rad)，频率为f(Hz)，其摆动角位移可用如下关系表示：

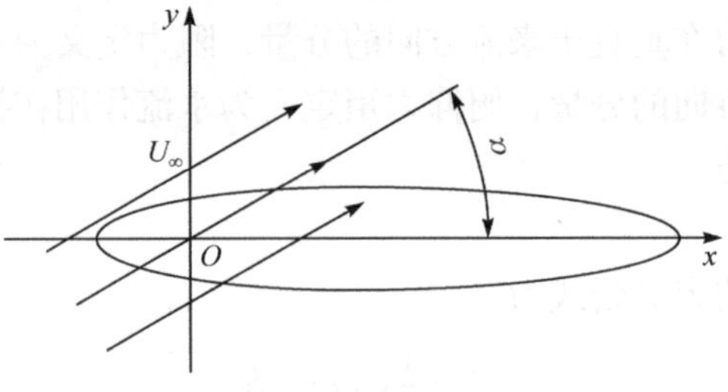

图 5.25　扑翼所在坐标系

$$\varphi = \varphi_m \sin(2\pi f t) \tag{5.36}$$

其摆动的角速度为

$$\omega = \omega_m \cos(2\pi f t) \tag{5.37}$$

式中，ω为摆动角速度；ω_m为摆动角速度的幅值，且$\omega_m = 2\pi f \theta_m$。

由式(5.35)和式(5.37)可以得到，扑翼表面任一点$\boldsymbol{R}(x,y,t)$相对于来流的速度可以表示为

$$\boldsymbol{U}_R = \boldsymbol{\omega} \times \boldsymbol{R} - \boldsymbol{U} \tag{5.38}$$

即

$$u(x,y,t) = \omega_m \cos(2\pi f t) x - U_\infty \cos\alpha \tag{5.39}$$

$$v(x,y,t) = \omega_m \cos(2\pi f t) y - U_\infty \sin\alpha \tag{5.40}$$

其中，$u(x,y,t)$和$v(x,y,t)$分别为扑翼表面任一点$\boldsymbol{R}(x,y,t)$相对于来流的速度在x轴和y轴上的分量。

这样应用黏性不可压缩流体的N-S方程，求得扑翼表面的压力分布以后，扑翼的推力系数C_x、侧向力系数C_y及绕1/4前缘点的力矩系数C_O可利用下式计算：

$$C_x = \frac{2L}{\rho U_\infty^2 S},\quad C_y = \frac{2D}{\rho U_\infty^2 S},\quad C_O = \frac{2M}{\rho U_\infty^2 SC} \tag{5.41}$$

式中，

$$L = \boldsymbol{l} \cdot \oint -p\boldsymbol{n}\mathrm{d}s,\quad D = \boldsymbol{t} \cdot \oint -p\boldsymbol{n}\mathrm{d}s,\quad M = -\oint p(\boldsymbol{x} \times \boldsymbol{n})\mathrm{d}s \tag{5.42}$$

其中，$\boldsymbol{l}$为平行于来流方向的单位向量；$\boldsymbol{t}$为垂直于来流的单位向量；$\boldsymbol{n}$为翼型周线的外法线方向；ρ为水的密度；U_∞为水流速度；p为扑翼表面的压强。

根据建立的扑翼推进流体动力计算模型，对不同频率以及不同摆动幅度下扑翼的流体动力进行了计算。

1) 不同频率推力计算结果分析

这里以翼型 NACA0010 为例来计算翼的推力与摆动频率之间的关系，其运动规律为 $\theta = \theta_m \sin(2\pi f t)$，取弦长 $C = 1.0\text{m}$，摆动幅度 $\theta_m = 20°$，摆动频率分别为 $f = 0.5\text{Hz}, 1.0\text{Hz}, 1.5\text{Hz}, 2.0\text{Hz}, 2.5\text{Hz}, 3.0\text{Hz}$，计算结果如图 5.26～图 5.32 所示。

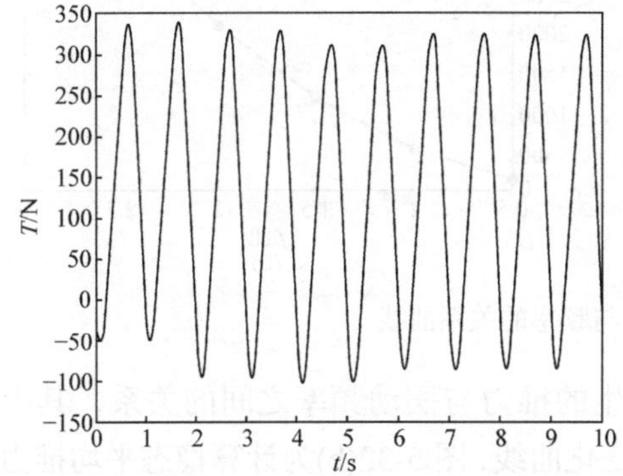

图 5.26 频率 $f = 0.5\text{Hz}$ 推力曲线

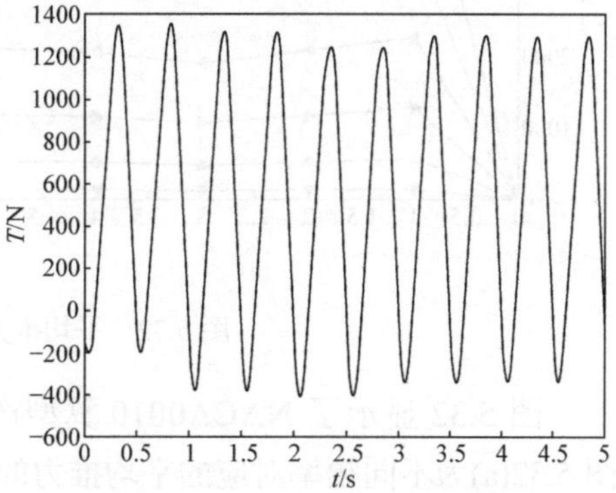

图 5.27 频率 $f = 1.0\text{Hz}$ 推力曲线

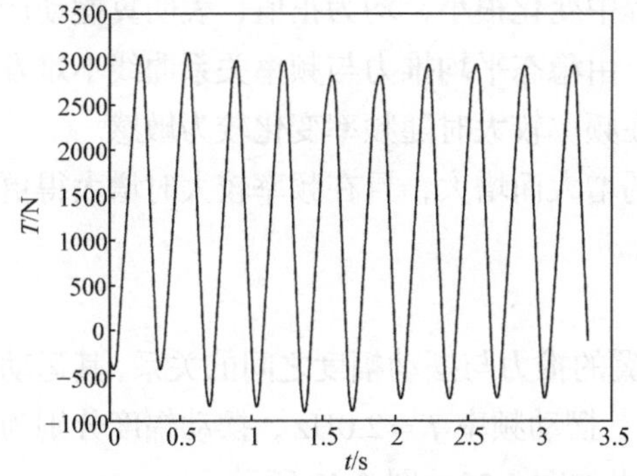

图 5.28 频率 $f = 1.5\text{Hz}$ 推力曲线

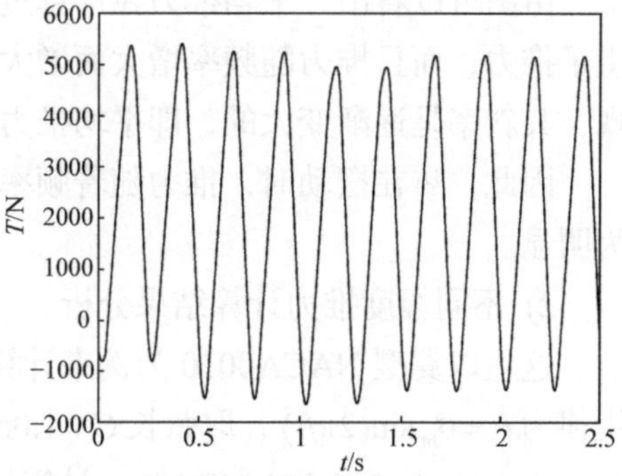

图 5.29 频率 $f = 2.0\text{Hz}$ 推力曲线

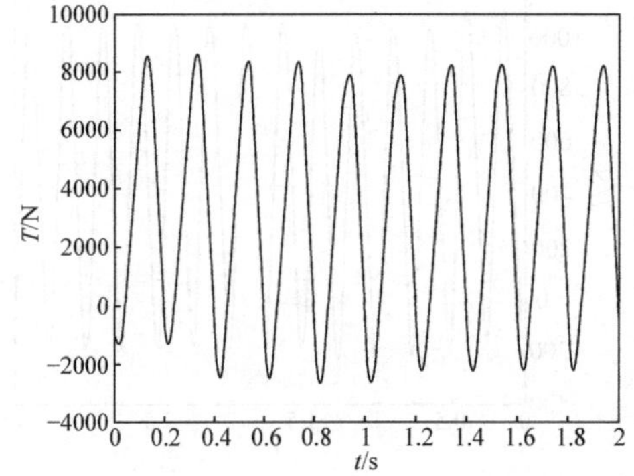

图 5.30 频率 $f = 2.5\text{Hz}$ 推力曲线

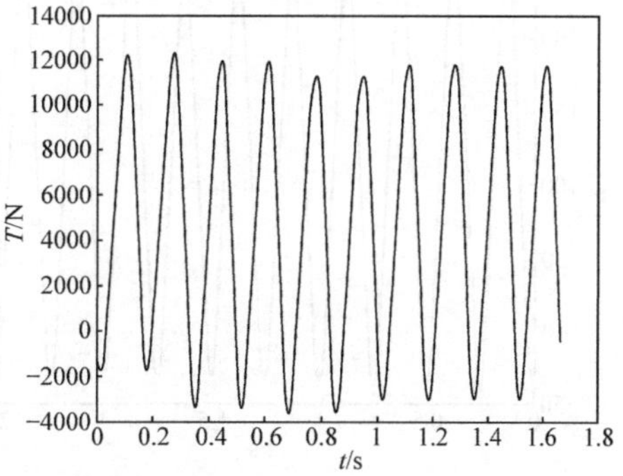

图 5.31 频率 $f = 3.0\text{Hz}$ 推力曲线

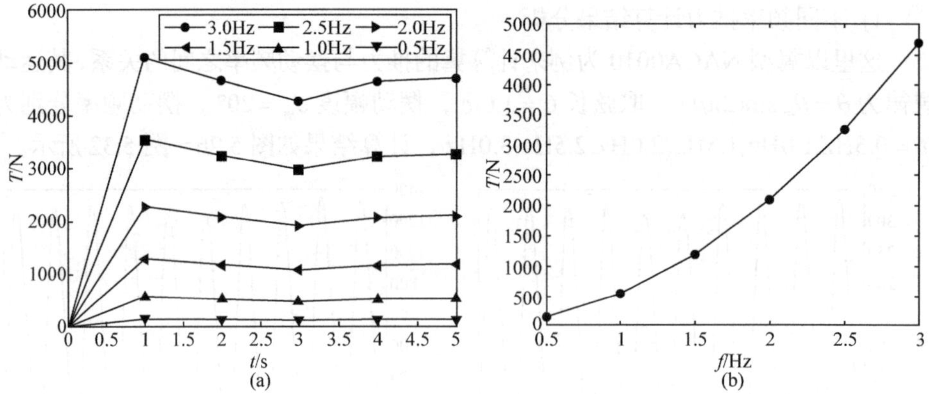

图 5.32　平均推力与频率的关系曲线

图 5.32 显示了 NACA0010 翼型产生的推力与摆动频率之间的关系，其中图 5.32(a)为不同频率对应的平均推力的变化曲线，图 5-32(b)为计算稳态平均推力随频率变化的曲线。

由图可以看出，平均推力在计算过程中变化很小，均为正值，表明翼摆动产生了推力，而且推力随频率增大而增大。由稳态平均推力与频率关系曲线不难发现，其斜率是逐渐变大的，即平均推力在频率较大时随频率变化较为敏感。

因此，翼在摆动时，推力随着频率的增大而增大，且在频率较大时增大得更为明显。

2) 不同幅度推力计算结果分析

这里以翼型 NACA0010 为例来计算翼的推力与摆动幅度之间的关系，其运动规律为 $\theta = \theta_m \sin(2\pi f t)$，取弦长 $C = 1.0\text{m}$，摆动频率 $f = 2.0\text{Hz}$，摆动幅度分别为 $\theta_m = 5°,10°,15°,20°,25°,30°,35°$，计算结果如图 5.33～图 5.40 所示。

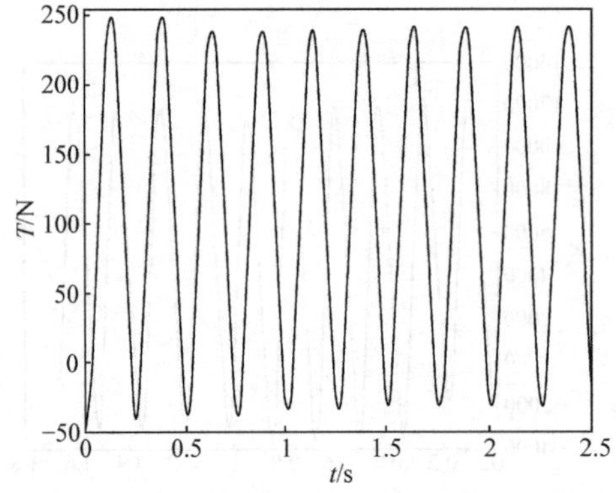

图 5.33　幅度 $\theta_m = 5°$ 推力曲线

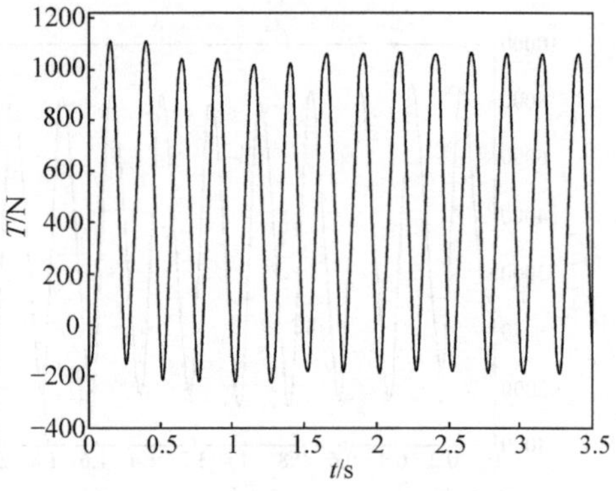

图 5.34　幅度 $\theta_m = 10°$ 推力曲线

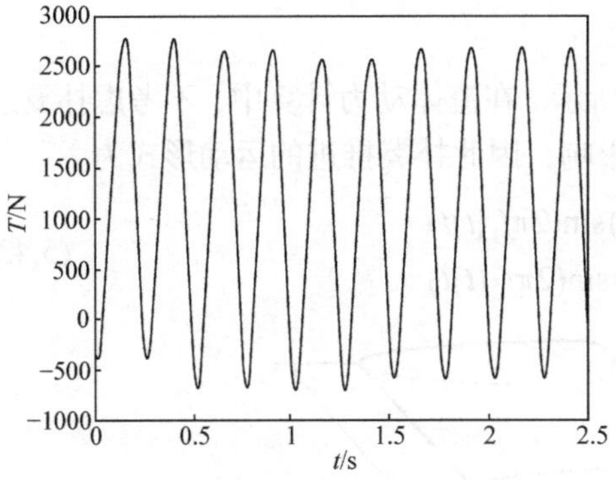

图 5.35　幅度 $\theta_m = 15°$ 推力曲线

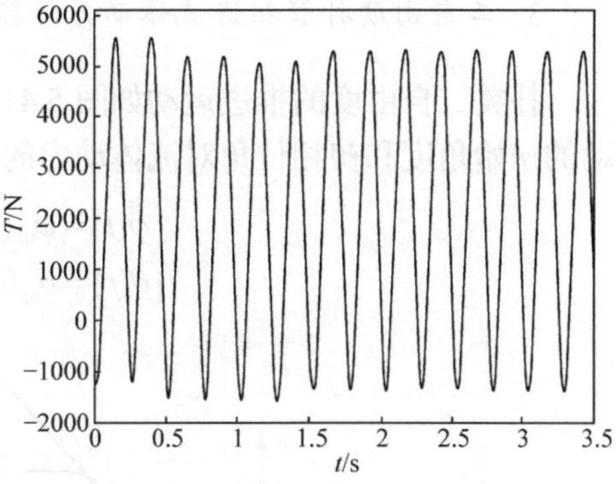

图 5.36　幅度 $\theta_m = 20°$ 推力曲线

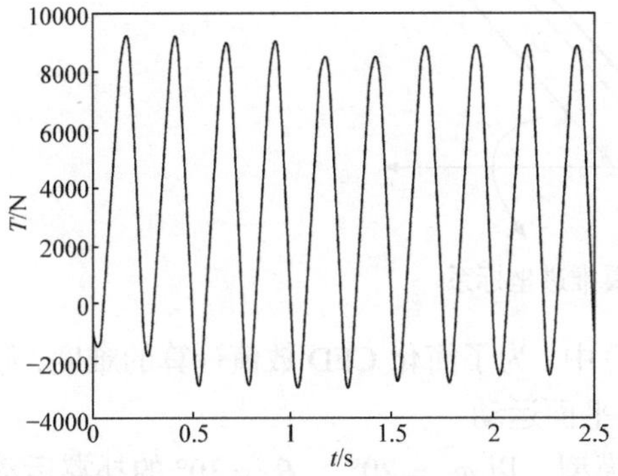

图 5.37　幅度 $\theta_m = 25°$ 推力曲线

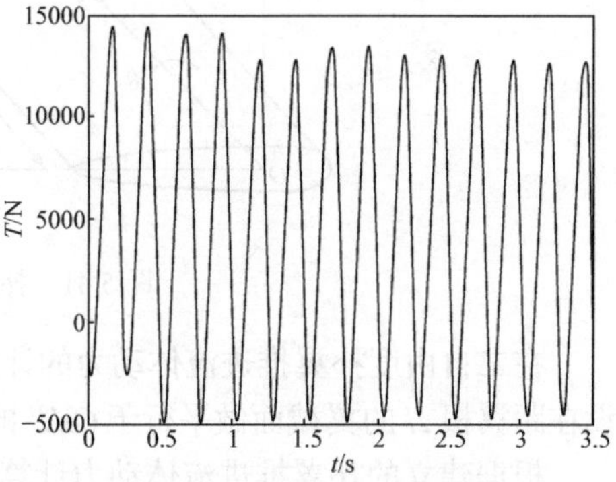

图 5.38　幅度 $\theta_m = 30°$ 推力曲线

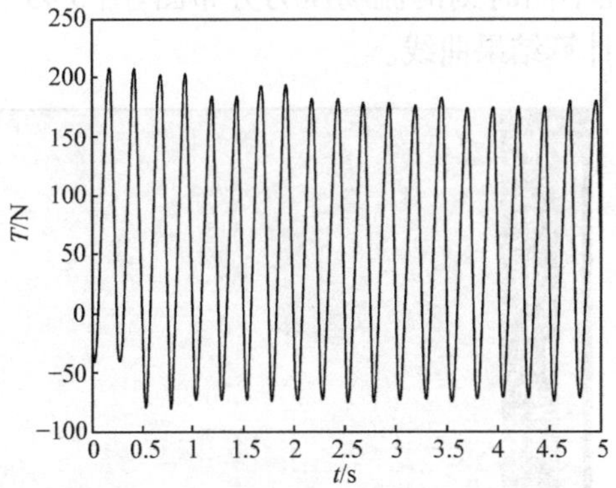

图 5.39　幅度 $\theta_m = 35°$ 推力曲线

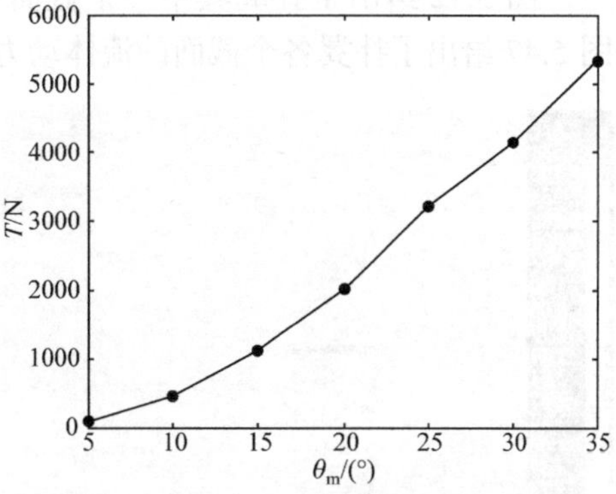

图 5.40　平均推力与幅度的关系曲线

由计算结果可以看出，扑翼的单自由度运动可以有效的给 AUV 提供动力；随着摆动幅度的增加，推力有增大的趋势。

3. 二自由度扑翼推进流体动力计算

扑翼二自由度的推进运动如图 5.41 所示。在流体动力计算中，不考虑扑翼运动的初始角度和初相位角对流体动力的影响，因此扑翼推进的运动形式为

$$\begin{cases}\varphi(t)=\varphi_m(t)\sin(2\pi f_1(t)t)\\ \theta(t)=\theta_m(t)\sin(2\pi f_2(t)t)\end{cases} \tag{5.43}$$

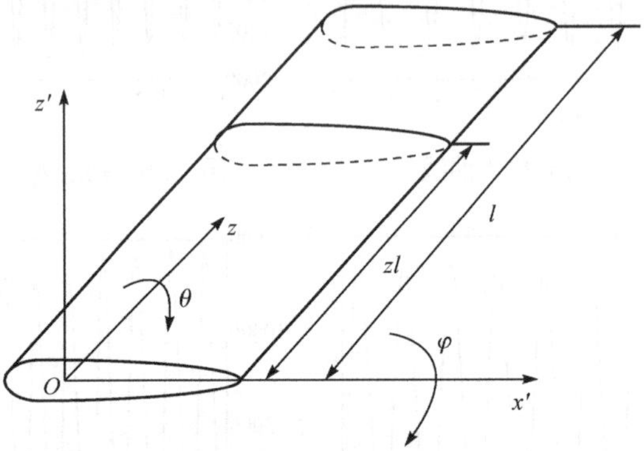

图 5.41　扑翼推进坐标系

在二自由度扑翼推进流体动力的计算中，为了简化 CFD 数值计算的难度，假设在距翼根 zl 的翼截面做平行于 $Ox'z'$ 的平面运动。

根据建立的扑翼推进流体动力计算模型，以 $\varphi_m=20°$ 、$\theta_m=30°$ 的扑翼运动流体动力计算进行了仿真。

图 5.42 给出了扑翼其中一个截面在不同时刻的流场压力分布图。图 5.43～图 5.47 给出了扑翼各个截面的流体动力计算结果曲线。

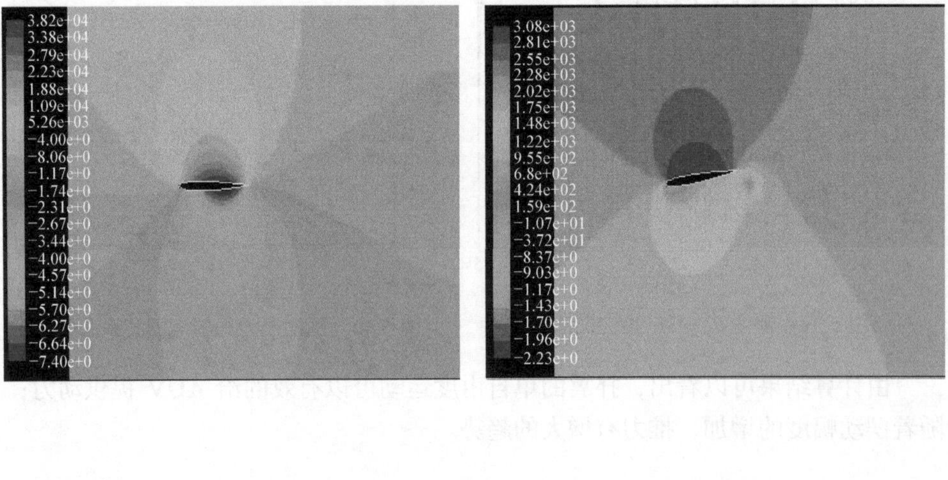

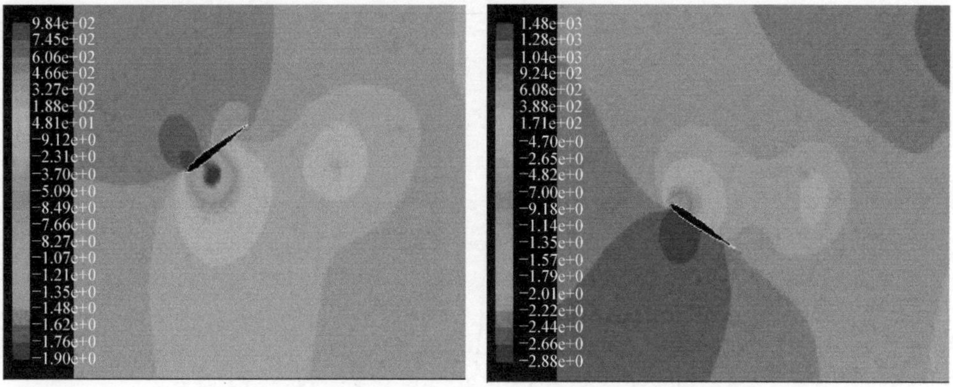

图 5.42　扑翼推进流场压力分布图(单位：Pa)

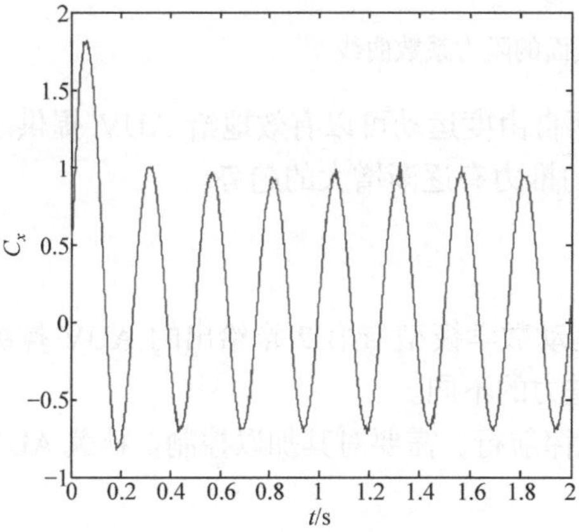

图 5.43　$zl = 0.2l$ 截面的阻力系数曲线

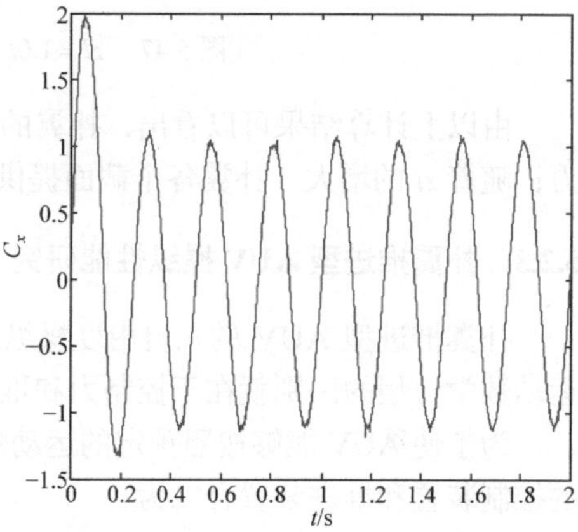

图 5.44　$zl = 0.4l$ 截面的阻力系数曲线

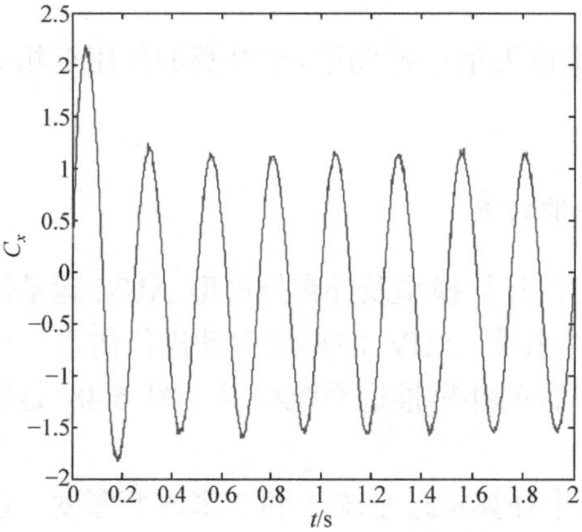

图 5.45　$zl = 0.6l$ 截面的阻力系数曲线

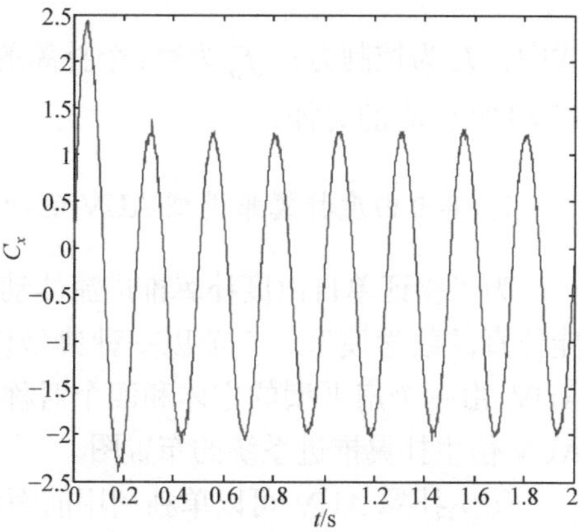

图 5.46　$zl = 0.8l$ 截面的阻力系数曲线

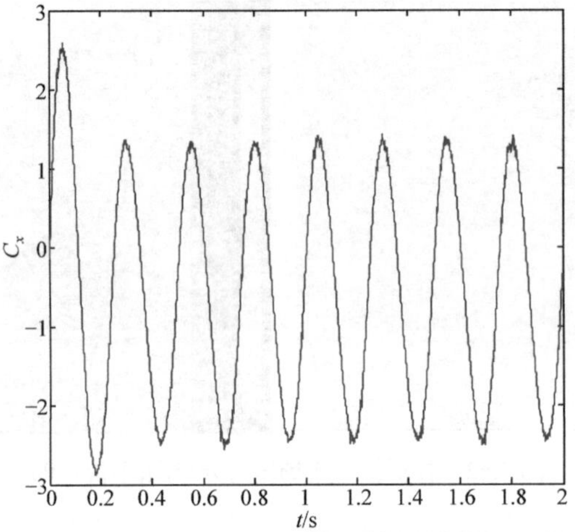

图 5.47　$zl=1.0l$ 截面的阻力系数曲线

由以上计算结果可以看出，扑翼的两自由度运动可以有效地给 AUV 提供动力；随着 zl 的增大，扑翼各个截面提供的推力有逐渐增大的趋势。

5.2.3　扑翼推进型 AUV 操纵性能研究

扑翼推进型 AUV 的六自由度操纵运动数学模型与第 2 章给出的 AUV 操纵运动数学模型的区别就在于控制力和推进力的不同。

为了使 AUV 能够按照预定的运动规律航行，需要对其加以控制。扑翼 AUV 的控制装置和推进装置合二为一。

$$T_c=\sum_{i=1}^{n}\boldsymbol{f}_p^i\times\boldsymbol{r}_p^i \tag{5.44}$$

式中，T_c 为控制力；$\boldsymbol{f}_p^i$ 为第 i 个扑翼的推进矢量；$\boldsymbol{r}_p^i$ 为第 i 个扑翼的作用点相对于 AUV 浮心的矢径。

1. 单自由度扑翼推进型 AUV 运动性能仿真

为了验证单自由度扑翼推进流体动力的计算模型及扑翼推进型 AUV 运动性能仿真的数学模型，本节以一种典型仿生扑翼 AUV 的典型运动进行仿真，该 AUV 由一个扁平型的主体和四个对称布置的扑翼推进系统构成。图 5.48 是该 AUV 仿生扑翼推进系统的布置图。

仿生扑翼 AUV 可以单独利用前面两个扑翼推进系统 1 和 2 来改变深度，也可以充分利用 4 个扑翼推进系统 1、2、3 和 4 来快速改变深度。下面对 AUV 在低速运动条件下的这两种变深运动进行仿真。

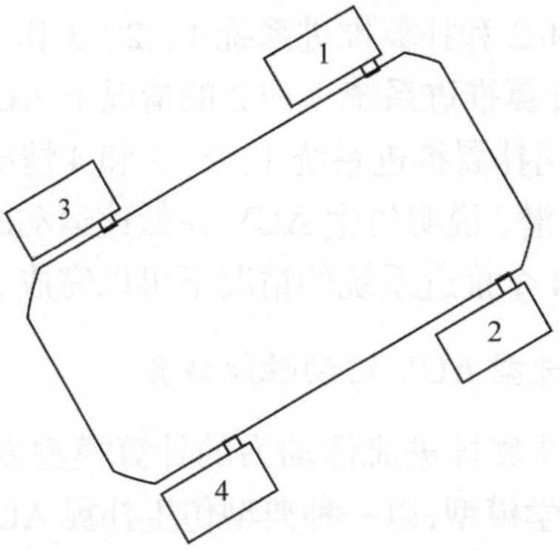

图 5.48　仿生扑翼推进系统在 AUV 上的布置

图 5.49 给出了仿生 AUV 利用扑翼推进系统 1 和 2 从 10m 深度下潜到 20m 的深度和俯仰角变化曲线。图 5.50 给出了仿生 AUV 利用扑翼推进系统 1、2、3 和 4 从 10m 深度下潜到 20m 的深度和俯仰角变化曲线。仿真结果表明，仿生 AUV

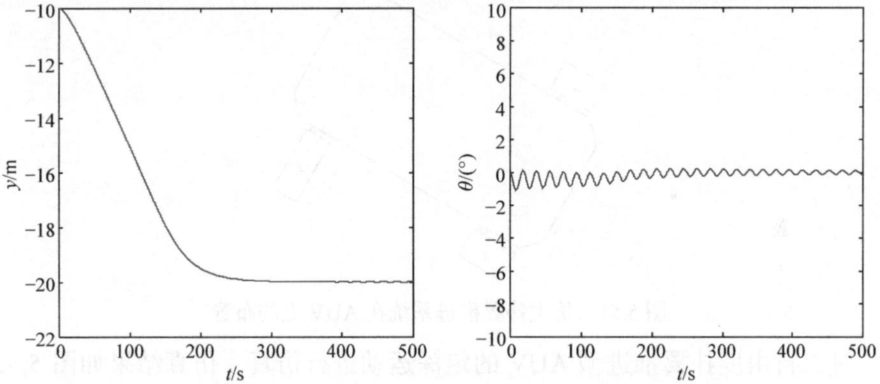

图 5.49　利用扑翼推进系统 1 和 2 的下潜运动仿真结果

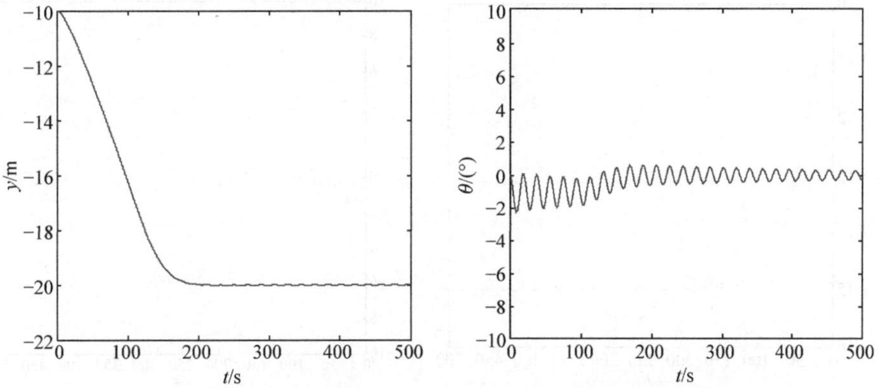

图 5.50　利用扑翼推进系统 1、2、3 和 4 的下潜运动仿真结果

在利用扑翼推进系统 1 和 2 和扑翼推进系统 1、2、3 和 4 的情况下都可以稳定的完成下潜运动，在利用扑翼推进系统 1 和 2 的情况下 AUV 需要 300s 完成从 10m 到 20m 的下潜，而在利用扑翼推进系统 1、2、3 和 4 情况下 AUV 只需要 170s 就完成从 10m 到 20m 的下潜，说明仿生 AUV 在低速运动的条件下具有优异的机动性能，尤其在充分利用 4 个推进系统的情况下可以完成 AUV 的快速下潜运动。

2. 二自由度扑翼推进型 AUV 运动性能仿真

为了验证二自由度扑翼推进流体动力的计算模型以及二自由度扑翼推进型 AUV 运动性能仿真的数学模型，以一种典型仿生扑翼 AUV 的典型运动进行仿真，该 AUV 由一个扁平型的主体和 4 个扑翼组成，其中前两个翼(1 和 2)采用二自由度扑翼推进方式产生推力，后两个翼(3 和 4)作为 AUV 的舵产生操纵力。图 5.51 是该仿生 AUV 扑翼推进系统的布置图。

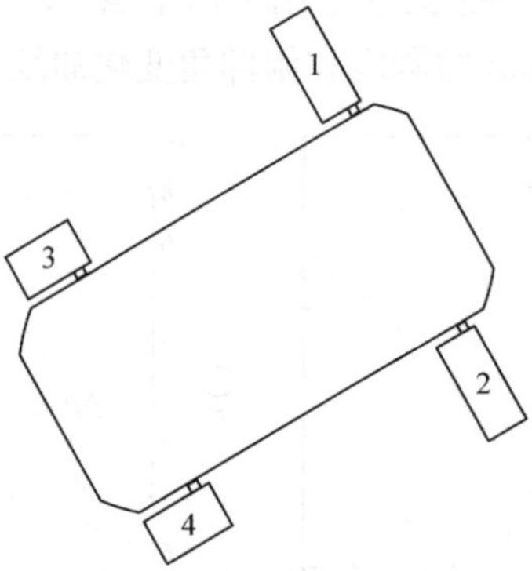

图 5.51　仿生扑翼推进系统在 AUV 上的布置

对二自由度扑翼推进型 AUV 的定深运动进行仿真，仿真结果如图 5.52～图 5.55 所示。

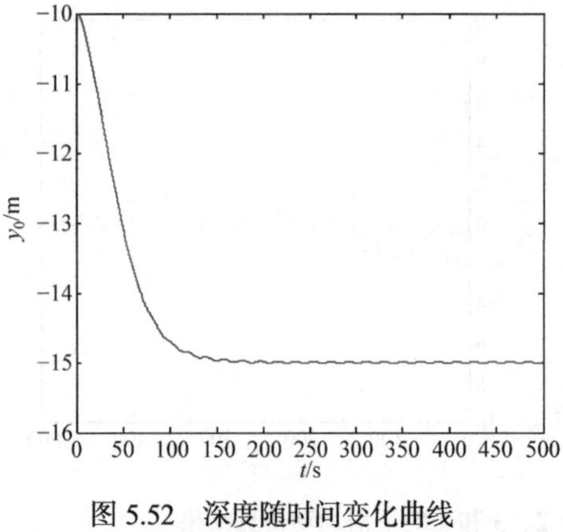

图 5.52　深度随时间变化曲线

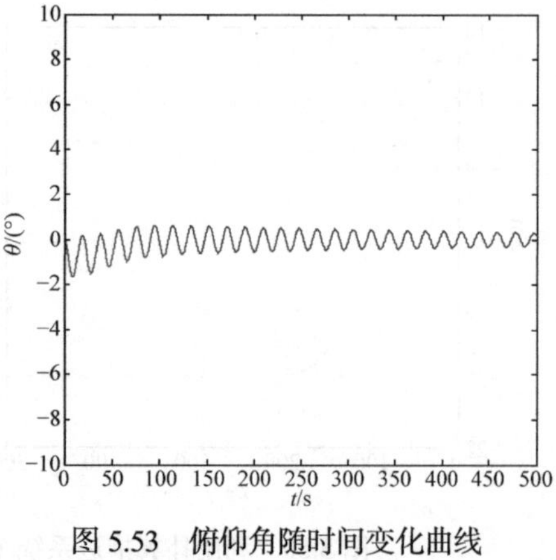

图 5.53　俯仰角随时间变化曲线

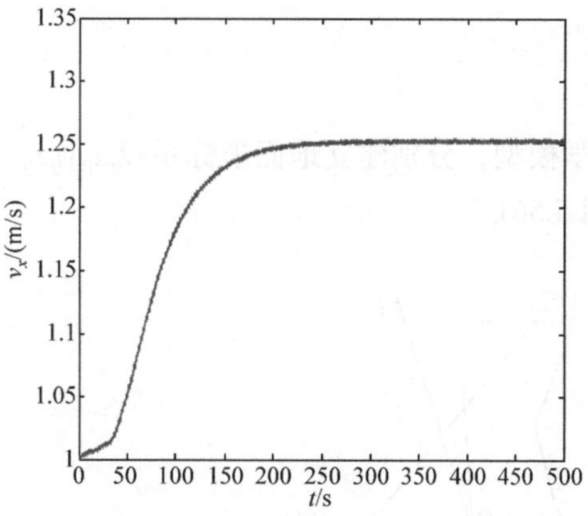

图 5.54　速度随时间变化曲线

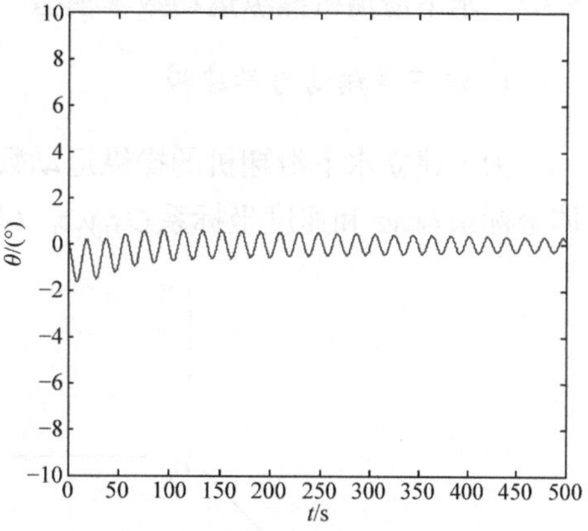

图 5.55　攻角随时间变化曲线

由以上计算结果可以看出，该扑翼推进型 AUV 可以利用二自由度扑翼的推进稳定地完成定深运动；由于扑翼推进的推力随时间呈周期性变化，扑翼推进型 AUV 的各个运动参数也随时间周期性变化。

5.3　水下滑翔机操纵性仿真

5.3.1　水下滑翔机简介

水下滑翔机作为一种新型的水下机器人,结合了水下机器人技术和浮标技术,对能源的需求量很小，因此可以高效率、长时间地在海洋中航行。虽然水下滑翔机在航行速度上不及其他自主水下航行器，但是，低成本和低维护费用的优点使其成为一种被广泛应用于海洋监测的水下航行器，又因为可以重复使用和大量投放，水下滑翔机在大范围海洋探索中发挥着重要作用。到目前为止，已有多种不同型号、不同工作模式的水下滑翔机投入使用，较高的性价比使其获得了广泛的认可，并吸引了越来越多的科研机构投入到相关的研究中。

水下滑翔机的基本工作原理是通过内部的浮力调节装置和重心调节装置来实现水下滑翔运动。通过浮力调节系统改变滑翔机的净浮力,实现上浮和下潜运动,再借助滑翔翼的作用产生向前的滑翔速度,从而实现纵剖面内的锯齿形滑翔运动,通过重心位置调节系统改变水下滑翔机重心和浮心的相对位置，产生俯仰力矩和横滚力矩，实现水下滑翔机的俯仰运动和转向运动。通过搭载具有不同功能的传感器，水下滑翔机可以被广泛地应用于海洋环境监测、资源勘探、生物观测、军事侦察等各个领域。

5.3.2 水下滑翔机操纵运动数学模型

1. 水下滑翔动力学建模

为了建立水下滑翔机的操纵运动数学模型，分别建立地面坐标系 $O_0x_0y_0z_0$、体坐标系 $Oxyz$ 和速度坐标系 $Ox_1y_1z_1$ (图 5.56)。

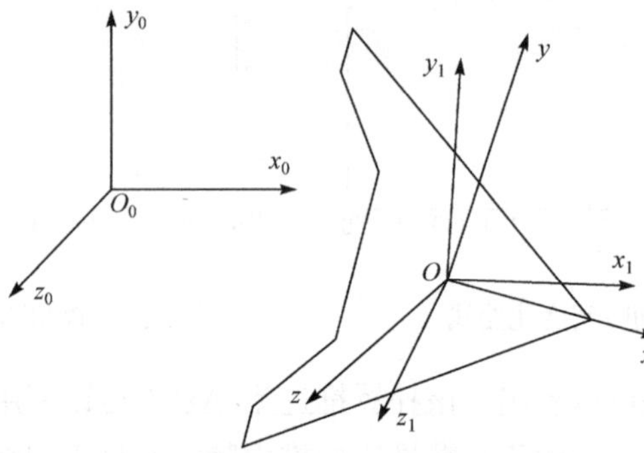

图 5.56 水下滑翔机坐标系示意图

地面坐标系 $O_0x_0y_0z_0$ 的各轴与地球固连(相对于地面静止不动)，这些轴简称地轴。地面系的原点 O_0 选在地面某定点处，O_0y_0 轴铅直向上，O_0x_0 轴在水平面内指向任意方向，O_0z_0 轴垂直于 O_0x_0 和 O_0y_0 轴，其方向使该坐标系成为右手坐标系。

体坐标系 $Oxyz$ 各轴是与滑翔机固连的，即相对滑翔机静止不动的坐标系，该坐标系的各轴称为固连轴。体坐标系的原点选在滑翔机的浮心处，Ox 轴沿纵轴并指向前方，Oy 轴垂直于 Ox 轴并指向上方(当滑翔机在地面上正常放置时)，Oz 轴垂直于 Ox 和 Oy 轴，其方向使坐标系成为右手系(由尾部向前看时指向右侧)。

速度坐标系 $Ox_1y_1z_1$ 的原点与体坐标系的原点重合，Ox_1 轴与原点处滑翔机的速度矢量重合，Oy_1 轴位于滑翔机的纵对称面内，与 Ox_1 轴垂直并指向上方，Oz_1 轴垂直于 x_1Oy_1 平面，指向按右手坐标系确定。

为了简化水下滑翔机的运动数学建模，对水下滑翔机作如下的假设：

(1) 水下滑翔机为刚体。

(2) 水下滑翔机整个运动过程均完全浸没在流体中，并被完全沾湿。

(3) 滑翔机体坐标系各轴为惯性主轴，即 $J_{xy} = J_{yz} = J_{xz} = 0$。

(4) 滑翔机所受流体动力在体坐标系中分解为轴向力、纵向力及横向力，轴向力系数为常值，忽略纵向运动参数与横向运动参数间的交叉影响。

水下滑翔机运动学方程组为

$$
\begin{bmatrix} \dot{x}_0 \\ \dot{y}_0 \\ \dot{z}_0 \\ \dot{\theta} \\ \dot{\psi} \\ \dot{\phi} \end{bmatrix} = \begin{bmatrix} v_x \cos\theta\cos\psi + v_y(\sin\psi\sin\phi - \sin\theta\cos\psi\cos\phi) + v_z(\sin\psi\cos\phi + \sin\theta\cos\psi\sin\phi) \\ v_x \sin\theta + v_y\cos\theta\cos\phi - v_z\cos\theta\sin\phi \\ -v_x\cos\theta\sin\psi + v_y(\cos\psi\sin\phi + \sin\theta\sin\psi\cos\phi) + v_z(\cos\psi\cos\phi - \sin\theta\sin\psi\sin\phi) \\ \omega_y\sin\phi + \omega_z\cos\phi \\ \sec\theta\left(\omega_y\cos\phi - \omega_z\sin\phi\right) \\ \omega_x - \omega_y\tan\theta\cos\phi + \omega_z\tan\theta\sin\phi \end{bmatrix} \tag{5.45}
$$

$$
\begin{cases} \alpha = -\arctan(v_y / v_x) \\ \beta = \arctan(v_z / \sqrt{v_x^2 + v_y^2}) \\ v = \sqrt{v_x^2 + v_y^2 + v_z^2} \end{cases} \tag{5.46}
$$

水下滑翔机动力学方程组为

$$
\boldsymbol{A}_{m\lambda}\begin{bmatrix} \dot{v}_x \\ \dot{v}_y \\ \dot{v}_z \\ \dot{\omega}_x \\ \dot{\omega}_y \\ \dot{\omega}_z \end{bmatrix} + \frac{\mathrm{d}\boldsymbol{A}_m}{\mathrm{d}t}\begin{bmatrix} v_x \\ v_y \\ v_z \\ \omega_x \\ \omega_y \\ \omega_z \end{bmatrix} = -\boldsymbol{A}_{v\omega}\left\{\boldsymbol{A}'_{m\lambda}\begin{bmatrix} v_x \\ v_y \\ v_z \\ \omega_x \\ \omega_y \\ \omega_z \end{bmatrix}\right\} + \boldsymbol{A}_{FM} \tag{5.47}
$$

式中，

$$
\boldsymbol{A}_{m\lambda} = \begin{bmatrix} m+\lambda_{11} & 0 & 0 & 0 & mz_c & -my_c \\ 0 & m+\lambda_{22} & 0 & -mz_c & 0 & mx_c+\lambda_{26} \\ 0 & 0 & m+\lambda_{33} & my_c & -mx_c+\lambda_{35} & 0 \\ 0 & -mz_c & my_c & J_{xx}+\lambda_{44} & 0 & 0 \\ mz_c & 0 & -mx_c+\lambda_{53} & 0 & J_{yy}+\lambda_{55} & 0 \\ -my_c & mx_c+\lambda_{62} & 0 & 0 & 0 & J_{zz}+\lambda_{66} \end{bmatrix} \tag{5.48}
$$

$$
\boldsymbol{A}'_{m\lambda} = \begin{bmatrix} m & 0 & 0 & 0 & mz_c & -my_c \\ 0 & m & 0 & -mz_c & 0 & mx_c \\ 0 & 0 & m & my_c & -mx_c & 0 \\ 0 & -mz_c & my_c & J_{xx} & 0 & 0 \\ mz_c & 0 & -mx_c & 0 & J_{yy} & 0 \\ -my_c & mx_c+\lambda_{62} & 0 & 0 & 0 & J_{zz} \end{bmatrix} \tag{5.49}
$$

$$\frac{\mathrm{d}\boldsymbol{A}_m}{\mathrm{d}t}=\begin{bmatrix} \dot{m} & 0 & 0 & 0 & 0 & 0 \\ 0 & \dot{m} & 0 & 0 & 0 & \dot{m}x_c+m\dot{x}_c \\ 0 & 0 & \dot{m} & 0 & -(\dot{m}x_c+m\dot{x}_c) & 0 \\ 0 & 0 & 0 & \dot{J}_{xx} & 0 & 0 \\ 0 & 0 & -(\dot{m}x_c+m\dot{x}_c) & 0 & \dot{J}_{yy} & 0 \\ 0 & \dot{m}x_c+m\dot{x}_c & 0 & 0 & 0 & \dot{J}_{zz} \end{bmatrix} \tag{5.50}$$

$$\boldsymbol{A}_{v\omega}=\begin{bmatrix} 0 & -\omega_z & \omega_y & 0 & 0 & 0 \\ \omega_z & 0 & -\omega_x & 0 & 0 & 0 \\ -\omega_y & \omega_x & 0 & 0 & 0 & 0 \\ 0 & -v_z & v_y & 0 & -\omega_z & \omega_y \\ v_z & 0 & -v_x & \omega_z & 0 & -\omega_x \\ -v_y & v_x & 0 & -\omega_y & \omega_x & 0 \end{bmatrix} \tag{5.51}$$

$$\boldsymbol{A}_{FM}=\begin{bmatrix} T-\frac{1}{2}\rho S v^2(C_X(0)+C_X(\delta_1)+C_X(\delta_2)+C_X(\delta_3)+C_X(\delta_4))-\Delta G\sin\theta \\ \frac{1}{2}\rho S v^2(C_Y(\alpha)+C_y^{\bar{\omega}_z}\bar{\omega}_z+C_Y(\delta_1)+C_Y(\delta_2)+C_Y(\delta_3)+C_Y(\delta_4)) \\ \quad -\Delta G\cos\theta\cos\varphi \\ \frac{1}{2}\rho S v^2(C_Z(\beta)+C_z^{\bar{\omega}_y}\bar{\omega}_y+C_z^{\bar{\omega}_x}\bar{\omega}_x+C_Z(\delta_1)+C_Z(\delta_2)+C_Z(\delta_3)+C_Z(\delta_4)) \\ \quad +\Delta G\cos\theta\sin\varphi \\ \frac{1}{2}\rho S L v^2(M_X(\beta)+m_x^{\bar{\omega}_x}\bar{\omega}_x+m_x^{\bar{\omega}_y}\bar{\omega}_y+M_X(\delta_1)+M_X(\delta_2)+M_X(\delta_3)+M_X(\delta_4)) \\ \quad +G\cos\theta(y_c\sin\varphi+z_c\cos\varphi) \\ \frac{1}{2}\rho S L v^2(M_Y(\beta)+m_y^{\bar{\omega}_x}\bar{\omega}_x+m_y^{\bar{\omega}_y}\bar{\omega}_y+M_Y(\delta_1)+M_Y(\delta_2)+M_Y(\delta_3)+M_Y(\delta_4)) \\ \quad -G(x_c\cos\theta\sin\varphi+z_c\sin\theta) \\ \frac{1}{2}\rho S L v^2(M_Z(\alpha)+m_z^{\bar{\omega}_z}\bar{\omega}_z+M_Z(\delta_1)+M_Z(\delta_2)+M_Z(\delta_3)+M_Z(\delta_4)) \\ \quad +G(y_c\sin\theta-x_c\cos\theta\cos\varphi) \end{bmatrix} \tag{5.52}$$

进一步假设滑翔机重浮力调节机构满足以下条件：

(1) 关于 xOy 及 xOz 平面对称布置，且只改变滑翔机纵轴向质心位移 x_c。

(2) 浮力调节及重心调节机构由 1 个油囊和 2 个滑块机构组成，油的密度为 ρ_{oil}，油囊质量为 m_b，进排油速度为 v_p，储油段为圆柱段(半径为 R_p)且横截面积为 S_p；滑块的质量为 m_s，运动速度为 v_s，滑块对自身惯性主轴的转动惯量为 J_{xxs}、

J_{yys}、J_{zzs}。

(3) 滑翔机除去重浮力调节机构及其他工作机构的质量为 m_0，纵轴向质心位移为 x_{c0}。

满足以上假设并按照图 5.57 所示布置浮力调节机构时，可推导补充方程如下：

$$\dot{m}_{\text{oil}} = \rho_{\text{oil}} S_p \dot{l}_2 \tag{5.53}$$

$$\begin{cases} \dot{l}_1 = v_s \\ \dot{l}_2 = v_p \end{cases} \tag{5.54}$$

$$\dot{J}_{xx} = \frac{1}{2}\rho_{\text{oil}} S_p R_p^2 \dot{l}_2 + \dot{J}_{xxp}(l_1, l_2) \tag{5.55}$$

$$\dot{J}_{yy} = 4m_s l_1 \dot{l}_1 + \rho_{\text{oil}} S_p \left(l_2^2 + 2L_2 l_2 + L_2^2 + \frac{R_p^2}{4} \right) \dot{l}_2 + \dot{J}_{yyp}(l_1, l_2) \tag{5.56}$$

$$\dot{J}_{zz} = 4m_s l_1 \dot{l}_1 + \rho_{\text{oil}} S_p \left(l_2^2 + 2L_2 l_2 + L_2^2 + \frac{R_p^2}{4} \right) \dot{l}_2 + \dot{J}_{zzp}(l_1, l_2) \tag{5.57}$$

$$\dot{x}_c = \frac{2m_s}{m_0 + 2m_s + m_b} \cdot \dot{l}_1 + \dot{x}_{cp}(l_1, l_2, l_3) \tag{5.58}$$

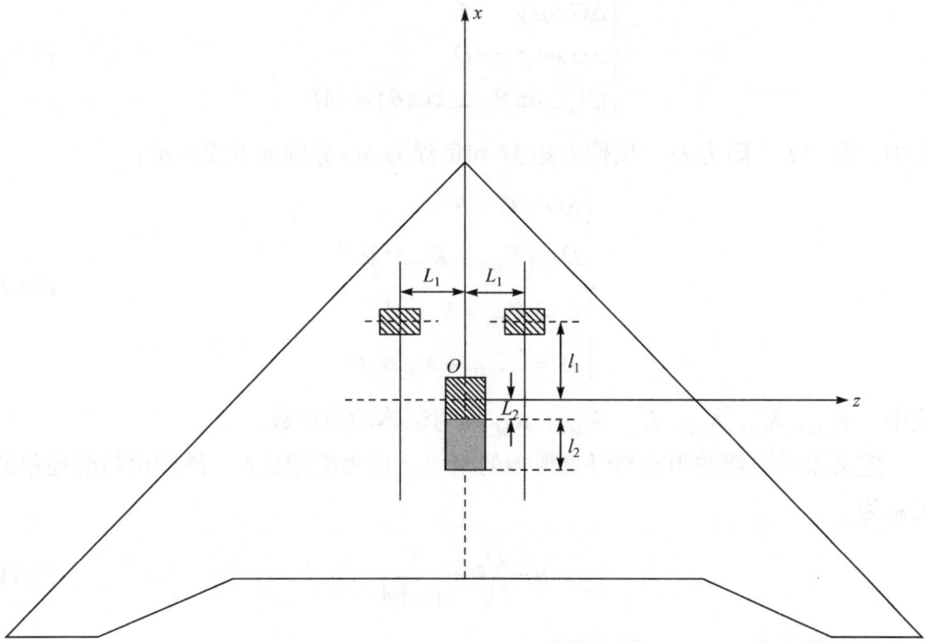

图 5.57　浮力调节机构布置示意图

其中，$\dot{J}_{xxp}(l_1,l_2)$、$\dot{J}_{yyp}(l_1,l_2)$、$\dot{J}_{zzp}(l_1,l_2)$、$\dot{x}_{cp}(l_1,l_2,l_3)$为浮力调节机构及其他机构运作时产生的转动惯量变化导数及纵轴质心变化导数。

2. 稳态滑翔运动学与平衡关系

水下滑翔机的滑翔角γ满足

$$\tan|\gamma| = \frac{h}{D_h} \tag{5.59}$$

式中，h为水下滑翔机沿竖直方向的滑翔距离；D_h为水下滑翔机沿水平方向的滑翔距离。

水下滑翔机稳态滑翔时，根据运动学关系可知滑翔角γ、攻角α及俯仰角θ三者间的关系为

$$\gamma = \alpha - \theta \tag{5.60}$$

根据式(5.60)可知，水下滑翔机下潜时γ为正，上浮时γ为负。

水下滑翔机稳态滑翔时，滑翔机所受的升力L、阻力D和负浮力ΔG三者相互平衡，且重力矩与俯仰力矩M相互平衡，力与力矩的平衡关系可以表示为

$$\begin{cases} \Delta G\cos\gamma = -L \\ \Delta G\sin\gamma = -D \\ G\left(y_c\sin\theta - x_c\cos\theta\right) = -M \end{cases} \tag{5.61}$$

式中，升力L、阻力D、俯仰力矩M和负浮力ΔG分别如下式所示：

$$\begin{cases} \Delta G = G - B \\ D = \left(K_{D0} + K_D\alpha^2\right)U^2 \\ L = \left(K_{L0} + K_L\alpha\right)U^2 \\ M = \left(K_{M0} + K_M\alpha\right)U^2 \end{cases} \tag{5.62}$$

式中，K_{D0}、K_D、K_{L0}、K_L、K_{M0}、K_M均为流体动力系数。

定义水平滑翔的距离与竖直滑翔的距离之比为滑翔比b。滑翔比与滑翔角的关系为

$$b = \frac{D_h}{h} = \frac{1}{\tan|\gamma|} \tag{5.63}$$

由力的平衡关系式(5.61)可以得到

$$\tan\gamma = \frac{D}{L} = \frac{K_{D0} + K_D\alpha^2}{K_{L0} + K_L\alpha} \tag{5.64}$$

由式(5.64)可知，当 K_{D0}、K_D、K_{L0}、K_L、γ 已知时，该式为关于 α 的一元二次方程，当判别式 $1-\frac{4K_D}{K_L^2}\cot\gamma(K_{D0}\cot\gamma - K_{L0}) \geqslant 0$ 时，可以解出该方程得到水下滑翔机稳态滑翔时的攻角：

$$\alpha = \frac{K_L\tan\gamma}{2K_D}\left[1 \pm \sqrt{1-\frac{4K_D}{K_L^2}\cot\gamma\left(K_{D0}\cot\gamma - K_{L0}\right)}\right] \tag{5.65}$$

式(5.65)包含两个根，其中绝对值较大的攻角意味着滑翔机将受到很大的流体阻力，而在实际无流体环境干扰的滑翔过程中滑翔机的攻角普遍较小，通常只有几度，因此应舍去绝对值较大的根，即当滑翔机稳态下潜时，γ 为正，此时稳态滑翔的攻角为

$$\alpha = \frac{K_L\tan\gamma}{2K_D}\left(1 - \sqrt{1-\frac{4K_D}{K_L^2}\cot\gamma\left(K_{D0}\cot\gamma - K_{L0}\right)}\right) \tag{5.66}$$

而当滑翔机稳态上浮时 γ 为负，此时稳态滑翔的攻角为

$$\alpha = \frac{K_L\tan\gamma}{2K_D}\left(1 + \sqrt{1-\frac{4K_D}{K_L^2}\cot\gamma\left(K_{D0}\cot\gamma - K_{L0}\right)}\right) \tag{5.67}$$

另外当攻角和滑翔角已知时，由式(5.63)可以得到水下滑翔机稳态滑翔时的合速度为

$$U = \sqrt{\frac{\Delta B\cos\gamma}{K_{L0} + K_L\alpha}} \tag{5.68}$$

5.3.3　运动仿真计算

1. 稳态滑翔运动

对水下滑翔机水下稳态滑翔运动进行运动仿真，仿真结果如图 5.58～图 5.65 所示。

由稳态滑翔运动仿真结果可以看出：该水下滑翔机在 10～110m 水深范围内做锯齿形滑翔运动，稳态滑翔时的攻角为 1.5°，x 方向速度大小可达 0.5m/s，y 方向速度大小可达 0.07m/s，滑翔机的滑翔比为 5，该运动过程是稳定的。

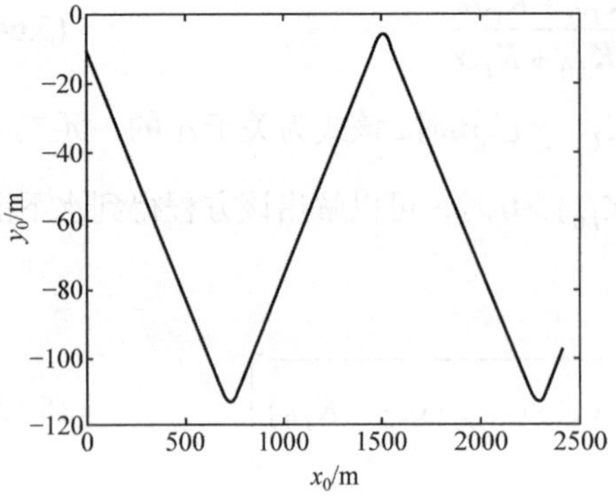

图 5.58　滑翔机运动轨迹

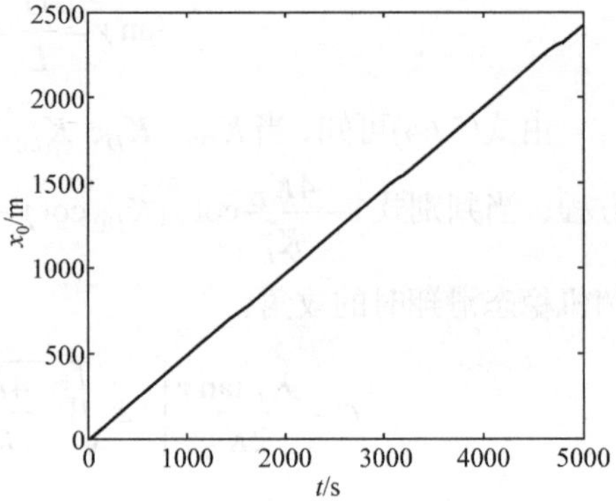

图 5.59　x 位移随时间变化曲线

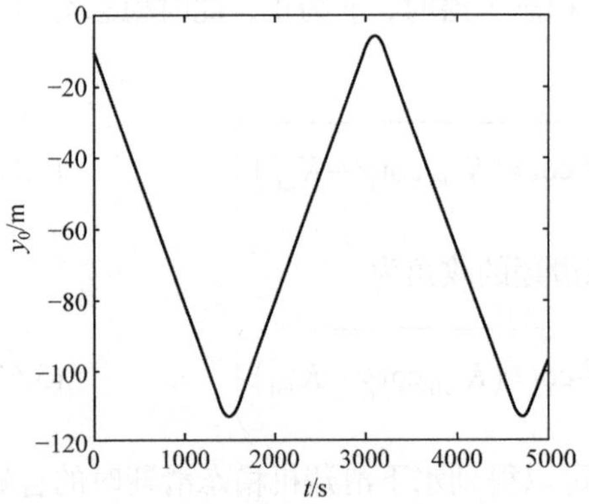

图 5.60　y 位移随时间变化曲线

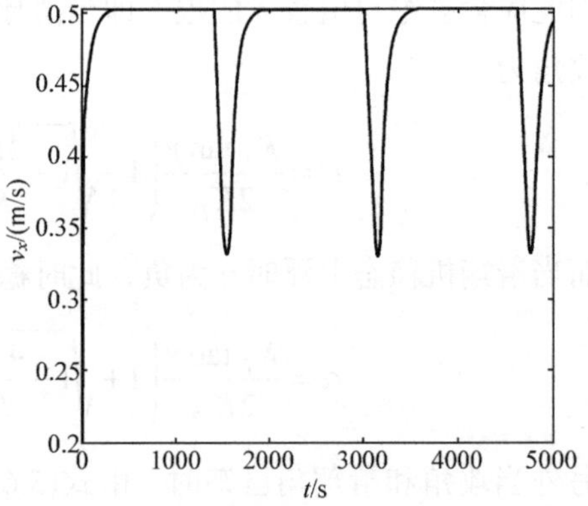

图 5.61　v_x 随时间变化曲线

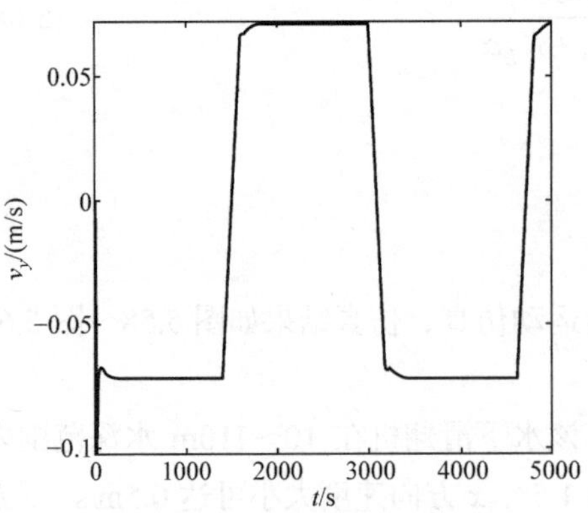

图 5.62　v_y 随时间变化曲线

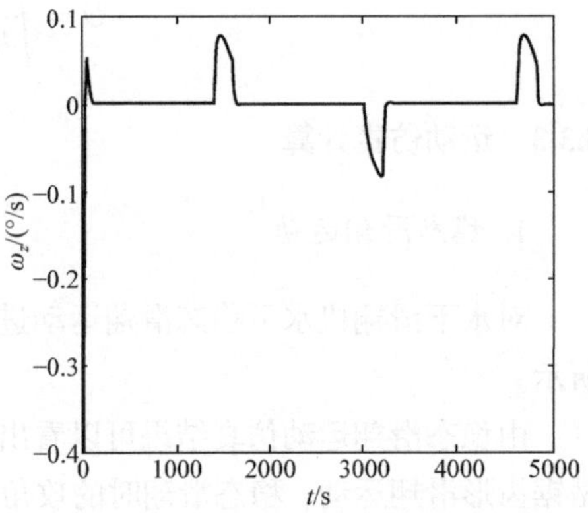

图 5.63　ω_z 随时间变化曲线

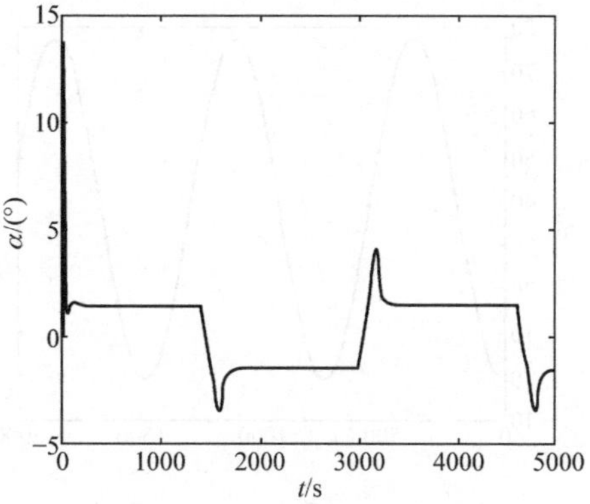

图 5.64　攻角随时间变化曲线

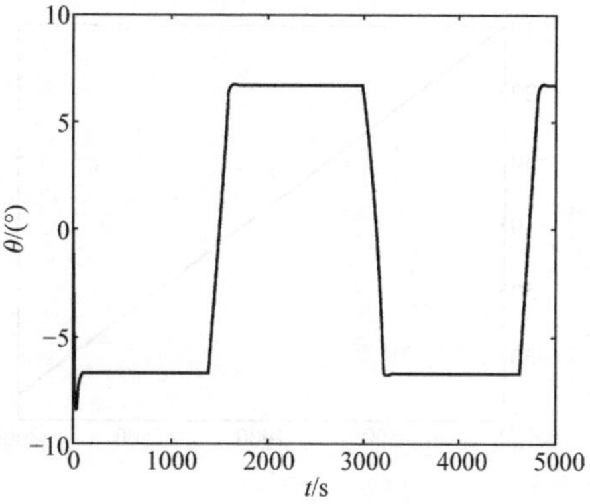

图 5.65　俯仰角随时间变化曲线

2. 回转运动

对水下滑翔机水下回转滑翔运动进行运动仿真，仿真结果如图 5.66～图 5.82 所示。

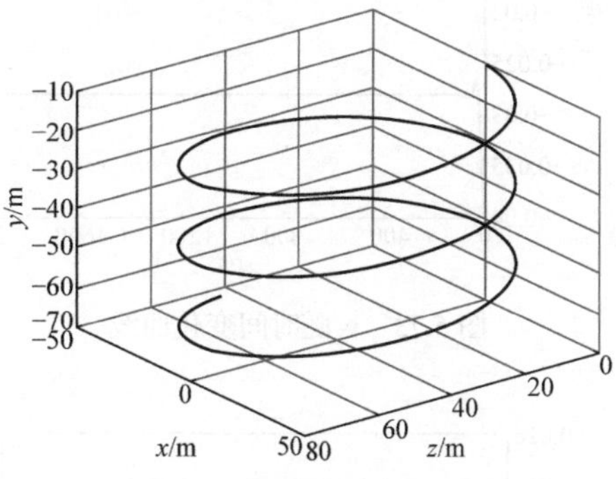

图 5.66　滑翔机运动轨迹

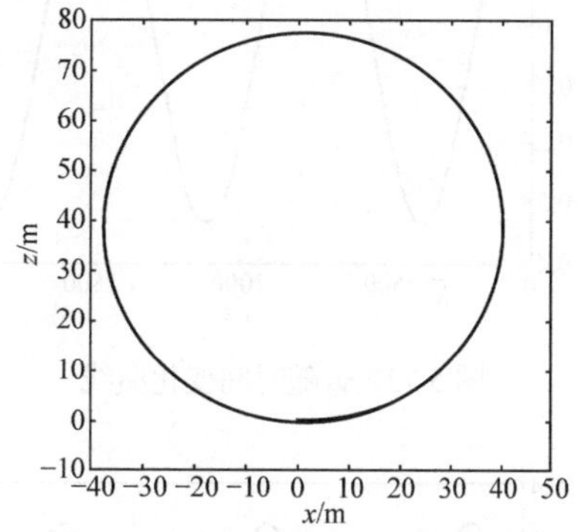

图 5.67　滑翔机水平面运动轨迹

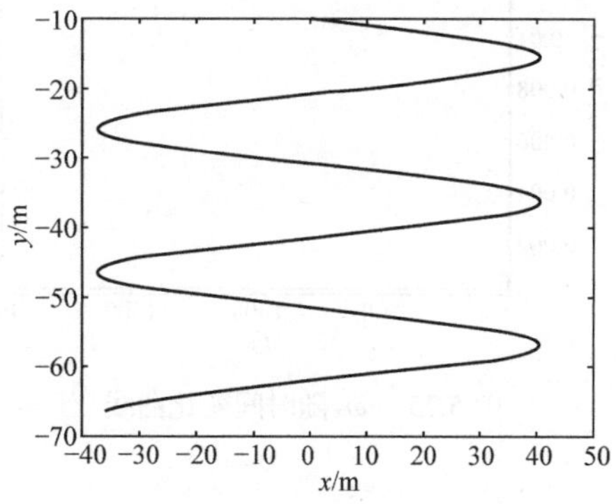

图 5.68　滑翔机纵平面运动轨迹

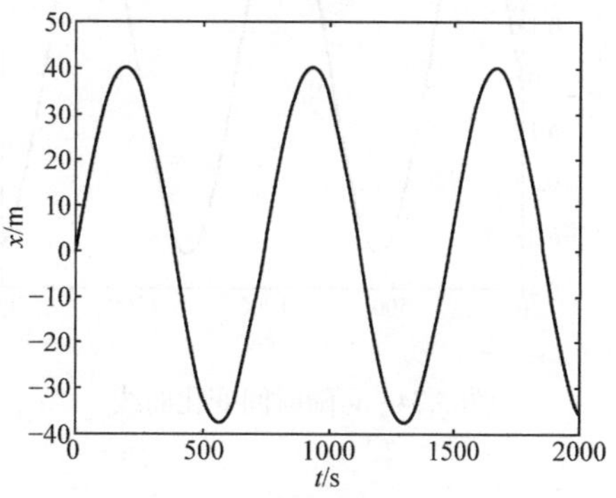

图 5.69　x 位移随时间变化曲线

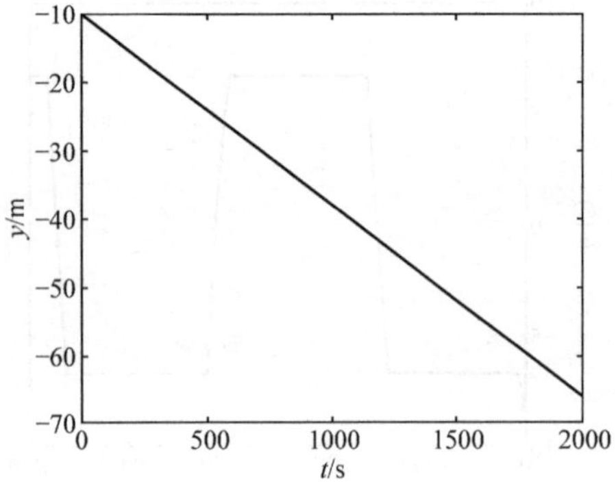

图 5.70　y 位移随时间变化曲线

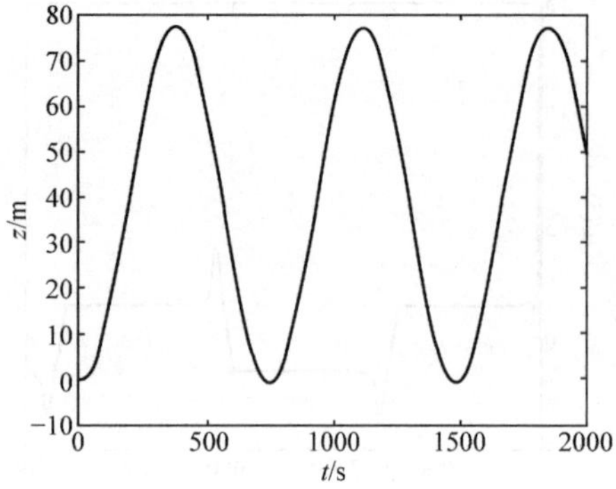

图 5.71　z 位移随时间变化曲线

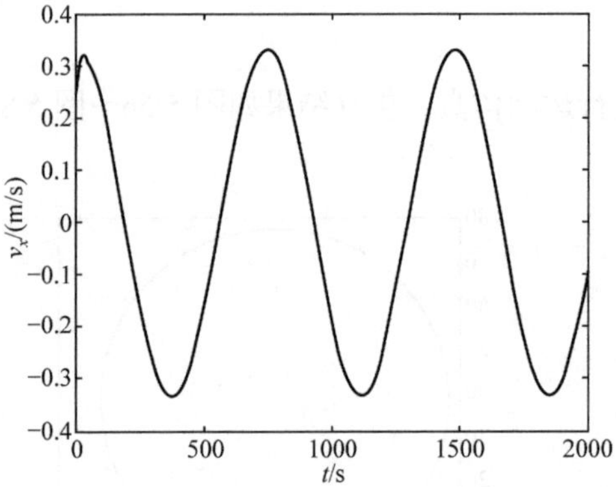

图 5.72　v_x 随时间变化曲线

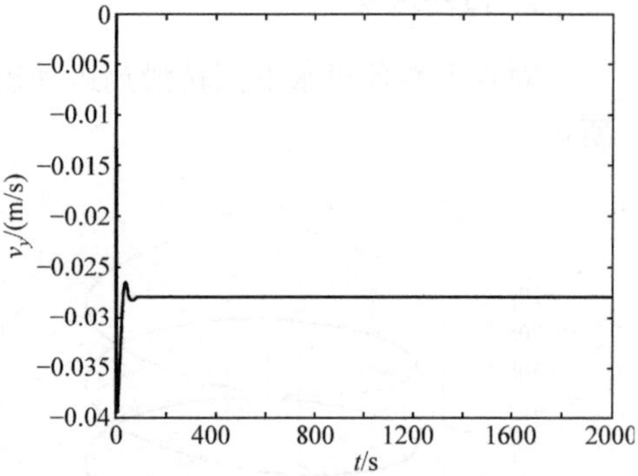

图 5.73　v_y 随时间变化曲线

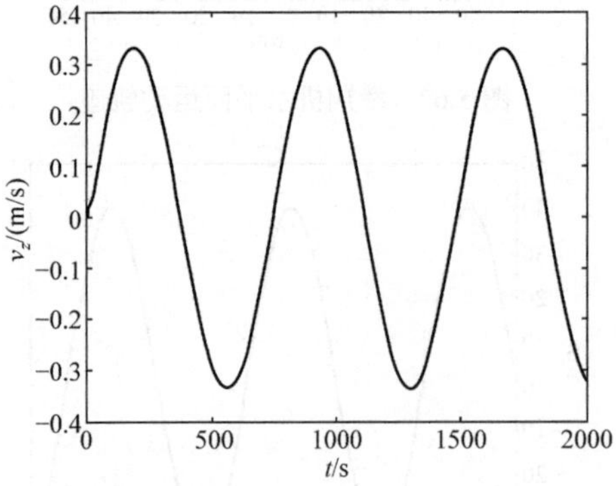

图 5.74　v_z 随时间变化曲线

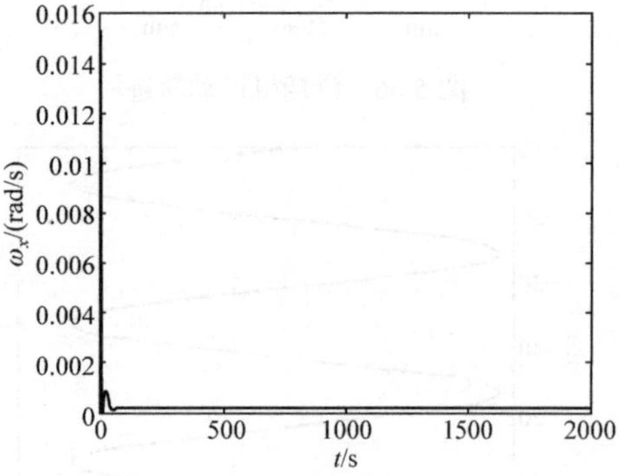

图 5.75　ω_x 随时间变化曲线

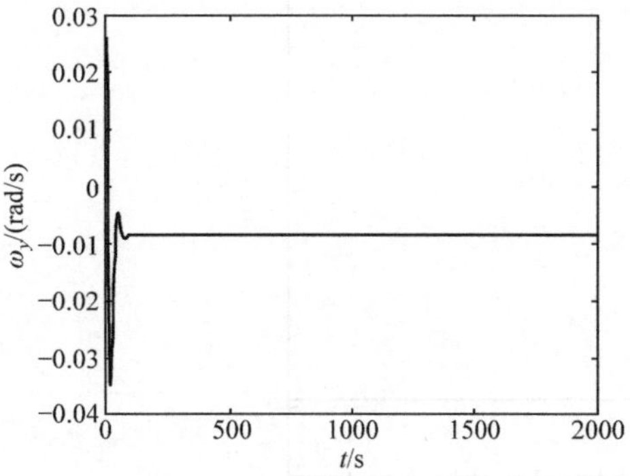

图 5.76　ω_y 随时间变化曲线

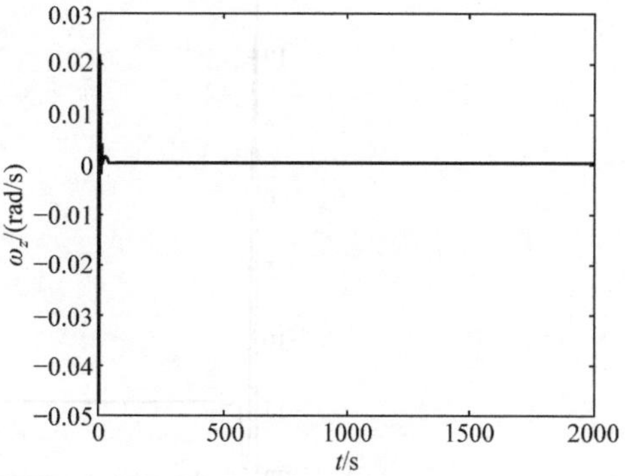

图 5.77　ω_z 随时间变化曲线

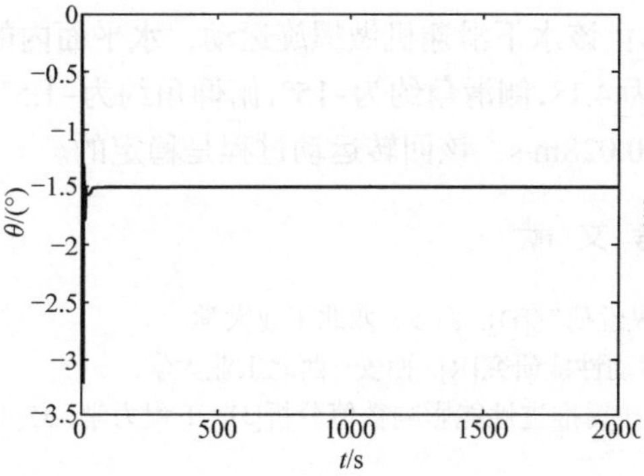

图 5.78　俯仰角随时间变化曲线

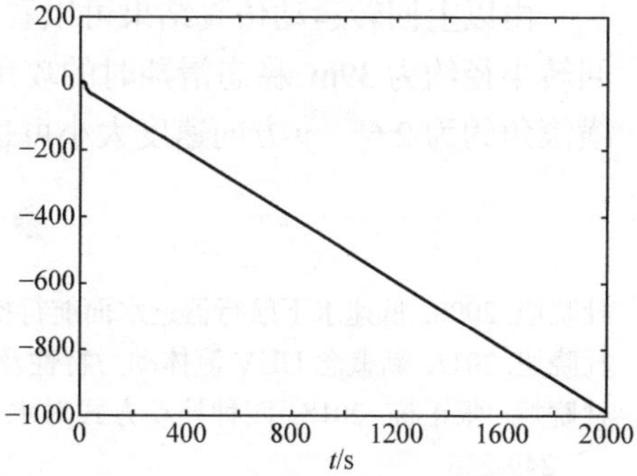

图 5.79　偏航角随时间变化曲线

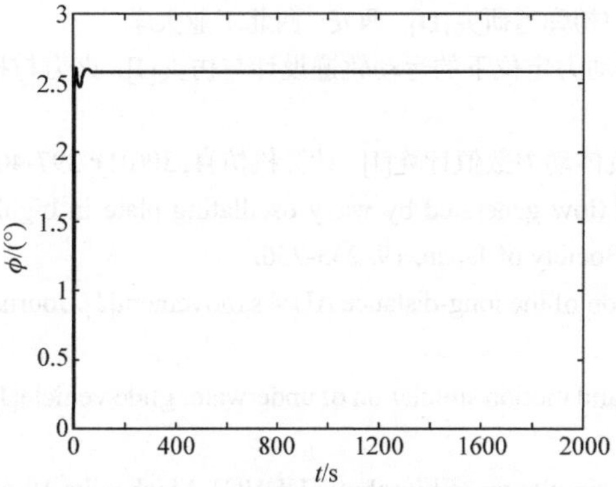

图 5.80　横滚角随时间变化曲线

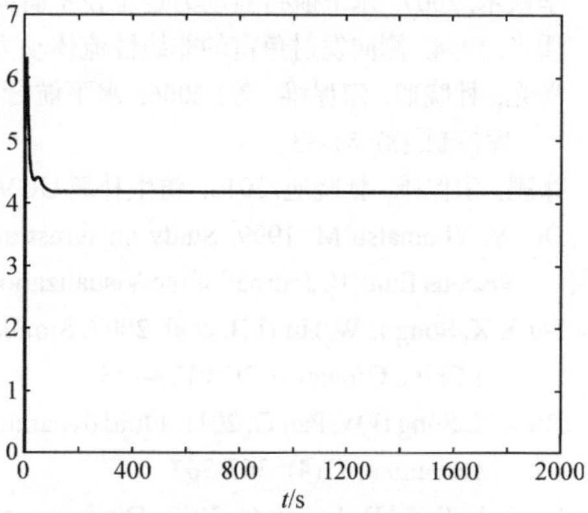

图 5.81　攻角随时间变化曲线

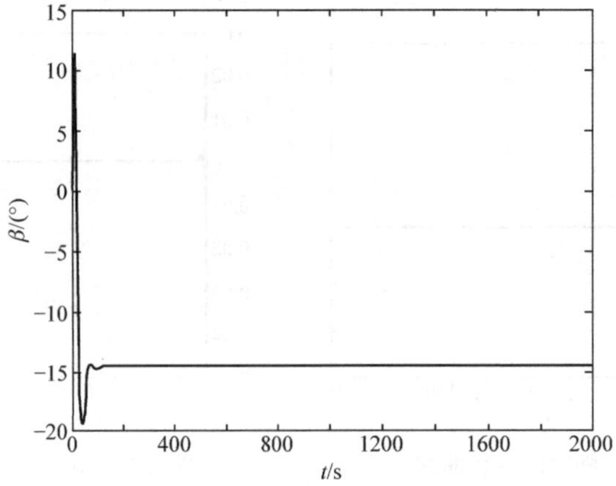

图 5.82 侧滑角随时间变化曲线

由以上回转运动仿真结果可以看出：该水下滑翔机做螺旋运动，水平面内的回转半径约为 39m，稳态滑翔时的攻角为 4.1°，侧滑角约为−15°，俯仰角约为−1.5°，横滚角约为 2.6°，y 方向速度大小可达 0.028m/s，该回转运动过程是稳定的。

参考文献

杜晓旭. 2008. 低速水下航行器近水面航行操纵性研究[D]. 西安: 西北工业大学.

杜晓旭. 2011. 新概念 UUV 流体动力特性及运动性能研究[R]. 西安: 西北工业大学.

杜晓旭, 张正栋. 2018. 四种扑动方式对水下扑翼推进性能影响数值分析[J]. 工程力学, 35(4): 249-256.

杜晓旭, 潘光, 宋保维, 等. 2007. 远程 AUV 微速操纵性仿真研究[J]. 系统仿真学报, 19(3): 470-473.

李铁术. 2007. 水下航行器动力定位技术研究[D]. 西安: 西北工业大学.

潘光. 1994. 侧向发射鱼雷的非线性流体动力和初弹道研究[D]. 西安: 西北工业大学.

潘光, 杜晓旭, 宋保维, 等. 2006. 水下航行器动力定位下的运动轨迹设计与仿真[J]. 火力与指挥控制, (8): 81-83.

张鹏, 宋保维, 杜晓旭. 2013. 仿生扑翼 UUV 流体动力数值计算[J]. 计算机仿真, 30(01): 397-400.

Doi Y, Yhomatsu M. 1999. Study on thrust and flow generated by wavy oscillating plate in highly viscous fluid[J]. Journal of the Visualization Society of Japan, 19: 233-236.

Du X X, Song B W, Hu H B, et al. 2007. Simulation of the long-distance AUV's movement[J]. Journal of China Ordnance, 3(2):129-133.

Du X X, Song B W, Pan G. 2011. Fluid dynamics and motion simulation of underwater glide vehicle[J]. Mechanika, 17(4): 363-367.

Du X X, Song B W, Pan G. 2013. Dynamics and simulation of biorobotic UUV[J]. Mechanika,19(5): 544-548.

Evans J, Nahon M. 2004. Dynamics modeling and performance evaluation of an autonomous underwater vehicle[J]. Ocean Engineering, 31: 1835-1858.

Georgios A D. 1998. A hybrid control architecture for an autonomous underwater vehicle (AUV) [D]. Lafayette: University of Southwestern Louisiana.

Hwang Y L. 2003. Hydrodynamic modeling of LMRS unmanned underwater vehicle and tow tank test validation[J]. Oceans Conference Record (IEEE), 3: 1425-1430.

Kelly D H, William C R, Siva S B. 1995. High angle of attack short period flight control design with trust vectoring[C]. Proceedings of the American Control Conference Seattle, Washington.

Triantafyllou M S, Triantafyllou G S. 1995. An efficient swimming machine[J]. Scientific American, 272(3): 64.

Wu T Y. 1971. Hydromechanics of swimming propulsion[J]. Journal of Fluid Mechanics, 46: 337-355, 521-544.

第 6 章　海洋环境对操纵性的影响

海洋环境会对 AUV 的操纵性产生影响，尤其对于长航时 AUV 来说，低速特性使得长航时 AUV 受海洋环境的影响程度相对增加。由于 AUV 在水下航行一定距离后必须上浮到近水面进行导航定位，故波浪的影响必须考虑。

本章主要内容包括：

(1) 建立了 AUV 在海流影响下的六自由度操纵性数学模型，完成了海流对 AUV 操纵性影响下的仿真与分析。

(2) 建立了 AUV 在近水面波浪影响下的六自由度操纵性数学模型，完成了波浪对 AUV 操纵性影响下的仿真与分析。

(3) 进行了海流和波浪共同作用对 AUV 操纵性影响的仿真与分析。

6.1　海流对操纵性的影响

6.1.1　海流对 AUV 运动影响的数学模型

海流是海洋运动体在水下运动时遇到的一种扰动，它可以引起海洋运动体的偏航和动力定位海洋运动体的位置变化等。海流主要是由潮汐、风的压力梯度差、海水密度梯度差等因素引起的，海流的变化是非常缓慢的，所以它可以被认为是稳定的定常干扰。

1. 海流模型

AUV 运动中所受到的流体动力取决于 AUV 相对于流体的速度。因此，AUV 动力学模型中各运动参数在这个意义上都是相对流体的，只有在无海流时，获得的运动参数才是相对于地面坐标系的。因此，海洋中存在的海流对 AUV 的影响主要取决于海流的速度。

产生海流的因素很多，海流的速度也可表示为各种因素所导致的海流速度的总和，即

$$V_c = V_t + V_{lw} + V_s + V_m + V_{\text{set-up}} + V_d \tag{6.1}$$

这里，V_t 为由潮汐所产生的海流速度；V_{lw} 为由风所产生的海流速度；V_s 是由非线性波(Stokes 波)所产生的海流速度；V_m 是整个洋流所产生的海流速度；$V_{\text{set-up}}$ 主

要是地表结构的运动(例如地震等)所产生海流速度；V_d 是由海洋中不同深度存在不同的温度而导致的海流速度。

本章只对由非线性波浪(Stokes 波)产生的海流速度分量以及由风产生的海流速度进行分析。二阶波浪可使 AUV 产生漂移，这种漂移可以看成一种附加的海流速度。利用 Stokes 波理论，这个速度可以由下式计算：

$$V_s(z)=\sum_{i=1}^{N}k_i\omega_i A_i^2\exp(-2k_i z)=\sum_{i=1}^{N}\frac{4\pi^2 A_i^2}{T_i\lambda_i}\exp\left(-\frac{4\pi z}{\lambda_i}\right) \tag{6.2}$$

式中，k_i 为第 i 个波的波数，表示在 2π 长度内的波的数目；ω_i 为第 i 个波的波浪频率；A_i 为第 i 个波的波高；T_i 为第 i 个波的传播周期；λ_i 为第 i 个波的波长；z 为 AUV 所处深度。

风生的海流速度可以用下式进行计算：

$$V_{lw}(z)=\begin{cases}V_{lm}(0)\dfrac{d_0-z}{d_0}, & 0\leqslant z\leqslant d_0\\ 0, & d_0<z\end{cases} \tag{6.3}$$

式中，d_0 为风生海流的参考深度，通常取 50m。1986 年，Collar 给出了 $V_{lm}(0)$ 的近似值，即

$$V_{lm}(0)=0.02V_{10} \tag{6.4}$$

其中，V_{10} 为海平面上 10m 处的风速。

海流的流速在不同海水深度处是不同的，如果海流是以层流形式出现的，那么流速随深度的变化可以用一个抛物线函数来描述。然而在大多数场合，因为雷诺数 Re 大于 10000，所以海流会受到紊流的扰动。Re 可以写成

$$Re=\frac{4zv_{cd}}{\nu} \tag{6.5}$$

式中，v_{cd} 为海流的平均速度；z 为海水深度；ν 为海水运动黏度。

当海流由于 Re 过大而受到干扰后，对于平整海底，海底上的某一小的边界层的海水为层流，那么在不同海水深度处，海流的速度可以近似为

$$v_{cd}=2.5v^*\ln(6.34\times10^6 v^* z) \tag{6.6}$$

式中，z 为从海底算起的海水高度；$v^*\approx\sqrt{gzs}$；s 为海水表面的倾斜度。例如，当潮汐引起的海面波动周期为 12h，波面的变化高度 $2\zeta_a$ 为 3.5m 时，则 $s=1.5\times10^{-5}$，那么 $v^*=0.66\text{m/s}$。这样，由上式可知，$v_{cd}(z)=0.165\ln(4.18\times10^5 z)$。

当海流随时间周期变化时，对于足够深的海水，在不同深度处的海流速度(图 6.1)为

$$v_{cd}(z)=v_{cd0}[\cos\omega t-\mathrm{e}^{-kz}\cos(\omega t-kz)] \tag{6.7}$$

式中，v_{cd0}为海水表面的流速；ω、k分别为海流的角频率与波数，即

$$k=\sqrt{\omega/(2\nu)} \tag{6.8}$$

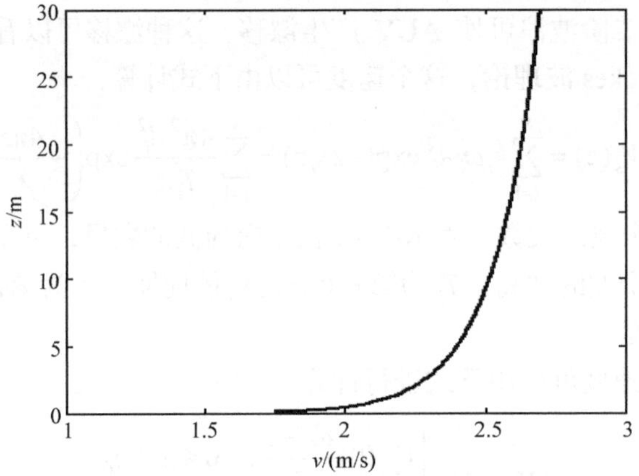

图 6.1　不同深度处海流速度

当潮汐周期为 12h($\omega=1.45\times10^{-4}\mathrm{s}^{-1}$)，$k=7.2$时，潮汐流速与海水深度的关系如图 6.2 所示。

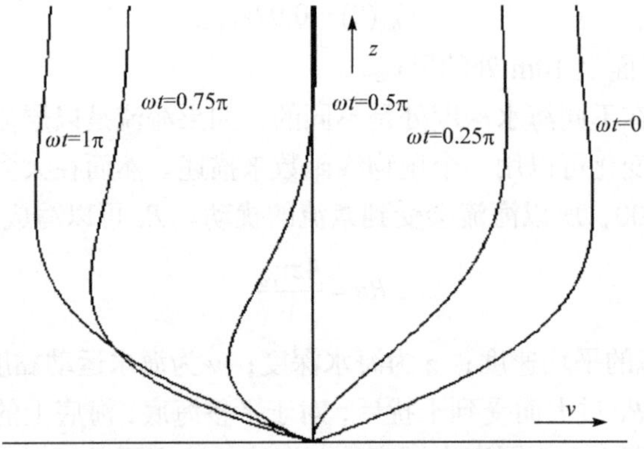

图 6.2　潮汐流速与海水深度的关系

应该注意到，由于风和海浪的影响，海流的流速分布会产生变化。例如，上层的海流方向和风或海浪的方向一致，而下部的方向却与上层海流方向相反。

从以上的分析可以发现，当水深较深但不是无穷大时，假定上层水流和表面水流是相同的，当水深为$z\approx4.5/k$时，水流的变化如图 6.3 所示。

当水深很小时，也就是kh是小量时，式(6.7)中的指数项$\exp(-kz)$可以用双曲余函数$\cos(-kz)$代替。由于相角kz在每个深度是不同的，海水在深度方向上的速度分布的表示就比较复杂了。下面给出一个海流深度的更实用的表达式

$$v_{cd} = v_{cd0} k^2 z(2h - z)\cos\omega t \tag{6.9}$$

当 kh 是小量时，式(6.9)中海流速度在各个深度处与海平面处的海流速度同相位。

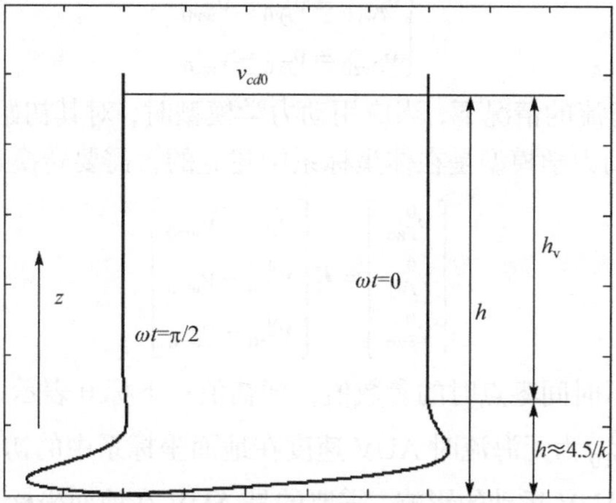

图 6.3　在深水中潮汐流速垂直分布示意图

2. 海流对 AUV 扰动力的数学模型

自然界的海流是非常复杂的，受多种因素的影响与制约。某测试单位对广大海域数千个测试点的海流测试结果表明，海流的大小和方向与测试点的地理位置有关，与测试点距水面的深度及距海底的高度有关，还与测试的时间有关，是空间与时间的函数，并且具有很大的随机性。这里假定海流的速度为常量，即

$$\boldsymbol{v}_{w0} = v_{wx0}\boldsymbol{i}_0 + v_{wy0}\boldsymbol{j}_0 + v_{wz0}\boldsymbol{k}_0 \tag{6.10}$$

式中，$\boldsymbol{v}_{w0}$ 为海流在地面坐标系中的速度；$v_{wx0}, v_{wy0}, v_{wz0}$ 为海流速度 $\boldsymbol{v}_{w0}$ 在地面坐标系中的三个分量，并且都不随时间变化。

式(6.10)定义的是一个定常均匀流场，当 AUV 在海流中运动时，相当于在原流场上叠加上海流的流场，即

$$\boldsymbol{v}_{T0} = \boldsymbol{v}_{Tw0} + \boldsymbol{v}_{w0} \tag{6.11}$$

式中，$\boldsymbol{v}_{T0}$ 为 AUV 在地面坐标系中的速度；$\boldsymbol{v}_{Tw0}$ 为 AUV 相对于海流的速度。

由式(6.11)可见，当海流为零时，AUV 相对于海流的速度与相对于地面的速度(绝对速度)是相同的；海流速度是牵连速度，牵连运动是定常的平移运动，AUV 相对于海流的运动是相对运动。

AUV 运动中所受到的流体动力取决于 AUV 相对于流体的速度。因此，AUV 动力学模型中各运动参数在这个意义上都是相对流体的，只有在无海流时，获得的运动学参数才是相对于地面坐标系的，即

$$\boldsymbol{v}_{Tw0} = \boldsymbol{v}_{T0} - \boldsymbol{v}_{w0} \tag{6.12}$$

或

$$\begin{cases} v_{Twx0} = v_{Tx0} - v_{wx0} \\ v_{Twy0} = v_{Ty0} - v_{wy0} \\ v_{Twz0} = v_{Tz0} - v_{wz0} \end{cases} \tag{6.13}$$

所以，在有海流的情况下，当应用动力学模型时，对其初始条件要按式(6.13)进行修正。由于动力学模型是在体坐标系中建立的，需要转换到体坐标系，即

$$\begin{bmatrix} v_{Twx}^0 \\ v_{Twy}^0 \\ v_{Twz}^0 \end{bmatrix} = \boldsymbol{T}_1 \begin{bmatrix} v_{Tx0}^0 - v_{wx0} \\ v_{Ty0}^0 - v_{wy0} \\ v_{Tz0}^0 - v_{wz0} \end{bmatrix} \tag{6.14}$$

式中，上标 0 表示时间零点时的参数值，即初值；下标 0 表示地面坐标系中的参数值；$v_{Tx0}^0, v_{Ty0}^0, v_{Tz0}^0$ 为无海流时 AUV 速度在地面坐标系中的初值。

研究海流对 AUV 运动的影响，需要的是 AUV 在地面坐标系中的参数，而不是相对于海流的参数。可以通过绝对运动、相对运动及牵连运动的关系，获得 AUV 在海流中运动时相对于地面坐标系的运动参数，即

$$\begin{cases} x_0(t) = x_{w0}(t) + v_{wx0}t \\ y_0(t) = y_{w0}(t) + v_{wy0}t \\ z_0(t) = z_{w0}(t) + v_{wz0}t \end{cases} \tag{6.15}$$

$$\begin{cases} v_{Tx0}(t) = v_{Twx0}(t) + v_{wx0} \\ v_{Ty0}(t) = v_{Twy0}(t) + v_{wy0} \\ v_{Tz0}(t) = v_{Twz0}(t) + v_{wz0} \end{cases} \tag{6.16}$$

式中，t 为从时间零点计起的时间；$x_0(t), y_0(t), z_0(t)$ 为 AUV 在海流中运动，经过 t 时间后在地面坐标系中 x_0, y_0, z_0 方向的位移；$x_{w0}(t), y_{w0}(t), z_{w0}(t)$ 为由运动方程组解算出的海流速度坐标系中的三个方向的位移；$v_{Tx0}(t), v_{Ty0}(t), v_{Tz0}(t)$ 为 AUV 在海流中运动，在 t 时刻时的速度在地面坐标系中的三个分量；$v_{Twx0}(t), v_{Twy0}(t), v_{Twz0}(t)$ 为由运动方程组解算出的海流速度坐标系中 t 时刻 AUV 速度的三个分量。

AUV 的其他运动参数在地面坐标系中的值，可以用有关公式采用类似的方法获得。

6.1.2 海流对 AUV 操纵性影响的数值仿真

AUV 在海洋中运动必然会受到海流的扰动。长航程 AUV 由于速度低，其操纵性受海流的影响更明显。因此，必须研究海流对 AUV 微速操纵性的影响。本节根据 AUV 的运动方式分两种情况分析海流对 AUV 运动的影响，即分别对 AUV

在鳍舵控制状态和动力定位运动状态时受海流的影响进行了仿真，也就是分别研究靠鳍舵控制时 AUV 操纵性受海流的影响和靠动力定位系统控制时 AUV 操纵性受海流的影响。

海流按其速度大小可以分为弱、中等和强三个等次，它们的代表速度分别为 0.3m/s、0.7m/s、1m/s。假设海流速度在地面坐标系中的方向如图 6.4 所示。

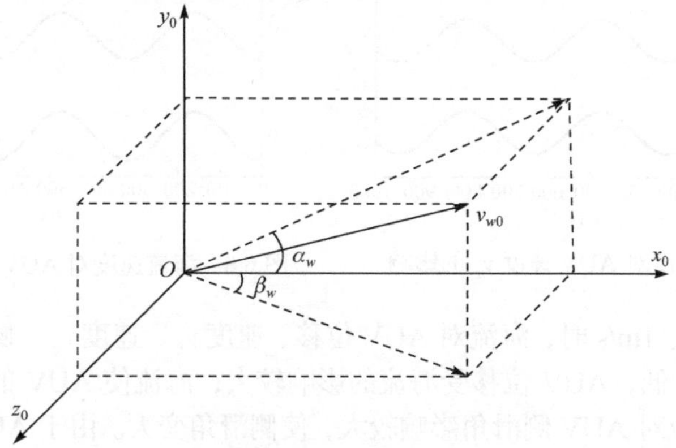

图 6.4　海流速度在地面坐标系中的投影

1. 鳍舵控制时海流对 AUV 操纵性的影响

这里选择 AUV 常用的蛇行机动方式，分析海流对鳍舵控制时回转体 AUV 运动的影响。

图 6.5～图 6.8 为海流方向 $\alpha_w = 0$、$\beta_w = 45°$ 不变，海流速度大小分别为 0、

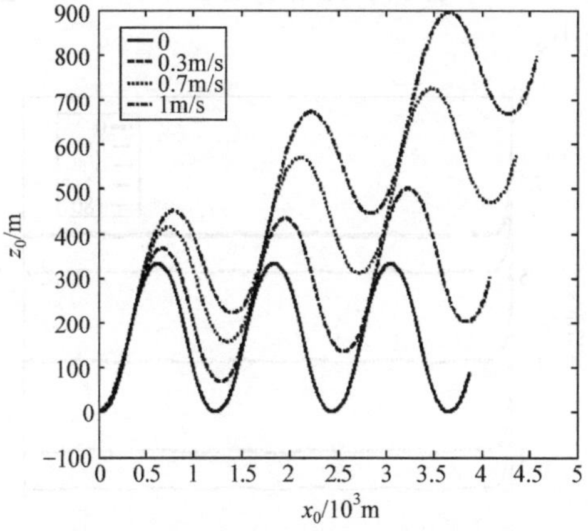

图 6.5　海流速度对 AUV 位移的影响

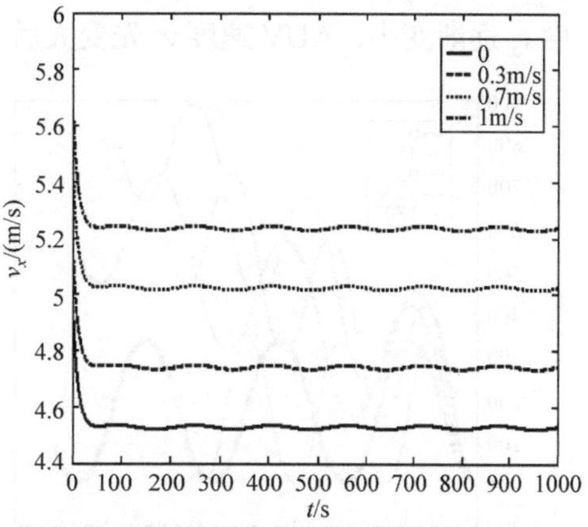

图 6.6　海流速度对 AUV 速度 v_x 的影响

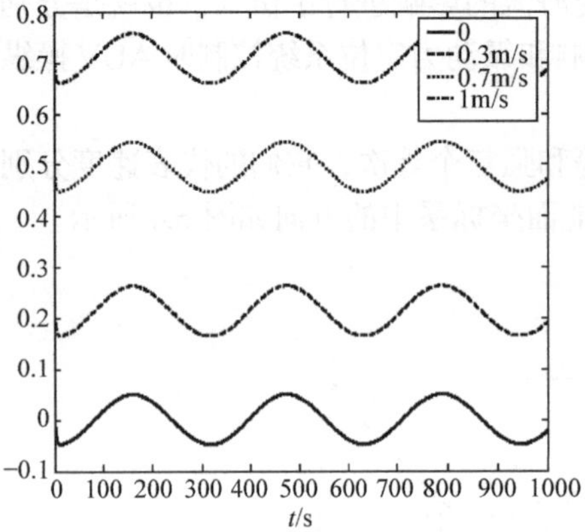

图 6.7　海流速度对 AUV 速度 v_z 的影响

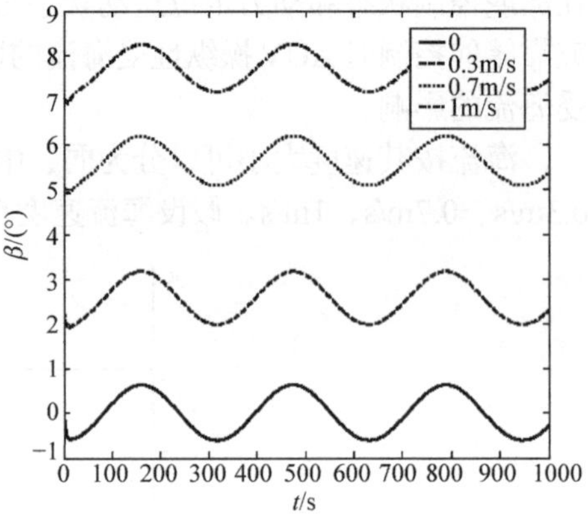

图 6.8　海流速度对 AUV 侧滑角的影响

0.3m/s、0.7m/s、1m/s 时，海流对 AUV 位移、速度 v_x 、速度 v_z 、侧滑角的影响。由于 AUV 速度低，AUV 位移受海流的影响较大；海流使 AUV 的 x 和 z 方向的速度增大；海流对 AUV 侧滑角影响较大，使侧滑角变大。由于 AUV 水平面运动控制参数为偏航角，在受到海流的作用时，AUV 的偏航角最终会恢复至设定的期望值。但在海流存在的情况下，偏航角即使保持在期望值不变，AUV 在海流的作用下也会产生侧向位移。海流速度越大，AUV 产生的侧向位移越大。

图 6.9～图 6.12 为海流大小 $v_{w0}=0.7$m/s 不变、海流方向角分别为 $\beta_w=0$、45°、90°、135°、180° 时，海流对 AUV 位移、速度 v_x 、速度 v_z 、侧滑角的影响。可以看出，海流方向变化时，AUV 在横平面内的运动轨迹变化较大；海流方向在 $\alpha_w=0$ ，β_w 由 0～180° 的变化(即海流由同 AUV 同向变为反向)过程中，AUV 速度 v_x 逐渐变小，AUV 速度 v_z 先变大后变小。

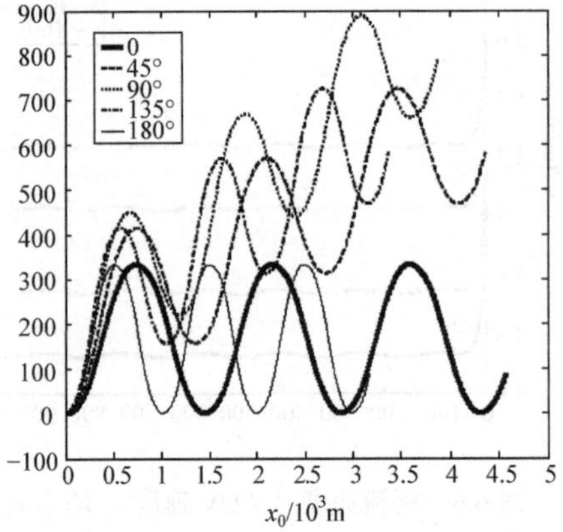

图 6.9　海流方向对 AUV 位移的影响

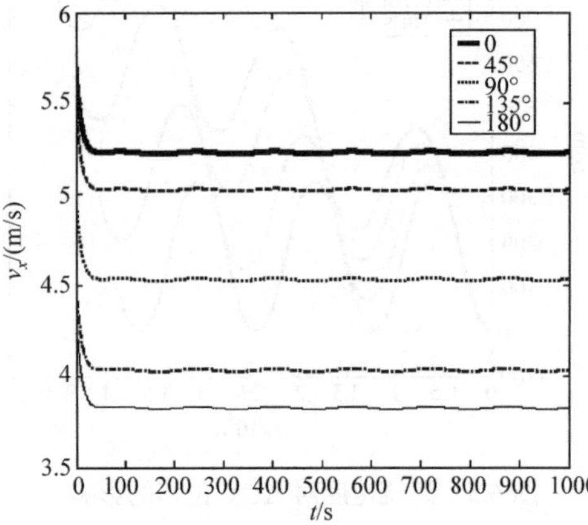

图 6.10　海流方向对 AUV 速度 v_x 的影响

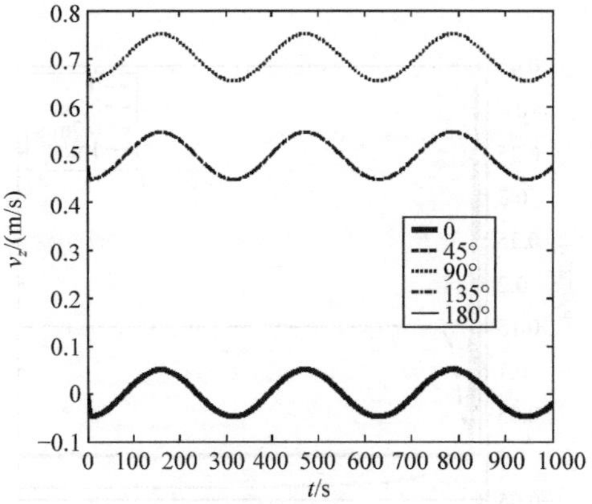

图 6.11　海流速度对 AUV 速度 v_z 的影响

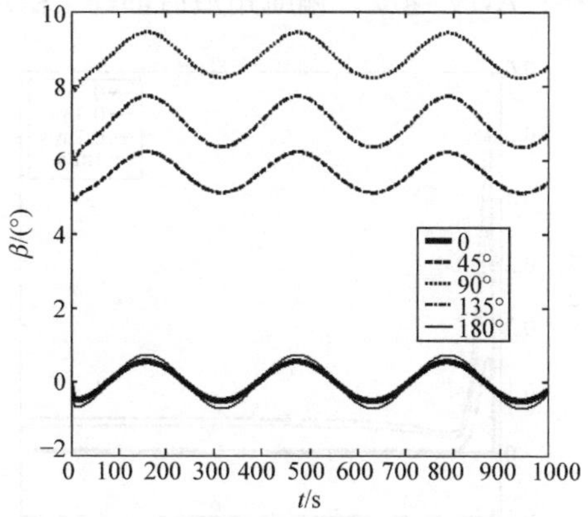

图 6.12　海流速度对 AUV 侧滑角的影响

2. 动力定位状态海流对 AUV 操纵性的影响

这里选择 AUV 在动力定位系统作用下在近水面悬停运动时受海流的影响，分析海流对 AUV 操纵性的影响。

图 6.13～图 6.17 为海流方向 $\alpha_w = 0$、$\beta_w = 45°$ 不变，海流速度大小分别为 0、0.3m/s、0.7m/s、1m/s 时，海流对 AUV 位移、速度 v_x、速度 v_z、偏航角的影响。

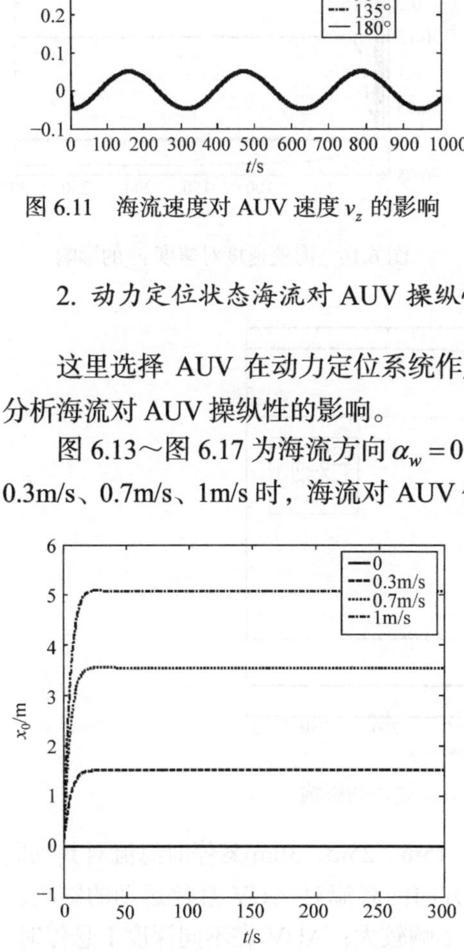

图 6.13　海流速度对位移 x_0 的影响

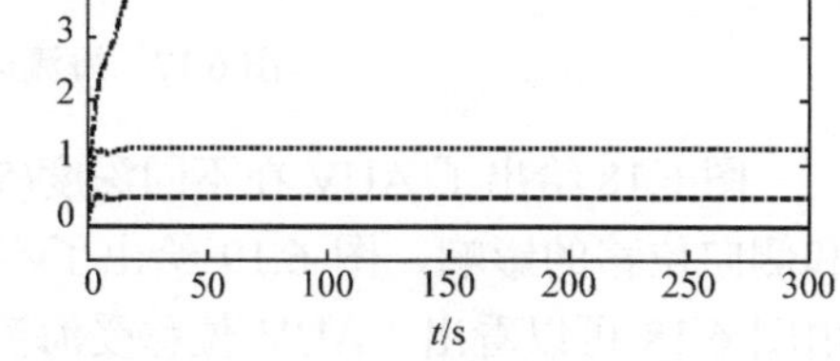

图 6.14　海流速度对位移 z_0 的影响

由图 6.13～图 6.17 可以看出，由于 AUV 速度低，其位移受海流的影响较大；海流使 AUV 在 x_0 方向产生一定的偏移，但最后趋于稳定；海流使 z_0 方向也产生一定的偏移，在海流速度为 0.3m/s、0.7m/s 时，z_0 方向的位移趋于稳定，但在 $v_w = 1\text{m/s}$ 时，由于侧向推进器推力的限制，无法抵抗海流的作用，产生很大的偏移；AUV 速度、偏航角最后都趋于稳定。

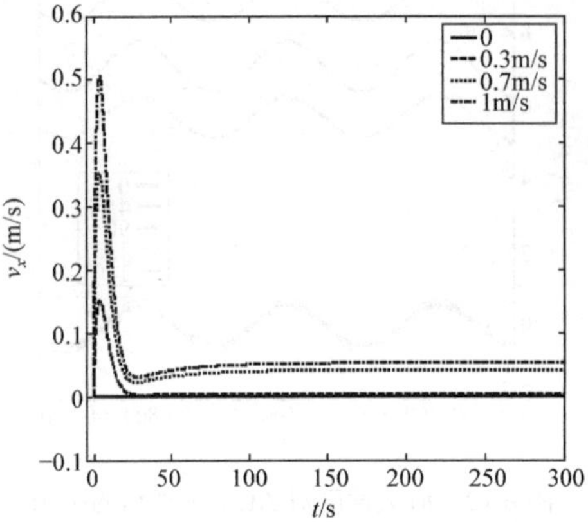

图 6.15 海流速度对速度 v_x 的影响

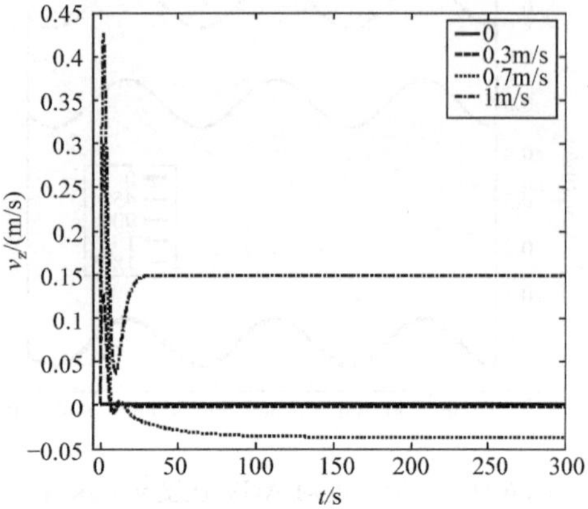

图 6.16 海流速度对速度 v_z 的影响

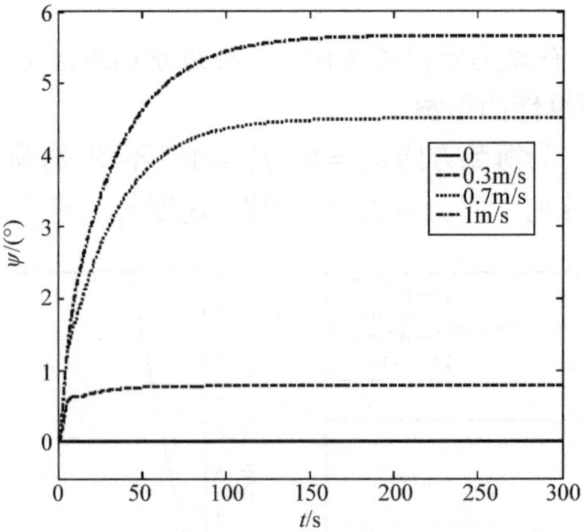

图 6.17 海流速度对偏航角的影响

图 6.18 给出了 AUV 在不同深度(5m、15m、25m、30m)悬停时海流对其轴向和侧向位移的影响，图 6.19 给出了不同方向的海流对 AUV 悬停运动的影响。由图 6.18 可以看出，AUV 位移受海流的影响较大；AUV 在不同深度下悬停时，因海流速度不同海流对其操纵性的影响也不相同，在深度较大时海流速度较小，海流对 AUV 操纵性的影响也较小；在深度为 5m 时，由于侧向推进器推力的限制，无法抵抗海流的作用，AUV 在侧向产生很大的偏移。

由图 6.19 可以看出，不同方向的海流对 AUV 操纵性的影响不同。例如，轴向海流(来流方向为 0°)对 AUV x_0 方向的位移影响较大，而对 z_0 方向的位移影响较小；侧向海流(来流方向为 90°)对 AUV x_0 方向的位移影响较大，而对 z_0 方向的位移影响较小；AUV 在各个方向海流的作用下，最后的运动都趋于稳定，也就是说 AUV 在不同方向海流的作用下完成了定点悬停运动。

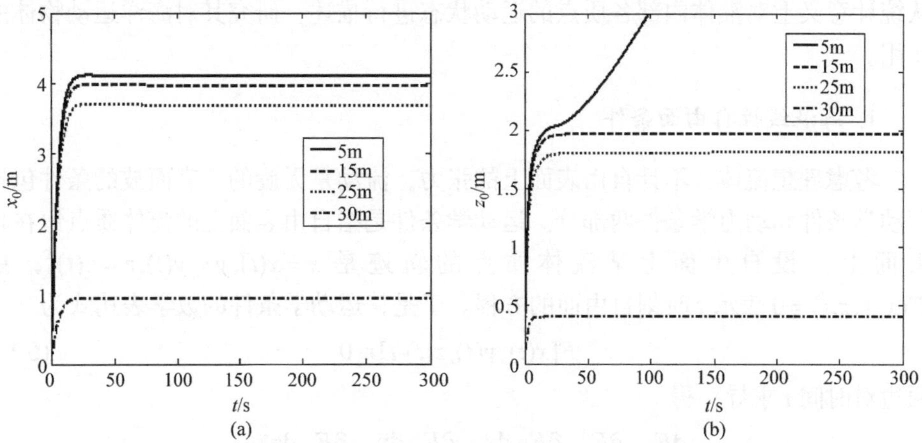

图 6.18　不同深度下海流对悬停 AUV 位移的影响

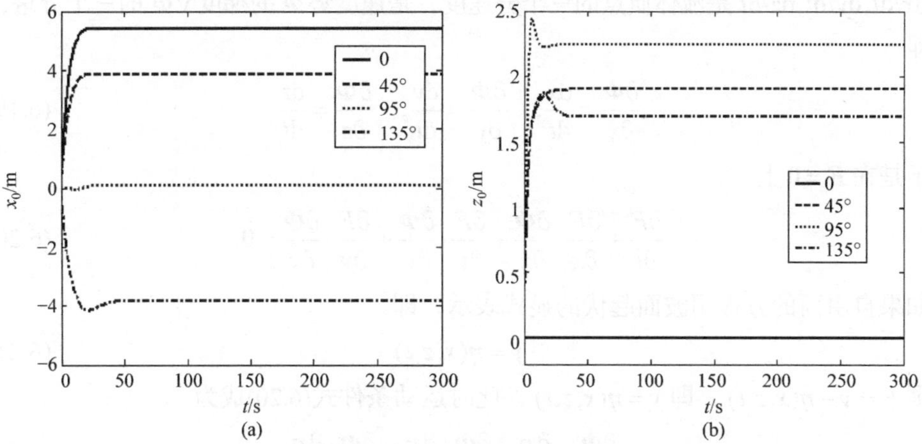

图 6.19　不同方向海流对悬停 AUV 位移的影响

6.2　波浪对操纵性的影响

6.2.1　波浪对 AUV 运动影响的数学模型

在海洋工程中，海浪是作用在海洋运动物体上的最主要的外力之一。人们很早就开始了对海浪作用的研究。目前一般是从两个领域进行研究。一个领域是对液体的波动从流体力学的角度加以研究，研究液体内部各质点的运动状态，这种研究一般包括线性波浪理论和非线性波浪理论两大类。另一个领域是将海面波动看作是一个随机过程，研究其随机性，从而揭示海浪内部波动能量的分布特性，从统计意义上对液体内部各质点的运动状态进行描述，研究其对海洋运动物体的作用。

1. 海浪线性自由面条件

考虑理想流体，不计自由表面上的张力，流动是无旋的。表面波的条件包括运动学条件和动力学条件两部分。运动学条件是指自由表面上的流体质点恒在自由面上。设自由面上某流体质点的轨迹是 $x=x(t), y=y(t), z=z(t)$，用 $F(x,y,z,t)=0$ 表示 t 时刻自由面的方程。于是，运动学条件的数学表达式为

$$F[x(t),y(t),z(t),t]\equiv 0 \tag{6.17}$$

两边对时间 t 求导，得

$$\frac{\mathrm{d}F}{\mathrm{d}t}=\frac{\partial F}{\partial t}+\frac{\partial F}{\partial x}\cdot\frac{\mathrm{d}x}{\mathrm{d}t}+\frac{\partial F}{\partial y}\cdot\frac{\mathrm{d}y}{\mathrm{d}t}+\frac{\partial F}{\partial z}\cdot\frac{\mathrm{d}z}{\mathrm{d}t}=0 \tag{6.18}$$

$\mathrm{d}x/\mathrm{d}t, \mathrm{d}y/\mathrm{d}t, \mathrm{d}z/\mathrm{d}t$ 是流体质点的三个分速度，是速度势 $\boldsymbol{\Phi}$ 的梯度 $\nabla\boldsymbol{\Phi}$ 的三个分量，即

$$\frac{\partial \boldsymbol{\Phi}}{\partial x}=\frac{\mathrm{d}x}{\mathrm{d}t},\quad \frac{\partial \boldsymbol{\Phi}}{\partial y}=\frac{\mathrm{d}y}{\mathrm{d}t},\quad \frac{\partial \boldsymbol{\Phi}}{\partial z}=\frac{\mathrm{d}z}{\mathrm{d}t} \tag{6.19}$$

于是在 $F=0$ 上

$$\frac{\partial F}{\partial t}+\frac{\partial F}{\partial x}\cdot\frac{\partial \boldsymbol{\Phi}}{\partial x}+\frac{\partial F}{\partial y}\cdot\frac{\partial \boldsymbol{\Phi}}{\partial y}+\frac{\partial F}{\partial y}\cdot\frac{\partial \boldsymbol{\Phi}}{\partial y}=0 \tag{6.20}$$

如果自由面的方程用波面起伏的显式表示，即

$$y=\eta(x,z,t) \tag{6.21}$$

则 $F=y-\eta(x,z,t)$，即 $y=\eta(x,z,t)$，此时运动条件式(6.20)成为

$$\frac{\partial \boldsymbol{\Phi}}{\partial y}=\frac{\partial \eta}{\partial t}+\frac{\partial \boldsymbol{\Phi}}{\partial x}\cdot\frac{\partial \eta}{\partial x}+\frac{\partial \boldsymbol{\Phi}}{\partial z}\cdot\frac{\partial \eta}{\partial z} \tag{6.22}$$

在小振幅的假定下，波面起伏不大，波陡也很小，$\boldsymbol{\Phi}_x, \boldsymbol{\Phi}_y, \boldsymbol{\Phi}_z, \eta_x, \eta_y, \eta_z$ 等都认为是一阶无穷小。当在线性范围内讨论问题时，式(6.22)右端的两个乘积项都是二阶无穷小，可略去不计，由此得到线性自由面运动学条件为

$$\frac{\partial \boldsymbol{\Phi}}{\partial y}=\frac{\partial \eta}{\partial t}\qquad y=\eta(x,z,t) \tag{6.23}$$

下面用伯努利方程描述动力学条件。假设大气压力在自由面上处处相同，取其为零，则有

$$\frac{\partial \boldsymbol{\Phi}}{\partial t}+\frac{1}{2}\nabla \boldsymbol{\Phi}\cdot\nabla \boldsymbol{\Phi}+gy=0,\quad y=\eta \tag{6.24}$$

即在波面上有

$$\eta=-\frac{1}{g}\left(\frac{\partial \boldsymbol{\Phi}}{\partial t}+\frac{1}{2}\nabla \boldsymbol{\Phi}\cdot\nabla \boldsymbol{\Phi}\right) \tag{6.25}$$

用泰勒公式并略去高阶量，得到线性动力学条件

$$\eta=-\frac{1}{g}\cdot\frac{\partial \boldsymbol{\Phi}}{\partial t},\quad y=0 \tag{6.26}$$

2. 线性波理论

在一般工程实践中通常采用二元进行波理论(Airy 波理论)，二元进行波是适合线性自由面条件式(6.23)和式(6.26)的最简单的解，它适用于相对波高 $H/d \ll 1$ (一般在 0.04 以下，其中 H 为波高，d 为水深)及 Ursell 数 $U_R=\eta_0/L\left(L/d\right)^3 \ll 1$(其中 η_0 为波峰顶在水面以上的升高，L 为波长)的情况。

U_R 是由 Korteweg 和 de Vries 提出的，它与非线性波浪理论中的二阶项和一阶项之比值成正比。因此，当 U_R 逐渐增大时，非线性的二阶项将逐渐占据较大比重。此时，即使是相对波高 H/d 较小的情况，线性波浪理论也不适用了，而需要考虑采用非线性理论。

二元进行波是一种简化了的最简单的波动，其水面呈现简谐形式的起伏，水质点以固定的圆频率作简谐振动，同时波形以一定的速度向前传播，波浪中线(平分波高的中线)与静水面相重合。

二元进行波理论基于以下假定得到：①流体是无黏性不可压缩的均匀流体；②流体做有势运动；③重力是唯一外力；④流体自由表面上的压强等于大气压强；⑤海底为水平的固体边界；⑥波高相对于波长是无限小，流体质点的运动是缓慢的。

计二元进行波的圆频率为 ω，相速度为 v_p，波面方程为 $y=\eta(x,t)$，则

$$\eta(x,t)=A\cos(kx-\omega t+\varepsilon) \tag{6.27}$$

取波的传播方向为 x 轴的正向，A 为波幅，ε 是任意的相角，适当选取坐标原点的位置可使 $\varepsilon=0$。相速度 $v_p=\omega/k$，参数

$$k=\frac{\omega}{v_p} \tag{6.28}$$

是波数，表示 x 轴上 2π 距离内波的个数，于是波长为 $\lambda=2\pi/k$。

用 Φ 表示相应的流体速度势。速度势与 z 无关，于是 $\Phi=\Phi(x,y,t)$。考虑水深为无穷的情况，Φ 的定解条件如下：

$$\begin{cases}\nabla^2\Phi=0, & y>0\\ \dfrac{\partial\Phi}{\partial y}=\dfrac{\partial\eta}{\partial t}, \quad \eta=-\dfrac{1}{g}\dfrac{\partial\Phi}{\partial t}, & y=0\\ \nabla\Phi\to 0, & y\to-\infty\end{cases} \tag{6.29}$$

由线性动力学条件可知，Φ 取下面的形式：

$$\Phi(x,y,t)=F(y)\sin(kx-\omega t+\varepsilon) \tag{6.30}$$

$$F(0)=\frac{gA}{\omega} \tag{6.31}$$

再由运动学条件，可得

$$F'(0)=\omega A \tag{6.32}$$

用拉普拉斯方程决定式(6.30)中的未知函数 $F(y)$，即

$$F''(y)-k^2F(z)=0 \tag{6.33}$$

上式的通解为

$$F(y)=\alpha e^{ky}+\beta e^{-ky} \tag{6.34}$$

由底部条件可知 $\beta=0$，再用条件式(6.31)即得 $\alpha=gA/\omega$，最后剩下条件式(6.32)，即 $\alpha k=\omega A$，亦即波数 k 与频率 ω 应满足下述关系式：

$$k=\frac{\omega^2}{g} \tag{6.35}$$

于是，得到线性速度势的解析表达式为

$$\Phi(x,y,t)=\frac{gA}{\omega}e^{ky}\sin(kx-\omega t+\varepsilon) \tag{6.36}$$

波以相速度 v_p 传播，但流体质点却以低得多的速度运动，其速度为 (u,v,w)，即

$$\begin{cases}u=\dfrac{\partial\Phi}{\partial x}=\omega Ae^{ky}\cos(kx-\omega t+\varepsilon)\\ v=\dfrac{\partial\Phi}{\partial y}=\omega Ae^{ky}\sin(kx-\omega t+\varepsilon)\\ w=\dfrac{\partial\Phi}{\partial z}=0\end{cases} \tag{6.37}$$

$$v_b=\sqrt{u^2+v^2+w^2}=A\omega e^{ky} \tag{6.38}$$

可得波自由表面

$$\eta(x,t) = -\frac{1}{g}\frac{\partial \Phi}{\partial t}\Big|_{y=0} = A\cos(kx-\omega t) \tag{6.39}$$

二元进行波波形为余弦曲线，故二元进行波又称为余弦波。由于正弦曲线和余弦曲线只差某一个相位，所以余弦波有时也称为正弦波。还可得到波形传播速度 c 为

$$c = \omega / k = \sqrt{g\lambda/(2\pi)} \tag{6.40}$$

周期 τ 为

$$\tau = 2\pi/\omega = \sqrt{2\pi\lambda/g} \tag{6.41}$$

图 6.20 中的 h 称为波高，$h = 2A$ 。

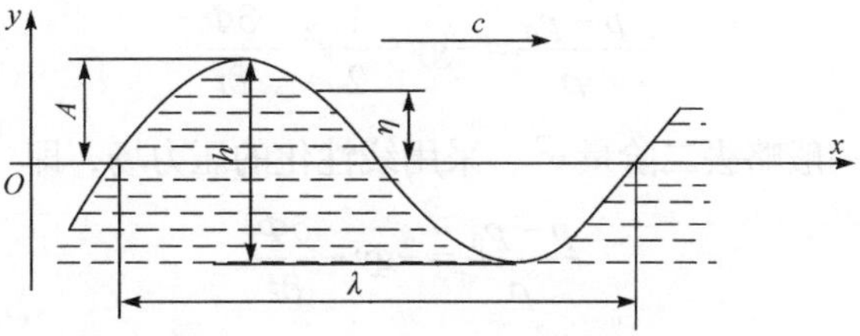

图 6.20　二元进行波自由表面形状

波浪方向是指波浪的传播方向，图 6.20 中的波浪方向为 x 轴正向。一般情况下，波浪的方向用其与地面坐标系 x 轴正向的夹角 γ 来表示，如图 6.21 所示。

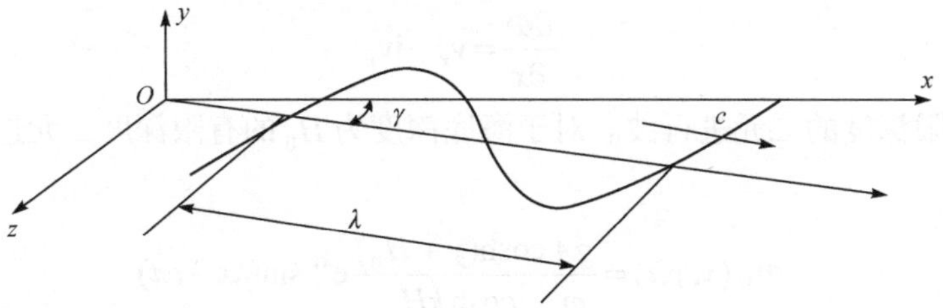

图 6.21　波浪方向

利用坐标转换可得到不同方向的波浪在 $Oxyz$ 坐标系中的表达式，即

$$\begin{aligned}\Phi(x,y,z,t,\gamma) &= \frac{gA}{\omega}e^{ky}\sin(kx'-\omega t)\\ &= \frac{gA}{\omega}e^{ky}\sin[k(x\cos\gamma + z\sin\gamma)-\omega t]\end{aligned} \tag{6.42}$$

$$\eta(x,t) = A\cos[k(x\cos\gamma + z\sin\gamma)-\omega t] \tag{6.43}$$

流体质点的轨迹坐标为

$$\begin{cases} x = x_0 - A\mathrm{e}^{ky_0}\sin(kx_0 - \omega t) \\ y = y_0 + A\mathrm{e}^{ky_0}\cos(kx_0 - \omega t) \end{cases} \tag{6.44}$$

流体质点轨迹方程为

$$(x - x_0)^2 + (y - y_0)^2 = A^2\mathrm{e}^{2ky_0} \tag{6.45}$$

可见，对于二元进行波的波浪运动，流体质点以角速度 ω 沿半径为 $A\mathrm{e}^{ky_0}$ 的圆周做顺时针转动。在自由表面($y_0 = 0$)上的圆周半径为 A，随着在自由表面下的深度的增加($y_0 < 0$)，其半径呈指数迅速减小。因此，波浪运动的一个重要特点是表面性，在水下深处流体质点基本上是静止的。

根据拉格朗日积分，波浪运动中的压力场为

$$\frac{p - p_0}{\rho} = -gy - \frac{1}{2}v^2 - \frac{\partial \Phi}{\partial t} \tag{6.46}$$

在波浪研究中，一般略去二阶量 v^2，采用线性化的压力场，即

$$\frac{p - p_0}{\rho} = -gy - \frac{\partial \Phi}{\partial t} \tag{6.47}$$

波浪的速势也经常以复数的形式(复势)表示，对应速势 Φ 的复势 $\boldsymbol{\Phi}$ 为

$$\boldsymbol{\Phi}(x, y, t) = \frac{\mathrm{i}gA}{\omega}\exp[ky - \mathrm{i}(kx - \omega t)] \tag{6.48}$$

复势与速度之间的关系为

$$\frac{\partial \boldsymbol{\Phi}}{\partial x} = v_x - \mathrm{i}v_y \tag{6.49}$$

以上是无限深度的二元进行波。对于海底深度为 H_0 的有限深度二元进行波，其速势为

$$\boldsymbol{\Phi}_H(x, y, t) = \frac{gA}{\omega}\frac{\cosh(y + H_0)}{\cosh kH_0}\mathrm{e}^{ky}\sin(kx - \omega t) \tag{6.50}$$

波自由表面为

$$\eta(x, t) = -\frac{1}{g}\frac{\partial \boldsymbol{\Phi}}{\partial t}\bigg|_{y=0} = A\cos(kx - \omega t) \tag{6.51}$$

3. 随机波理论

自然界中的海浪是一种非常复杂的物理现象。海浪是由风产生的，由于风速风向多变，海面附近的风场结构复杂，波面对风场还具有反作用，再加上波浪内部涡动、波面破碎等因素，波浪成为一种高度不规则和不可重复的现象。也就是说，波浪是随时间与空间变化的，具有很强的随机性，一般需用概率理论进行研究。

描述海洋实际不规则波浪的一种常用方法是利用不同方向、不同参数的规则平面进行波进行叠加。波长等波浪参数与圆周频率 ω 有关，假设波系中每个波浪的相位都以相同的概率在 0～2π 间随机分布，于是不规则波浪可用下式描述，即

$$\eta(x,z,t)=Re\iint \mathrm{d}A(\omega,\gamma)\exp\left[-\mathrm{i}k(x\cos\gamma+y\sin\gamma)+\mathrm{i}\omega t\right] \tag{6.52}$$

将上式平方后再取平均值，得到平均能量密度，有

$$\overline{\eta^2}=\frac{1}{2}\iint \mathrm{d}A(\omega,\gamma)\mathrm{d}A^*(\omega,\gamma)\equiv\int_0^\infty\int_0^{2\pi}S(\omega,\gamma)\mathrm{d}\gamma\mathrm{d}\omega \tag{6.53}$$

自由表面单位面积上波系的总平均能量为

$$\bar{E}=\rho g\int_0^\infty\int_0^{2\pi}S(\omega,\gamma)\mathrm{d}\gamma\mathrm{d}\omega \tag{6.54}$$

式中，$S(\omega,\gamma)$ 为谱能密度，把它沿所有的波方向积分，得到频谱 $S(\omega)$，即

$$S(\omega)=\int_0^{2\pi}S(\omega,\gamma)\mathrm{d}\gamma \tag{6.55}$$

实际中，频谱大多用半经验公式计算，对于充分发展的波浪，$S(\omega)$ 的经验公式为

$$S(\omega)=\frac{A}{\omega^p}\exp\left(-\frac{B}{\omega^q}\right) \tag{6.56}$$

这种谱形式的主要优点是结构简单，使用方便。谱中包含的四个量 A、B、p、q 可供调整，因此在利用大量的观测资料来拟合时，具有较大的弹性。但其缺点是理论上没有很充分的根据，且谱矩的阶数受到限制，从而影响对谱的性质的深入研究。

1964 年，Pierson 和 Moskowitz 对在北大西洋上 1955～1960 年的观测资料进行了谱分析，并将这些谱无因次化后进行拟合，求得

$$\begin{cases}A=C_1g^2\\B=C_2\left(\dfrac{g}{v_w}\right)^4\\p=5,\quad q=4\end{cases} \tag{6.57}$$

于是，得到 Pierson-Moskowitz 的表达式(P-M 谱)：

$$S(\omega)=\frac{C_1g^2}{\omega^5}\exp\left[-C_2\left(-\frac{g}{v_w\omega}\right)^4\right] \tag{6.58}$$

式中，C_1 和 C_2 为两个无量纲常数，$C_1=0.0081$，$C_2=0.74$；v_w 为风速，取自静水面以上 19.5m 处；g 为重力加速度。

P-M 谱适用于充分成长的无限风区，是迄今应用得最广泛的一种海浪谱。

图 6.22 是以四级海况 $v_w = 20\text{kn}$ 为例的 P-M 波浪谱。可以看出 P-M 波浪谱是窄频带的，在微分区间 $(A, A+\mathrm{d}A)$ 内，波幅 A 的概率为 $p(A)\mathrm{d}A$，其标准化的概率密度函数 p 可以表示为

$$p(\xi) = \xi \exp(-\xi^2 / 2) \tag{6.59}$$

式中，ξ 为标准化波幅，$\xi = A / m_0^{1/2}$；m_0 为谱的总能量，$m_0 = \int_0^{\infty} S(\omega)\mathrm{d}\omega$。

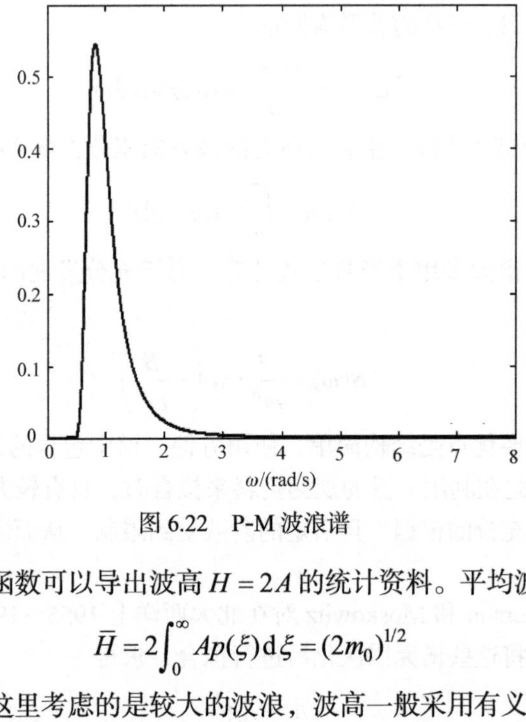

图 6.22　P-M 波浪谱

利用概率密度函数可以导出波高 $H = 2A$ 的统计资料。平均波高由下式给出：

$$\bar{H} = 2\int_0^{\infty} Ap(\xi)\mathrm{d}\xi = (2m_0)^{1/2} \tag{6.60}$$

对于 AUV 来说，这里考虑的是较大的波浪，波高一般采用有义波高 $\bar{H}_{1/3}$，它是所有较大的波浪中最高的$1/3$部分的均值，可由下式计算：

$$\bar{H}_{1/3} = 2\int_{\xi_0}^{\infty} Ap(\xi)\mathrm{d}\xi \bigg/ \int_{\xi_0}^{\infty} p(\xi)\mathrm{d}\xi = 4.0m_0^{1/2} \tag{6.61}$$

式中，积分下限 ξ_0 由下式决定：

$$\int_{\xi_0}^{\infty} p(\xi)\mathrm{d}\xi = 1/3 \tag{6.62}$$

谱的平均频率 ϖ 定义为波幅以正斜率通过零的次数，有

$$\varpi = (m_2 / m_0)^{1/2} \tag{6.63}$$

式中，m_2 为谱矩，定义为

$$m_2 = \int_0^{\infty} \omega^2 S(\omega)\,\mathrm{d}\omega \tag{6.64}$$

当采用 P-M 谱时，式(6.61)与式(6.63)分别为

$$\bar{H}_{1/3} = \frac{2v_w^2}{g}\left(\frac{C_1}{C_2}\right)^{\frac{1}{2}} \tag{6.65}$$

$$\bar{\omega} = \frac{g}{v_w}(\pi C_2)^{\frac{1}{4}} \tag{6.66}$$

利用上述公式计算的 P-M 谱参数与海况的对应关系见表 6.1。

表 6.1　P-M 谱参数与海况对应关系表

风速/kn	海况级别(近似)	有义波高/m	平均周期/s	平均波长/m
10	2	0.6	2.7	22
20	4	2.2	4.3	89
30	6	5.0	8.0	200
40	7	8.9	10.7	355

4. 运动物体的波浪扰动力一般计算模型

下面将基于势流理论建立一般运动物体在波浪中运动时受到波浪扰动力的数学模型。这里，一般运动物体包括潜体和浮体。

根据通量变化率公式，有

$$\frac{\mathrm{d}}{\mathrm{d}t}\iint_{s(t)} \boldsymbol{q}\cdot\boldsymbol{n}\mathrm{d}s = \iint_{s(t)}\left[\frac{\partial \boldsymbol{q}}{\partial t} + (\nabla\cdot\boldsymbol{q})\nabla\Phi + \nabla\times(\boldsymbol{q}\times\nabla\Phi)\right]\cdot\boldsymbol{n}\mathrm{d}s \tag{6.67}$$

易知

$$\nabla\times(\boldsymbol{q}\times\nabla\Phi) = -(\nabla\cdot\boldsymbol{q})\nabla\Phi + (\nabla\boldsymbol{\Phi}\cdot\nabla)\boldsymbol{q} - (\boldsymbol{q}\cdot\nabla)\nabla\Phi \tag{6.68}$$

于是，通量变化率公式成为

$$\frac{\mathrm{d}}{\mathrm{d}t}\iint_{s(t)} \boldsymbol{q}\cdot\boldsymbol{n}\mathrm{d}s = \iint_{s(t)}\left[\frac{\partial \boldsymbol{q}}{\partial t} + (\nabla\Phi\cdot\nabla)\boldsymbol{q} - (\boldsymbol{q}\cdot\nabla)\nabla\Phi\right]\cdot\boldsymbol{n}\mathrm{d}s \tag{6.69}$$

在上式中分别取 $\boldsymbol{q}$ 为 $\Phi\boldsymbol{i},\Phi\boldsymbol{j},\Phi\boldsymbol{k}$，得到三个关系式，再在三个式子上分别乘以 $\boldsymbol{i},\boldsymbol{j},\boldsymbol{k}$，再相加，得

$$\begin{aligned}\boldsymbol{F} &= -\rho\iint_{s(t)}\left[\frac{\partial\boldsymbol{\Phi}}{\partial t} + \frac{1}{2}\nabla\boldsymbol{\Phi}\cdot\nabla\boldsymbol{\Phi} + gy\right]\boldsymbol{n}\mathrm{d}s \\ &= -\rho\frac{\mathrm{d}}{\mathrm{d}t}\iint_{s(t)}\boldsymbol{\Phi}\boldsymbol{n}\mathrm{d}s - \rho\iint_{s(t)}\left[\boldsymbol{\Phi}\frac{\partial}{\partial n}(\nabla\boldsymbol{\Phi}) - \frac{1}{2}(\nabla\boldsymbol{\Phi})^2\boldsymbol{n}\right]\mathrm{d}s - \rho g\iint_{s(t)} y\boldsymbol{n}\mathrm{d}s\end{aligned} \tag{6.70}$$

根据斯托克斯公式，上式可以改写为

$$
\begin{aligned}
\boldsymbol{F}=&-\rho\iint\limits_{s(t)}\Phi\boldsymbol{n}\mathrm{d}s-\frac{\rho}{2}\iint\limits_{s(t)}\left[\Phi\frac{\partial}{\partial n}(\nabla\Phi)-\nabla\Phi\frac{\partial\Phi}{\partial n}\right]\mathrm{d}s\\
&-\rho g\iint\limits_{s(t)}y\boldsymbol{n}\mathrm{d}s-\frac{\rho}{2}\int\limits_{l(t)}\mathrm{d}\boldsymbol{l}\times(\Phi\nabla\Phi)
\end{aligned}\tag{6.71}
$$

其中，$l(t)$是波面与物体的交线，其方向与法线$\boldsymbol{n}$构成右手系。上述受力公式为近场公式，计算只要在物面上进行即可。如果运动物体是不出水的潜体，则式(6.71)右端的最后一项不出现。右端倒数第二项为运动物体在水中受到的浮力。右端第一项为运动物体在无界流体中受到的力。因此，计算运动物体受到的波浪力主要是求解式中右端第二项，如果运动物体浮出水面的话，还要计算右端的最后一项。

5. 运动物体在规则波中线性响应的定解条件

设物体在微幅规则波作用下做六自由度运动，取直角坐标系$oxyz$。xoz平面与未扰动的静水面重合，y轴垂直向上并且通过物体平均位置的中心。假设物体有对称面xoy。用η_1,η_2,η_3分别表示物体在x,y,z轴方向的平移，用η_4,η_5,η_6分别表示物体绕x,y,z轴方向旋转的角位移。

入射波是规则波，把入射波的波幅和物体的运动$\eta_j(j=1,2,\cdots,6)$作为一阶无穷小，下面计算时只保留到一阶无穷小，略去二阶和更高阶的无穷小，即寻求问题的线性解，此时可应用叠加原理。

入射波的一阶速度势为

$$
\begin{gathered}
\boldsymbol{\Phi}_0=\mathrm{Re}(\varphi_0\mathrm{e}^{-\mathrm{i}\omega t})\\
\varphi_0=\frac{gA}{\mathrm{i}\omega}\cdot\frac{\mathrm{ch}[k_0(y+h)]}{\mathrm{ch}(k_0h)}\mathrm{e}^{\mathrm{i}k_0(x\cos\beta+z\sin\beta)},\quad k_0\cdot\mathrm{th}(k_0h)=\frac{\omega^2}{g}
\end{gathered}\tag{6.72}
$$

其中，A是波幅，k_0是波数，β是入射波的传播方向与x轴正方向的夹角。当水深h是无限时，相应的速度势为

$$
\varphi_0=\frac{gA}{\mathrm{i}\omega}\mathrm{e}^{k_0y}\mathrm{e}^{\mathrm{i}k_0(x\cos\beta+z\sin\beta)},\quad k_0=\frac{\omega^2}{g}\tag{6.73}
$$

物体在上述规则波作用下做微幅运动，记物体的j态速度为

$$
\dot{\eta}_j=\mathrm{Re}[u_j\mathrm{e}^{-\mathrm{i}(\omega t+a_j)}]=\mathrm{Re}(v_j\mathrm{e}^{-\mathrm{i}\omega t})\tag{6.74}
$$

其中，u_j是j态简谐运动的振幅；v_j是含有相位差a_j的复振幅：

$$
v_j=u_j\mathrm{e}^{-ia_j}\tag{6.75}
$$

v_j的实部和虚部分别记为v_{jc}和v_{js}，则物体的j态速度为

v_j 的实部和虚部分别记为 v_{jc} 和 v_{js}，则物体的 j 态速度为

$$\dot{\eta}_j = v_{jc}\cos\omega t + v_{js}\sin\omega t \tag{6.76}$$

记总的速度势为 $\boldsymbol{\Phi}(x,y,z,t)$，把时间因素和空间因素分离可得

$$\boldsymbol{\Phi}(x,y,z,t) = \mathrm{Re}[\varphi(x,y,z)\mathrm{e}^{-\mathrm{i}\omega t}] \tag{6.77}$$

在下面的叙述中，经常省略取实部的符号 Re。下面列出空间部分 φ 的定解条件。在流场中 φ 适合拉普拉斯方程：

$$\nabla^2\varphi = 0 \tag{6.78}$$

线性自由面 $(y=0, \nu=\dfrac{\omega^2}{g})$ 条件为

$$\frac{\partial\varphi}{\partial y} - \nu\varphi = 0 \tag{6.79}$$

在物体的沾湿表面 $s(t)$ 上有物面条件

$$\frac{\partial\varphi}{\partial n} = \boldsymbol{v}\cdot\boldsymbol{n} \tag{6.80}$$

式中，$\boldsymbol{v}$ 为物体运动的线速度；$\boldsymbol{n}$ 为沾湿表面 $s(t)$ 上的单位法线向量，指向物体的内部。由于沾湿表面随时间变化，而且往往是待定的，只有物体的平均沾湿表面 s_H 与时间无关，$s(t)$ 与 s_H 之间的距离是一阶无穷小，即物体的位移。因此，当把瞬时沾湿表面上的流体法向速度改换为平均沾湿表面上相应点的流体法向速度时，其差别是高阶无穷小，因此可以把 $s(t)$ 上的物面条件改换到与时间无关的平均沾湿表面 s_H 上，即取如下所示的物面条件：

$$\mathrm{Re}\left[\frac{\partial}{\partial n}\left(\varphi\mathrm{e}^{-\mathrm{i}\omega t}\right)\right] = (\dot{\eta}_T + \dot{\eta}_R\times\boldsymbol{r})\cdot\boldsymbol{n} \tag{6.81}$$

其中，$\dot{\eta}_T$ 为平移速度，$\dot{\eta}_R$ 为旋转角速度，

$$\begin{cases}\dot{\eta}_T = \dot{\eta}_1\boldsymbol{i} + \dot{\eta}_2\boldsymbol{j} + \dot{\eta}_3\boldsymbol{k}\\ \dot{\eta}_R = \dot{\eta}_4\boldsymbol{i} + \dot{\eta}_5\boldsymbol{j} + \dot{\eta}_6\boldsymbol{k}\end{cases} \tag{6.82}$$

$\boldsymbol{r}$ 是位置向量，由于在平均沾湿表面 s_H 上

$$\mathrm{Re}\left[\frac{\partial}{\partial n}\left(\varphi\mathrm{e}^{-\mathrm{i}\omega t}\right)\right] = \sum_{j=1}^{6}\dot{\eta}_j n_j \tag{6.83}$$

再注意到 $\dot{\eta}_j = \mathrm{Re}(v_j\mathrm{e}^{-\mathrm{i}\omega t})$，就得到与时间 t 无关的物面条件

$$\frac{\partial\varphi}{\partial n} = \sum_{j=1} v_j n_j \tag{6.84}$$

在底部有边界条件

在水平无穷远处有远方条件

$$\lim_{r\to\infty}\sqrt{r}\left(\frac{\partial\varphi}{\partial r}-\mathrm{i}k_0\varphi\right)=0 \tag{6.86}$$

从总速度势中分出入射波部分，记

$$\varphi=\varphi_0+\varphi_p \tag{6.87}$$

则扰动势 φ_p 在物面 s_H 上适合下面的物面条件：

$$\frac{\partial\varphi_p}{\partial n}=\sum_{j=1}^{6}v_j n_j-\frac{\partial\varphi_0}{\partial n} \tag{6.88}$$

由此可见，根据叠加原理，可以把扰动势分解为以下七个组成部分：

$$\varphi_p=\sum_{j=1}^{6}v_j\varphi_j+\varphi_7 \tag{6.89}$$

其中，$\varphi_j(j=1,2,\cdots,7)$ 都和时间无关。$\varphi_j(j=1,2,\cdots,6)$ 被称为辐射势，φ_7 被称为绕射势。

辐射势和绕射势的定解条件为

$$\nabla^2\varphi_j=0,\quad \text{流场内},\quad j=1,2,\cdots,7 \tag{6.90}$$

$$\frac{\partial\varphi_j}{\partial y}-v\varphi_j=0,\quad y=0,\ v=\frac{\omega^2}{g},\ j=1,2,\cdots,7 \tag{6.91}$$

$$\frac{\partial\varphi_j}{\partial y}=0,\quad y=-h\ \text{或}\ \nabla\varphi_j\to 0,\quad y\to-\infty,\ j=1,2,\cdots,7 \tag{6.92}$$

$$\frac{\partial\varphi_j}{\partial n}=n_j,\quad j=1,2,\cdots,7,\quad \frac{\partial\varphi_7}{\partial n}=-\frac{\partial\varphi_0}{\partial n} \tag{6.93}$$

$$\varphi_j=O\left(\frac{1}{\sqrt{\rho}}e^{\mathrm{i}k_0\rho}\right),\quad j=1,2,\cdots,7 \tag{6.94}$$

在有限水深情况下，k_0 是满足色散关系 $k\tan(kh)=-v,v=\omega^2/g$ 的正根。无限水深时，$k_0=v$。总速度势为

$$\boldsymbol{\Phi}(x,y,z,t)=\mathrm{Re}\left[(\varphi_0+\varphi_7)\mathrm{e}^{-\mathrm{i}\omega t}+\sum_{j=1}^{6}v_j\varphi_j\mathrm{e}^{-\mathrm{i}\omega t}\right] \tag{6.95}$$

在得到三维物体的诸辐射势 $\varphi_j\ (j=1,2,\cdots,7)$ 和绕射势 φ_7 的情况下，运用伯努利方程(只保留一阶项)可写出作用于物体的一阶动压力

$$p(x,y,z,t) = -\rho\frac{\partial \boldsymbol{\Phi}}{\partial t} = \mathrm{Re}\left[\mathrm{i}\rho\omega(\varphi_0 + \varphi_7 + \sum_{j=1}^{6} v_j\varphi_j)\mathrm{e}^{-\mathrm{i}\omega t}\right] \tag{6.96}$$

物体受到的流体动力 (F_1,F_2,F_3) 和动力矩 (F_4,F_5,F_6) 为

$$F_k = \iint_{s_H} p n_k \mathrm{d}s = \mathrm{Re}\left[\left(f_{0k} + f_{7k} + \sum_{j=1}^{6} T_{kj} v_j\right)\mathrm{e}^{-\mathrm{i}\omega t}\right] \tag{6.97}$$

其中

$$f_{0k} = \mathrm{i}\rho\omega\iint_{s_H} \varphi_0 n_k \mathrm{d}s \tag{6.98}$$

$$f_{7k} = \mathrm{i}\rho\omega\iint_{s_H} \varphi_7 n_k \mathrm{d}s \tag{6.99}$$

$$T_{kj} = \mathrm{i}\rho\omega\iint_{s_H} \varphi_j n_k \mathrm{d}s \tag{6.100}$$

$\boldsymbol{n} = (n_1,n_2,n_3)$ 是 s_H 的单位法线向量，指向物体内部，$\boldsymbol{r}$ 是位置向量，$\boldsymbol{r}\times\boldsymbol{n} = (n_4,n_5,n_6)$；$f_{0k}$ 是入射波的力(矩)，f_{7k} 是绕射波的力(矩)，这二者之和 $f_{0k} + f_{7k}$ 是物体在规则波中受到的波浪激励力(矩)，其中 f_{0k} 占主要成分，称为弗劳德-克雷洛夫(Froude-Kriloff)力(矩)；T_{kj} 为物体作单位速度 j 态运动时受到的 k 方向辐射力(矩)。

6. AUV 波浪扰动力数学模型

AUV 在正常航行时，处于水面之下，运用上面建立的运动物体在规则波中响应的定解条件，建立回转体型 AUV 波浪扰动力计算的数学模型。

这里采用二元余弦波模型，并把其复势式(6.48)改写为

$$\Phi' = A\mathrm{e}^{\mathrm{i}(\omega t+\varepsilon)}\phi_0 \tag{6.101}$$

其中，

$$\phi_0 = \frac{\mathrm{i}g}{\omega}\exp(kz' - \mathrm{i}kx') \tag{6.102}$$

该复势是在图 6.21 中所示地面坐标系中定义的，其原点位于无波浪时的静止水面上，即 $y' = 0$，对应于无浪时水的自由表面。本书中所选用的 AUV 运动参考系为地面坐标系 $ox_0y_0z_0$，为了确定任一时刻 AUV 与波浪的相互位置关系，必须在 $ox_0y_0z_0$ 坐标系中重新定义波浪的各种参数。

设地面坐标系 $ox_0y_0z_0$ 的原点距无波浪时水面的距离为 H，当原点在水下时，H 取正值，在水面以上时，取负值。由于波浪是周期性的，在波浪传播方向，AUV 与波浪的相对位置可以利用在时间零点的波浪初相位 ε_0 来确定。波浪在地面坐标

系 $ox_0y_0z_0$ 中的方向角用 γ 来表示，于是有波浪复势在地面坐标系 $ox_0y_0z_0$ 中的表达式，即

$$\Phi' = A\exp[\mathrm{i}(\omega t+\varepsilon_0)\phi_0'] \tag{6.103}$$

$$\phi_0' = \frac{\mathrm{i}g}{\omega}\exp[-k(y_0+H)-\mathrm{i}k(x_0\cos\gamma+z_0\sin\gamma)] \tag{6.104}$$

当研究 AUV 在波浪中运动时，波浪的方向角 γ 一般称为入射角；按波浪方向与 AUV 运动方向的关系，把波浪分为随浪($\gamma=0°$)、迎浪($\gamma=180°$)、横浪($\gamma=90°,270°$)、首斜浪($90°<\gamma<180°,180°<\gamma<270°$)、尾斜浪 ($0°<\gamma<90°$, $270°<\gamma<360°$)。

由于 AUV 的动力学方程是在 AUV 体坐标系中建立的，为了研究方便，这里将波浪复势转换到体坐标系中，有

$$\boldsymbol{p} = \boldsymbol{T}_1\boldsymbol{r}+\boldsymbol{x}_{0B} \tag{6.105}$$

式中，$\boldsymbol{p}=[x_0,y_0,z_0]^{\mathrm{T}}$ 为在地面坐标系中表达的位置坐标；$\boldsymbol{r}=[x,y,z]^{\mathrm{T}}$ 为在 AUV 体坐标系中表示的位置坐标；$\boldsymbol{x}_{0B}=[x_{0B},y_{0B},z_{0B}]^{\mathrm{T}}$ 为 AUV 体坐标原点在地面坐标系中的坐标；$\boldsymbol{T}_1$ 为 AUV 体坐标系到地面坐标系的转化矩阵。

此时，式(6.103)与式(6.104)改写为

$$\Phi = A\mathrm{e}^B\phi_0 \tag{6.106}$$

式中，

$$B = -ky_{0B}+\mathrm{i}(\omega t+\varepsilon_0-kx_{0B}\cos\gamma-kz_{0B}\sin\gamma) \tag{6.107}$$

$$\begin{aligned}\phi_0 = \frac{\mathrm{i}g}{\omega}&\exp\{k(x\sin\theta+y\cos\theta\cos\varphi-z\cos\theta\sin\varphi-H)\\&-\mathrm{i}k\cos\gamma[x\cos\psi\cos\theta+y(\sin\psi\sin\varphi-\cos\psi\sin\theta\cos\varphi)\\&+z(\sin\varphi\cos\psi\sin\theta+\cos\phi\sin\psi)]\\&-\mathrm{i}k\sin\gamma[-x\sin\psi\cos\theta+y(\cos\varphi\sin\psi\sin\theta+\sin\varphi\cos\psi)\\&+z(\cos\varphi\cos\psi-\sin\phi\sin\theta\sin\psi)]\}\end{aligned} \tag{6.108}$$

当 AUV 在波浪中运动时，波浪对 AUV 产生扰动作用，AUV 对波浪产生散射作用，从而产生一个衍射势流场，因此，当计算波浪对 AUV 产生的作用力时，所用的流场应是波浪流场与衍射流场叠加后的流场。衍射流场复势 Φ'' 为

$$\Phi'' = A\mathrm{e}^B\phi_7 \tag{6.109}$$

ϕ_7 与 ϕ_0 的关系为

$$\left.\frac{\partial\phi_7}{\partial n}\right|_{S_B} = -\left.\frac{\partial\phi_0}{\partial n}\right|_{S_B} \tag{6.110}$$

式中，S_B 为 AUV 的沾湿表面积；n 为 AUV 表面的外法线方向。

因此，由波浪产生的扰动流场Φ为

$$\Phi = \Phi' + \Phi'' = A\mathrm{e}^{B}(\phi_0 + \phi_7) \tag{6.111}$$

根据线性化的拉格朗日积分，考虑到动坐标系，得到波浪产生的压力场，即

$$p = -\rho\,\mathrm{Re}\left[\frac{\partial \Phi}{\partial t} - \boldsymbol{v}\cdot\nabla\Phi\right] \tag{6.112}$$

式中，$\boldsymbol{v}$为动坐标系的牵连速度，即 AUV 的速度。

由式(6.111)与式(6.112)，并考虑到$\dot{\boldsymbol{v}} = [\dot{x}_{0B}, \dot{y}_{0B}, \dot{z}_{0B}]^{\mathrm{T}}$，得到

$$p = -\rho\,\mathrm{Re}[\mathrm{i}\omega A\mathrm{e}^{B}(\phi_0 + \phi_7)] \tag{6.113}$$

把压力p在 AUV 沾湿表面S_B上积分，就可得到波浪力F_w和波浪力矩M_w，即

$$F_w = -\iint_{S_B} p\boldsymbol{n}\,\mathrm{d}S \tag{6.114}$$

$$M_w = -\iint_{S_B} p\boldsymbol{r}\times\boldsymbol{n}\,\mathrm{d}S \tag{6.115}$$

以上两式中，$\boldsymbol{n}$为 AUV 表面的单位外法线矢量；$\boldsymbol{r}$为 AUV 体坐标系原点至 AUV 表面任一点的矢径。

把式(6.114)写成分量形式，并代入式(6.113)得

$$F_{wx} = \mathrm{Re}\left[\rho\mathrm{i}\omega A\mathrm{e}^{B}\iint_{S_B}(\phi_0 + \phi_7)n_x\,\mathrm{d}S\right] \tag{6.116}$$

$$F_{wy} = \mathrm{Re}\left[\rho\mathrm{i}\omega A\mathrm{e}^{B}\iint_{S_B}(\phi_0 + \phi_7)n_y\,\mathrm{d}S\right] \tag{6.117}$$

$$F_{wz} = \mathrm{Re}\left[\rho\mathrm{i}\omega A\mathrm{e}^{B}\iint_{S_B}(\phi_0 + \phi_7)n_z\,\mathrm{d}S\right] \tag{6.118}$$

式中，F_{wx}、F_{wy}、F_{wz}分别为波浪力F_w在坐标系三个方向的分量。同理，把式(6.115)写成分量形式，代入式(6.113)得

$$M_{wx} = \mathrm{Re}\left[\rho\mathrm{i}\omega A\mathrm{e}^{B}\iint_{S_B}(\phi_0 + \phi_7)(yn_z - zn_y)\,\mathrm{d}S\right] \tag{6.119}$$

$$M_{wy} = \mathrm{Re}\left[\rho\mathrm{i}\omega A\mathrm{e}^{B}\iint_{S_B}(\phi_0 + \phi_7)(zn_x - xn_z)\,\mathrm{d}S\right] \tag{6.120}$$

$$M_{wz} = \mathrm{Re}\left[\rho\mathrm{i}\omega A\mathrm{e}^{B}\iint_{S_B}(\phi_0 + \phi_7)(xn_y - yn_x)\,\mathrm{d}S\right] \tag{6.121}$$

式中，M_{wx}、M_{wy}、M_{wz}分别为波浪力矩M_w在坐标系三个方向的分量。利用格林公式

$$\iint_{S_B}\left(\phi_j\frac{\partial\phi_7}{\partial n} - \phi_7\frac{\partial\phi_j}{\partial n}\right)\mathrm{d}S = 0,\quad j = 1,2,\cdots,6 \tag{6.122}$$

可以合并为

$$F_{Mwj} = \mathrm{Re}\left[\rho \mathrm{i}\omega A \mathrm{e}^{B} \iint_{S_B} (\phi_0 \frac{\partial \phi_j}{\partial n} - \phi_j \frac{\partial \phi_0}{\partial n}) \mathrm{d}S\right], \quad j = 1,2,\cdots,6 \tag{6.123}$$

式中，$F_{Mw1}=F_{wx}$，$F_{Mw2}=F_{wy}$，$F_{Mw3}=F_{wz}$，$F_{Mw4}=M_{wx}$，$F_{Mw5}=M_{wy}$，$F_{Mw6}=M_{wz}$。

6.2.2 波浪对 AUV 操纵性影响的数值仿真

一般认为 AUV 在深水航行时，受水面波浪力的影响较小，可以忽略不计，而在近水面受波浪力的影响比较大，因此对 AUV 在近水面悬停状态及垂直下潜过程受波浪力的影响进行了仿真。

1. 波浪对 AUV 扰动力的数值计算

根据建立的波浪对回转体型 AUV 扰动力计算的数学模型，编制了计算 AUV 在不同海况下受到的波浪扰动力的计算程序。图 6.23 和图 6.24 给出了某 533 口径回转体型 AUV 在浮心深度分别为 2m、5m、20m、50m 条件下受到的侧向波浪力和波浪偏转力矩的曲线。

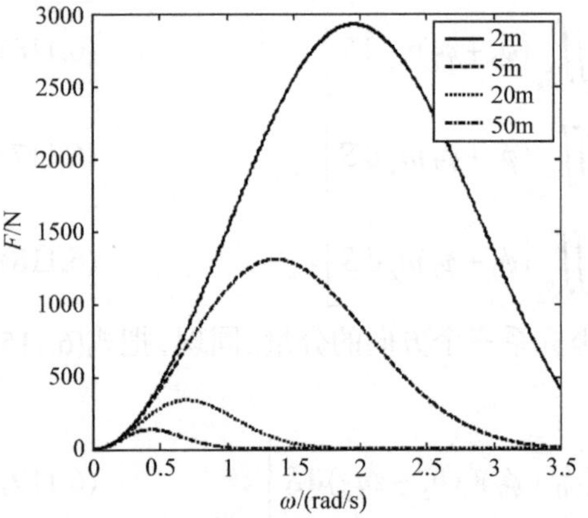

图 6.23　不同深度下的侧向波浪力曲线

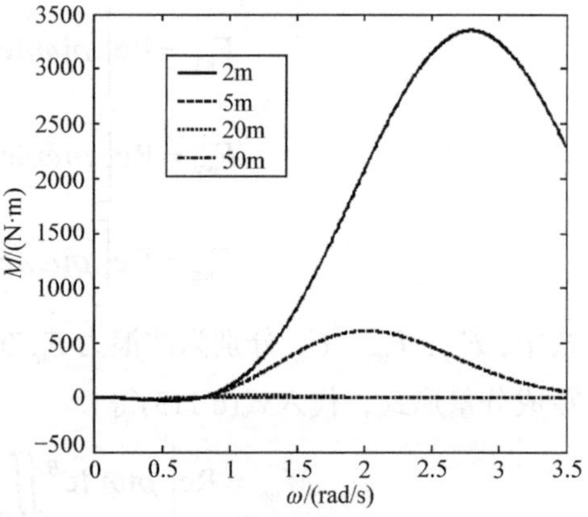

图 6.24　不同深度下的波浪偏转力矩曲线

由图 6.23 和图 6.24 可以看出，AUV 受到的波浪力和波浪力矩都随着 AUV 航行深度的增加而迅速减小，在深度达到 50m 时，AUV 受到的波浪力和力矩都很小。

2. 近水面悬停受波浪的影响

对 AUV 定点悬停于浮心深度为 2m 时的操纵性运动进行了仿真，其中波浪的方向角和初相位角都是 0°。图 6.25～图 6.27 给出了在无波浪状态、二级波浪状态、四级波浪状态下，AUV 悬停运动时的位移随时间的变化曲线，图 6.28～图 6.30 给出了在无波浪状态、二级波浪状态、四级波浪状态下，AUV 悬停运动时的速度随时间的变化曲线，图 6.31 给出了六级海况下波浪力对 AUV y_0 方向位移的影响曲线。

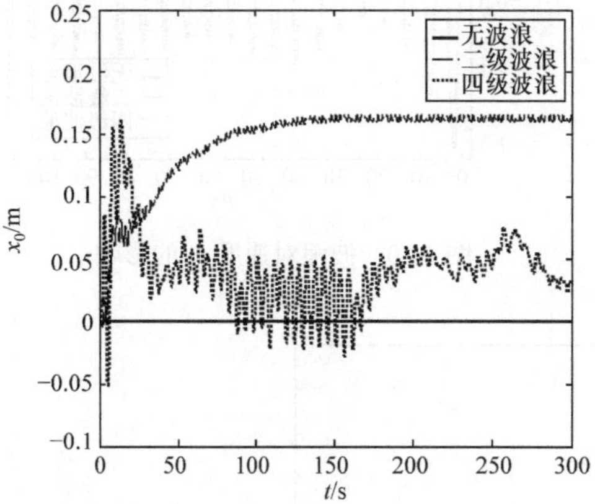

图 6.25　波浪对 x_0 方向位移的影响

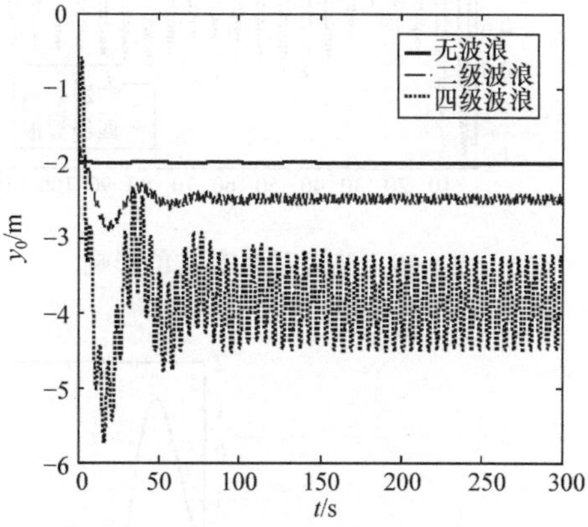

图 6.26　波浪对 y_0 方向位移的影响

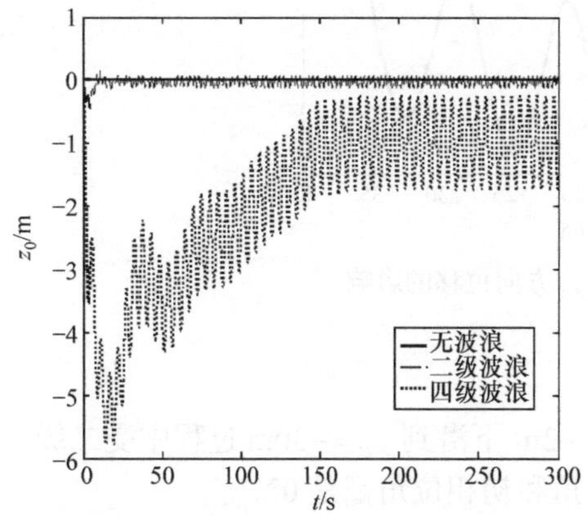

图 6.27　波浪对 z_0 方向位移的影响

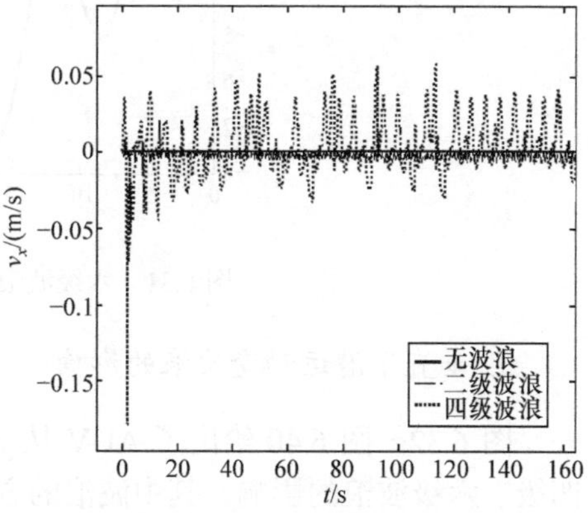

图 6.28　波浪对速度 v_x 的影响

从上述图中可以看到，在二级海况下，AUV 受波浪的影响很小，可以稳定地完成悬停任务；在四级海况下，波浪对 AUV 运动初始阶段的影响十分明显，但 AUV 仍可以完成悬停任务。从图 6.31 中可以看到，AUV 在六级波浪作用下的运动不稳定，无法完成悬停任务。

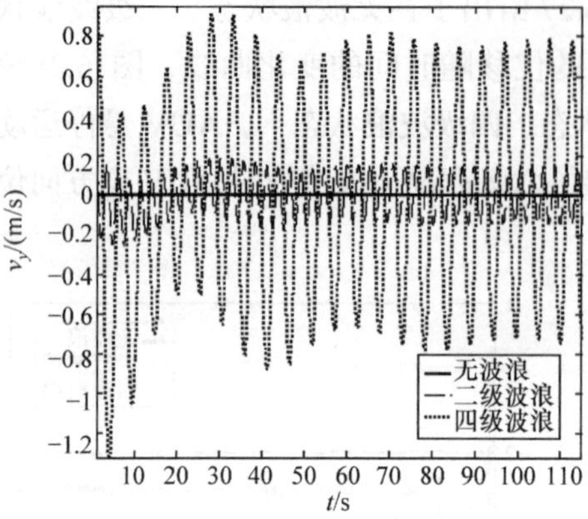

图 6.29　波浪对速度 v_y 的影响

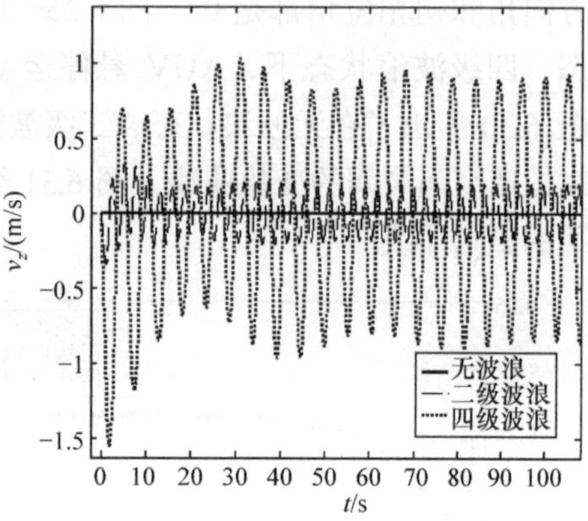

图 6.30　波浪对速度 v_z 的影响

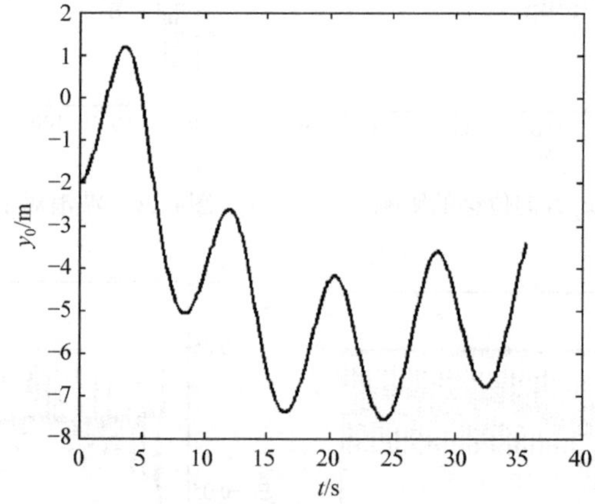

图 6.31　六级波浪对 y_0 方向位移的影响

3. 垂直下潜运动受波浪的影响

图 6.32～图 6.40 给出了 AUV 从 $y_1 = -2$m 下潜到 $y_2 = -30$m 过程中受二级、四级、六级波浪的影响，其中波浪的方向角和初相位角都是 0°。

从图 6.32～图 6.40 可以看出，二级波浪对 AUV 运动的影响较小，对位移的影响几乎可以忽略，对速度和俯仰角有一定的影响但很小；四级波浪对 AUV 运动的影响较大，对位移、速度、俯仰角都有一定的影响，但随着深度的增加，四级波浪下 AUV 的上述运动参数受海浪的影响逐渐减弱，当 AUV 定深到水下 30m 时，这些参数的变化幅值已经很小；二级海况下的波浪力及力矩都较小，而四级海况下的波浪力和力矩较大，且都随着深度的增大迅速减小；在二级海况和四级海况下，AUV 都可以完成下潜运动；在六级海况波浪的作用下，AUV 运动不稳定，不能完成下潜任务。

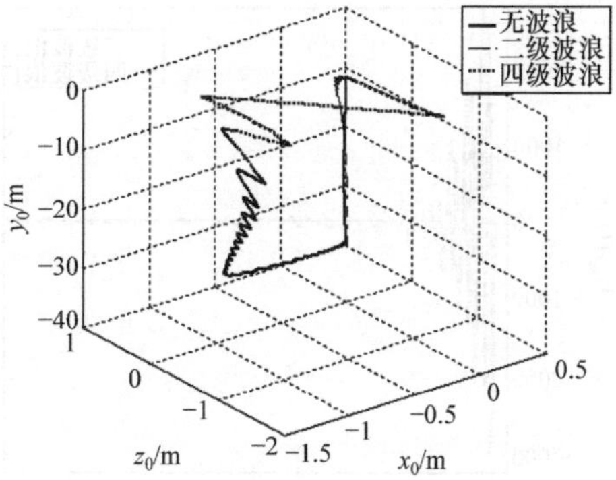

图 6.32　波浪对三维运动轨迹的影响

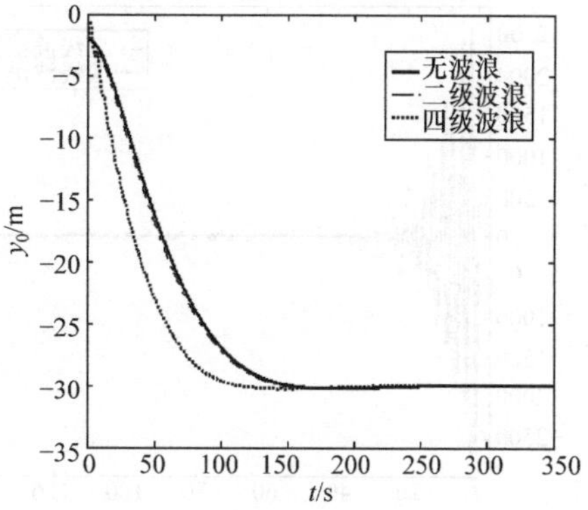

图 6.33　波浪对 y_0 的影响

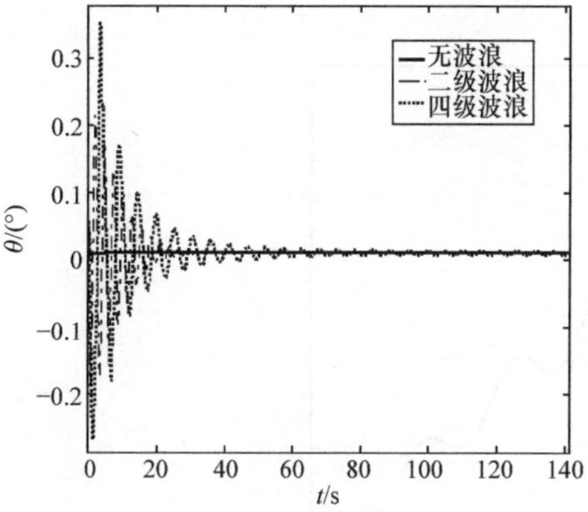

图 6.34　波浪对俯仰角的影响

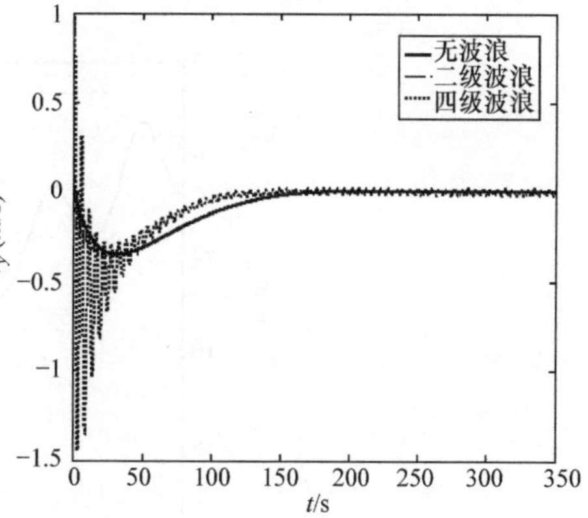

图 6.35　波浪对速度的影响

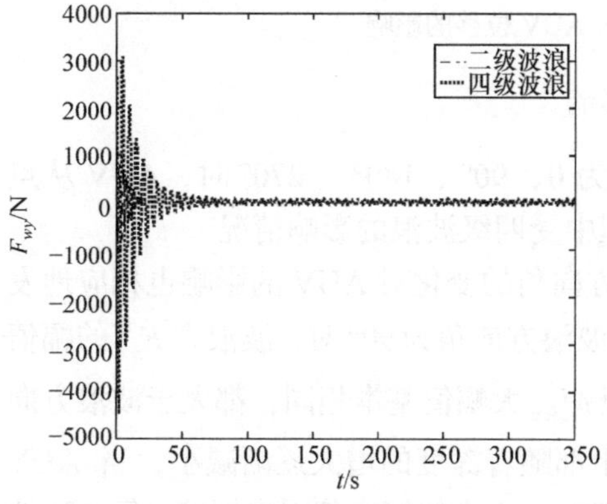

图 6.36　波浪力 F_{wy} 随时间的变化

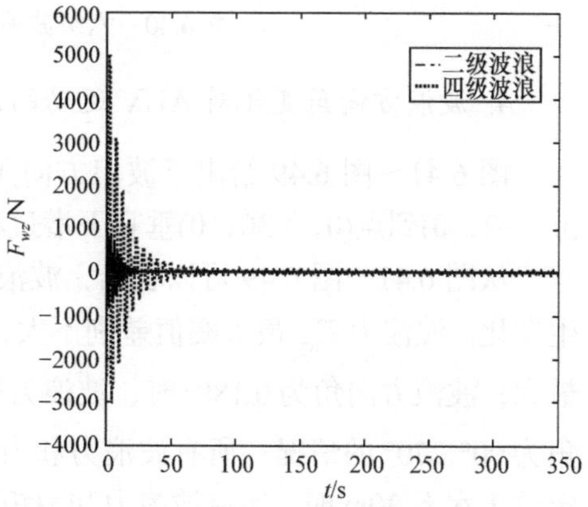

图 6.37　波浪力 F_{wz} 随时间的变化

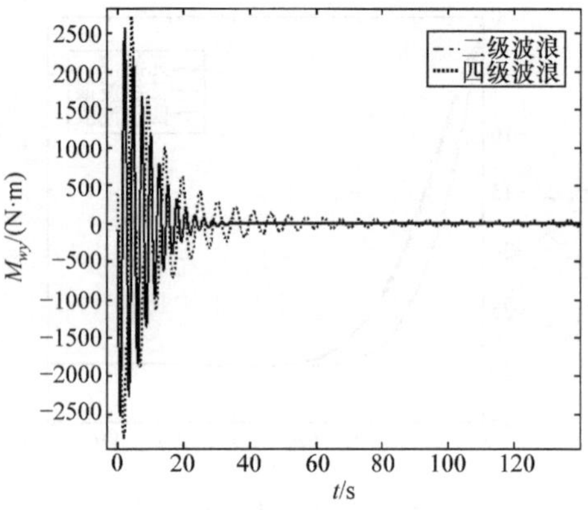

图 6.38 波浪力矩 M_{wy} 随时间的变化

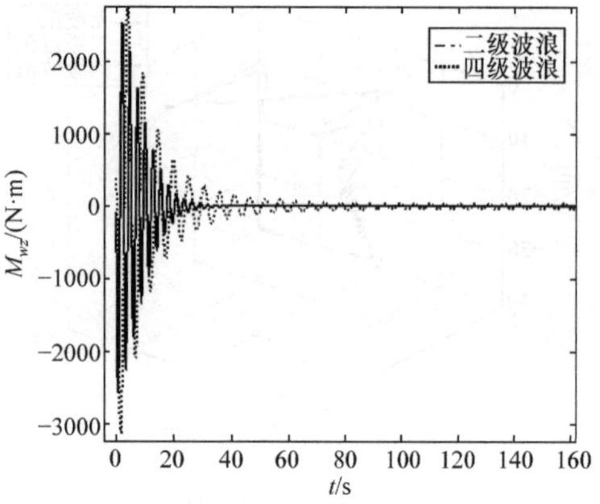

图 6.39 波浪力矩 M_{wz} 随时间的变化

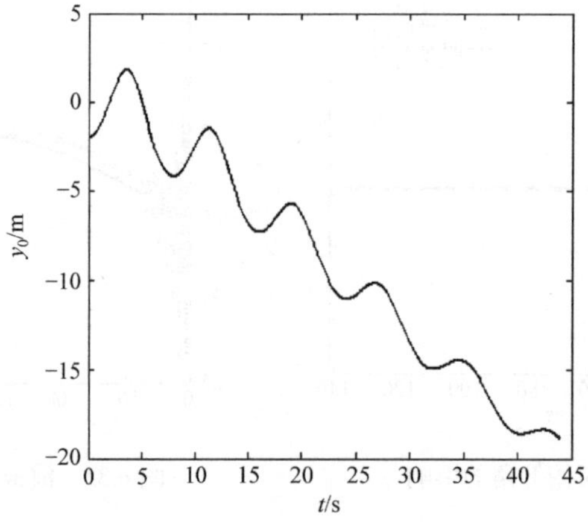

图 6.40 六级波浪对 AUV 位移的影响

4. 波浪方向角变化对 AUV 运动的影响

图 6.41～图 6.49 给出了波浪方向角为 0、90°、180°、270° 时，AUV 从点(0，–2，0)到点(0，–30，0)垂直下潜过程中受四级波浪的影响情况。

从图 6.41～图 6.49 可以看出，波浪方向角的变化对 AUV 的影响也相应地发生变化。波浪力 F_{wy} 最大幅值差别不大；波浪方向角为 90° 时，波浪力 F_{wz} 的幅值最大；波浪方向角为 0、180° 时，波浪力矩 M_{wy} 大幅值基本相同，都大于波浪方向角为 90°、270° 的情况；所有波浪力和力矩都随着深度的增大逐渐减小，当 AUV 定深于水下 30m 时，所有波浪力和力矩都在一个小的幅度范围内振荡；每一种波浪角情况下，AUV 都可以完成垂直下潜的作业任务。

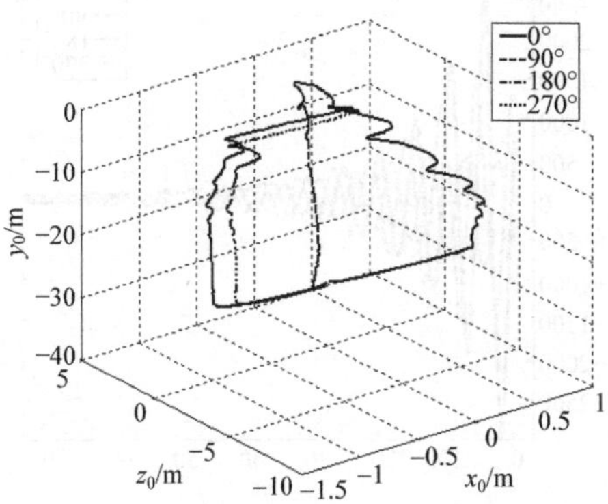

图 6.41 波浪对三维运动轨迹的影响

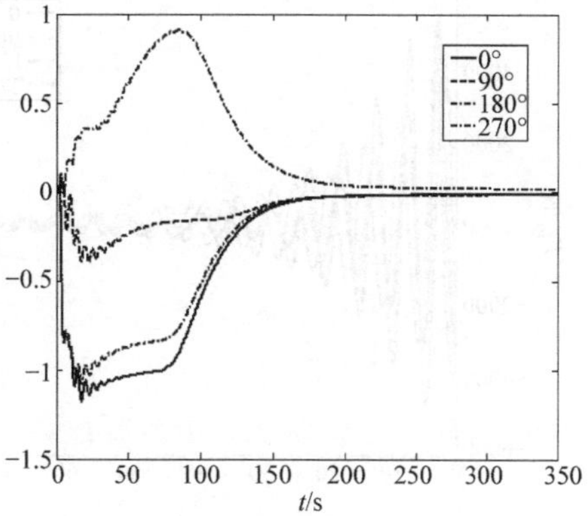

图 6.42 波浪对 x_0 的影响

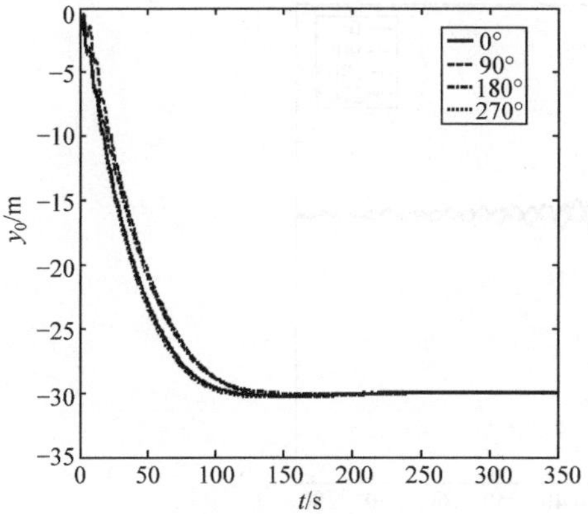

图 6.43 波浪对 y_0 的影响

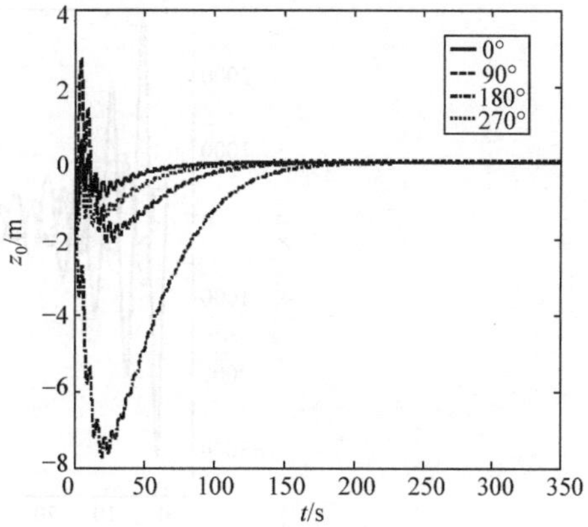

图 6.44 波浪对 z_0 的影响

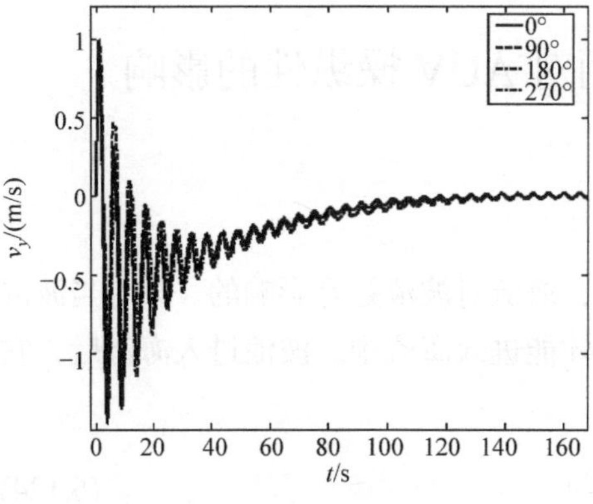

图 6.45 波浪对速度的影响

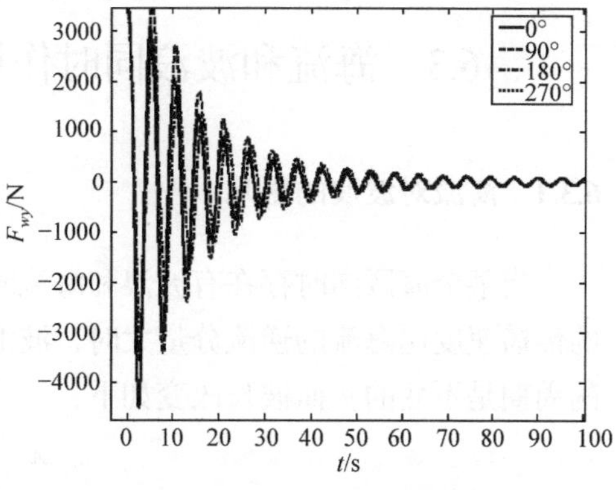

图 6.46 波浪力 F_{wy} 随时间的变化

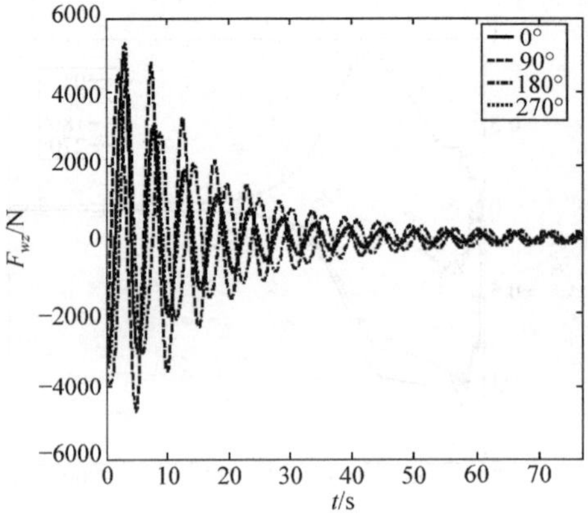

图 6.47　波浪力 F_{wz} 随时间的变化

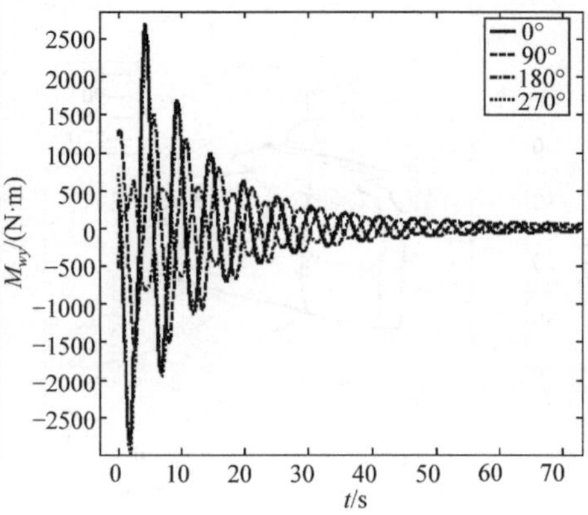

图 6.48　波浪力矩 M_{wy} 随时间的变化

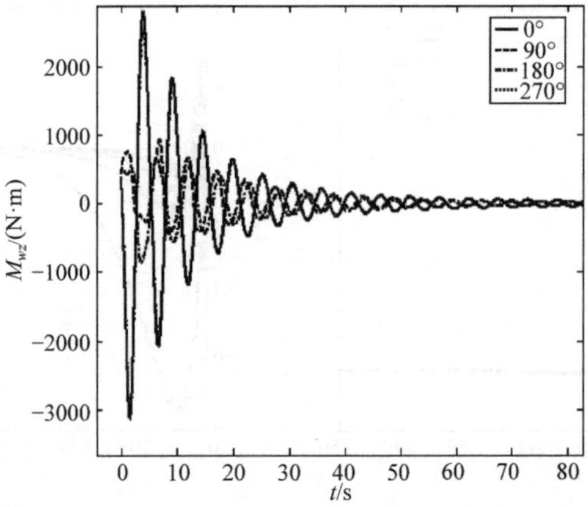

图 6.49　波浪力矩 M_{wz} 随时间的变化

6.3　海流和波浪同时作用对 AUV 操纵性的影响

6.3.1　海流对波浪的影响

当某个海区同时存在有波浪和海流时，海流对波浪是有影响的。只有当波浪的传播速度比海流的逆流分量大时，波浪才能进入海流中。波浪进入海流后，它的周期是不变的，而波长改变如下：

$$\frac{\lambda}{\lambda_0}=\frac{C_c}{C_0} \tag{6.124}$$

式中，λ 为海流中波浪的波长；λ_0 为没有受海流影响的海浪波长；C_c 为海流中的波浪对地速度；C_0 为没有受海流影响的海浪波速。

所以，波浪的传播方向和波高也会受到海流的影响。

当一个海洋运动体处于海浪和均匀海流中时,可以知道海浪周期和海流速度。假定海水是无黏性的，也就是说忽略海水的内摩擦效应，只需考虑压强而不必考虑切向的应力,同时假定海水是不可压缩的均匀流体,假定质量力是唯一的外力,流体的运动是无旋的。

首先假定坐标系与海流一起移动，如图 6.50 所示，有 $x_1 = x + v_{cd}t$ 。波速为 C_1 的规则波浪的速度势函数为

$$\boldsymbol{\Phi}(x,y,t) = \frac{\mu_1 gA}{\omega}\cos[(C_1 t - x_1)k] \tag{6.125}$$

式中，C_1 和 k 分别为海流中的波速和波数，它们有如下关系：

$$C_1^2 = \frac{g}{k}\tan(hkh) \tag{6.126}$$

周期 T 可以表示为

$$T = \frac{\lambda}{C_c} = \frac{\lambda}{C_1 + v_{cd}} \tag{6.127}$$

μ_1 为

$$\mu_1 = \frac{\cos[hk(h+z)]}{\cos(hkh)} \tag{6.128}$$

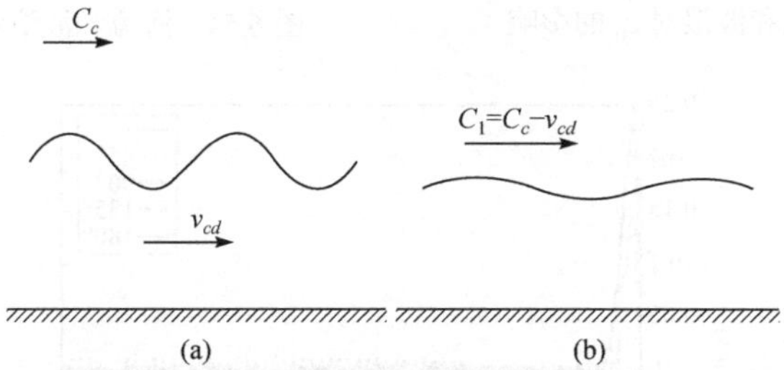

图 6.50　海浪与海流的合成

6.3.2　海流和波浪同时作用下 AUV 操纵性仿真计算

本节分析 AUV 在动力定位系统作用下在近水面悬停运动时受海流和波浪同时作用的影响，具体分析海流和波浪对 AUV 操纵性的影响。

图 6.51～图 6.55 中仿真的海流和波浪的条件为：海流速度为 0.3m/s，海流方向为 $\alpha_w = 0$ ，β_w 分别为 0、45°、90°、180° ，波浪等级为二级，波浪方向角为 0°。

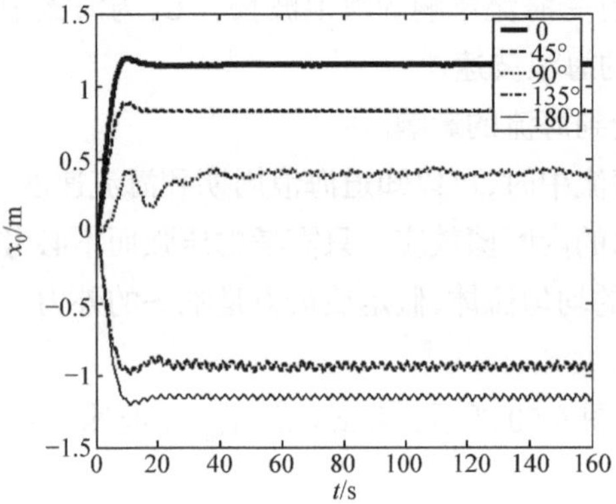

图 6.51　海流和波浪对 x_0 的影响

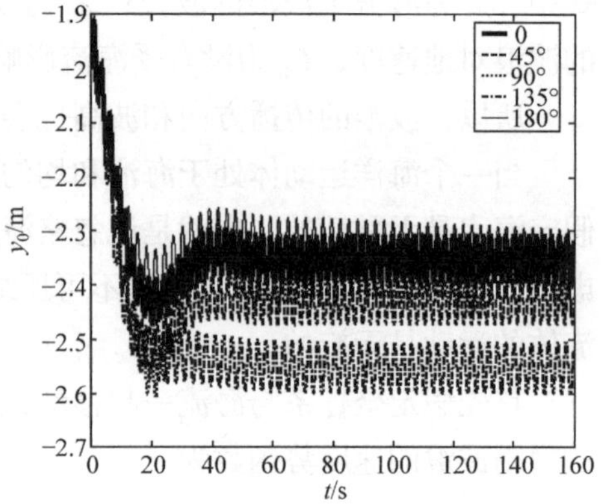

图 6.52　海流和波浪对 y_0 的影响

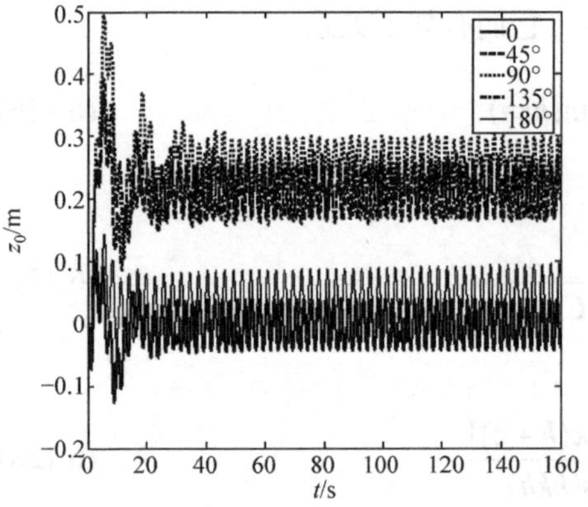

图 6.53　海流和波浪对 z_0 的影响

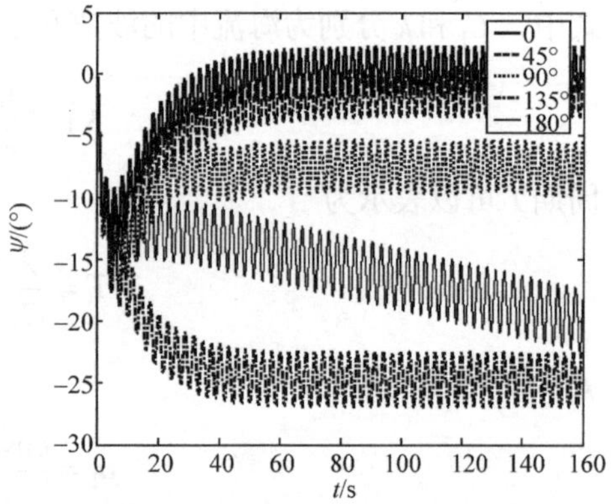

图 6.54　海流和波浪对偏航角的影响

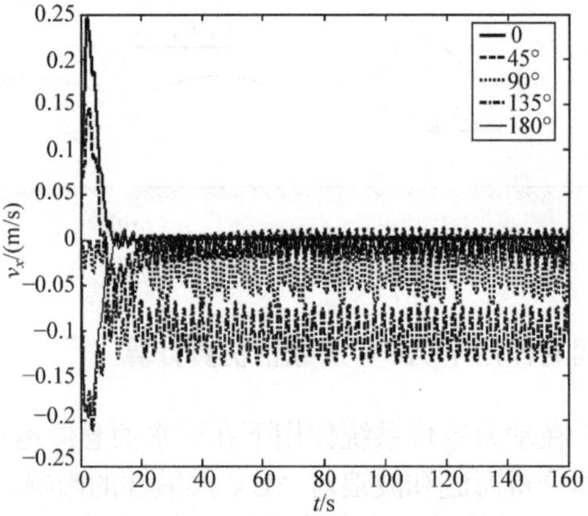

图 6.55　海流和波浪对速度 v_x 的影响

由图 6.51～图 6.55 以看出，海流和波浪同时作用对 AUV 操纵性的影响更加复杂，但 AUV 在二级海况、不同方向角海流的作用下，最终稳定地完成了在近水面的悬停作业，虽然各个参数都有一定的振荡，但最后都在某一稳定值两边周期性地变化；不同方向角海流对 AUV 操纵性的影响也不相同，例如，当海流方向角从 0、45°、90°、180° 变化时，AUV 的 x_0 方向位移的稳定值越来越小。

参 考 文 献

戴遗山. 1998. 舰船在波浪中运动的频域与时域势流理论[M]. 北京: 国防工业出版社.

杜晓旭. 2008. 低速水下航行器近水面航行操纵性研究[D]. 西安: 西北工业大学.

杜晓旭, 崔航, 向帧辉. 2016. 基于 Kane 方法的波浪驱动水下航行器动力学模型建立[J]. 兵工学报, 37(7): 1236-1244.

黄祥鹿, 范菊. 2005. 船舶与海洋结构运动的随机理论[M]. 北京: 北京航空航天大学出版社.

宋保维, 杜晓旭, 胡海豹, 等. 2007. 近水面悬停远航程 AUV 受波浪的影响[J]. 西北工业大学学报, (4): 482-486.

竺艳蓉. 1991. 海洋工程波浪力学[M]. 天津: 天津大学出版社.

Ayman B M. 2001. Identification of the hydrodynamic model of an underwater robotic vehicle heaving and pitching near the sea surface using its measured response[D]. St. John's: Memorial University of Newfoundland.

Du X X, Song B W, Meng R, et al. 2008. Effect of wave to low speed maneuvers of torpedo-like long-distance AUV[J]. Journal of System Simulation, (8): 1945-1949, 1960.

Jeffery S R. 1999. Seaway learning and motion compensation in shallow waters for small AUVs[D]. Monterey: Naval Postgraduate School.

第 7 章　拖曳系统对 AUV 操纵性的影响

为了加强水下航行器海洋探测的能力，常在水下航行器上安装带有探测传感器的拖缆或具有驻留功能的锚链，拖曳系统的安装将不可避免地会对水下航行器操纵性能产生影响。缆索和水下航行器构成一个耦合多体系统运动，航行器的运动方式从单刚体运动模式转变为多体系统刚柔耦合运动模式，使得水下航行器的运动过程具有强非线性、时变性与强耦合性的特点，极大地增加了仿真水下航行器运动操纵性的难度。

本章主要内容包括：

(1) 介绍了多体动力学的相关理论，主要包括多刚体系统动力学的牛顿-欧拉方程、达朗贝尔原理、Kane 方法、柔性多体系统的分析方法和多体系统的数值求解方法。

(2) 利用集中质量法，将缆索列在空间上离散为一系列的质量点，建立了缆索的动力学模型。

(3) 以拖曳多体系统为例，建立了拖曳系统的动力学模型，并建立了缆索的初值计算方法和边界条件，仿真分析了拖缆对水下航行器操纵性的影响。

(4) 以水下滑翔机驻留多体系统为例，建立了水下滑翔机驻留多体系统运动数学模型，研究了缆索长度变化的求解方法，并仿真分析了锚链对滑翔机驻留运动和稳定驻留特性的影响。

7.1　多体动力学理论

7.1.1　牛顿-欧拉方程

刚体的运动可以分解为刚体质心的平动和刚体绕质心的转动，其中，质心的平动可以用牛顿方程描述，而刚体绕质心的转动可以用欧拉方程来描述。

假设有一刚体质量为 m，质心在 C 点，质心处的位置矢量为 $\boldsymbol{r}$，则质心处的加速度为 $\ddot{\boldsymbol{r}}$；设刚体绕质心转动的角速度为 $\boldsymbol{\omega}$，角加速度为 $\boldsymbol{\varepsilon}$，刚体的惯量矩阵为 $\boldsymbol{J}$，刚体所受外力为 $\boldsymbol{F}$，外力对刚体质心的力矩为 $\boldsymbol{M}$，则刚体质心处的外力可以表示为

$$\boldsymbol{F} = m\ddot{\boldsymbol{r}} \tag{7.1}$$

刚体质心处的外力矩可以表示为

$$\boldsymbol{M}=\boldsymbol{J}\boldsymbol{\varepsilon}+\boldsymbol{\omega}\times\boldsymbol{J}\boldsymbol{\omega} \tag{7.2}$$

式(7.1)和式(7.2)分别为表示刚体外力的牛顿方程和表示刚体外力矩的欧拉方程。

7.1.2 达朗贝尔原理

在质点系运动的任意时刻，若在每一个质点 P_i 上加上惯性力 $-m\ddot{\boldsymbol{r}}_i$，则该质点在虚加的惯性力以及真实的主动力 $\boldsymbol{F}_i^a$ 和理想约束力 $\boldsymbol{F}_i^n$ 的作用下处于平衡状态，即构成平衡力系。对每个质点 P_i，有平衡方程：

$$\boldsymbol{F}_i^a+\boldsymbol{F}_i^n+\left(-m\ddot{\boldsymbol{r}}_i\right)=0 \tag{7.3}$$

对于该质点系，有

$$\begin{aligned}&\sum\boldsymbol{F}_i^a+\sum\boldsymbol{F}_i^n+\sum\left(-m\ddot{\boldsymbol{r}}_i\right)=0\\&\sum\boldsymbol{M}_O\left(\boldsymbol{F}_i^a\right)+\sum\boldsymbol{M}_O\left(\boldsymbol{F}_i^n\right)+\sum\boldsymbol{M}_O\left(-m\ddot{\boldsymbol{r}}_i\right)=0\end{aligned} \tag{7.4}$$

即在任意瞬时，作用于质点系的主动力、约束力和惯性力所构成的力系的主矢为零，该力系对任一点 O 的主矩也等于零。

7.1.3 Kane 方法

Kane 方法是由美国斯坦福大学的 Kane 教授根据他本人提出的“偏速度”、“偏角速度”等概念以及适当选取广义速率的原则发展并完善的一种建立复杂多刚体系统动力学方程的有效方法，其基本思想源于吉布斯和阿佩尔的伪坐标和伪速度概念。Kane 方法的基本步骤是利用广义速率代替广义坐标作为独立变量描述系统运动，并引入偏速度、偏角速度的概念，求出系统的广义主动力和广义惯性力，最后基于达朗贝尔原理导出 Kane 动力学方程。

Kane 方法主要有以下特点：

(1) 不考虑理想约束力；

(2) 比拉格朗日函数或吉布斯函数效率更高；

(3) 综合了矢量力学和分析力学的优点；

(4) 既适合于完整系统，也适合于非完整系统；

(5) 步骤基本上程式化，易于在计算机上完成。

1. 广义速率

一般情况下，有 f 个自由度的动力学系统的运动必须用 f 个独立变量来描述。若系统在参考系 A 中的位形以 f 个广义坐标 $q_j\left(j=1,2,\cdots,f\right)$ 描述，定义从组成系统的质点速度或刚体角速度中选择 f 个独立变量 $u_r\left(r=1,2,\cdots,f\right)$，称为具有速度

或角速度量纲的独立变量为广义速率。广义速率可表示为

$$u_r = \sum_{j=1}^{f} Y_{rj}\dot{q}_j + Z_r, \quad r = 1,2,\cdots,f \tag{7.5}$$

其中，Y_{rj}和$Z_r\left(r, j=1,2,\cdots,f\right)$为广义坐标$q_j\left(j=1,2,\cdots,f\right)$和时间$t$的函数。

2. 偏速度和偏角速度

确定系统的广义坐标$q_j\left(j=1,2,\cdots,f\right)$和广义速率$u_r\left(r=1,2,\cdots,f\right)$后，则系统中任意质点$M$的速度和任意刚体$N$的角速度可表示为

$$\begin{aligned} \boldsymbol{v}_v &= \sum_{r=1}^{f} \boldsymbol{v}_v^{(r)} u_r + \boldsymbol{v}_v^{(t)} \\ \boldsymbol{\omega}_i &= \sum_{r=1}^{f} \boldsymbol{\omega}_i^{(r)} u_r + \boldsymbol{\omega}_i^{(t)} \end{aligned} \tag{7.6}$$

其中，$\boldsymbol{v}_v^{(r)},\boldsymbol{\omega}_i^{(r)},\boldsymbol{v}_v^{(t)},\boldsymbol{\omega}_i^{(t)}$均为广义坐标$q_j\left(j=1,2,\cdots,f\right)$和时间$t$的函数。$\boldsymbol{v}_v^{(r)}$为质点$M$在参考系$A$中的第$r$个偏速度；$\boldsymbol{\omega}_i^{(r)}$为刚体$N$在参考系$A$中的第$r$个偏角速度。

3. 广义主动力和广义惯性力

对于质点M，$\boldsymbol{f}_v$为作用于M的各主动力，$\boldsymbol{f}_v^*$为M的达朗贝尔惯性力，即$\boldsymbol{f}_v^* = -m_v \ddot{\boldsymbol{r}}_v$，$\boldsymbol{v}_v^{(r)}\left(r=1,2,\cdots,f\right)$为$M$在参考系$A$中的第$r$个偏速度，则质点$M$的广义主动力和广义惯性力为

$$\begin{aligned} F^{(r)} &= \sum_{v} \boldsymbol{f}_v \cdot \boldsymbol{v}_v^{(r)}, \quad r=1,2,\cdots,f \\ F^{*(r)} &= \sum_{v} \boldsymbol{f}_v^* \cdot \boldsymbol{v}_v^{(r)}, \quad r=1,2,\cdots,f \end{aligned} \tag{7.7}$$

对于刚体N，$\boldsymbol{v}_o^{(r)}$和$\boldsymbol{\omega}^{(r)}$分别为刚体$N$上任意参考点$O$的第$r$个偏速度和刚体的第$r$个偏角速度，$\boldsymbol{F}$和$\boldsymbol{M}$分别为作用在刚体$N$上的外力主动力和对$O$点的力矩，$\boldsymbol{F}^*$和$\boldsymbol{M}^*$分别为刚体$N$的惯性力和对$O$点的力矩，则刚体$N$的广义主动力和广义惯性力为

$$\begin{aligned} F^{(r)} &= \boldsymbol{F} \cdot \boldsymbol{v}_o^{(r)} + \boldsymbol{M} \cdot \boldsymbol{\omega}^{(r)} \\ F^{*(r)} &= \boldsymbol{F}^* \cdot \boldsymbol{v}_o^{(r)} + \boldsymbol{M}^* \cdot \boldsymbol{\omega}^{(r)} \end{aligned} \tag{7.8}$$

4. Kane 方程

对于有f个自由度的完整系统，确定f个广义速率后，可计算系统内各质点

及各刚体的偏速度和偏角速度，以及各广义主动力和广义惯性力。根据达朗贝尔原理，每个广义速率所对应的广义主动力和广义惯性力之和为零。所得到的 f 个标量方程为系统的动力学方程，即 Kane 方程为

$$F^{(r)} + F^{*(r)} = 0, \quad r = 1, 2, \cdots, f \tag{7.9}$$

7.1.4 柔性多体系统动力学

随着多体系统规模越来越庞大，构成越来越复杂，工程中复杂多体系统的部分组件越来越多地采用柔性材料，以往将组件作为刚体假设的多刚体系统动力学已经无法解释含有柔性组件的复杂多体系统动力学特性，因此必须考虑多体系统中组件的大范围运动和组件本身的变形。根据参考坐标系选取的不同，柔性体建模的方法可以分为三种：浮动坐标方法、有限元方法(又称随转坐标方法)和绝对节点坐标方法(又称惯性坐标系方法)。

1. 浮动坐标方法

浮动坐标方法是将多刚体动力学和结构动力学结合的一种方法，这种方法使多刚体动力学软件拓展应用于柔性多体系统成为可能，也是工程上使用比较广泛的方法。

变形体在运动过程中的各质点之间有相对位移，建立的坐标系不能与变形体固连，需要“浮动”在变形体内，称为浮动坐标系。图 7.1 给出了变形体示意图。

在浮动坐标系下，柔性多体系统的动力学方程为

$$\begin{bmatrix} \boldsymbol{A} & \boldsymbol{\Phi}_q^{\mathrm{T}} \\ \boldsymbol{\Phi}_q & \boldsymbol{0} \end{bmatrix} \begin{bmatrix} \ddot{\boldsymbol{q}} \\ \boldsymbol{\lambda} \end{bmatrix} = \begin{bmatrix} \boldsymbol{B} \\ \boldsymbol{\xi} \end{bmatrix} \tag{7.10}$$

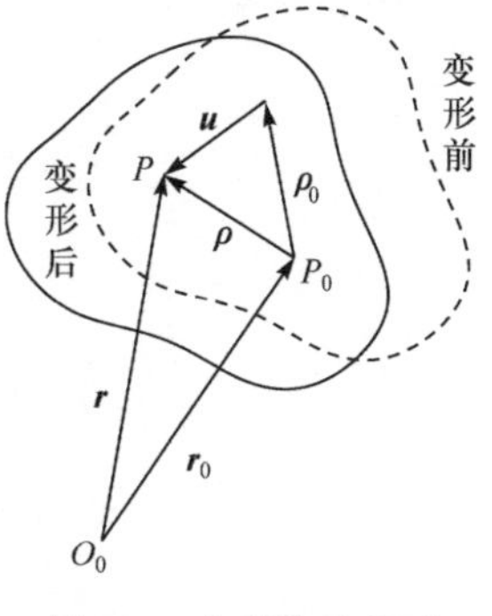

图 7.1　变形体示意图

式中，$\boldsymbol{A}$ 为系统质量矩阵；$\boldsymbol{\Phi}_q$ 为约束方程的雅可比矩阵，即以浮动坐标 $\boldsymbol{q}$ 表示的约束方程 $\boldsymbol{\Phi}(q,t)$ 对坐标 $\boldsymbol{q}$ 的偏导数；$\boldsymbol{\Phi}_q^{\mathrm{T}}$ 为 $\boldsymbol{\Phi}_q$ 的转置；$\boldsymbol{B}$ 为系统广义弹性力矩阵和系统的广义外力矩阵；$\boldsymbol{\lambda}$ 为拉格朗日乘子；$\boldsymbol{\xi}$ 为加速度约束方程的右项，$\boldsymbol{\xi} = -\left(\boldsymbol{\Phi}_q \dot{\boldsymbol{q}}\right)_q \dot{\boldsymbol{q}} - 2\boldsymbol{\Phi}_{qt}\dot{\boldsymbol{q}} - \boldsymbol{\Phi}_{tt}$，下标表示求偏导数。

2. 有限元方法

有限元方法源于计算结构动力学，是基于浮动坐标系将复杂形状和边界条件的变形体分割为有限个单元，每个单元的坐标系随着弹性体内部的每个单元的平均刚体运动而运动，即随转坐标系，这使对每个单元选取变形模式变得容易。

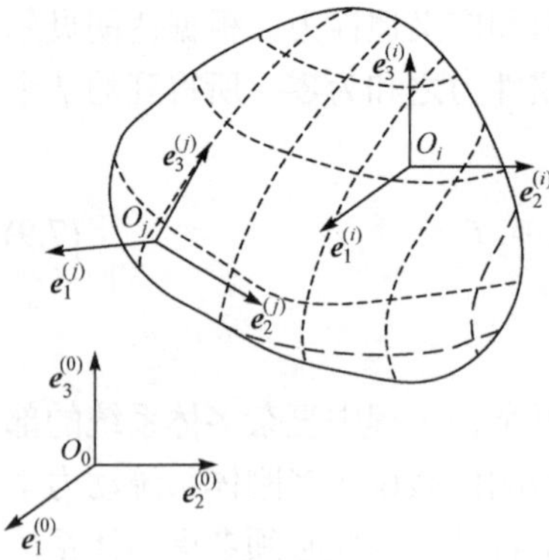

图 7.2 有限单元坐标系统

有限元方法主要用于大位移、大转角和小应变结构的建模。有限单元坐标系统如图 7.2 所示。

在随转坐标下，柔性多体系统的动力学方程为

$$\boldsymbol{M}\ddot{\boldsymbol{q}} + \boldsymbol{K}\boldsymbol{q} + \boldsymbol{\Phi}_q^{\mathrm{T}}\boldsymbol{\lambda} = \boldsymbol{Q} \tag{7.11}$$

式中，$\boldsymbol{M}$ 为系统质量矩阵；$\boldsymbol{q}$ 为广义坐标；$\boldsymbol{K}$ 为系统刚度矩阵；$\boldsymbol{\Phi}_q$ 为用广义坐标 $\boldsymbol{q}$ 表示的系统约束方程 $\boldsymbol{\Phi}(q,t)$ 的雅可比矩阵；$\boldsymbol{\Phi}_q^{\mathrm{T}}$ 为 $\boldsymbol{\Phi}_q$ 的转置；$\boldsymbol{\lambda}$ 为拉格朗日乘子；$\boldsymbol{Q}$ 为系统广义弹性力矩阵和系统的广义外力矩阵。

3. 绝对节点坐标方法

绝对节点坐标方法源于大变形非线性有限元和连续体力学原理，不再区别物体的刚体运动和变形，采用一致质量有限元对柔性体进行离散，其基本思想是将有限元法中的单元节点用惯性坐标系的绝对坐标描述，用斜率矢量代替传统有限元方法使用的节点转角坐标。图 7.3 给出了单元内点的绝对坐标。

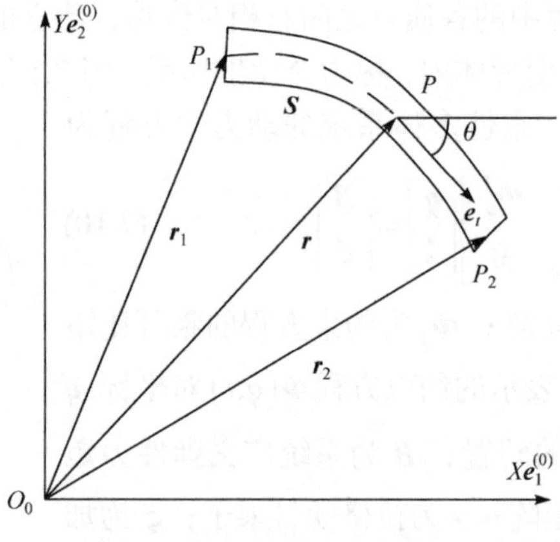

图 7.3 单元内点的绝对坐标

在惯性坐标系下，柔性多体系统的动力学方程为

$$\begin{cases} \boldsymbol{A}\ddot{\boldsymbol{w}} + \boldsymbol{\Phi}_w^{\mathrm{T}}\boldsymbol{\lambda} = \boldsymbol{B} \\ \boldsymbol{\Phi}(\boldsymbol{w},t) = 0 \end{cases} \tag{7.12}$$

式中，$\boldsymbol{A}$ 为由单元质量矩阵组成的系统常数质量矩阵；$\boldsymbol{\Phi}(\boldsymbol{w},t)$ 为以绝对节点坐标 $\boldsymbol{w}$ 表示的约束方程；$\boldsymbol{\Phi}_w$ 为约束方程的雅可比矩阵，即 $\boldsymbol{\Phi}(w,t)$ 对绝对节点坐标 $\boldsymbol{w}$

的偏导数；$\boldsymbol{\Phi}_w^{\mathrm{T}}$ 为 $\boldsymbol{\Phi}_w$ 的转置；$\boldsymbol{B}$ 为由单元弹性力矩阵组成的系统广义弹性力矩阵和系统的广义外力矩阵；$\boldsymbol{\lambda}$ 为拉格朗日乘子。

7.1.5　多体系统动力学的数值解法

求 n 维一阶常微分方程组

$$\begin{cases} \dot{y}_i = f\left(t_i, y_i\right), & t_0 \leqslant t_i \leqslant t_n \\ y_i(0) = y_{it_0}, & t_i = t_0 \end{cases} \tag{7.13}$$

在 $t_0 \leqslant t_i \leqslant t_n$ 的解 y_i 的问题成为常微分方程组的初值问题。许多类型的多体系统动力学方程均可变换为上述的形式，仿真计算的直接数值方法将归结为常微分方程初值问题，通常 $f\left(t_i, y_i\right)$ 是关于变量 y_i 和时间 t_i 的非线性函数，精确求解是不可能的，只能求助数值方法，寻找方程精确解的近似值。以下简要介绍多体系统动力学中常用的常微分方程初值问题求解方法。

1. 常微分方程离散变量方法

常微分方程形式的多体系统动力学数学模型为

$$\begin{cases} A(q)\ddot{q} = B\left(t, q, \dot{q}\right), & t \in \left[t_0, t_f\right] \\ q(0) = q_{t_0}, & \dot{q}(0) = \dot{q}_{t_0} \end{cases} \tag{7.14}$$

其中，$q \in \mathrm{R}^n$ 为广义坐标，$A \in \mathrm{R}^{n \times n}$ 为广义质量，$B \in \mathrm{R}^n$ 为广义力，$t \in \mathrm{R}$ 为时间，n 为系统自由度数，$q(0)$ 和 $\dot{q}(0)$ 分别为系统初始位置和初始速度。

一般将多体动力学方程化为一阶常微分方程组的形式：

$$\begin{cases} \dot{y} = f(t, y) \\ y(0) = y_{t_0} \end{cases} \tag{7.15}$$

连续的常微分方程初值问题离散变量方法主要有对导数直接离散法、数值求积法和泰勒展开法。

2.常微分方程数值求解的单步法

常微分方程数值求解低阶单步法主要有如下公式：

一阶显示欧拉公式

$$y_{i+1} = y_i + hf\left(t_i, y_i\right) \tag{7.16}$$

一阶隐式欧拉公式

$$y_{i+1} = y_i + hf\left(t_{i+1}, y_{i+1}\right) \tag{7.17}$$

二阶隐式梯形公式

$$y_{i+1}=y_i+\frac{h}{2}\big(f(t_i,y_i)+f(t_{i+1},y_{i+1})\big) \tag{7.18}$$

二阶隐式中点公式

$$y_{i+1}=y_i+hf\left(t_{i+\frac{1}{2}},\frac{1}{2}(y_i+y_{i+1})\right) \tag{7.19}$$

常微分方程数值求解高阶单步法常用 Runge-Kutta 方法。S 级 Runge-Kutta 方法的格式为

$$\begin{cases} y_{i+1}=y_i+h\sum\limits_{j=1}^{s}b_jk_j \\ k_j=f\left(t_i+c_jh,y_i+h\sum\limits_{l=1}^{s}a_{j,l}k_l\right) \end{cases},i=0,1,2\cdots,N-1;j=1,2,\cdots,s \tag{7.20}$$

其中，最常用的是 4 级 4 阶 Runge-Kutta 法，公式为

$$\begin{cases} y_{i+1}=y_i+\frac{h}{6}(k_1+2k_2+2k_3+k_4) \\ k_1=f(t_i,y_i) \\ k_2=f\left(t_i+\frac{h}{2},y_i+\frac{k_1}{2}\right) \\ k_3=f\left(t_i+\frac{h}{2},y_i+\frac{k_2}{2}\right) \\ k_4=f(t_i+h,y_i+k_3) \end{cases} \tag{7.21}$$

3. 常微分方程数值求解的线性多步法

常微分方程数值求解的线性 S 步方法的一般形式为

$$\sum_{j=0}^{s}\alpha_jy_{i+j}=h\sum_{j=0}^{s}\beta_jf(t_{i+j},y_{i+j}),\quad i=0,1,2\cdots,N-1 \tag{7.22}$$

常见的线性多步法有 Adams 方法和 BDF 方法(向后差分法)。各种方法的计算公式如下：

显式 Adams 公式

$$y_{i+1}=y_i+h\sum_{l=0}^{s}\beta_{sl}f_{i-l} \tag{7.23}$$

隐式 Adams 公式

$$y_{i+1}=y_i+h\sum_{l=0}^{s}\beta_{sl}^{*}f_{i-l+1} \tag{7.24}$$

BDF 公式

$$y_{i+s} = \sum_{j=0}^{s-1} \alpha_j y_{i+j} + h\beta f_{i+s} \tag{7.25}$$

4. 常微分方程数值求解的直接积分法

常微分方程数值求解的直接积分法常用的是广义-α类直接积分方法。对于如下形式的动力学方程：

$$\begin{cases} \dot{q} = v\ddot{q} \\ A(q)\dot{v} = B(t,q,v) \end{cases} \tag{7.26}$$

广义-α类直接积分方法的基本离散形式为

$$\begin{cases} q_{i+1} = q_i + hv_i + h^2\left(\dfrac{1}{2} - \beta\right)\dot{v}_i + h^2\beta\dot{v}_{i+1} \\ v_{i+1} = v_i + h(1-\gamma)\dot{v}_i + h\gamma\dot{v}_{i+1} \\ \alpha_m A(q_i)\dot{v}_i + (1-\alpha_m)A(q_{i+1})\dot{v}_{i+1} = \alpha_f B(t_i, q_i, v_i) + (1-\alpha_f)B(t_{i+1}, q_{i+1}, v_{i+1}) \end{cases} \tag{7.27}$$

7.2　缆索动力学模型的建立

7.2.1　缆索运动姿态研究方法

对于水下缆索运动姿态的研究，目前国内外的主要研究方法有如下几种。

1) 集中质量法

集中质量法主要是将缆索在空间上离散为一系列的节点，节点之间由弹性无摩擦轻质弹簧相连，缆索离散后的微元段质量集中于这些节点上，所受到的流体阻力、附加质量力、重力和浮力等也都集中在这些节点上，在分析了每个节点的所有受力后，应用牛顿第二定律，采用应力-应变关系作为缆索求解的连续性条件，形成一系列常微分方程组，并通过龙格库塔数值积分算法对方程组进行积分求解。

集中质量法物理意义明确，算法简便，具有相当广泛的适用性及扩展性。但当采用显示求解算法时，为了满足稳定性条件，计算时间步长比较小，因此需要大量的计算时间。

2) 有限差分法

有限差分法将缆索的动力学方程和连续性方程在缆索局部坐标系下展开，建立缆索微元的控制方程，并采用牛顿迭代法进行数值求解。由于采用隐式时间、空间积分，该算法对于大时间步长仍具有较好的稳定性，计算量较小，适用于模拟大时间尺度的运动。然而，当缆索上出现零张力时，采用有限差分法将会产生奇异，使得计算失稳；同时有限差分法所建立的缆索运动方程中，在缆长方向上的导数隐含的缆索物理特征量应均匀一致，不能有较大的突变。对于物理量不均匀水下缆索，有限差分法很可能会造成较大计算误差。

3) 直接积分法

直接积分法将缆索的动力学方程和连续性条件在缆索局部坐标系下展开，建立了缆索微元的控制方程，然后将缆索的运动姿态视为一个两点边值问题，通过 Newton-Raphson 或其他方法迭代求解，最终使得缆索在首尾两端的边界条件均得以满足，这种方法所需内存量较小，算法针对一些情况经优化后可获得比较高的运算效率。

由于集中质量法算法简便，应用最为广泛，本节采用集中质量法建立缆索的运动模型，将缆索列在空间上离散为一系列的质量点，质量点之间由弹性无摩擦的弹簧相连，离散后的缆索列微元段的质量均集中于这些质量点上(如图 7.4 所示)，其所受到的流体阻力、附加质量、重力和浮力等也都集中在这些质量点上。应用牛顿第二定理建立每个质量点的动力学方程，并采用应力-应变关系作为缆索列求解的连续性条件，形成一系列常微分方程组，通过龙格库塔数值积分算法对方程组进行积分求解。

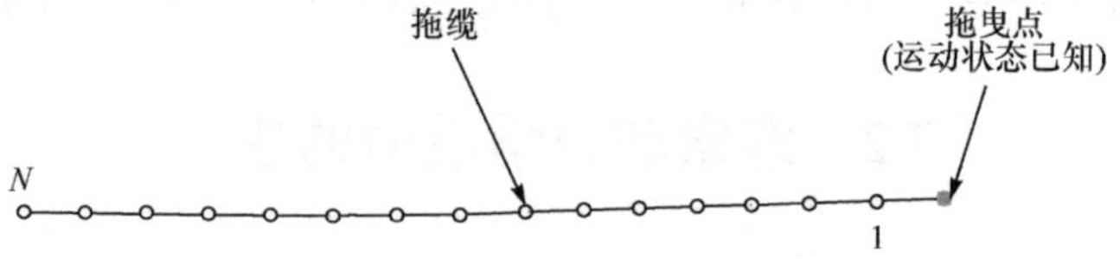

图 7.4　缆索节点分布示意图

7.2.2　坐标系建立

为便于缆索的运动学分析和动力学分析，选取并建立如图 7.5 所示的两种坐标系，分别为地面坐标系 $Ex_0y_0z_0$ 与缆索局部坐标系 $C_ibtn\,(i=1,\cdots,N)$。

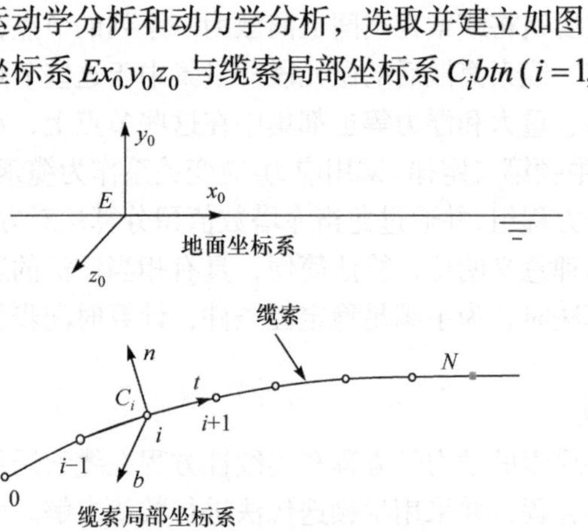

图 7.5　坐标系示意图

1. 地面坐标系 $Ex_0y_0z_0$

$Ex_0y_0z_0$ 为空间固定的笛卡儿坐标，该坐标系的原点设在水平面上。$(\boldsymbol{i},\boldsymbol{j},\boldsymbol{k})$ 分别为这一坐标系在三个方向上的单位坐标矢量，其中矢量 $\boldsymbol{k}$ 垂直向上，之后所有的数学模型均以这一坐标系为基准，所有计算也均转换到这一坐标系进行计算。

2. 缆索局部坐标系 C_ibtn

C_ibtn 位于缆索的微元段上，轴 $\boldsymbol{t}$ 表示缆索的切向，正方向为缆索微元的增长方向；而(θ_i,φ_i)为缆索微元段相对于地面坐标系的姿态角，缆索局部坐标系的三个单位坐标矢量以黑体 $(\boldsymbol{b},\boldsymbol{t},\boldsymbol{n})$ 表示。

对于第 i 个缆索微元段，其在地面坐标系下的姿态角如图 7.6 所示。

由图 7.6 可知，缆索微元段的姿态角定义如下：

$$l_i = \sqrt{(x_i - x_{i-1})^2 + (y_i - y_{i-1})^2 + (z_i - z_{i-1})^2} \tag{7.28}$$

$$\varphi_i = \arcsin\left(\frac{y_i - y_{i-1}}{l_i}\right) \tag{7.29}$$

$$\theta_i = \begin{cases} \arcsin\left(\dfrac{z_i - z_{i-1}}{l_i \cos\varphi_i}\right), & \varphi_i \neq \dfrac{\pi}{2} \\ 0, & \varphi_i = \dfrac{\pi}{2} \end{cases} \tag{7.30}$$

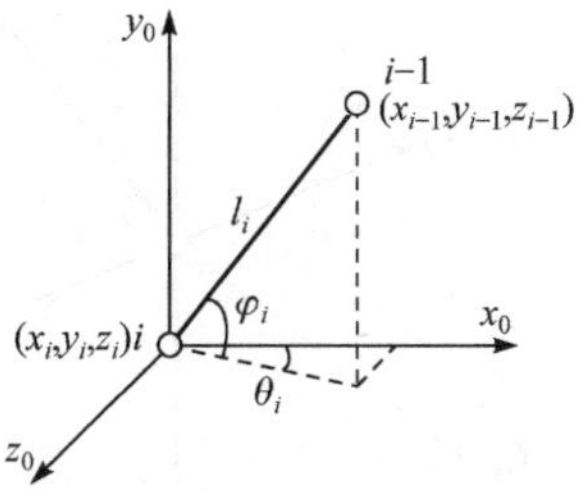

图 7.6　缆索微元段姿态角

其中，l_i 为缆索微元段伸长后的长度；(x_i,y_i,z_i) 为第 i 个集中质量点在地面坐标系的坐标。

由图 7.6 易得，欧拉角 θ_i、φ_i 也可用来表示缆索局部坐标系和地面坐标系之间的转换关系，从而可计算得到缆索局部坐标系到地面坐标系之间的转换矩阵，缆索局部坐标系经过如下两次旋转，即可得到地面坐标系：

(1) 沿缆索局部坐标系的轴 $\boldsymbol{b}$ 顺时针旋转 φ_i 角度；

(2) 沿旋转后的轴 $\boldsymbol{n}'$ 逆时针旋转 θ_i 角度。

此时，经过两次旋转后两坐标系重合，它们之间的转换关系 $\boldsymbol{C}_E^i$ 可表示为

$$\boldsymbol{C}_E^i = \begin{bmatrix} \cos\theta_i\cos\varphi_i & -\cos\theta_i\sin\varphi_i & -\sin\theta_i \\ \sin\varphi_i & \cos\varphi_i & 0 \\ \sin\theta_i\cos\varphi_i & -\sin\theta_i\sin\varphi_i & \cos\theta_i \end{bmatrix} \tag{7.31}$$

其中，$\boldsymbol{C}_E^i$ 表示缆索坐标系到地面坐标系的转化矩阵；上角标 i 表示缆索坐标系，下角标 E 表示地面坐标系，后文表示方法与此相同。

综上可知，缆索局部坐标系的坐标可通过如下转换公式得到其在地面坐标系的表达式，即

$$\begin{bmatrix} x_0 & y_0 & z_0 \end{bmatrix}^{\mathrm{T}} = \boldsymbol{C}_E^i \begin{bmatrix} b & t & n \end{bmatrix}^{\mathrm{T}} \tag{7.32}$$

7.2.3　动力学模型

通过集中质量法将缆索离散为一系列无质量弹簧相互连接的集中质量点所组成的系统，只要确定了缆索所有集中质量点的空间位置，也就确定了整个缆索的空间姿态。在建立缆索运动模型之前，作如下一些基本假设：

(1) 缆索为理想弹性缆索，张力和应变具有一一对应的关系；

(2) 采用集中质量法仅考虑缆索三个自由度的平动。

将缆索等间距离散为 N 个质量点，对于第 i 个质量点应用牛顿第二定律，得到第 i 个质量点的动力学方程如下：

$$\boldsymbol{M}_i \ddot{\boldsymbol{x}}_i = \boldsymbol{F}_i \tag{7.33}$$

式中，$\boldsymbol{M}_i$ 为第 i 个质量点的质量矩阵，包括第 i 个质量点的惯性质量 m_i 与附加质量 $\boldsymbol{m}_{ai}$，$\ddot{\boldsymbol{x}}_i$ 为第 i 个质量点的加速度，可表示为 $\ddot{\boldsymbol{x}}_i = \left(\ddot{x}_i, \ddot{y}_i, \ddot{z}_i\right)^{\mathrm{T}}$，$\boldsymbol{F}_i$ 为第 i 个质量点的力矩阵。缆索第 i 个质量点的受力分析示意图如图 7.7 所示。

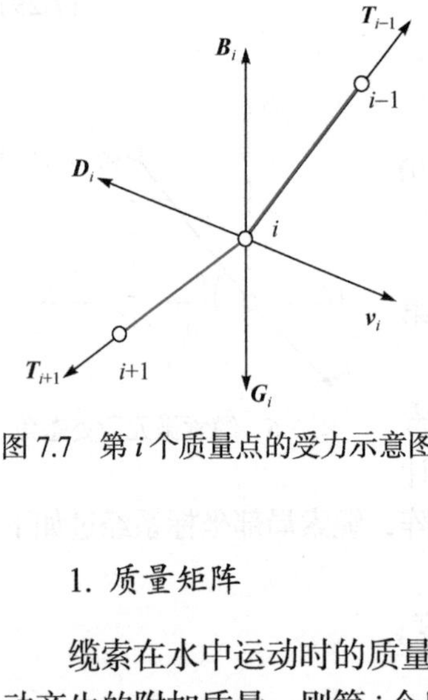

图 7.7　第 i 个质量点的受力示意图

由图 7.7 可得，第 i 个质量点所受到的合外力 $\boldsymbol{F}_i$ 主要包括重力 $\boldsymbol{G}_i$、浮力 $\boldsymbol{B}_i$、流体阻力 $\boldsymbol{D}_i$ 和缆索的弹力 $\Delta\boldsymbol{T}$，即

$$\boldsymbol{F}_i = \Delta\boldsymbol{T}_i + \boldsymbol{G}_i + \boldsymbol{B}_i + \boldsymbol{D}_i \tag{7.34}$$

1. 质量矩阵

缆索在水中运动时的质量矩阵不仅仅包括其惯性质量，还包括缆索在水中运动产生的附加质量，则第 i 个质量点的质量矩阵 $\boldsymbol{M}_i$ 可表示为如下形式：

$$\boldsymbol{M}_i = m_i \boldsymbol{I} + \boldsymbol{m}_{ai} \tag{7.35}$$

$$m_i = \rho_c \sigma l_i \tag{7.36}$$

式中，$\boldsymbol{I}$ 为 3×3 的单位矩阵；ρ_c 为缆索密度；σ 表示缆索的横截面积 $\sigma = \pi d^2/4$，d 为缆索直径。

由于缆索具有很大的长细比，当其在流体中做平动运动时，其切向(即缆索伸长方向)的惯性水动力同法向上的相比很小，可以忽略不计，故可以假定缆索仅具

有法向上的附加质量，第 i 个缆索列微元段在局部坐标系 $C_i tnb$ 下的附加质量 $\boldsymbol{m}_{ati}$ 可表示为

$$\boldsymbol{m}_{ati} = \rho_w \sigma k_a \begin{bmatrix} 0 & 0 & 0 \\ 0 & 1 & 0 \\ 0 & 0 & 1 \end{bmatrix} \tag{7.37}$$

式中，ρ_w 为海水密度；k_a 为缆索列的附加质量系数，对于圆形截面的缆索列，$k_a = 1$。

由于缆索的动力学计算在地面坐标系下进行，故需要将该附加质量转换到地面坐标系下。在地面坐标系中，附加质量矩阵和姿态角有一定的函数关系，故可通过刚才得到的坐标转换矩阵，得到地面坐标系下的附加质量矩阵。在这两个坐标系下，虽然作用力及运动形式在数值表达形式上不同，但具有等价的关系。在地面坐标系下，其附加质量部分产生的作用力为其附加质量乘上运动加速度，同样这也可由局部坐标系下的惯性类水动力经过坐标转换得到，在地面坐标系下惯性类作用力可表示为如下两种形式：

$$C_E^i \cdot \boldsymbol{m}_{ati} \cdot \ddot{\boldsymbol{x}}_{tbni} = \boldsymbol{m}_{ai} \cdot \ddot{\boldsymbol{x}}_i = \boldsymbol{m}_{ai} \cdot C_E^i \cdot \ddot{\boldsymbol{x}}_{tbni} \tag{7.38}$$

式中，$\ddot{\boldsymbol{x}}_{tbni}$ 为缆索列局部坐标系下第 i 个质量点的加速度；$\ddot{\boldsymbol{x}}_i$ 为地面坐标系下第 i 个质量点的加速度；$\boldsymbol{m}_{ai}$ 为地面坐标系下的附加质量。

消去式(7.38)中缆索在缆索局部坐标系中的加速度项 $\ddot{\boldsymbol{x}}_{tbni}$，同时在等式两端左乘缆索局部坐标系到地面坐标系的转换矩阵的逆，整理后，可得缆索在地面坐标系下单位长度的附加质量为

$$\boldsymbol{m}_{ai} = C_E^i \cdot \boldsymbol{m}_{ati} \cdot \left(C_E^i\right)' \tag{7.39}$$

式中，$\left(C_E^i\right)'$ 为 C_E^i 的逆。

2. 张力

在一般情况下，应变 $\varepsilon \ll 1$，则在缆索列局部坐标系下，利用应力-应变关系可将缆索列张力线性化处理，应用胡克定律可得第 i 个质量点的张力为

$$\Delta \boldsymbol{T}_i = \boldsymbol{T}_i - \boldsymbol{T}_{i+1} \tag{7.40}$$

$$\boldsymbol{T}_i = E\sigma\varepsilon_i \cdot \boldsymbol{t}_i \tag{7.41}$$

$$\varepsilon_i = \begin{cases} l_i/l_0 - 1, & l_i > l_0 \\ 0, & l_i \leqslant l_0 \end{cases} \tag{7.42}$$

式中，$\boldsymbol{t}_i$ 为缆索列切向上的单位向量；E 为缆索的杨氏模量；l_0 为微元段的原始长度。由于所有计算都需要在地面坐标系下进行，故需将其转化到地面坐标系，

转化结果可通过转换矩阵得到。

3. 重浮力

第 i 个质量点的重浮力可表示为

$$\boldsymbol{G}_i + \boldsymbol{B}_i = m_i \boldsymbol{g} + \rho \sigma_i l_i \boldsymbol{g} \tag{7.43}$$

式中，$\boldsymbol{g}$ 为重力加速度常量，取 9.8m/s^2。

4. 流体阻力

精确地确定水下缆索的流体动力，目前最好的方法还是对所用的缆索进行试验测量。这里为简化缆索所受流体阻力模型，采取 Albow、Huang 等都用到的方法，将缆索列的阻力分为切向和法向两部分分别处理。对于缆索列第 i 个质量点，其阻力表示为

$$\boldsymbol{D}_i = -\frac{1}{2}\rho\sqrt{1+\varepsilon}C_n l_i d\left|(\dot{\boldsymbol{x}}_i - \boldsymbol{J}_i)_n\right| \cdot (\dot{\boldsymbol{x}}_i - \boldsymbol{J}_i)_n - \frac{1}{2}\rho\pi\sqrt{1+\varepsilon}C_t l_i d\left|(\dot{\boldsymbol{x}}_i - \boldsymbol{J}_i)_t\right| \cdot (\dot{\boldsymbol{x}}_i - \boldsymbol{J}_i)_t \tag{7.44}$$

式中，$\boldsymbol{J}_i$ 为第 i 个质量点处的海流速度；C_n 和 C_t 分别为缆索列的法向阻力系数和切向阻力系数。

联立整个系统中所有质量点的动力学方程即可得到整个缆索的动力学模型，共 $3N$ 个方程。

7.2.4 边界条件

为了求解整个缆索所有质量点的动力学方程，必须在缆索的首尾两端加上相应的边界条件。对于自由拖曳形式，其两个边界条件可表示为首端边界条件和末端边界条件。

1. 首端边界条件

无相对运动时(即没有释放缆索时)，缆索列上端点的位置、速度必须与航行器上的连接点保持一致，即

$$\boldsymbol{x}_0 = \boldsymbol{x}_{\text{tow}}, \quad \dot{\boldsymbol{x}}_0 = \dot{\boldsymbol{x}}_{\text{tow}} \tag{7.45}$$

式中，$\boldsymbol{x}_{\text{tow}}$ 和 $\dot{\boldsymbol{x}}_{\text{tow}}$ 分别表示拖曳点的坐标与速度，为已知的变量；$\boldsymbol{x}_0$ 和 $\dot{\boldsymbol{x}}_0$ 分别为缆索上端点的坐标与速度。

2. 末端边界条件

对于没有拖体的自由端，可视末端为一个质量点，直接应用牛顿第二定律即可。

$$\boldsymbol{M}_N\ddot{\boldsymbol{x}}_N = \boldsymbol{F}_N \tag{7.46}$$

其中，最后一个质量点的质量矩阵可表示为 $\boldsymbol{M}_N = \left(\rho_c\sigma l_0/2\right)\boldsymbol{I} + \boldsymbol{M}_{aN}$，$\boldsymbol{M}_{aN}$ 为缆索末节点的附加质量；合外力矩阵可表示为 $\boldsymbol{F}_N = \boldsymbol{T}_N + \left(\rho_w - \rho_c\right)\sigma l_0\boldsymbol{g} + \boldsymbol{D}_N$。

7.2.5　节点初值计算

初始条件包括起始时刻缆索各个节点的空间位置与速度，即

$$\boldsymbol{x}_i = \boldsymbol{x}_i(0), \quad \dot{\boldsymbol{x}}_i = \dot{\boldsymbol{x}}_i(0) \tag{7.47}$$

式中，$\boldsymbol{x}_i(0)$ 与 $\dot{\boldsymbol{x}}_i(0)$ 需要事先给定。

7.2.6　数值求解

联立上述质量点的动力学方程和相应的边界条件，再加上速度的微分方程，即可得到一个完整的一阶微分方程组，共 $6N$ 个方程：

$$\begin{cases} \dfrac{\mathrm{d}\dot{\boldsymbol{x}}_i}{\mathrm{d}t} = \boldsymbol{M}_i^{-1}\boldsymbol{F}_i \\ \dfrac{\mathrm{d}\boldsymbol{x}_i}{\mathrm{d}t} = \dot{\boldsymbol{x}}_i \end{cases} \tag{7.48}$$

可以采用四阶 Runge-Kutta 法来积分求解此方程组。为了保证计算精度，微元段数 N 要足够大才能精确地描述拖曳缆索的几何形态和动态特性，否则会产生较大的模型误差，但随着节点数的增多，计算量也会随之增加。

7.3　拖缆对 AUV 操纵性的影响

海洋拖曳系统作为一种海洋探测平台，广泛应用于海上打捞搜救、海洋资源勘探及军事领域，对国家的发展具有重要意义。海洋拖曳系统通常分为水面船舶拖曳系统和水下拖曳系统。由水下航行器与拖曳线列阵组成的水下拖曳系统不仅可以增强航行器的水下探测能力，还可以模拟大尺度目标的声学亮点特征，作为靶标或诱饵使用。与水面船舶拖曳系统相比，水下拖曳系统隐蔽性更好，更为安全可靠。但是当拖曳系统工作时，由于水下航行器一般相较船舶排水量更小，其受到拖缆张力作用对其操纵性影响更大，不可忽略。因此研究拖缆对水下航行器的操纵性能的影响，对于水下航行器具有重要作用。

7.3.1　拖曳系统运动数学模型的建立

1. 坐标系的建立

为便于对由水下航行器和拖缆所组成的水下拖曳系统进行运动学和动力学分析，选取并建立如图 7.8 所示的三种坐标系，分别为地面坐标系 S_{E} ($O_0x_0y_0z_0$)、

拖缆局部坐标系 $S_C(O_C tnb)$ 和航行器体坐标系 $S_B(O_B xyz)$。

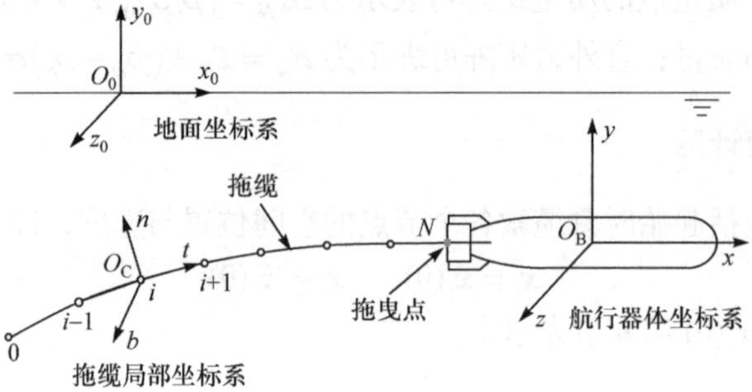

图 7.8　水下拖曳系统坐标系

2. 拖曳系统运动方程

拖缆的动力学方程和 AUV 的六自由度动力学方程如前所述，将其联立，即可得到整个拖曳系统的运动方程，如下所示：

$$\begin{cases} \boldsymbol{M}_i \ddot{\boldsymbol{x}}_i = \boldsymbol{F}_i \\ \dot{\boldsymbol{R}} = \begin{bmatrix} (\boldsymbol{C}_{\mathrm{E}}^{\mathrm{B}})^{-1} & 0 \\ 0 & \boldsymbol{T}^{-1} \end{bmatrix} \boldsymbol{V} \\ \boldsymbol{M}_{\mathrm{RB}} \dot{\boldsymbol{V}} + \boldsymbol{C}_{\mathrm{RB}}(\boldsymbol{V}) \boldsymbol{V} = \boldsymbol{F} \end{cases} \tag{7.49}$$

7.3.2 拖缆运动的边界条件

1. 首端边界条件

拖缆的首端与航行器尾部拖曳点相连，航行器通过拖曳点处的张力作用带动拖缆运动，拖缆也会施加一个大小相同方向相反的张力来影响航行器的运动，因此拖缆与航行器相互影响、相互作用。为建立拖缆-航行器耦合运动模型，将拖缆首端边界条件分为航行器与拖缆的运动耦合边界条件，即拖缆顶端与航行器拖曳点处的位置及速度保持一致和动力耦合边界条件，即拖曳点处张力大小相同方向相反，并将其融入到航行器的动力学方程组。拖缆的两种首端边界条件具体表示如下。

(1) 航行器与拖缆的运动耦合边界条件，即航行器与拖缆在拖曳点处速度与位置时刻保持一致，则拖缆首端点(即第 N 个集中质量点)在地面坐标系下的位置 $\boldsymbol{x}_N$ 与速度 $\dot{\boldsymbol{x}}_N$ 用矩阵表示为

$$\boldsymbol{x}_N = \begin{bmatrix} x_{\mathrm{B}} \\ y_{\mathrm{B}} \\ z_{\mathrm{B}} \end{bmatrix} + C_{\mathrm{E}}^{\mathrm{B}} \begin{bmatrix} x_{\mathrm{t}} \\ y_{\mathrm{t}} \\ z_{\mathrm{t}} \end{bmatrix}, \quad \dot{\boldsymbol{x}}_N = C_{\mathrm{E}}^{\mathrm{B}} \begin{bmatrix} v_{x_{\mathrm{t}}} \\ v_{y_{\mathrm{t}}} \\ v_{z_{\mathrm{t}}} \end{bmatrix} \tag{7.50}$$

式中，(x_B,y_B,z_B)为航行器浮心在地面坐标系下的位置；(x_t,y_t,z_t)和$(v_{x_t},v_{y_t},v_{z_t})$分别为拖曳点在航行器体坐标系下的位置和速度。

(2) 航行器与拖缆的动力耦合边界条件，将拖缆首端微元段的张力代入到航行器动力学方程中作为广义力的一部分，即$\boldsymbol{T}=[T_x,T_y,T_z,M_{xT},M_{yT},M_{zT}]^{\mathrm{T}}$，其在航行器体坐标系下具体表达式如下：

$$\begin{bmatrix} T_x \\ T_y \\ T_z \end{bmatrix} = C_{\mathrm{B}}^{\mathrm{E}} \begin{bmatrix} T_{x_0} \\ T_{y_0} \\ T_{z_0} \end{bmatrix}, \quad \begin{cases} M_{xT}=0 \\ M_{yT}=l_t T_z \\ M_{zT}=l_t T_y \end{cases} \tag{7.51}$$

式中，l_t为拖曳点沿航行器体坐标系x轴方向上到航行器浮心的距离；$(T_{x_0},T_{y_0},T_{z_0})$为拖曳点处张力在地面坐标系下$x_0$、$y_0$和$z_0$方向上的分量，其值确定为

$$\begin{cases} T_{x_0}=T_N\cos\varphi_N\cos\theta_N \\ T_{y_0}=T_N\sin\varphi_N \\ T_{z_0}=T_N\cos\varphi_N\sin\theta_N \end{cases} \tag{7.52}$$

T_N为拖缆首端微元段处的张力，φ_N和θ_N为拖缆首端微元段姿态角。

2. 末端边界条件

拖缆末端没有拖体为自由端，视末端为一集中质量点，运用拖缆动力学方程得

$$\boldsymbol{M}_0\ddot{\boldsymbol{x}}_0=\boldsymbol{F}_0 \tag{7.53}$$

式中，末质量点的质量矩阵可表示为$\boldsymbol{M}_0=(\rho_c\sigma_0 l_0/2)\boldsymbol{I}+\boldsymbol{m}_{a0}$，$\boldsymbol{m}_{a0}$为拖缆末质量点的附加质量；合外力可表示为$\boldsymbol{F}_0=\boldsymbol{T}_0+(\rho-\rho_c)\sigma_0 l_0\boldsymbol{g}+\boldsymbol{D}_0$，$\boldsymbol{T}_0$为拖缆末质量点的张力，$\boldsymbol{g}$为重力加速度，$\boldsymbol{D}_0$为拖缆末质量点的阻力。

7.3.3　节点初值计算

本节建立了一种通过节点受力平衡来计算缆索各个节点初始值的方法。

1. AUV 直航与回转时初值计算

针对航行器直航与回转过程中的缆索，采用节点受力平衡的方法计算缆索各节点的初始值。

1) 末端节点的受力平衡

在Ex_0y_0平面中，即最后节点的定常直航运动时的受力平衡示意图如图 7.9 所示。

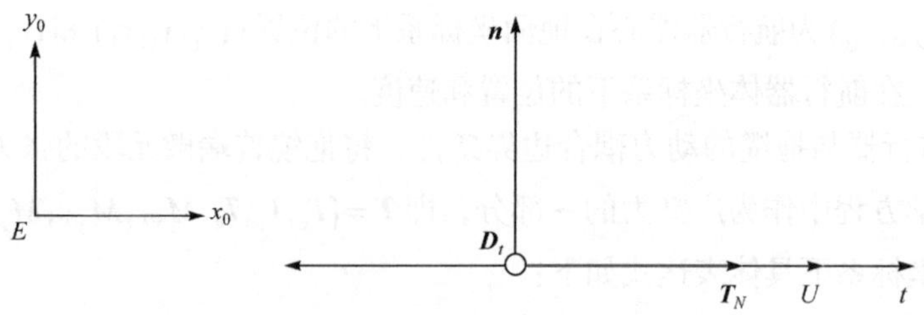

图 7.9　缆索末节点的受力平衡图

由图 7.9 可知，因沿 $\boldsymbol{t}$ 方向与 $\boldsymbol{n}$ 方向受力平衡得到如下等式：沿 $\boldsymbol{t}$ 方向有

$$\frac{1}{2}\rho\frac{l_0}{2}C_t d_N \pi\sqrt{1+\varepsilon_N}\left(U\cos 0^\circ\right)^2 = E_N A_N \varepsilon_N \tag{7.54}$$

由于缆索的密度与水的密度相等，沿 $\boldsymbol{n}$ 方向缆索所受合力为零，有

$$0=\frac{1}{2}\rho\frac{l_0}{2}C_n d_N\sqrt{1+\varepsilon_N}\left(U\sin 0^\circ\right)^2 \tag{7.55}$$

式中，E_N 为第 N 个集中质量点处的缆索的弹性模量，即拖阵末节点的弹性模量；A_N 为第 N 个集中质量点处的缆索的横截面积；C_t 与 C_n 为缆索的阻力系数，d_N 为第 N 个集中质量点处的缆索的直径；ε_N 为第 N 个缆索微元段的应变量(未知量)；U 为航行器的直航速度。

联立求解上述两个平衡方程，即可得到第 N 个缆索微元段的 ε_N 与 φ_N，进而，在假定了第 N 个集中质量点的位置坐标 (x_N, y_N) 后，由下式即可得到第 $N-1$ 个缆索集中质点的空间位置坐标 (x_{N-1}, y_{N-1})。

$$x_{N-1} = x_N + l_0(1+\varepsilon_N)\cos\varphi_N \tag{7.56}$$

$$y_{N-1} = y_N + l_0(1+\varepsilon_N)\sin\varphi_N \tag{7.57}$$

2) 中间节点的受力平衡

为了说明该方法的一般性，以第 i 个集中质点为例说明该方法的一般性，第 i 个节点的受力平衡示意图如图 7.10 所示。

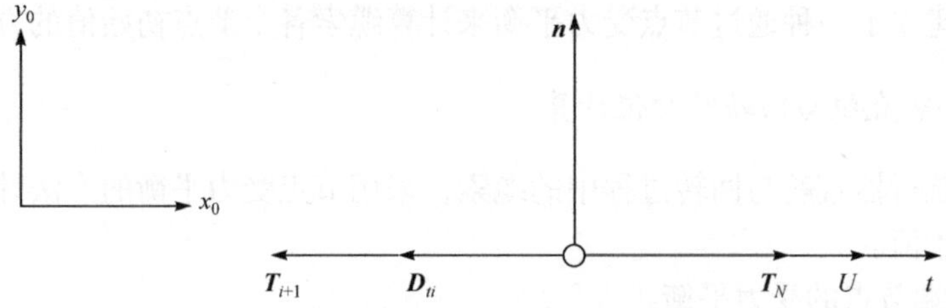

图 7.10　缆索第 i 个集中质点的受力平衡图

由图 7.10 可知，因沿 $\boldsymbol{t}$ 方向与 $\boldsymbol{n}$ 方向受力平衡可得到如下等式：沿 $\boldsymbol{t}$ 方向有

$$E_{i+1}A_{i+1}\varepsilon_{i+1}\cos 0^\circ + \frac{1}{2}\rho l_0 C_t d_i \pi \sqrt{1+\varepsilon_i}\left(U\cos 0^\circ\right)^2 = E_i A_i \varepsilon_i \tag{7.58}$$

由于缆索的密度与水的密度相等，沿 **n** 方向缆索所受合力为零，有

$$0 = E_{i+1}A_{i+1}\varepsilon_{i+1}\sin\left(0^\circ\right) + \frac{1}{2}\rho l_0 C_n d_i \sqrt{1+\varepsilon_i}\left(U\sin 0^\circ\right)^2 \tag{7.59}$$

式中，E_i 为第 i 个集中质量点处的缆索的弹性模量，即拖阵末节点的弹性模量；A_i 为第 i 个集中质量点处的缆索的横截面积；d_i 为第 i 个集中质量点处的缆索的直径；U 为航行器的直航速度；ε_i 为第 N 个缆索微元段的应变量(未知量)。由于是从缆索末端开始求解的，故 ε_{i+1} 和 φ_{i+1} 为已知量。

联立求解上述两个平衡方程，即可得到第 i 个缆索微元段的 ε_i 与 φ_i，进而，可得到如下递推关系，第 $i-1$ 个缆索集中质点的空间位置坐标为 $\left(x_{i-1}, y_{i-1}\right)$。

$$x_{i-1} = x_i + l_0\left(1+\varepsilon_i\right)\cos\varphi_i \tag{7.60}$$

$$y_{i-1} = y_i + l_0\left(1+\varepsilon_i\right)\sin\varphi_i \tag{7.61}$$

至此，缆索离散后的各个集中质点的空间位置坐标即可得到。

2. AUV 下潜时初值计算

航行器在下潜运动过程中，由于存在俯仰角，在计算缆索的初始值时，缆索的受力平衡与直航和回转时的有所不同，本节对航行器下潜运动过程中的缆索的初始值计算模型进行说明。

1) 末端节点的受力平衡

在 Ex_0y_0 平面中，缆索末端，即最后节点的定常下潜运动时的受力平衡示意图如图 7.11 所示。

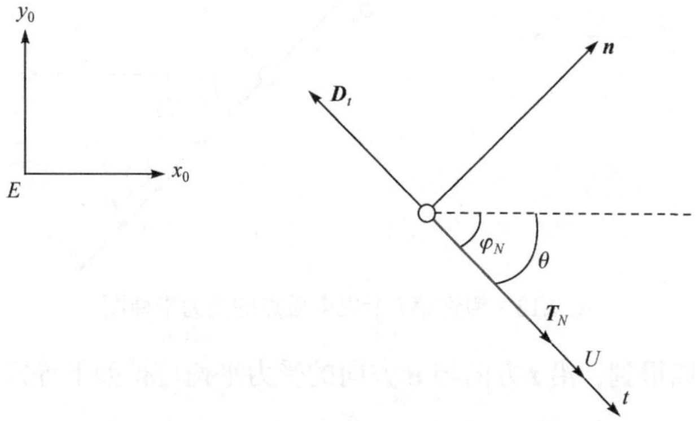

图 7.11　缆索末节点的受力平衡图

由图 7.11 可以得到，沿 **t** 方向与 **n** 方向进行受力平衡可得如下等式：沿 **t** 方

向有

$$\frac{1}{2}\rho\frac{l_0}{2}C_t d_N \pi\sqrt{1+\varepsilon_N}\left(U\cos\left(\varphi_N-\theta\right)\right)^2=E_N A_N \varepsilon_N \tag{7.62}$$

由于缆索的密度与水的密度相等，沿 **n** 方向缆索所受合力为零，

$$0=\frac{1}{2}\rho\frac{l_0}{2}C_n d_N\sqrt{1+\varepsilon_N}\left(U\sin\left(\varphi_N-\theta\right)\right)^2 \tag{7.63}$$

式中，θ 为航行器下潜时的俯仰角；E_N 为第 N 个集中质量点处的缆索的弹性模量，即拖阵末节点的弹性模量；A_N 为第 N 个集中质量点处的缆索的横截面积；C_t 与 C_n 为缆索的阻力系数；d_N 为第 N 个集中质量点处的缆索的直径；ε_N 为第 N 个缆索微元段的应变量(未知量)；φ_N 为第 N 个缆索微元段的姿态角(未知量)；U 为航行器的直航速度。

联立求解上述两个平衡方程，即可得到第 N 个缆索微元段的 ε_N 与 φ_N，进而，在假定了第 N 个集中质量点的位置坐标 $\left(x_N, y_N\right)$ 后，由下式即可得到第 $N-1$ 个缆索集中质点的空间位置坐标 $\left(x_{N-1}, y_{N-1}\right)$。

$$x_{N-1}=x_N+l_0\left(1+\varepsilon_N\right)\cos\varphi_N \tag{7.64}$$

$$y_{N-1}=y_N+l_0\left(1+\varepsilon_N\right)\sin\varphi_N \tag{7.65}$$

2) 中间节点的受力平衡

以第 i 个集中质点为例说明该方法的一般性，第 i 个节点的受力平衡示意图如图 7.12 所示。

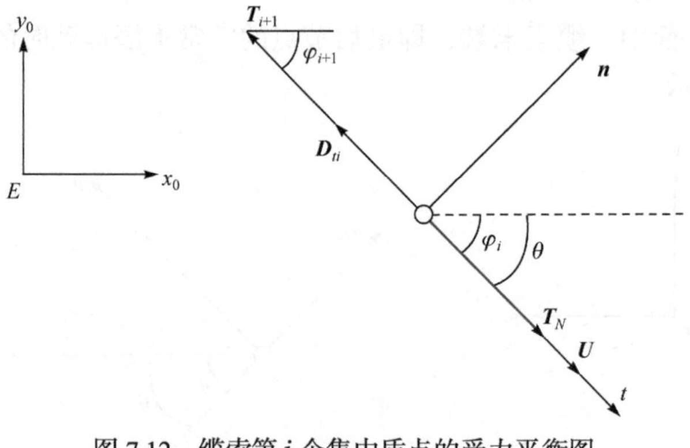

图 7.12 缆索第 i 个集中质点的受力平衡图

由上图可以得到，沿 **t** 方向与 **n** 方向的受力平衡可得如下等式：沿 **t** 方向有

$$E_{i+1}A_{i+1}\varepsilon_{i+1}\cos\left(\varphi_i-\varphi_{i+1}\right)+\frac{1}{2}\rho l_0 C_t d_i \pi\sqrt{1+\varepsilon_i}\left(U\cos\left(\varphi_i-\theta\right)\right)^2=E_i A_i \varepsilon_i \tag{7.66}$$

由于缆索的密度与水的密度相等，沿 $\boldsymbol{n}$ 方向缆索所受合力为零，

$$0=E_{i+1}A_{i+1}\varepsilon_{i+1}\sin\left(\varphi_i-\varphi_{i+1}\right)+\frac{1}{2}\rho l_0 C_n d_i\sqrt{1+\varepsilon_i}\left(U\sin\left(\varphi_i-\theta\right)\right)^2 \tag{7.67}$$

式中，θ 为航行器下潜时的俯仰角；E_i 为第 i 个集中质量点处的缆索的弹性模量，即拖阵末节点的弹性模量；A_i 为第 i 个集中质量点处的缆索的横截面积；d_i 为第 i 个集中质量点处的缆索的直径；ε_i 为第 N 个缆索微元段的应变量(未知量)；φ_i 为第 i 个缆索微元段的姿态角(未知量)。由于是从缆索末端开始求解的，故 ε_{i+1}，φ_{i+1} 为已知量，U 为航行器的直航速度。

联立求解上述两个平衡方程，即可得到第 i 个缆索微元段的 ε_i 与 φ_i，进而，可得到如下递推关系，第 $i-1$ 个缆索集中质点的空间位置坐标为 $\left(x_{i-1},y_{i-1}\right)$。

$$x_{i-1}=x_i+l_0\left(1+\varepsilon_i\right)\cos\varphi_i \tag{7.68}$$

$$y_{i-1}=y_i+l_0\left(1+\varepsilon_i\right)\sin\varphi_i \tag{7.69}$$

至此，缆索离散后的各个集中质点的空间位置坐标即可得到。

7.3.4　拖曳系统运动仿真分析

1. 仿真验证

为验证航行器-拖缆耦合运动模型和仿真程序的正确性，采用 Rispin 的海上拖缆拖曳试验工况作为算例，并与其试验结果作对比，同时与 Millinazzo 等的仿真结果进行对比。

Rispin 的实船拖缆试验示意图如图 7.13 所示，拖缆的具体物理参数如表 7.1 所示。拖缆总长 1027.8m，分为 6 段，第 1 段为连接着拖船的引导拖缆，第 2 段~第 5 段为零浮力电缆，第 6 段为稳定尾绳。Rispin 在拖缆第 2 段和第 3 段连接处以及第 4 段和第 5 段连接处设置了 A 和 B 两个监测点。

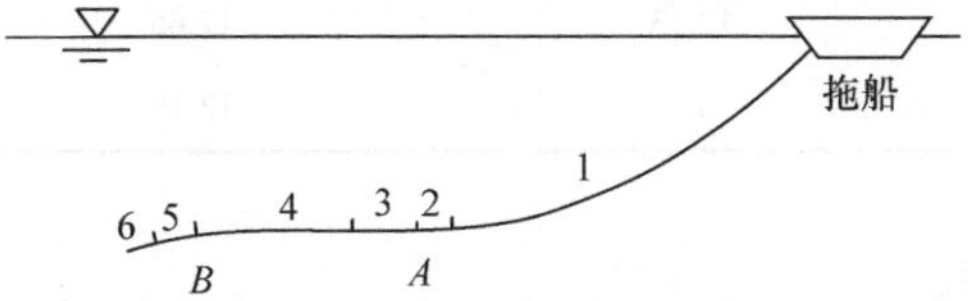

1—引导拖缆；2~5—电缆；6—尾绳

图 7.13　拖曳系统示意图

表 7.1　拖缆各组成部分物理参数

拖缆	长度/m	直径/m	密度/(kg/m)	C_t	C_n
1	723.00	0.040640	1.567	0.01500	2.0
2	8.23	0.079375	5.067	0.00898	1.8
3	71.02	0.079375	5.067	0.00898	1.8

续表

拖缆	长度/m	直径/m	密度/(kg/m)	C_t	C_n
4	156.36	0.079375	5.067	0.00898	1.8
5	38.71	0.079375	5.067	0.00898	1.8
6	30.48	0.025400	0.577	0.02168	1.8

仿真验证时取杨氏模量 $E=2.0\times10^{10}\,\text{Pa}$，流体密度 $\rho=1024\text{kg}/\text{m}^3$。图 7.14 给出了基于本书航行器-拖缆耦合运动模型仿真得到拖曳系统以 10kn 的速度稳态直航运动时的拖缆姿态。当系统以 10kn 的速度稳态直航运动时，拖曳点处的抬升角为 2.58°，Rispin 试验数据为 2.7°，Millinazzo 等的仿真计算结果为 2.6°。表 7.2 给出了系统以 18.5kn 的速度稳态直航时监测点 *A* 和 *B* 处的深度仿真结果与 Rispin 试验结果的对比。*A* 点和 *B* 点的深度相对误差绝对值不超过 5%，因此拖缆运动仿真结果与 Rispin 试验结果基本相符，从而验证了本书航行器-拖缆耦合运动模型和仿真程序的正确性。

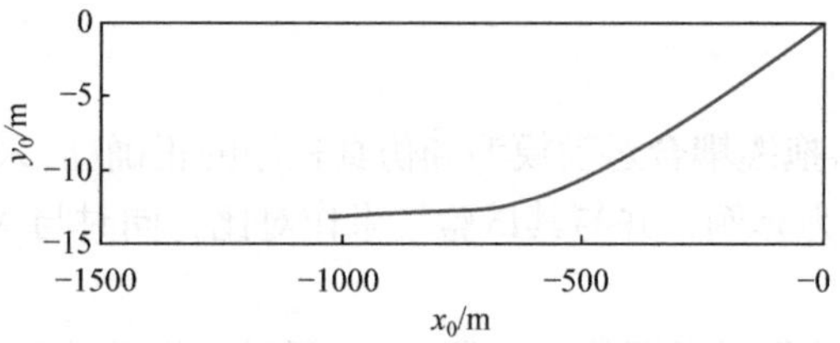

图 7.14 拖缆稳态姿态

表 7.2 监测点深度数值计算结果与试验结果对比

监测点	Rispin 试验值	本书计算值	相对误差/%
A	12.13	12.65	4.28
B	13.38	13.10	−2.09

2. 拖曳系统参数

拖缆的参数设置见表 7.3，拖曳载体水下航行器的参数如表 7.4 所示。

表 7.3 拖缆参数

缆长/m	直径/m	密度/(kg/m)	C_t	C_n	*E*/Pa
50	0.02	1026	0.015	1.2	3.4×10^9

表 7.4　水下航行器参数

长度/m	质量/kg	排水体积/L	最大直径/mm	方向	拖曳点坐标/m	浮心坐标/m	质心坐标/m
7	1397	1389	533	轴向	–3.70	0	0.005
				横向	0	0	0
				纵向	0	0	–0.020

3. 运动仿真分析

1) 直航运动

水下航行器直航拖曳拖缆时，航行器沿直线航行，假定海水为静水。拖缆对航行器的影响体现在拖曳点处拖缆的张力对航行器的作用。图 7.15 为航行器在不同航速下直航拖曳拖缆时拖曳点处的张力曲线。图 7.16 给出了在航行器有无拖缆时的航速变化曲线。表 7.5 给出了有无拖缆时航行器的稳定航速值。

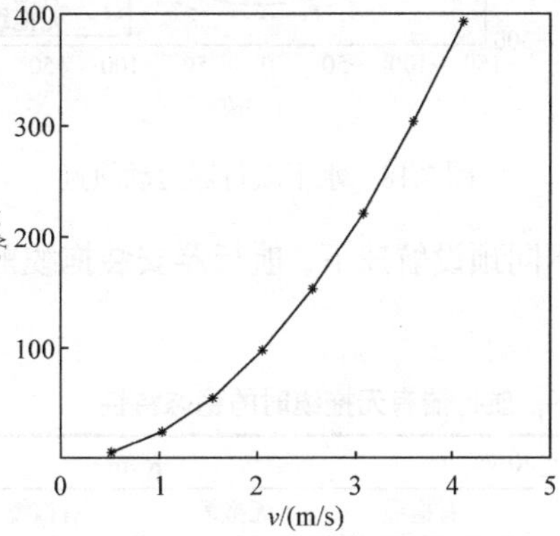

图 7.15　不同航速下拖曳点处张力

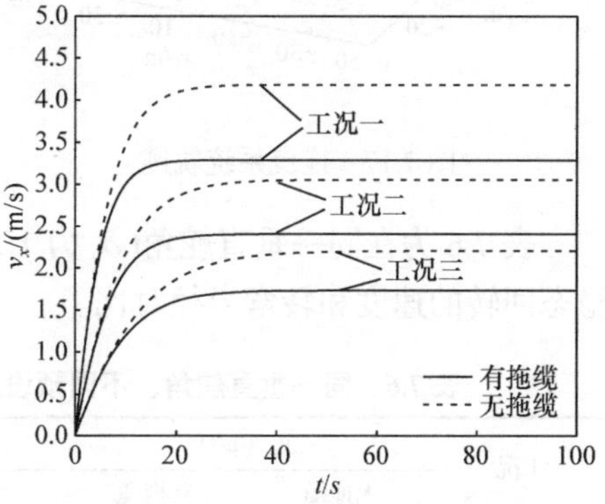

图 7.16　水下航行器航行速度曲线

表 7.5　速度稳定值对比

工况	v_x /(m/s)		减小值/(m/s)
	无拖缆	有拖缆	
一	2.2	1.7	0.5
二	3.1	2.4	0.7
三	4.0	3.1	0.9

从以上仿真结果可以看出：

(1) 水下航行器的航速越大，拖曳点处的张力越大。

(2) 航行器加装拖缆后，由于在拖曳点处拖缆对航行器张力作用，水下航行器的直航稳定航速相较于不加装拖缆时有所减小，导致水下航行器的机动性能降低，而且航行器的预设航速越大，加装拖缆后航速的减小量也越大。

低，而且航行器的预设航速越大，加装拖缆后航速的减小量也越大。

2) 回转运动

水下航行器回转拖曳拖缆的运动仿真是为了分析拖缆对航行器回转机动时的影响。图 7.17 给出了水下航行器回转拖曳拖缆时拖曳系统的运动轨迹。图 7.18 给出了水下航行器在同一预设航速、三个不同垂直舵角(4°、8°和 12°)下，安装拖缆前后的运动轨迹。

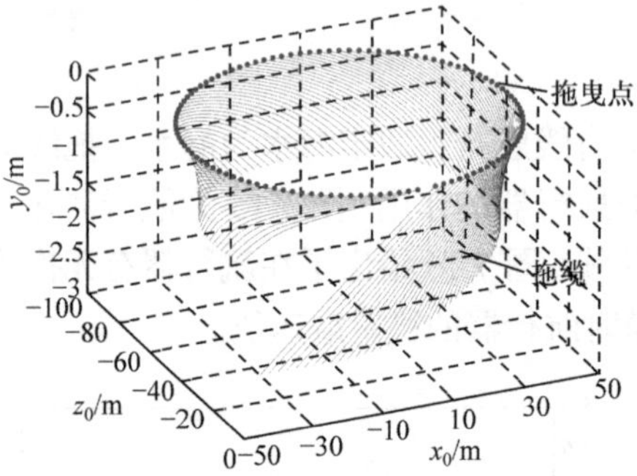

图 7.17　拖曳系统轨迹

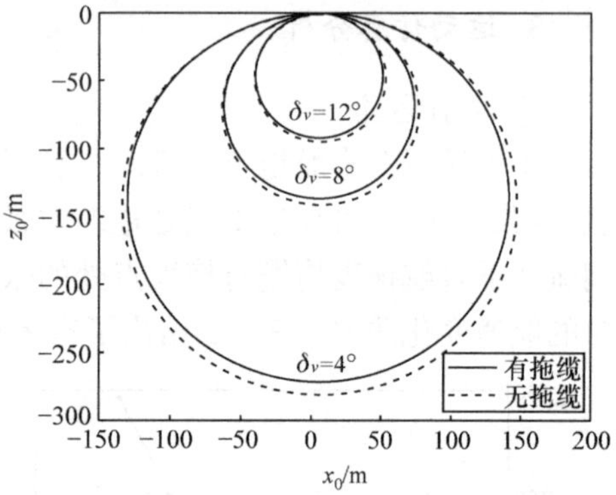

图 7.18　水下航行器运动轨迹

表 7.6 为在同一垂直舵角(δ_v 为 12°)、不同预设航速下，航行器安装拖缆前后稳态回转的速度和转弯半径对比。

表 7.6　同一垂直舵角、不同预设航速下，航行器有无拖缆时的稳态特性

工况	v_x /(m/s)		v_z /(m/s)		R /m	
	无拖缆	有拖缆	无拖缆	有拖缆	无拖缆	有拖缆
一	2.1	1.8	0.15	0.12	47.3	45.8
二	3.0	2.4	0.21	0.16	47.5	46.0
三	4.0	3.3	0.29	0.22	47.5	46.0

从以上仿真结果可以看出：

(1) 航行器以同一垂直舵角、不同预设航速回转拖曳拖缆时，由于拖缆拖曳点处对其的张力作用，使得航行器稳态回转时轴向速度 v_x 和横向速度 v_z 相较于无拖缆时有所下降，同时回转半径也有所减小。

(2) 航行器以同一预设航速、不同垂直舵角回转拖曳拖缆时，其回转半径相较于不加装拖缆时的回转半径有所减小，因而航行器加装拖缆后具有增加舵效的作用。

3) 下潜运动

为进一步研究拖缆对航行器稳态下潜操纵性能的影响，设定定深航行范围为−25～−1m，选取了两组不同的预设航速来分析航行器下潜过程中拖缆对航行器的影响。图 7.19 给出了航行器加装拖缆前后在不同预设航速下的下潜轨迹。图 7.20 给出了航行器加装拖缆前后在不同预设航速下下潜时的攻角曲线。表 7.7 给出了水下航行器加装拖缆前后下潜时的稳态速度及稳态弹道倾角。

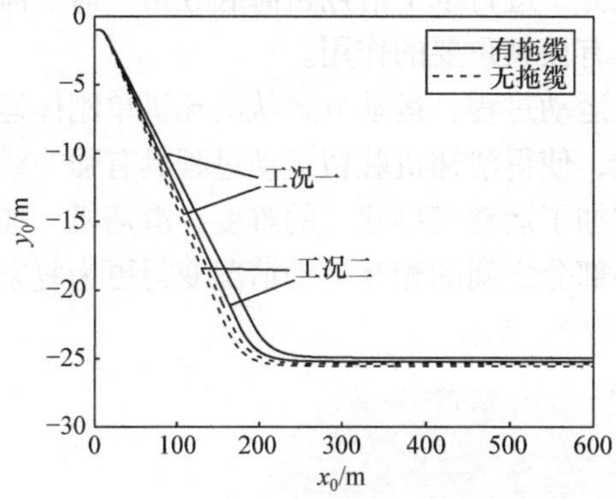

图 7.19　不同预设航速时航行器下潜轨迹

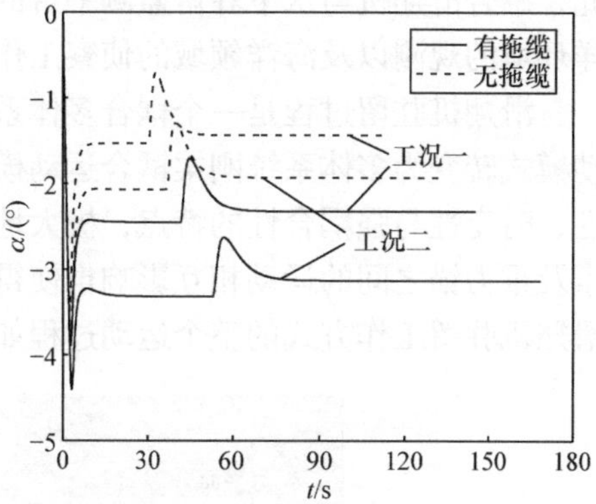

图 7.20　不同预设航速时航行器下潜时的攻角

表 7.7　水下航行器稳态下潜速度及弹道倾角对比

工况	v_x /(m/s)		v_y /(m/s)		Θ /(°)	
	无拖缆	有拖缆	无拖缆	有拖缆	无拖缆	有拖缆
一	4.4	3.5	0.16	0.20	−7.9	−6.7
二	5.2	4.0	0.14	0.18	−8.3	−7.5

从以上仿真结果可以看出：

(1) 航行器加装拖缆后航行器稳态下潜过程中的攻角绝对值会相较于不加拖缆时增大。

(2) 航行器加装拖缆后的轴向速度会减小，纵向速度会增大，这是由于航行器加装拖缆后的攻角绝对值比不加拖缆时增大。但由于纵向速度相较于轴向速度值较小，航行器的航速变化趋势与轴向速度一致。

(3) 航行器下潜拖曳拖缆时的弹道倾角 Θ 的绝对值减小使得航行器下潜达到定深的距离就会增加，同时航行器航速的减小使得航行器达到预定深度的时间增加。

7.4　锚链对水下滑翔机操纵性的影响

水下滑翔机属于移动式环境监测平台，依靠浮力调节装置和重心调节装置就能实现滑翔运动，然而很难对某个固定海域进行长时间的环境监测。水下驻留监测平台属于固定式环境监测平台，通过缆索将监测平台固定在海底或近海岸，可高效地实现对固定海域的长时间观测，然而这种方式无法自主移动至新海域。因此，结合滑翔机与水下驻留监测平台的优势，进行水下滑翔机海底驻留，对于海洋环境的观测以及海洋领域的侦察工作具有极其重要的作用。

滑翔机驻留过程是一个耦合多体系统运动过程，运动方式从滑翔机单刚体运动模式转变为多体系统刚柔耦合运动模式，使得滑翔机驻留运动过程具有强非线性、时变性与强耦合性的特点，极大地增加了运动模型建立的难度，滑翔机、缆索及重力锚之间的运动相互影响也使得各部分之间的相互运动情况变得更为复杂。滑翔机驻留工作方式的整个运动过程如图 7.21 所示。

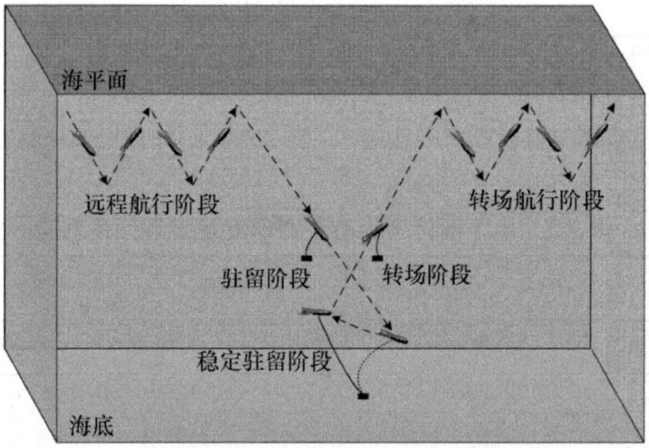

图 7.21　滑翔机驻留工作方式的整个运动过程示意图

7.4.1　水下滑翔机驻留过程多体系统耦合运动模型的建立

1. 坐标系的建立

针对缆索非线性的特点，采用集中质量法将 N 段无质量弹簧和 N–1 个集中质量点组成多体系统来模拟缆索，N 随缆索数量与缆索长度的变化在仿真过程中会发生变化。因此，确定了三种坐标系，分别为惯性坐标系 $EXYZ$、水下滑翔机体坐标系 $Oxyz$ 及缆索局部坐标系 $C_it_ib_in_i$ ，如图 7.22 所示。

1) 惯性坐标系 $EXYZ$

惯性坐标系 $EXYZ$ 为原点 E 位于水平面上的笛卡儿坐标系，其中，EX 轴处于水平面内，正向为预先规定的航行方向；EY 轴垂直于水平面指向天空；EZ 轴位于水平面内，根据右手螺旋法则指向所设定的航行方向(EX 轴)的右侧。

2) 水下滑翔机体坐标系 $Oxyz$

水下滑翔机体坐标系 $Oxyz$ 为固连在水下滑翔机上的笛卡儿坐标系，随水下

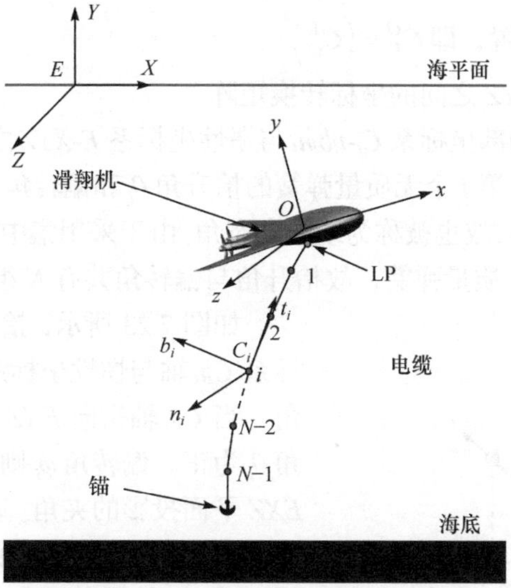

图 7.22　水下滑翔机驻留运动坐标系

滑翔机一起运动，其原点 O 位于水下滑翔机的浮心上，Ox 轴同时位于水下滑翔机纵对称面和水平对称面内，指向滑翔机头部，Oy 轴则位于滑翔机的纵对称面，同时垂直于滑翔机纵轴，指向滑翔机上方，Oz 轴位于水下滑翔机的水平对称面，根据右手螺旋法则确定。

3) 缆索局部坐标系 $C_it_ib_in_i$

缆索局部坐标系 $C_it_ib_in_i(i=1,2,\cdots,N)$为固定在第 i 个缆索集中质量点 m_i 处的缆索局部坐标系，整个系统共有 N 个缆索局部坐标系，离散数 N 会随缆索数量和缆索的长度有关。C_it_i 轴沿着第 i 段无质量弹簧的切向，由第 i 个集中质量点指向第 $i-1$ 个集中质量点，C_ib_i 轴处于第 i 段无质量弹簧的纵对称面内，且垂直于 C_it_i 轴，C_in_i 轴垂直于 C_it_i 轴与 C_ib_i 轴，方向通过右手螺旋法则进行确定。

4) $Oxyz$ 与 $EXYZ$ 之间的坐标转换矩阵

水下滑翔机的三个姿态角也可用于描述水下滑翔机体坐标系 $Oxyz$ 与惯性坐标系 $EXYZ$ 之间的关系，通过坐标转换与矩阵运算可以得到水下滑翔机体坐标系 $Oxyz$ 到惯性坐标系 $EXYZ$ 的坐标转换矩阵 $\boldsymbol{C}_E^O$ 为

$$\boldsymbol{C}_E^O=\begin{bmatrix}\cos\theta\cos\psi & -\sin\theta\cos\psi\cos\varphi+\sin\psi\sin\varphi & \sin\theta\cos\psi\sin\varphi+\sin\psi\cos\varphi\\ \sin\theta & \cos\theta\cos\varphi & -\cos\theta\sin\varphi\\ -\cos\theta\sin\psi & \sin\theta\sin\psi\cos\varphi+\cos\psi\sin\varphi & -\sin\theta\sin\psi\sin\varphi+\cos\psi\cos\varphi\end{bmatrix} \tag{7.70}$$

惯性坐标系 $EXYZ$ 到滑翔机体坐标系 $Oxyz$ 的坐标转换矩阵 $\boldsymbol{C}_O^E$，可通过对坐

标转换矩阵 $\boldsymbol{C}_E^O$ 求转置，即 $\boldsymbol{C}_E^O=\left(\boldsymbol{C}_O^E\right)^{\mathrm{T}}$。

5) $C_it_ib_in_i$ 与 $EXYZ$ 之间的坐标转换矩阵

为了得到缆索局部坐标系 C_i-$t_ib_in_i$ 与惯性坐标系 E-XYZ 之间的坐标转换矩阵，需要定义两个角度：第 i 个无质量弹簧的抬升角 θ_i 和偏转角 φ_i，这两个角度用于描述缆索的空间姿态，故也被称为缆索姿态角。由于采用集中质量法处理缆索时，缆索被离散为 N 段无质量弹簧，故抬升角与偏转角共有 N 组。

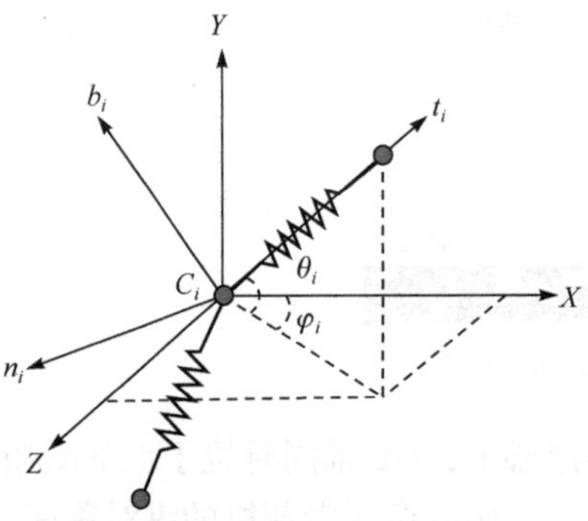

图 7.23　缆索形态角示意图

如图 7.23 所示，抬升角 θ_i 是缆索局部坐标系 C_it_i 轴与惯性坐标系 EXZ 平面之间的夹角，当 C_it_i 轴指向 EXZ 平面的上方，则抬升角 θ_i 为正。偏转角 φ_i 则为 EX 轴与 C_it_i 轴在 EXZ 平面投影的夹角。基于上图的几何关系，同时由于缆索分别连接水下滑翔机与重力锚，因此，抬升角 θ_i 和偏转角 φ_i 应分为三部分分别进行计算：

(1) 当 $i=1$ 时，第 1 段无质量弹簧与水下滑翔机相连接，因此，第 1 段无质量弹簧的姿态角可通过下式进行计算：

$$\theta_1=\arcsin\left(Y_1-Y_L/l_1\right) \tag{7.71}$$

$$\varphi_1=\begin{cases}\arcsin\left(\dfrac{Z_1-Z_L}{l_1\cos\theta_1}\right), & X_1-X_L\leqslant 0\\[2ex] \pi-\arcsin\left(\dfrac{Z_1-Z_L}{l_1\cos\theta_1}\right), & X_1-X_L>0\end{cases} \tag{7.72}$$

式中，l_1 为第 1 段无质量弹簧被拉伸后的长度，具体可表示为

$$l_1=\sqrt{\left(X_1-X_L\right)^2+\left(Y_1-Y_L\right)^2+\left(Z_1-Z_L\right)^2} \tag{7.73}$$

$\boldsymbol{r}_{LP}^E=\left(X_L,Y_L,Z_L\right)^{\mathrm{T}}$ 为缆索与滑翔机连接点 LP 在惯性坐标系下的空间位置矢径，X_L，Y_L，Z_L 分别为在惯性坐标下的分量。一般情况下，连接点 LP 在滑翔机体坐标系下的坐标矢径 $\boldsymbol{r}_{LP}^O=\left(x_L,y_L,z_L\right)^{\mathrm{T}}$ 为已知量，因此，连接点 LP 在惯性坐标系下的空间坐标可通过下式计算得到：

$$(X_L,Y_L,Z_L)^{\mathrm{T}}=(X_g,Y_g,Z_g)^{\mathrm{T}}+C_E^O\cdot(x_L,y_L,z_L)^{\mathrm{T}} \tag{7.74}$$

(2) 当 $i=2,\cdots,N-1$ 时，第 i 段无质量弹簧的姿态角可通过下式计算得到：

$$\theta_i=\arcsin\left(Y_i-Y_{i-1}/l_i\right) \tag{7.75}$$

$$\varphi_i = \begin{cases} \arcsin\left(\dfrac{Z_i - Z_{i-1}}{l_i \cos\theta_i}\right), & X_i - X_{i-1} \leqslant 0 \\ \pi - \arcsin\left(\dfrac{Z_i - Z_{i-1}}{l_i \cos\theta_i}\right), & X_i - X_{i-1} > 0 \end{cases} \tag{7.76}$$

式中，l_i 为第 i 段无质量弹簧被拉伸后的长度，具体可表示为

$$l_i = \sqrt{\left(X_i - X_{i-1}\right)^2 + \left(Y_i - Y_{i-1}\right)^2 + \left(Z_i - Z_{i-1}\right)^2} \tag{7.77}$$

(3) 当 $i = N$ 时，第 N 段无质量弹簧分别连接第 N–1 个集中质量点和重力锚，故第 N 段无质量弹簧的姿态角可通过下式计算得到：

$$\theta_N = \arcsin\left(Y_{\text{anc}} - Y_{N-1} / l_N\right) \tag{7.78}$$

$$\varphi_N = \begin{cases} \arcsin\left(\dfrac{Z_{\text{anc}} - Z_{N-1}}{l_N \cos\theta_N}\right), & X_{\text{anc}} - X_{N-1} \leqslant 0 \\ \pi - \arcsin\left(\dfrac{Z_{\text{anc}} - Z_{N-1}}{l_N \cos\theta_N}\right), & X_{\text{anc}} - X_{N-1} > 0 \end{cases} \tag{7.79}$$

式中，l_N 为第 N 段无质量弹簧被拉伸后的长度，具体可表示为

$$l_N = \sqrt{\left(X_{\text{anc}} - X_{N-1}\right)^2 + \left(Y_{\text{anc}} - Y_{N-1}\right)^2 + \left(Z_{\text{anc}} - Z_{N-1}\right)^2} \tag{7.80}$$

在得到了 N 组无质量弹簧的抬升角和偏转角后，通过坐标旋转即可得到缆索局部坐标系 $C_i\text{-}t_ib_in_i$ 到惯性坐标系 $E\text{-}XYZ$ 的坐标转换矩阵 $\boldsymbol{C}_E^i$，具体如下所示：

$$\boldsymbol{C}_E^i = \begin{bmatrix} \cos\varphi_i\cos\theta_i & -\cos\varphi_i\sin\theta_i & \sin\varphi_i \\ \sin\theta_i & \cos\theta_i & 0 \\ -\sin\varphi_i\cos\theta_i & \sin\varphi_i\sin\theta_i & \cos\varphi_i \end{bmatrix} \tag{7.81}$$

同样地，对坐标转换矩阵 $\boldsymbol{C}_E^i$ 求转置即可得到由惯性坐标系 $E\text{-}XYZ$ 到缆索局部坐标系 $C_it_ib_in_i$ 的坐标转换矩阵 $\boldsymbol{C}_i^E$，即 $\boldsymbol{C}_i^E = \left(\boldsymbol{C}_E^i\right)^{\mathrm{T}}$。

2. 运动学分析

采用多体系统分析方法 Kane 方法建立水下滑翔机驻留过程多体系统运动模型，需要对水下滑翔机驻留过程运动学进行分析，包括广义坐标和广义速率的选取、速度和加速度的计算以及偏速度和偏角速度的计算。

1) 广义坐标

当水下滑翔机采用单根缆索实现驻留运动时，由于缆索采用集中质量法进行了离散处理，故整个多体系统共有 6+3N 个运动参数，水下滑翔机驻留过程多体系统的广义坐标 $\boldsymbol{q}_k$ 可表示为

$$\boldsymbol{q}_k = \left(X_g, Y_g, Z_g, \theta, \psi, \varphi, X_1, Y_1, Z_1, \cdots, X_{N-1}, Y_{N-1}, Z_{N-1}, X_{\mathrm{anc}}, Y_{\mathrm{anc}}, Z_{\mathrm{anc}}\right)^{\mathrm{T}} \quad (7.82)$$

式中，k 为广义坐标的数量，$k=1,2,\cdots,6+3N$。

当水下滑翔机采用两根缆索实现驻留运动时，则水下滑翔机驻留过程多体系统共有 6+6N 个运动参数，类似地，广义坐标 $\boldsymbol{q}_k$ 可表示为

$$\begin{aligned}\boldsymbol{q}_k = (&X_g, Y_g, Z_g, \theta, \psi, \varphi, X_1, Y_1, Z_1, \cdots, X_{N-1}, Y_{N-1}, Z_{N-1}, X_{\mathrm{anc}}, Y_{\mathrm{anc}}, Z_{\mathrm{anc}} X_1', Y_1', Z_1', \cdots, X_{N-1}', \\ &Y_{N-1}', Z_{N-1}', X_{\mathrm{anc}}', Y_{\mathrm{anc}}', Z_{\mathrm{anc}}')^{\mathrm{T}}\end{aligned} \quad (7.83)$$

式中，$k=1,2,\cdots,6+6N$。

以此类推，当水下滑翔机采用多根缆索进行驻留运动时，系统的广义坐标可写成类似上式的形式。

2) 广义速率

为了建模与计算的方便，将广义坐标 $\boldsymbol{q}_k$ 对时间求导所得的结果选择为水下滑翔机驻留过程多体系统的广义速率，即

$$\boldsymbol{u}_k = \frac{\mathrm{d}(\boldsymbol{q}_k)}{\mathrm{d}t} = \dot{\boldsymbol{q}}_k \quad (7.84)$$

因此，当水下滑翔机采用单根缆索实现驻留运动时，水下滑翔机驻留运动多体系统的广义速率 $\boldsymbol{u}_k$ 可表示为

$$\begin{aligned}\boldsymbol{u}_k = (&V_{x,g}, V_{y,g}, V_{z,g}, W_{x,g}, W_{y,g}, W_{z,g}, V_{x,1}, V_{y,1}, V_{z,1}, \cdots, V_{x,N-1}, \\ &V_{y,N-1}, V_{z,N-1}, V_{x,\mathrm{anc}}, V_{y,\mathrm{anc}}, V_{z,\mathrm{anc}})^{\mathrm{T}}\end{aligned} \quad (7.85)$$

式中，$k=1,2,\cdots,6+3N$。

同样地，当水下滑翔机采用两根缆索实现驻留运动时，该多体系统的广义速率 $\boldsymbol{u}_k$ 的表达式为

$$\begin{aligned}\boldsymbol{u}_k = (&V_{x,g}, V_{y,g}, V_{z,g}, W_{x,g}, W_{y,g}, W_{z,g}, V_{x,1}, V_{y,1}, V_{z,1}, \cdots, V_{x,N-1}, V_{y,N-1}, V_{z,N-1}, V_{x,\mathrm{anc}}, \\ &V_{y,\mathrm{anc}}, V_{z,\mathrm{anc}}, V_{x,1}', V_{y,1}', V_{z,1}', \cdots, V_{x,N-1}', V_{y,N-1}', V_{z,N-1}', V_{x,\mathrm{anc}}', V_{y,\mathrm{anc}}', V_{z,\mathrm{anc}}')^{\mathrm{T}}\end{aligned} \quad (7.86)$$

式中，$k=1,2,\cdots,6+3N$。

以此类推，当水下滑翔机采用多根缆索进行驻留运动时，系统的广义速率可写成类似上式所表达的形式。

3) 水下滑翔机速度与加速度

将水下滑翔机在惯性坐标系 $EXYZ$ 下的空间位置坐标(X_g、Y_g、Z_g)和姿态角(θ、ψ、φ)对时间分别求导，即可得到水下滑翔机在惯性坐标系的速度 $\boldsymbol{V}_g^E$ 和角速度 $\boldsymbol{W}_g^E$，具体可表示为

$$\begin{aligned}\boldsymbol{V}_g^E&=\left(\dot{X}_g,\dot{Y}_g,\dot{Z}_g\right)=\left(V_{x,g},V_{y,g},V_{z,g}\right)^{\mathrm{T}}\\\boldsymbol{W}_g^E&=\left(\dot{\theta},\dot{\psi},\dot{\varphi}\right)=\left(W_{x,g},W_{y,g},W_{z,g}\right)^{\mathrm{T}}\end{aligned}\tag{7.87}$$

水下滑翔机在滑翔机体坐标系下的速度 $\boldsymbol{V}_g^O$ 和角速度 $\boldsymbol{W}_g^O$ 表示式为

$$\boldsymbol{V}_g^O=\left(u,v,w\right)^{\mathrm{T}},\quad \boldsymbol{W}_g^O=\left(p,q,r\right)^{\mathrm{T}}\tag{7.88}$$

式中，u、v 和 w 分别为水下滑翔机速度在滑翔机体坐标系下的分量；p，q，r 分别为滑翔机角速度在体坐标系下的分量。

水下滑翔机的速度和角速度向量在惯性坐标系与滑翔机体坐标系下的转换关系，具体可表示为

$$\boldsymbol{V}_g^E=\boldsymbol{C}_E^O\cdot\boldsymbol{V}_g^O,\quad \boldsymbol{W}_g^E=\boldsymbol{T}_E^O\cdot\boldsymbol{W}_g^O\tag{7.89}$$

式中，$\boldsymbol{T}_E^O$ 与转换矩阵 $\boldsymbol{C}_E^O$ 是不同的，$\boldsymbol{T}_E^O$ 是由滑翔机体坐标系到惯性坐标系的连续转动过程中依次生成，具体可表示为

$$\boldsymbol{T}_E^O=\begin{bmatrix}0 & \sin\varphi & \cos\varphi\\ 0 & \sec\theta\cos\varphi & -\sec\theta\sin\varphi\\ 1 & -\tan\theta\cos\varphi & \tan\theta\sin\varphi\end{bmatrix}\tag{7.90}$$

进而，对滑翔机在惯性坐标系下的速度 $\boldsymbol{V}_g^E$ 与角速度 $\boldsymbol{W}_g^E$ 对时间求导，可得到滑翔机在惯性坐标系下的加速度 $\boldsymbol{a}_g^E$ 与角加速度 $\boldsymbol{\tau}_g^E$ 的表达式：

$$\boldsymbol{a}_g^E=\dot{\boldsymbol{V}}_g^E=\left(\ddot{X}_g,\ddot{Y}_g,\ddot{Z}_g\right)^{\mathrm{T}},\quad \boldsymbol{\tau}_g^E=\dot{\boldsymbol{W}}_g^E=\left(\ddot{\theta},\ddot{\psi},\ddot{\varphi}\right)^{\mathrm{T}}\tag{7.91}$$

同样地，对水下滑翔机在滑翔机体坐标系下的速度矢量 $\boldsymbol{V}_g^O$ 和角速度矢量 $\boldsymbol{W}_g^O$ 分别对时间求导，即可得到体坐标系下滑翔机的加速度 $\boldsymbol{a}_g^O$ 与角加速度 $\boldsymbol{\tau}_g^O$，具体表达式如下：

$$\boldsymbol{a}_g^O=\dot{\boldsymbol{V}}_g^O=(\dot{u},\dot{v},\dot{w})^{\mathrm{T}},\quad \boldsymbol{\tau}_g^O=\dot{\boldsymbol{W}}_g^O=(\dot{p},\dot{q},\dot{r})^{\mathrm{T}}\tag{7.92}$$

对上式等式进行求导，即可得到水下滑翔机加速度与角加速度在惯性坐标系与滑翔机体坐标系下的关系，具体可表示为

$$\boldsymbol{a}_g^O=\dot{\boldsymbol{C}}_O^E\cdot\boldsymbol{V}_g^E+\boldsymbol{C}_O^E\cdot\boldsymbol{a}_g^E,\quad \boldsymbol{\tau}_g^O=\dot{\boldsymbol{T}}_O^E\cdot\boldsymbol{W}_g^E+\boldsymbol{T}_O^E\cdot\boldsymbol{\tau}_g^E\tag{7.93}$$

式中，$\dot{\boldsymbol{C}}_O^E$、$\dot{\boldsymbol{T}}_O^E$ 分别为 $\boldsymbol{C}_O^E$ 与 $\boldsymbol{T}_O^E$ 对时间求导后的矩阵。

4) 缆索集中质量点的速度与加速度

采用与水下滑翔机速度与加速度相同的计算方法，第 i 个集中质量点的速度 $\boldsymbol{V}_i^E$ 和加速度 $\boldsymbol{a}_i^E$ 可通过将第 i 个集中质量点在惯性坐标系 $EXYZ$ 下的空间位置(X_i、Y_i、Z_i)分别对时间求一阶和二阶导数得到：

$$\begin{aligned} \boldsymbol{V}_i^E &= \left(\dot{X}_i, \dot{Y}_i, \dot{Z}_i\right) = \left(V_{x,i}, V_{y,i}, V_{z,i}\right)^{\mathrm{T}} \\ \boldsymbol{a}_i^E &= \left(\ddot{X}_i, \ddot{Y}_i, \ddot{Z}_i\right)^{\mathrm{T}} \end{aligned} \tag{7.94}$$

在计算缆索的广义主动力时，需要计算缆索集中质量点在缆索局部坐标系下的速度，因此，第 i 个集中质量点在缆索局部坐标系下的速度$\boldsymbol{V}_i^C$和加速度$\boldsymbol{a}_i^C$分别表示为

$$\boldsymbol{V}_i^C = \left(e_i, f_i, h_i\right)^{\mathrm{T}}, \quad \boldsymbol{a}_i^C = \left(\dot{e}_i, \dot{f}_i, \dot{h}_i\right)^{\mathrm{T}} \tag{7.95}$$

式中，e_i、f_i和h_i分别为第 i 个集中质量点的速度在缆索局部坐标系下的分量。

基于所建立的坐标转换矩阵，容易得到缆索集中质量点的速度与加速度向量在惯性坐标系与缆索局部坐标系下的关系，具体可表示为

$$\boldsymbol{V}_i^E = \boldsymbol{C}_E^i \cdot \boldsymbol{V}_i^C, \quad \boldsymbol{a}_i^E = \boldsymbol{C}_E^i \cdot \boldsymbol{a}_i^C \tag{7.96}$$

5) 重力锚的速度与加速度

采用同样的方法，重力锚在惯性坐标系下的速度$\boldsymbol{V}_{\text{anc}}^E$与加速度$\boldsymbol{a}_{\text{anc}}^E$可表示为

$$\begin{aligned} \boldsymbol{V}_{\text{anc}}^E &= \left(\dot{X}_{\text{anc}}, \dot{Y}_{\text{anc}}, \dot{Z}_{\text{anc}}\right) = \left(V_{x,\text{anc}}, V_{y,\text{anc}}, V_{z,\text{anc}}\right)^{\mathrm{T}} \\ \boldsymbol{a}_{\text{anc}}^E &= \left(\ddot{X}_{\text{anc}}, \ddot{Y}_{\text{anc}}, \ddot{Z}_{\text{anc}}\right)^{\mathrm{T}} \end{aligned} \tag{7.97}$$

将重力锚当作质点进行分析研究，不考虑重力锚的空间姿态，因此，不用对速度和加速度进行转换。

6) 偏速度与偏角速度

基于偏速度与偏角速度的定义，为研究方便，分别将惯性坐标系 $EXYZ$ 下水下滑翔机的速度$\boldsymbol{V}_g^E$和角速度$\boldsymbol{W}_g^E$、缆索集中质量点的速度$\boldsymbol{V}_i^E$和重力锚的速度$\boldsymbol{V}_{\text{anc}}^E$分别对广义速率$\boldsymbol{u}_k$求偏导数，即可得到水下滑翔机驻留过程多体系统的偏速度和偏角速度。

通过计算，水下滑翔机的偏速度$\boldsymbol{V}_{g,p}$与偏角速度$\boldsymbol{W}_{g,p}$可分别表示为

$$\boldsymbol{V}_{g,p} = \frac{\partial \boldsymbol{V}_g^E}{\partial \boldsymbol{u}_k} = \begin{bmatrix} 1 & 0 & 0 & 0 & 0 & 0 & 0 & 0 & 0 & \cdots & 0 & 0 & 0 & 0 & 0 & 0 \\ 0 & 1 & 0 & 0 & 0 & 0 & 0 & 0 & 0 & \cdots & 0 & 0 & 0 & 0 & 0 & 0 \\ 0 & 0 & 1 & 0 & 0 & 0 & 0 & 0 & 0 & \cdots & 0 & 0 & 0 & 0 & 0 & 0 \end{bmatrix} \tag{7.98}$$

$$\boldsymbol{W}_{g,p} = \frac{\partial \boldsymbol{W}_g^E}{\partial \boldsymbol{u}_k} = \begin{bmatrix} 0 & 0 & 0 & 0 & 0 & 1 & 0 & 0 & 0 & \cdots & 0 & 0 & 0 & 0 & 0 & 0 \\ 0 & 0 & 0 & 0 & 1 & 0 & 0 & 0 & 0 & \cdots & 0 & 0 & 0 & 0 & 0 & 0 \\ 0 & 0 & 0 & 1 & 0 & 0 & 0 & 0 & 0 & \cdots & 0 & 0 & 0 & 0 & 0 & 0 \end{bmatrix} \tag{7.99}$$

采用同样的方法，缆索的偏速度可表示为如下形式。当$i=1$时，第 1 个集中质量点的偏速度$\boldsymbol{V}_{1,p}$可表示为

$$
\boldsymbol{V}_{1,p}=\frac{\partial \boldsymbol{V}_1^E}{\partial \boldsymbol{u}_k}=\begin{bmatrix} 0 & 0 & 0 & 0 & 0 & 0 & 1 & 0 & 0 & \cdots & 0 & 0 & 0 & 0 & 0 & 0 \\ 0 & 0 & 0 & 0 & 0 & 0 & 0 & 1 & 0 & \cdots & 0 & 0 & 0 & 0 & 0 & 0 \\ 0 & 0 & 0 & 0 & 0 & 0 & 0 & 0 & 1 & \cdots & 0 & 0 & 0 & 0 & 0 & 0 \end{bmatrix} \tag{7.100}
$$

当$i=N-1$时，第$N-1$个集中质量点的偏速度$\boldsymbol{V}_{N-1,p}$可表示为

$$
\boldsymbol{V}_{N-1,p}=\frac{\partial \boldsymbol{V}_{N-1}^E}{\partial \boldsymbol{u}_k}=\begin{bmatrix} 0 & 0 & 0 & 0 & 0 & 0 & 0 & 0 & 0 & \cdots & 1 & 0 & 0 & 0 & 0 & 0 \\ 0 & 0 & 0 & 0 & 0 & 0 & 0 & 0 & 0 & \cdots & 0 & 1 & 0 & 0 & 0 & 0 \\ 0 & 0 & 0 & 0 & 0 & 0 & 0 & 0 & 0 & \cdots & 0 & 0 & 1 & 0 & 0 & 0 \end{bmatrix} \tag{7.101}
$$

其他缆索集中质量点的偏速度可通过式上述两式进行相似的推导。

重力锚的偏速度$\boldsymbol{V}_{\mathrm{anc},p}$可表示为

$$
\boldsymbol{V}_{\mathrm{anc},p}=\frac{\partial \boldsymbol{V}_{\mathrm{anc}}^E}{\partial \boldsymbol{u}_k}=\begin{bmatrix} 0 & 0 & 0 & 0 & 0 & 0 & 0 & 0 & 0 & \cdots & 0 & 0 & 0 & 1 & 0 & 0 \\ 0 & 0 & 0 & 0 & 0 & 0 & 0 & 0 & 0 & \cdots & 0 & 0 & 0 & 0 & 1 & 0 \\ 0 & 0 & 0 & 0 & 0 & 0 & 0 & 0 & 0 & \cdots & 0 & 0 & 0 & 0 & 0 & 1 \end{bmatrix} \tag{7.102}
$$

3. 动力学分析

采用 Kane 方法建立水下滑翔机驻留过程多体系统动力学模型，需要计算整个多体系统的广义惯性力矩阵$\boldsymbol{F}^*$与广义主动力矩阵$\boldsymbol{F}$，将所得到的广义惯性力矩阵与广义主动力矩阵代入 Kane 方程即可得到水下滑翔机驻留过程多体系统的动力学模型。

在水下滑翔机驻留过程多体系统运动过程中，水下滑翔机、缆索及重力锚的运动必然会导致周围流体产生加速运动的效果，因此，多体系统将会受到附加质量的作用。同时由于附加质量具有质量惯性的作用，故将各部分受到的附加质量计入多体系统广义惯性力的范畴，在多体系统广义主动力的计算过程中，不再考虑附加质量力的作用。

1) 水下滑翔机的广义惯性力

假设水下滑翔机的几何外形关于体坐标系的 Oxy 平面及 Oxz 平面对称，故在滑翔机体坐标系下，水下滑翔机的附加质量矩阵$\boldsymbol{\lambda}_g^O$的部分项为零。

在滑翔机体坐标系下，水下滑翔机的附加质量矩阵$\boldsymbol{\lambda}_g^O$的表达式为

$$
\boldsymbol{\lambda}_g^O=\begin{bmatrix} \lambda_{11} & 0 & 0 & 0 & 0 & 0 \\ 0 & \lambda_{22} & 0 & 0 & 0 & \lambda_{26} \\ 0 & 0 & \lambda_{33} & 0 & \lambda_{35} & 0 \\ 0 & 0 & 0 & \lambda_{44} & 0 & 0 \\ 0 & 0 & \lambda_{53} & 0 & \lambda_{55} & 0 \\ 0 & \lambda_{62} & 0 & 0 & 0 & \lambda_{66} \end{bmatrix} \tag{7.103}
$$

式中，λ_{ij}（$i=1,\cdots,6$，$j=1,\cdots,6$）为滑翔机的附加质量；由于附加质量矩阵为实对称矩阵，则$\lambda_{26}=\lambda_{62}$，$\lambda_{35}=\lambda_{53}$。

在滑翔机体坐标系下，滑翔机的附加质量力和附加质量力矩可表示为

$$\begin{bmatrix} \boldsymbol{F}_{a,g}^{O} \\ \boldsymbol{M}_{a,g}^{O} \end{bmatrix} = \boldsymbol{\lambda}_{g}^{O} \cdot \begin{bmatrix} \boldsymbol{a}_{g}^{O} \\ \boldsymbol{\tau}_{g}^{O} \end{bmatrix} + \begin{bmatrix} \boldsymbol{S}\left(\boldsymbol{W}_{g}^{O}\right) & \boldsymbol{0} \\ \boldsymbol{S}\left(\boldsymbol{V}_{g}^{O}\right) & \boldsymbol{S}\left(\boldsymbol{W}_{g}^{O}\right) \end{bmatrix} \cdot \boldsymbol{\lambda}_{g}^{O} \cdot \begin{bmatrix} \boldsymbol{V}_{g}^{O} \\ \boldsymbol{W}_{g}^{O} \end{bmatrix} \tag{7.104}$$

式中，$\boldsymbol{F}_{a,g}^{O}$和$\boldsymbol{M}_{a,g}^{O}$分别为滑翔机在体坐标系下的附加质量力和附加质量力矩，$\boldsymbol{S}\left(\boldsymbol{W}_{g}^{O}\right)$与$\boldsymbol{S}\left(\boldsymbol{V}_{g}^{O}\right)$可表示为

$$\boldsymbol{S}\left(\boldsymbol{W}_{g}^{O}\right) = -\boldsymbol{S}\left(\boldsymbol{W}_{g}^{O}\right)^{\mathrm{T}} = \begin{bmatrix} 0 & -r & q \\ r & 0 & -p \\ -q & p & 0 \end{bmatrix}, \quad \boldsymbol{S}\left(\boldsymbol{V}_{g}^{O}\right) = -\boldsymbol{S}\left(\boldsymbol{V}_{g}^{O}\right)^{\mathrm{T}} = \begin{bmatrix} 0 & -w & v \\ w & 0 & -u \\ -v & u & 0 \end{bmatrix} \tag{7.105}$$

为了计算滑翔机的广义惯性力，需要将滑翔机体坐标系下的附加质量力矩阵转换到惯性坐标系下，即

$$\boldsymbol{F}_{a,g}^{E} = \boldsymbol{C}_{E}^{O} \cdot \boldsymbol{F}_{a,g}^{O}, \quad \boldsymbol{M}_{a,g}^{E} = \boldsymbol{T}_{E}^{O} \cdot \boldsymbol{M}_{a,g}^{O} \tag{7.106}$$

式中，$\boldsymbol{F}_{a,g}^{E}$和$\boldsymbol{M}_{a,g}^{E}$分别为滑翔机在惯性坐标系下的附加质量力和附加质量力矩。

由广义惯性力的定义可得，在惯性坐标系下，水下滑翔机的广义惯性力可表示为

$$\boldsymbol{F}_{g}^{*} = -\left(\boldsymbol{V}_{g,p}^{\mathrm{T}} \cdot \left(\boldsymbol{m}_{g}\boldsymbol{a}_{g}^{E} + \boldsymbol{F}_{a,g}^{E}\right) \cdot \boldsymbol{V}_{g,p} + \boldsymbol{W}_{g,p}^{\mathrm{T}} \cdot \left(\boldsymbol{J}_{g}^{E}\boldsymbol{\tau}_{g}^{E} + \boldsymbol{M}_{a,g}^{E}\right) \cdot \boldsymbol{W}_{g,p}\right) \tag{7.107}$$

式中，$\boldsymbol{m}_{g}$为水下滑翔机的质量矩阵，可表示为$\boldsymbol{m}_{g} = m_{g} \cdot \boldsymbol{I}_{3\times3}$，$m_{g}$为水下滑翔机的质量，$\boldsymbol{I}_{3\times3}$为3阶单位矩阵；$\boldsymbol{J}_{g}$为水下滑翔机的转动惯量。

2) 缆索的广义惯性力

由于缆索具有非常大的长细比，其切向上的附加质量力同法向的相比非常小，可将缆索切向上的附加质量力当作零处理。

第i个集中质量点的附加质量$\boldsymbol{\lambda}_{i}^{C}$在$C_i t_i b_i n_i$下可表示为

$$\boldsymbol{\lambda}_{i}^{C} = \rho_{w} k_{a} \sigma l_{i} \begin{bmatrix} 0 & 0 & 0 \\ 0 & 1 & 0 \\ 0 & 0 & 1 \end{bmatrix} \tag{7.108}$$

式中，ρ_{w}为海水密度；k_{a}为附加质量系数，由于选择的是圆形截面的缆索，故$k_{a}=1$，$\sigma = \pi d_{c}^{2}/4$为缆索的横截面积，d_{c}为缆索的直径。

在第i个缆索局部坐标系下，第i个集中质量点的附加质量力$\boldsymbol{F}_{a,i}^{C}$可表示为

$$\boldsymbol{F}_{a,i}^{C} = \boldsymbol{\lambda}_i^{C} \cdot \boldsymbol{a}_i^{C} \tag{7.109}$$

进而，缆索第 i 个集中质量点在惯性坐标系 $E\text{-}XYZ$ 下的附加质量力 $\boldsymbol{F}_{a,i}^{E}$ 可通过下式计算得到，即

$$\boldsymbol{F}_{a,i}^{E} = \boldsymbol{C}_E^{i} \cdot \boldsymbol{F}_{a,i}^{C} \tag{7.110}$$

同样地，由广义惯性力的定义可得，第 i 个集中质量点的广义惯性力如下所示：

$$\boldsymbol{F}_i^{*} = -\boldsymbol{V}_{i,p}^{\mathrm{T}} \cdot \left(\boldsymbol{m}_i \boldsymbol{a}_i^{E} + \boldsymbol{F}_{a,i}^{E}\right) \cdot \boldsymbol{V}_{i,p} \tag{7.111}$$

式中，$\boldsymbol{m}_i$ 为缆索第 i 个集中质量点的质量矩阵，可表示为 $\boldsymbol{m}_i = m_i \cdot \boldsymbol{I}_{3\times3}$，$m_i$ 为第 i 个集中质量点的质量，可表示为 $m_i = \rho_c \sigma l_i^0$，$\rho_c$ 为缆索的密度，l_i^0 为第 i 个无质量弹簧的原长。

3) 重力锚的广义惯性力

在惯性坐标系下，重力锚的附加质量矩阵 $\boldsymbol{\lambda}_{\mathrm{anc}}^{E}$ 可表示为

$$\boldsymbol{\lambda}_{\mathrm{anc}}^{E} = \begin{bmatrix} \lambda_{\mathrm{anc1}} & 0 & 0 \\ 0 & \lambda_{\mathrm{anc2}} & 0 \\ 0 & 0 & \lambda_{\mathrm{anc3}} \end{bmatrix} \tag{7.112}$$

式中，λ_{anc1}、λ_{anc2}、λ_{anc3} 分别为重力锚的附加质量。重力锚在惯性坐标系下的附加质量力 $\boldsymbol{F}_{a,\mathrm{anc}}^{E}$ 可表示为

$$\boldsymbol{F}_{a,\mathrm{anc}}^{E} = \boldsymbol{\lambda}_{\mathrm{anc}}^{E} \cdot \boldsymbol{a}_{\mathrm{anc}}^{E} \tag{7.113}$$

在惯性坐标系下，重力锚的广义惯性力可表示如下形式：

$$\boldsymbol{F}_{\mathrm{anc}}^{*} = -\boldsymbol{V}_{\mathrm{anc}}^{\mathrm{T}} \cdot \left(\boldsymbol{m}_{\mathrm{anc}} \boldsymbol{a}_{\mathrm{anc}}^{E} + \boldsymbol{F}_{a,\mathrm{anc}}^{E}\right) \cdot \boldsymbol{V}_{\mathrm{anc}} \tag{7.114}$$

式中，$\boldsymbol{m}_{\mathrm{anc}}$ 为重力锚的质量矩阵，可表示为 $\boldsymbol{m}_{\mathrm{anc}} = m_{\mathrm{anc}} \cdot \boldsymbol{I}_{3\times3}$。

4) 多体系统的广义惯性力

对多体系统各个部分的广义惯性力矩阵求和即可得到整个多体系统的广义惯性力 $\boldsymbol{F}^{*(k)}$。

当水下滑翔机采用单根缆索实现驻留运动时，水下滑翔机驻留过程多体系统的广义惯性力可表示为

$$\boldsymbol{F}^{*(r)} = \boldsymbol{F}_g^{*(r)} + \sum_{i=1}^{N-1} \boldsymbol{F}_i^{*(r)} + \boldsymbol{F}_{\mathrm{anc}}^{*(r)}, \quad r = 1,2,\cdots,3N+6 \tag{7.115}$$

当水下滑翔机采用两根缆索实现驻留运动时，水下滑翔机驻留过程多体系统广义惯性力可表示为

$$\boldsymbol{F}^{*(r)} = \boldsymbol{F}_g^{*(r)} + \sum_{i=1}^{2(N-1)} \boldsymbol{F}_i^{*(r)} + \boldsymbol{F}_{\mathrm{anc},1}^{*(r)} + \boldsymbol{F}_{\mathrm{anc},2}^{*(r)}, \quad r = 1,2,\cdots,6+6N \tag{7.116}$$

式中，$\boldsymbol{F}_{\text{anc},1}^{*(r)}$ 与 $\boldsymbol{F}_{\text{anc},2}^{*(r)}$ 分别为两个重力锚的广义惯性力。

当水下滑翔机采用多根缆索时，水下滑翔机驻留过程多体系统的广义惯性力可以表示为类似上式的形式。

5) 水下滑翔机的广义主动力

水下滑翔机在驻留运动过程中的所受到的外力如图 7.24 所示。水下滑翔机所受到的合外力 $\boldsymbol{F}_g$ 主要包括重力 $\boldsymbol{G}_g$、浮力 $\boldsymbol{B}_g$、黏性流体动力 $\boldsymbol{F}_{f,g}$、推进器推力 $\boldsymbol{F}_p$ 及缆索首个无质量弹簧对水下滑翔机的拉力 $\boldsymbol{T}_1$。同时，水下滑翔机所受到的合外力矩 $\boldsymbol{M}_g$ 主要包括重力矩 $\boldsymbol{M}_G$、首个无质量弹簧对水下滑翔机的力矩 $\boldsymbol{M}_1$ 及流体动力力矩 $\boldsymbol{M}_{f,g}$，即

$$\boldsymbol{F}_g = \boldsymbol{G}_g + \boldsymbol{B}_g + \boldsymbol{T}_1 + \boldsymbol{F}_P + \boldsymbol{F}_{f,g} \tag{7.117}$$

$$\boldsymbol{M}_g = \boldsymbol{M}_G + \boldsymbol{M}_1 + \boldsymbol{M}_{f,g} \tag{7.118}$$

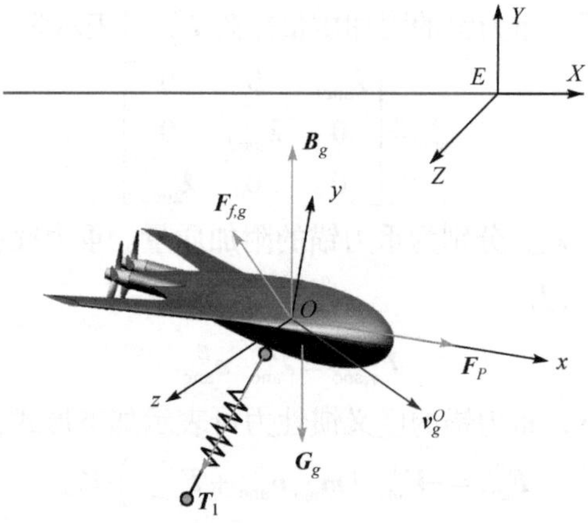

图 7.24　水下滑翔机的受力示意图

(1) 重浮力与重力矩。

在惯性坐标系下，水下滑翔机的重力和浮力可表示为

$$\boldsymbol{G}_g = \left(0, -m_g g, 0\right)^{\mathrm{T}}，\ \boldsymbol{B}_g = \left(0, \rho_w H_g g, 0\right)^{\mathrm{T}} \tag{7.119}$$

式中，ρ_w 为海水密度；H_g 为水下滑翔机的排水体积。

在滑翔机体坐标系下，滑翔机的重力将会产生重力矩：

$$\boldsymbol{M}_G = \left(\boldsymbol{C}_E^O \cdot \boldsymbol{r}_{cm}\right) \times \boldsymbol{G}_g \tag{7.120}$$

式中，$\boldsymbol{r}_{cm} = \left(x_{cm}, y_{cm}, z_{cm}\right)^{\mathrm{T}}$ 为滑翔机重心在滑翔机体坐标系下的矢量；x_{cm}，y_{cm}，z_{cm} 为在体坐标系下的分量。

(2) 黏性流体动力与力矩。

为研究方便，忽略黏性流体动力和力矩纵向与侧向运动参数之间交叉耦合的作用，同时，针对水下滑翔机驻留过程中所存在大攻角和大侧滑角的情况，保留黏性流体动力和力矩分量与各运动参量的高阶项。

在滑翔机体坐标系下，水下滑翔机所受到的黏性流体动力可以表示为

$$\boldsymbol{F}_{f,g}^{O}=\frac{1}{2}\rho_w S\left|\boldsymbol{V}_g^E-\boldsymbol{V}_{\text{cur}}^E\right|^2\cdot\begin{bmatrix} C_x+C_x^{\alpha}\alpha+C_x^{\alpha^2}\alpha^2+C_x^{\alpha^3}\alpha^3+C_x^{\beta}\beta+C_x^{\beta^2}\beta^2+C_x^{\beta^3}\beta^3 \\ C_y^{\alpha}\alpha+C_y^{\alpha^2}\alpha^2+C_y^{\alpha^3}\alpha^3+C_y^{\delta}\delta+\left(LC_y^r r/\left|\boldsymbol{V}_g^E-\boldsymbol{V}_{\text{cur}}^E\right|\right) \\ C_z^{\beta}\beta+C_z^{\beta^2}\beta^2+C_z^{\beta^3}\beta^3+\left(LC_z^q q/\left|\boldsymbol{V}_g^E-\boldsymbol{V}_{\text{cur}}^E\right|\right) \end{bmatrix}^{\mathrm{T}}$$

(7.121)

式中，S 为水下滑翔机的沾湿表面积；C_x、$C_x^{\times}$、$C_y^{\times}$ 及 $C_z^{\times}$ 均为流体动力参数；δ 为滑翔机襟翼的偏转角度，用于控制水下滑翔机的定深直航运动和俯仰；$\boldsymbol{V}_{\text{cur}}^E$ 为海洋洋流在惯性坐标系下的速度矢量，可表示为 $\boldsymbol{V}_{\text{cur}}^E=\left(V_{x,\text{cur}}^E,V_{y,\text{cur}}^E,V_{z,\text{cur}}^E\right)^{\mathrm{T}}$；$\alpha$ 和 β 分别水下滑翔机的攻角和侧滑角。在滑翔机体坐标系下，水下滑翔机的攻角和侧滑角为

$$\alpha=-\arctan\left(\frac{v-V_{y,\text{cur}}^O}{u-V_{x,\text{cur}}^O}\right),\quad \beta=\arctan\left(\frac{w-V_{z,\text{cur}}^O}{\sqrt{\left(u-V_{x,\text{cur}}^O\right)^2+\left(v-V_{y,\text{cur}}^O\right)^2}}\right) \tag{7.122}$$

同样地，在滑翔机体坐标系下，水下滑翔机所受到的黏性流体动力矩可表示为

$$\boldsymbol{M}_{f,g}^{O}=\frac{1}{2}\rho_w S\left|\boldsymbol{V}_g^E-\boldsymbol{V}_{\text{cur}}^E\right|^2 L\cdot\begin{pmatrix} Lm_x^p p/\left|\boldsymbol{V}_g^E-\boldsymbol{V}_{\text{cur}}^E\right| \\ m_y^{\beta}\beta+m_y^{\beta^2}\beta^2+m_y^{\beta^3}\beta^3+\left(Lm_y^q q/\left|\boldsymbol{V}_g^E-\boldsymbol{V}_{\text{cur}}^E\right|\right) \\ m_z^{\alpha}\alpha+m_z^{\alpha^2}\alpha^2+m_z^{\alpha^3}\alpha^3+m_z^{\delta}\delta+\left(Lm_z^r r/\left|\boldsymbol{V}_g^E-\boldsymbol{V}_{\text{cur}}^E\right|\right) \end{pmatrix}^{\mathrm{T}}$$

(7.123)

式中，L 为水下滑翔机的参考长度；$m_x^{\times}$、$m_y^{\times}$ 及 $m_z^{\times}$ 分别为滑翔机流体动力矩系数。通过坐标转换矩阵可得到水下滑翔机黏性流体动力在惯性坐标系下的表达式：

$$\boldsymbol{F}_{f,g}=\boldsymbol{C}_E^O\cdot\boldsymbol{F}_{f,g}^O,\quad \boldsymbol{M}_{f,g}=\boldsymbol{T}_E^O\cdot\boldsymbol{M}_{f,g}^O \tag{7.124}$$

(3) 螺旋桨推力。

如果水下滑翔机的尾部安装有螺旋桨，螺旋桨所产生的推力仅仅沿水下滑翔

机体坐标系的 Ox 轴，因此，在惯性坐标系下，滑翔机所受到的螺旋桨推力为

$$\boldsymbol{F}_p^O=(P,0,0)^{\mathrm{T}} \tag{7.125}$$

式中，P 为螺旋桨所产生的推力大小。

在惯性坐标系下，水下滑翔机所受到的螺旋桨推力为

$$\boldsymbol{F}_p=C_E^O\cdot\boldsymbol{F}_p^O \tag{7.126}$$

由于螺旋桨的推力经过滑翔机的浮心，故螺旋桨的推力对水下滑翔机不会产生力矩的作用。

(4) 首个无质量弹簧的拉力。

由于水下滑翔机与重力锚通过缆索连接在一起，水下滑翔机会受到首个无质量弹簧的拉力，采用胡克定律建立应力-应变关系，则首个无质量弹簧的拉力 $\boldsymbol{T}_1$ 在缆索局部坐标系下可表示为

$$\boldsymbol{T}_1^C=\left(E\sigma\varepsilon_1,0,0\right)^{\mathrm{T}} \tag{7.127}$$

式中，E 为缆索的杨氏模量；ε_1 为第 1 个无质量弹簧的弹性应变。一般情况下，$\varepsilon_1\ll 1$，故可具体表示为如下形式：

$$\varepsilon_1=\begin{cases}l_1/l_1^0-1, & l_1>l_1^0\\ 0, & l_1\leqslant l_1^0\end{cases} \tag{7.128}$$

式中，l_1^0 为首个无质量弹簧的原长。

通过下式可将缆索局部坐标系下首个无质量弹簧对滑翔机的拉力转化到为惯性坐标系。

$$\boldsymbol{T}_1=\boldsymbol{C}_E^O\cdot\boldsymbol{T}_1^C \tag{7.129}$$

由于缆索的连接位置不在滑翔机的浮心处，则首个微元段对滑翔机的力矩在惯性坐标系下的表达式可写为

$$\boldsymbol{M}_1=\left(\boldsymbol{C}_E^O\cdot\boldsymbol{r}_L^O\right)\times\boldsymbol{T}_1 \tag{7.130}$$

将上述各力与力矩相加即可得到水下滑翔机的合外力与合外力矩。在惯性坐标系下，水下滑翔机的广义主动力 $\boldsymbol{F}_g^{(k)}$ 为

$$\boldsymbol{F}_g^{(k)}=\boldsymbol{V}_{g,p}^{\mathrm{T}}\cdot\boldsymbol{F}_g+\boldsymbol{W}_{g,p}^{\mathrm{T}}\cdot\boldsymbol{M}_g \tag{7.131}$$

6) 缆索的广义主动力

在水下滑翔机驻留运动过程中，第 i 个集中质量点受到的合外力 $\boldsymbol{F}_i$ 主要包括：重力 $\boldsymbol{G}_i$、浮力 $\boldsymbol{B}_i$、流体阻力 $\boldsymbol{D}_i$、弹簧拉力 $\boldsymbol{T}_i$ 和 $-\boldsymbol{T}_{i+1}$ 以及可能会受到的海底支持

力 $\boldsymbol{F}_{n,i}$ 和摩擦力 $\boldsymbol{F}_{f,i}$。由于仅考虑缆索集中质量点的平动，缆索不受力矩的作用。第 i 个集中质量点所受到的合外力 $\boldsymbol{F}_i$ 在惯性坐标系下可表示为

$$\boldsymbol{F}_i = \boldsymbol{G}_i + \boldsymbol{B}_i + \boldsymbol{D}_i + \boldsymbol{T}_i - \boldsymbol{T}_{i+1} + \boldsymbol{F}_{n,i} + \boldsymbol{F}_{f,i} \tag{7.132}$$

缆索受力示意图如图 7.25 所示。

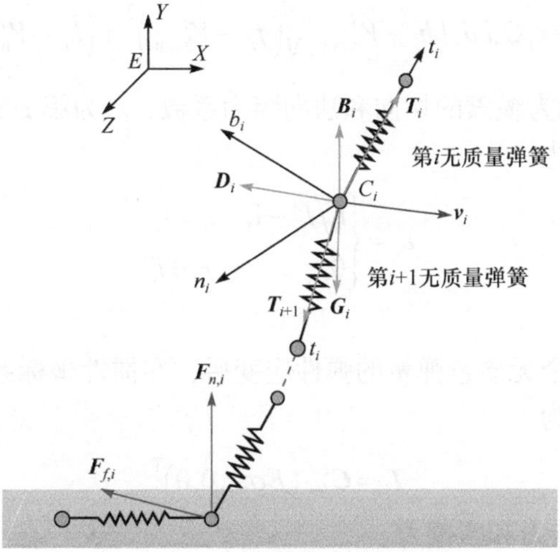

图 7.25　缆索微元段受力示意图

(1) 重力和浮力。

第 i 个集中质量点的重力与浮力在惯性坐标系下可表示为

$$\boldsymbol{G}_i = \left(0, \rho_c \sigma l_i, 0\right)^{\mathrm{T}} \tag{7.133}$$

$$\boldsymbol{B}_i = \left(0, \rho_w \sigma l_i, 0\right)^{\mathrm{T}} \tag{7.134}$$

(2) 流体阻力。

将第 i 个集中质量点的阻力视为第 i 段和第 i+1 段无质量弹簧所受到的阻力的平均值，在惯性坐标系下可表示为

$$\boldsymbol{D}_i = \frac{1}{2}\left(\boldsymbol{C}_E^i \cdot \boldsymbol{D}_i^C + \boldsymbol{C}_E^{i+1} \cdot \boldsymbol{D}_{i+1}^C\right) \tag{7.135}$$

式中，$\boldsymbol{D}_i^C$ 和 $\boldsymbol{D}_{i+1}^C$ 分别为在第 i 个缆索局部坐标系下无质量弹簧所受到的阻力和在第 i 个缆索局部坐标系下第 i+1 段无质量弹簧所受到的阻力。

采用 Wilson 模型将所受到的阻力分为切向和法向两部分处理，将海洋洋流速度通过坐标转换到第 i 个缆索局部坐标系下，具体为

$$\boldsymbol{V}_{\mathrm{cur}}^i = \left(V_{t,\mathrm{cur}}^i, V_{b,\mathrm{cur}}^i, V_{n,\mathrm{cur}}^i\right)^{\mathrm{T}} = \boldsymbol{C}_i^E \cdot \boldsymbol{V}_{\mathrm{cur}}^E \tag{7.136}$$

因此，在缆索局部坐标系下，第 i 段无质量弹簧所受到的阻力 $\boldsymbol{D}_i^C$ 可表示为

$$\boldsymbol{D}_i^C=\begin{pmatrix} -\dfrac{\rho}{2}\sqrt{1+\varepsilon_i}C_t l_i d_c\left(e_i-V_{t,\mathrm{cur}}^i\right)\left|e_i-V_{t,\mathrm{cur}}^C\right| \\ -\dfrac{\rho\pi}{2}\sqrt{1+\varepsilon_i}C_n l_i d_c\left(f_i-V_{b,\mathrm{cur}}^i\right)\sqrt{\left(f_i-V_{b,\mathrm{cur}}^i\right)^2+\left(h_i-V_{n,\mathrm{cur}}^i\right)^2} \\ -\dfrac{\rho\pi}{2}\sqrt{1+\varepsilon_i}C_n l_i d_c\left(h_i-V_{n,\mathrm{cur}}^i\right)\sqrt{\left(f_i-V_{b,\mathrm{cur}}^i\right)^2+\left(h_i-V_{n,\mathrm{cur}}^i\right)^2} \end{pmatrix} \tag{7.137}$$

式中，C_t 和 C_n 分别为缆索的切向和法向阻力系数；ε_i 为第 i 个无质量弹簧的弹性应变，具体可表示为

$$\varepsilon_i=\begin{cases} l_i/l_i^0-1, & l_i>l_i^0 \\ 0, & l_i\leqslant l_i^0 \end{cases} \tag{7.138}$$

(3) 拉力。

在计算了第 i 个无质量弹簧的弹性应变后，在惯性坐标系下，第 i 个无质量弹簧的拉力可表示为

$$\boldsymbol{T}_i=\boldsymbol{C}_E^i\cdot\left(E\sigma\varepsilon_i,0,0\right)^{\mathrm{T}} \tag{7.139}$$

(4) 海底的支持力和摩擦力。

假设当第 i 个缆索集中质量点接触海底后，海底会对其产生两个作用力，分别为海底的支持力 $\boldsymbol{F}_{n,i}$ 和摩擦力 $\boldsymbol{F}_{f,i}$，假设缆索接触海底后，缆索垂向速度立刻减为 0，而垂向位移则等于海底深度，即 $V_{y,i}^E=0$ 且 $Y_i=Y_{\mathrm{sea}}$，而水平速度则会在海底摩擦力的作用下减速。

缆索接触海底的判断准则为 $Y_i<Y_{\mathrm{sea}}$ 或者 $Y_i=Y_{\mathrm{sea}}$ 且 $V_{y,i}^E\leqslant 0$，Y_{sea} 为海底深度，则海底的支持力 $\boldsymbol{F}_{n,i}$ 和摩擦力 $\boldsymbol{F}_{f,i}$ 可表示为

$$\boldsymbol{F}_{n,i}=-\left(0,\left(\boldsymbol{G}_i+\boldsymbol{B}_i+\boldsymbol{D}_i+\boldsymbol{T}_i-\boldsymbol{T}_{i+1}\right)_y,0\right)^{\mathrm{T}} \tag{7.140}$$

$$\boldsymbol{F}_{f,i}=\begin{cases} -\boldsymbol{F}_{f\max,i}\cdot\dfrac{\boldsymbol{V}_i^E}{\left|\boldsymbol{V}_i^E\right|}, & \left|\boldsymbol{V}_i^E\right|\neq 0 \\ -\left(\boldsymbol{G}_i+\boldsymbol{B}_i+\boldsymbol{D}_i+\boldsymbol{T}_i-\boldsymbol{T}_{i+1}\right), & \left|\boldsymbol{V}_i^E\right|=0\text{且}\left|\boldsymbol{F}_{f,i}\right|<\boldsymbol{F}_{f\max,i} \\ -\boldsymbol{F}_{f\max,i}\cdot\dfrac{\left(\boldsymbol{G}_i+\boldsymbol{B}_i+\boldsymbol{D}_i+\boldsymbol{T}_i-\boldsymbol{T}_{i+1}+\boldsymbol{F}_{n,i}\right)}{\left|\boldsymbol{G}_i+\boldsymbol{B}_i+\boldsymbol{D}_i+\boldsymbol{T}_i-\boldsymbol{T}_{i+1}+\boldsymbol{F}_{n,i}\right|}, & \text{其他} \end{cases} \tag{7.141}$$

式中，$\left(\boldsymbol{G}_i+\boldsymbol{B}_i+\boldsymbol{D}_i+\boldsymbol{T}_i-\boldsymbol{T}_{i+1}\right)_y$ 表示重力 $\boldsymbol{G}_i$、浮力 $\boldsymbol{B}_i$、阻力 $\boldsymbol{D}_i$ 及拉力 $\boldsymbol{T}_i$、$-\boldsymbol{T}_{i+1}$ 的合外力矢量在惯性坐标系 EY 方向上的分量，$\boldsymbol{F}_{f\max,i}=\mu_c\left|\boldsymbol{F}_{n,i}\right|$ 为海底对第 i 个集中

质量点的最大摩擦力，μ_c 为缆索在海底上的摩擦系数。

以上各力相加即可得到第 i 个集中质量点的合外力，从而，第 i 个集中质量点的广义主动力 $\boldsymbol{F}_i^{(k)}$ 可得

$$\boldsymbol{F}_i^{(k)} = \boldsymbol{V}_{i,p}^{\mathrm{T}} \cdot \boldsymbol{F}_i \tag{7.142}$$

7) 重力锚的广义主动力

将重力锚视为一个质点，如图 7.26 所示，重力锚所受到的合外力 $\boldsymbol{F}_{\mathrm{anc}}$ 主要包括：重力锚的重力 $\boldsymbol{G}_{\mathrm{anc}}$、浮力 $\boldsymbol{B}_{\mathrm{anc}}$、阻力 $\boldsymbol{D}_{\mathrm{anc}}$、第 N 个无质量弹簧的拉力 $\boldsymbol{T}_N$、海底对重力锚的支持力 $\boldsymbol{F}_{n,\mathrm{anc}}$ 和摩擦力 $\boldsymbol{F}_{f,\mathrm{anc}}$，重力锚的合外力在惯性坐标系下可表示为

$$\boldsymbol{F}_{\mathrm{anc}} = \boldsymbol{B}_{\mathrm{anc}} + \boldsymbol{G}_{\mathrm{anc}} + \boldsymbol{D}_{\mathrm{anc}} + \boldsymbol{T}_N + \boldsymbol{F}_{n,\mathrm{anc}} + \boldsymbol{F}_{f,\mathrm{anc}} \tag{7.143}$$

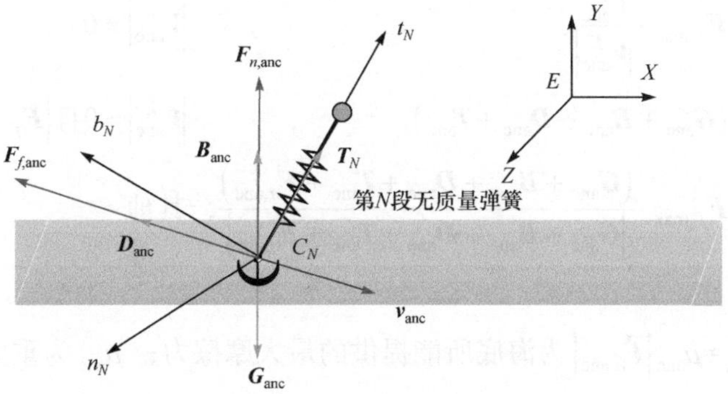

图 7.26　重力锚的受力示意图

(1) 重力和浮力。

在惯性坐标系下，重力锚的重力和浮力可表示为

$$\boldsymbol{G}_{\mathrm{anc}} = \left(0, -m_{\mathrm{anc}} g, 0\right)^{\mathrm{T}}, \quad \boldsymbol{B}_{\mathrm{anc}} = \left(0, \rho_w g H_{\mathrm{anc}}, 0\right)^{\mathrm{T}} \tag{7.144}$$

式中，m_{anc} 为重力锚的质量；H_{anc} 为重力锚的体积。

(2) 阻力。

重力锚在惯性坐标系下的流体阻力可表示为如下形式：

$$\boldsymbol{D}_{\mathrm{anc}} = -\frac{1}{2}\rho_w S_{\mathrm{anc}} \begin{bmatrix} C_{x\mathrm{anc}}\left(V_{x,\mathrm{anc}}^E - V_{x,\mathrm{cur}}^E\right)\left|V_{x,\mathrm{anc}}^E - V_{x,\mathrm{cur}}^E\right| \\ C_{y\mathrm{anc}}\left(V_{y,\mathrm{anc}}^E - V_{y,\mathrm{cur}}^E\right)\left|V_{y,\mathrm{anc}}^E - V_{y,\mathrm{cur}}^E\right| \\ C_{z\mathrm{anc}}\left(V_{z,\mathrm{anc}}^E - V_{z,\mathrm{cur}}^E\right)\left|V_{z,\mathrm{anc}}^E - V_{z,\mathrm{cur}}^E\right| \end{bmatrix} \tag{7.145}$$

式中，S_{anc} 为重力锚的参考面积；$C_{x\mathrm{anc}}$、$C_{y\mathrm{anc}}$ 和 $C_{z\mathrm{anc}}$ 分别为重力锚在惯性坐标系不同方向上的流体动力系数。

(3) 拉力。

第 N 个无质量弹簧对重力锚的拉力在惯性坐标系下可表示为

$$\boldsymbol{T}_N = \boldsymbol{C}_E^N \cdot \left(E\sigma\varepsilon_N, 0, 0\right)^{\mathrm{T}} \tag{7.146}$$

(4) 海底的支持力和摩擦力。

假设当重力锚接触海底后，重力锚的垂向速度立刻减为 0，垂向位移则等于海底深度，即 $V_{y,\mathrm{anc}}^E = 0$ 且 $Y_{\mathrm{anc}} = Y_{\mathrm{sea}}$，而水平速度则会在海底摩擦力的作用下减速。

重力锚接触海底的判断准则为：当 $Y_{\mathrm{anc}} < Y_{\mathrm{sea}}$ 或者 $Y_{\mathrm{anc}} = Y_{\mathrm{sea}}$ 且 $V_{y,\mathrm{anc}}^E \leqslant 0$。则海底对重力锚的支持力 $\boldsymbol{F}_{n,\mathrm{anc}}$ 和摩擦力 $\boldsymbol{F}_{f,\mathrm{anc}}$ 可表示为

$$\boldsymbol{F}_{n,\mathrm{anc}} = -\Big(0, \left(\boldsymbol{G}_{\mathrm{anc}} + \boldsymbol{B}_{\mathrm{anc}} + \boldsymbol{D}_{\mathrm{anc}} + \boldsymbol{T}_{\mathrm{anc}}\right)_y, 0\Big)^{\mathrm{T}} \tag{7.147}$$

$$\boldsymbol{F}_{f,\mathrm{anc}} = \begin{cases} -\boldsymbol{F}_{f,\max} \cdot \dfrac{\boldsymbol{V}_{\mathrm{anc}}^E}{\left|\boldsymbol{V}_{\mathrm{anc}}^E\right|}, & \left|\boldsymbol{V}_{\mathrm{anc}}^E\right| \neq 0 \\ -\left(\boldsymbol{G}_{\mathrm{anc}} + \boldsymbol{B}_{\mathrm{anc}} + \boldsymbol{D}_{\mathrm{anc}} + \boldsymbol{T}_{\mathrm{anc}}\right), & \left|\boldsymbol{V}_{\mathrm{anc}}^E\right| = 0 \text{且} \left|\boldsymbol{F}_{f,\mathrm{anc}}\right| < \boldsymbol{F}_{f,\max} \\ -\boldsymbol{F}_{f,\max} \cdot \dfrac{\left(\boldsymbol{G}_{\mathrm{anc}} + \boldsymbol{B}_{\mathrm{anc}} + \boldsymbol{D}_{\mathrm{anc}} + \boldsymbol{T}_{\mathrm{anc}} + \boldsymbol{F}_{n,\mathrm{anc}}\right)}{\left|\boldsymbol{G}_{\mathrm{anc}} + \boldsymbol{B}_{\mathrm{anc}} + \boldsymbol{D}_{\mathrm{anc}} + \boldsymbol{T}_{\mathrm{anc}} + \boldsymbol{F}_{n,\mathrm{anc}}\right|}, & \text{其他} \end{cases} \tag{7.148}$$

式中，$\boldsymbol{F}_{f,\max} = \mu_{\mathrm{anc}}\left|\boldsymbol{F}_{n,\mathrm{anc}}\right|$ 为海底所能提供的最大摩擦力；μ_{anc} 为重力锚在海底的摩擦系数。

将以上各力相加即可得到重力锚的合外力，进而，在惯性坐标系下，重力锚的广义主动力可表示为

$$\boldsymbol{F}_{\mathrm{anc}}^{(k)} = \boldsymbol{V}_{\mathrm{anc},p}^{\mathrm{T}} \boldsymbol{F}_{\mathrm{anc}} \tag{7.149}$$

8) 多体系统的广义主动力

在计算得到水下滑翔机驻留过程多体系统各部分的广义主动力后，通过矩阵求和即可得到整个多体系统的广义主动力 $\boldsymbol{F}^{(k)}$。当水下滑翔机采用单根缆索进行驻留运动时，多体系统的广义惯性力可表示为

$$\boldsymbol{F}^{(k)} = \boldsymbol{F}_g^{(k)} + \sum_{i=1}^{N-1} \boldsymbol{F}_i^{(k)} + \boldsymbol{F}_{\mathrm{anc}}^{(k)}, \quad k = 1, 2, \cdots, 3N+6 \tag{7.150}$$

类似地，当水下滑翔机采用两根缆索进行驻留运动时，多体系统广义惯性力可表示为

$$\boldsymbol{F}^{(k)} = \boldsymbol{F}_g^{(k)} + \sum_{i=1}^{2(N-1)} \boldsymbol{F}_i^{(k)} + \boldsymbol{F}_{\mathrm{anc},1}^{(k)} + \boldsymbol{F}_{\mathrm{anc},2}^{(k)}, \quad k = 1, 2, \cdots, 6+6N \tag{7.151}$$

式中，$\boldsymbol{F}_{\text{anc},1}^{(k)}$ 与 $\boldsymbol{F}_{\text{anc},2}^{(k)}$ 分别为两个重力锚的广义惯性力，计算方法与一个重力锚时保持一致。

9) 水下滑翔机驻留过程多体系统的运动模型

将所得到的广义惯性力矩阵与广义主动力矩阵代入 Kane 方程即可得到水下滑翔机驻留过程多体系统的动力学模型：

$$\boldsymbol{F}^{*(k)}+\boldsymbol{F}^{(k)}=0 \tag{7.152}$$

对上式进行化简整理后可得

$$\boldsymbol{M}_{\text{sys}}\cdot\ddot{\boldsymbol{q}}_k=\boldsymbol{F}_{\text{sys}} \tag{7.153}$$

式中，$\boldsymbol{M}_{\text{sys}}$ 为水下滑翔机驻留过程多体系统的质量矩阵；$\boldsymbol{F}_{\text{sys}}$ 为多体系统的力列阵；$\ddot{\boldsymbol{q}}_k$ 为所选择的多体系统广义坐标的二阶微分。由于 $\boldsymbol{M}_{\text{sys}}$ 为实对称矩阵，必有逆矩阵存在，上式可化为普遍形式的微分方程组：

$$\ddot{\boldsymbol{q}}_k=\boldsymbol{M}_{\text{sys}}^{-1}\cdot\boldsymbol{F}_{\text{sys}} \tag{7.154}$$

将上式联立运动学方程即可得到水下滑翔机驻留过程多体系统运动模型，可表示为

$$\begin{cases}\ddot{\boldsymbol{q}}_k=\boldsymbol{M}_{\text{sys}}^{-1}\cdot\boldsymbol{F}_{\text{sys}}\\ \dot{\boldsymbol{q}}_k=\boldsymbol{u}_k\end{cases} \tag{7.155}$$

7.4.2 仿真求解方法

1. 驻留过程

1) 释放缆索策略

在水下滑翔机驻留过程中，为避免缆索释放速度的突变造成水下滑翔机驻留运动过程中出现不稳定的现象。因此，设定在滑翔机驻留过程初期阶段，缆索释放速度线性增加，当达到最大时，缆索的释放速度保持恒定，直到缆索全部释放完毕。

缆索释放速度和缆索长度可表示为

$$v_r(t)=\begin{cases}a_r t, & v_r<V_r \text{且} l_r(t)<l_c\\ V_r, & v_r\geqslant V_r \text{且} l_r(t)<l_c\\ 0, & l_r(t)\geqslant l_c\end{cases} \tag{7.156}$$

$$l_r(t)=\int_0^t v_r(t)\mathrm{d}t \tag{7.157}$$

式中，a_r 为缆索释放速度线性增加时的加速度；t 为仿真时间；$v_r(t)$ 为缆索在 t 时刻的释放速度；V_r 为缆索释放时的最大速度；$l_r(t)$ 为时间 t 时的缆索长度；l_c 为缆索的总长度。

2) 缆索长度增加的求解算法

在水下滑翔机驻留过程中，缆索的长度随仿真时间的增加而有所增加。因此，为了准确模拟缆索的空间姿态，并提高计算效率，缆索集中质量点与无质量弹簧的数量应该随缆索长度的增加而有所增加。因此，在数值求解过程中，需要动态调整缆索集中质量点及无质量弹簧的数量，故在数值仿真过程中，水下滑翔机驻留运动多体系统的广义坐标 $\boldsymbol{q}_k$ 应该随缆索的长度而发生变化。

当缆索长度增加时，所采用的仿真求解方法如下：在缆索释放过程中，当首个无质量弹簧的原长超过一个设定值后，便增加一个集中质量点和一个无质量弹簧，为了避免在增加集中质量点和无质量弹簧的过程中导致数值计算产生不稳定的现象，对于新增加的集中质量点，则采用插值的方式计算其位置和速度等物理量，具体可表示为

$$\begin{cases}\boldsymbol{r}_{\text{new}}^E = \boldsymbol{r}_{LP}^E + \left(\boldsymbol{r}_1^E - \boldsymbol{r}_{LP}^E\right)\cdot\left(l_1^0 - \Delta l\right)\big/ l_1^0 \\ \boldsymbol{V}_{\text{new}}^E = \boldsymbol{V}_{LP}^E + \left(\boldsymbol{V}_1^E - \boldsymbol{V}_{LP}^E\right)\cdot\left(l_1^0 - \Delta l\right)\big/ l_1^0\end{cases}, \quad l_1^0 \geqslant \Delta l + \Delta s \tag{7.158}$$

式中，Δl 为无质量弹簧的离散长度；Δs 为防止仿真中出现计算不稳定时加入的缆索长度，本章将 Δs 设为 $\Delta l/3$；$\boldsymbol{r}_{\text{new}}^E = \left(X_{\text{new}}, Y_{\text{new}}, Z_{\text{new}}\right)^{\text{T}}$ 为新增加的集中质量点在惯性坐标系下的位置矢量；$\boldsymbol{V}_{\text{new}}^E = \left(V_{x,\text{new}}, V_{y,\text{new}}, V_{z,\text{new}}\right)^{\text{T}}$ 为新增加的集中质量点在惯性坐标系下的速度矢量；$\boldsymbol{r}_1^E = \left(X_1, Y_1, Z_1\right)^{\text{T}}$ 为首个集中质量点在惯性坐标系下的位置矢量；$\boldsymbol{V}_1^E = \left(\boldsymbol{V}_{1,x}^E, \boldsymbol{V}_{1,y}^E, \boldsymbol{V}_{1,z}^E\right)^{\text{T}}$ 为首个集中质量点在惯性坐标系下的速度矢量。

通过式(7.158)即可计算新集中质量点的广义坐标和广义速率，则当滑翔机采用单根缆索时，在下一个仿真时间步长的数值计算过程中，整个多体系统的广义坐标 $\boldsymbol{q}_k$ 和广义速率 $\boldsymbol{u}_k$ 变为

$$\begin{aligned}\boldsymbol{q}_k = (&X_g, Y_g, Z_g, \theta, \psi, \varphi, X_{\text{new}}, Y_{\text{new}}, Z_{\text{new}}, X_1, Y_1, Z_1, \cdots, \\ &X_{N-1}, Y_{N-1}, Z_{N-1}, X_{\text{anc}}, Y_{\text{anc}}, Z_{\text{anc}})^{\text{T}}\end{aligned} \tag{7.159}$$

$$\begin{aligned}\boldsymbol{u}_k = (&V_{x,g}, V_{y,g}, V_{z,g}, W_{x,g}, W_{y,g}, W_{z,g}, V_{x,\text{new}}, V_{y,\text{new}}, V_{z,\text{new}}, V_{x,1}, V_{y,1}, \\ &V_{z,1} \cdots V_{x,N-1}, V_{y,N-1}, V_{z,N-1}, V_{x,\text{anc}}, V_{y,\text{anc}}, V_{z,\text{anc}})^{\text{T}}\end{aligned} \tag{7.160}$$

当水下滑翔机采用两根或多根缆索时，数值仿真计算方法与采用单根缆索时相同，整个水下滑翔机驻留过程多体系统的广义坐标 $\boldsymbol{q}_k$ 和广义速率 $\boldsymbol{u}_k$ 在下一个仿真时间步长内可表示为

$$\begin{aligned}\boldsymbol{q}_k = (&X_g, Y_g, Z_g, \theta, \psi, \varphi, X_{\text{new}}, Y_{\text{new}}, Z_{\text{new}}, X_1, Y_1, Z_1, \cdots, X_{N-1}, Y_{N-1}, Z_{N-1}, X_{\text{anc}}, Y_{\text{anc}}, \\ &Z_{\text{anc}} X'_{\text{new}}, Y'_{\text{new}}, Z'_{\text{new}}, X'_1, Y'_1, Z'_1, \cdots, X'_{N-1}, Y'_{N-1}, Z'_{N-1}, X'_{\text{anc}}, Y'_{\text{anc}}, Z'_{\text{anc}})^{\text{T}}\end{aligned} \tag{7.161}$$

$$\boldsymbol{u}_k=(V_{x,g},V_{y,g},V_{z,g},W_{x,g},W_{y,g},W_{z,g},V_{x,\text{new}},V_{y,\text{new}},V_{z,\text{new}},V_{x,1},V_{y,1},V_{z,1},\cdots,V_{x,N-1},V_{y,N-1},\\ V_{z,N-1},V_{x,\text{anc}},V_{y,\text{anc}},V_{z,\text{anc}},V'_{x,\text{new}},V'_{y,\text{new}},V'_{z,\text{new}},V'_{x,1},V'_{y,1},V'_{z,1},\cdots,V'_{x,N-1},V'_{y,N-1},\\ V'_{z,N-1},V'_{x,\text{anc}},V'_{y,\text{anc}},V'_{z,\text{anc}})^{\mathrm{T}} \tag{7.162}$$

在下一个仿真时间步长内，可采用上述广义坐标和广义速率进行计算。

2. 转场过程

1) 回收缆索策略

在水下滑翔机回收缆索过程中，为避免缆索回收速度的突变造成滑翔机回收缆索过程中出现不稳定的现象。因此，设定当滑翔机达到稳定上浮状态时开始回收缆索，在滑翔机回收缆索的初期阶段，缆索回收速度线性增加，当达到最大时，缆索的回收速度保持恒定，直到缆索全部释放完毕，即

$$v_b(t)=\begin{cases}a_b t, & v_b<V_b \text{且} l_b(t)>0\\ V_b, & v_b\geqslant V_b \text{且} l_b(t)>0\\ 0, & l_b(t)=0\end{cases} \tag{7.163}$$

$$l_b(t)=l_c-\int_0^t v_b(t)\mathrm{d}t \tag{7.164}$$

式中，a_b 为缆索回收速度线性增加时的加速度；t 为仿真时间；$v_b(t)$ 为 t 时刻缆索的回收速度；V_b 为缆索回收时的最大速度；$l_b(t)$ 为仿真时间 t 时的缆索长度；l_c 为缆索的总长度。

2) 缆索长度减小的求解算法

与缆索长度增加时的求解算法相似，在回收缆索的数值求解过程中，需要动态调整缆索集中质量点及无质量弹簧的数量。所采用的仿真求解方法如下：在缆索回收过程中，当首个无质量弹簧的原长小于一个设定值后便减少一个集中质量点和一个无质量弹簧，同时将首个无质量弹簧的长度加上第二个无质量弹簧中作为无质量弹簧的原长。具体可表示为：当 $l_1^0<\Delta s$ 时，当滑翔机采用单根缆索时，则在下一个仿真时间步长内，整个多体系统的广义坐标 $\boldsymbol{q}_k$ 和广义速率 $\boldsymbol{u}_k$ 变为

$$\boldsymbol{q}_k=(X_g,Y_g,Z_g,\theta,\psi,\varphi,X_2,Y_2,Z_2,\cdots,X_{N-1},Y_{N-1},Z_{N-1},X_{\text{anc}},Y_{\text{anc}},Z_{\text{anc}})^{\mathrm{T}} \tag{7.165}$$

$$\boldsymbol{u}_k=(V_{x,g},V_{y,g},V_{z,g},W_{x,g},W_{y,g},W_{z,g},V_{x,2},V_{y,2},V_{z,2},\cdots,\\ V_{x,N-1},V_{y,N-1},V_{z,N-1},V_{x,\text{anc}},V_{y,\text{anc}},V_{z,\text{anc}})^{\mathrm{T}} \tag{7.166}$$

类似地，当滑翔机采用两根缆索时，整个多体系统的广义坐标 $\boldsymbol{q}_k$ 和广义速率 $\boldsymbol{u}_k$ 变为

$$\boldsymbol{q}_k=(X_g,Y_g,Z_g,\theta,\psi,\varphi,X_2,Y_2,Z_2,\cdots,X_{N-1},Y_{N-1},Z_{N-1},X_{\text{anc}},Y_{\text{anc}},Z_{\text{anc}},\\ X_2',Y_2',Z_2',\cdots,X_{N-1}',Y_{N-1}',Z_{N-1}',X_{\text{anc}}',Y_{\text{anc}}',Z_{\text{anc}}')^{\mathrm{T}} \tag{7.167}$$

$$\boldsymbol{u}_k=(V_{x,g},V_{y,g},V_{z,g},W_{x,g},W_{y,g},W_{z,g},V_{x,2},V_{y,2},V_{z,2},\cdots,V_{x,N-1},V_{y,N-1},V_{z,N-1},V_{x,\text{anc}},\\ V_{y,\text{anc}},V_{z,\text{anc}},V_{x,2}',V_{y,2}',V_{z,2}',\cdots,V_{x,N-1}',V_{y,N-1}',V_{z,N-1}',V_{x,\text{anc}}',V_{y,\text{anc}}',V_{z,\text{anc}}')^{\mathrm{T}} \tag{7.168}$$

在下一个仿真时间步长内，可采用上述广义坐标和广义速率进行计算。

7.4.3 运动仿真分析

本节对水下滑翔机驻留过程、稳定驻留以及转场过程时的操纵性进行仿真分析。

1. 驻留过程对水下滑翔机操纵性的影响

缆索对滑翔机驻留过程的影响主要表现在缆索的安装位置和缆索数量两个方面，如图 7.27 所示。以单根缆索的安装位置对滑翔机驻留过程的影响为例进行仿真分析。

滑翔机采用单根缆索，安装位置沿滑翔机体坐标系的 $O\text{-}x$ 轴，仿真初始值设置为滑翔机在洋流大小为 0.2m/s，洋流角度为 0°时(洋流角度的定义为洋流方向与 $E\text{-}X$ 轴负方向的夹角)，下潜到预定释放缆索深度时的运动状态。具体的仿真结果如图 7.28～图 7.31 所示。

从仿真结果图可以看出：

(1) 当缆索安装位置不同时，滑翔机均可稳定地释放缆索，实现滑翔机的驻留过程，而且运动轨迹基本相同。

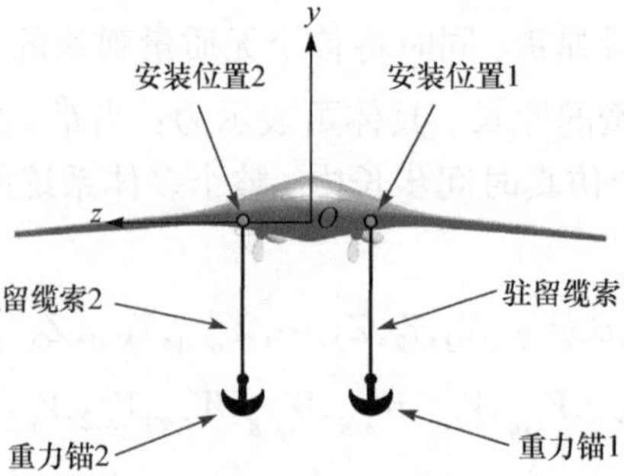

图 7.27　缆索安装位置示意图

(2) 在驻留过程中，由于洋流大小均为 0.2m/s，洋流角度为 0°，缆索的姿态和弯曲程度基本保持一致。

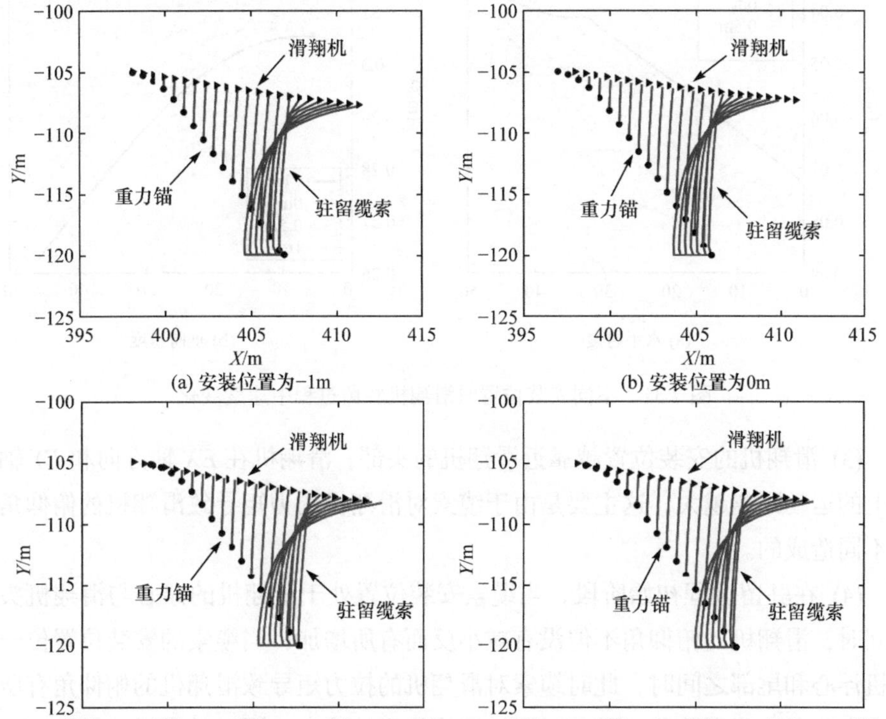

(a) 安装位置为-1m　(b) 安装位置为0m

(c) 安装位置为0.5m　(d) 安装位置为1m

图 7.28　缆索安装位置对滑翔机驻留过程中的运动轨迹影响

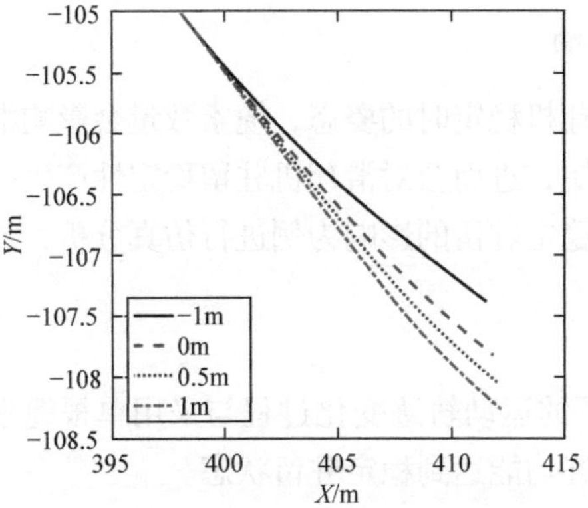

图 7.29　滑翔机驻留过程中的运动轨迹

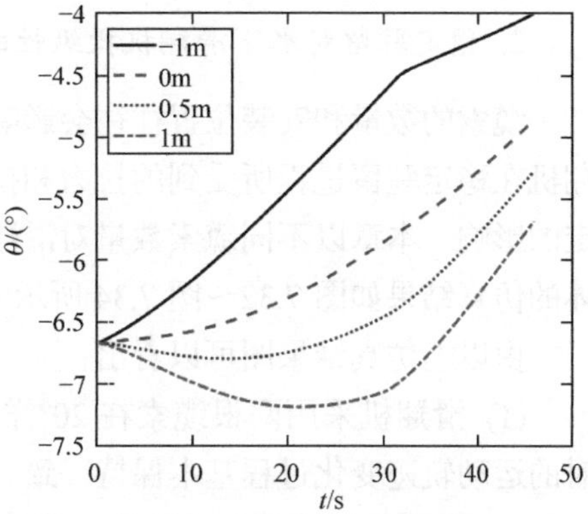

图 7.30　滑翔机驻留过程中俯仰角变化

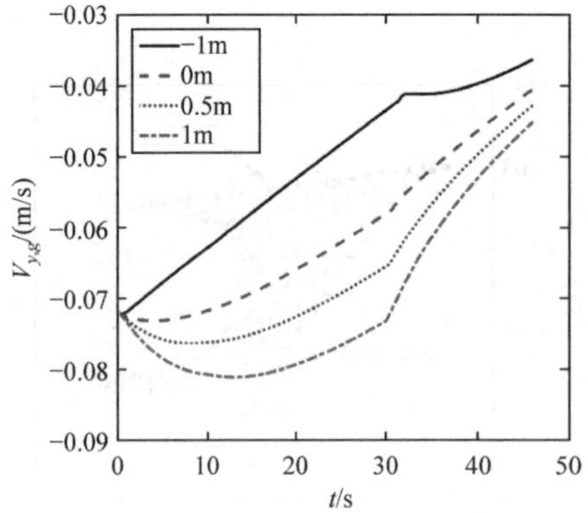

(a) 水平速度

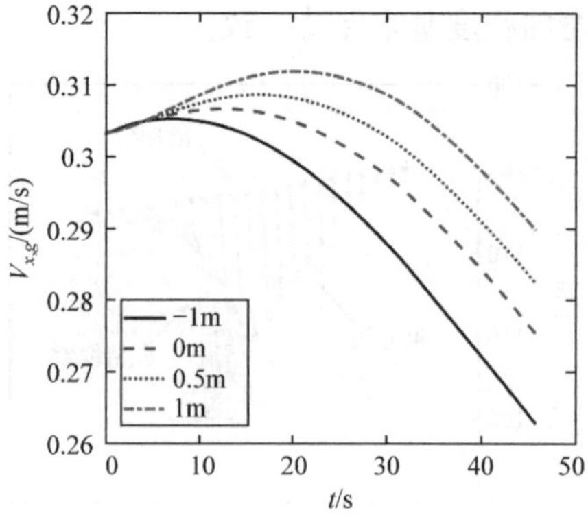

(b) 垂向速度

图 7.31　不同安装位置时滑翔机驻留过程中速度变化

(3) 滑翔机的安装位置越靠近滑翔机的头部，滑翔机在 *EX* 轴方向和 *EY* 轴方向上的运动距离越大，这主要是由于缆索对滑翔机的力矩导致滑翔机的俯仰角有所不同造成的。

(4) 在驻留过程初始阶段，当缆索安装位置处于滑翔机的浮心与滑翔机头部之间时，滑翔机的俯仰角不但没有减小反而有所增加；当缆索的安装位置位于滑翔机浮心和尾部之间时，此时缆索对滑翔机的拉力矩导致滑翔机的俯仰角有所减小。在驻留过程末阶段，随着滑翔机滑块位置的改变，同时重力锚接触海底，拉力消失，滑翔机的俯仰角开始逐渐地减小。

(5) 滑翔机水平和垂向速度与安装位置有关，缆索安装位置越靠近滑翔机的头部，滑翔机水平速度和垂向速度越大。

2. 稳定驻留对水下滑翔机操纵性的影响

缆索的数量和安装位置往往会影响滑翔机稳定时的姿态，缆索数量会影响滑翔机在稳定驻留过程所受到的拉力和拉力矩，进而会对滑翔机驻留稳定性产生一定的影响。本章以不同缆索数量对滑翔机稳定驻留的影响为例进行仿真分析，具体的仿真结果如图 7.32～图 7.34 所示。

由以上仿真结果图可以看出：

(1) 滑翔机采用两根缆索在 20°洋流下的运动轨迹变化过程与采用单根缆索时的运动轨迹变化过程基本保持一致，最终均能达到稳定驻留状态。

(2) 在驻留转换的初始阶段，滑翔机姿态角产生一定的振荡，但最后均达到稳定状态；当滑翔机采用两根缆索时，俯仰角和偏航角波动范围较小，而横滚角的波动范围较大。

(3) 缆索数量也影响了滑翔机姿态角的稳定值，当滑翔机采用两根缆索时，滑翔机俯仰角稳定在 0.02°左右，较单根缆索时基本无变化；偏航角稳定在−5.3°左右，较单根缆索时大幅增大；横滚角稳定在 0.12°左右，较单根缆索时略微增大。

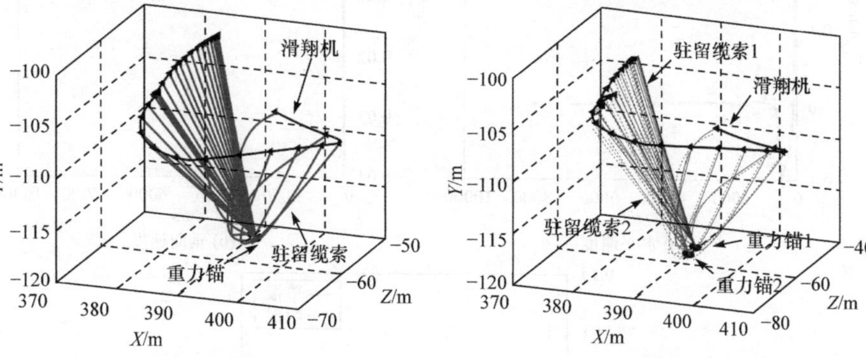

(a) 单根缆索　　(b) 两根缆索

图 7.32　不同缆索数量时滑翔机稳定驻留过程运动轨迹

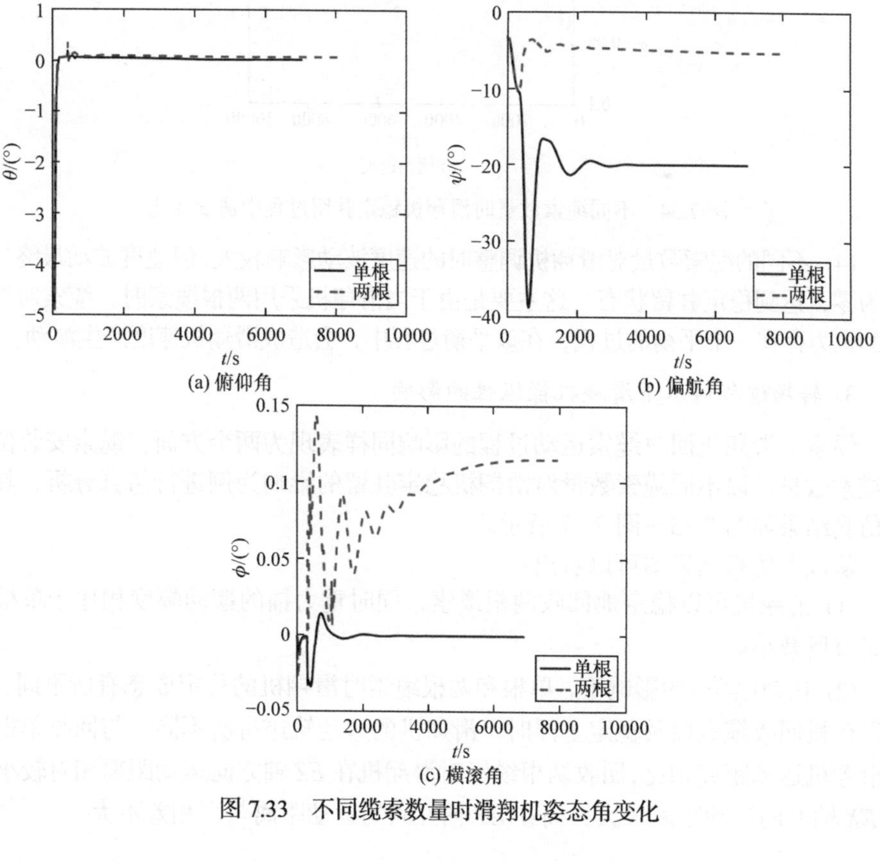

(a) 俯仰角　　(b) 偏航角

(c) 横滚角

图 7.33　不同缆索数量时滑翔机姿态角变化

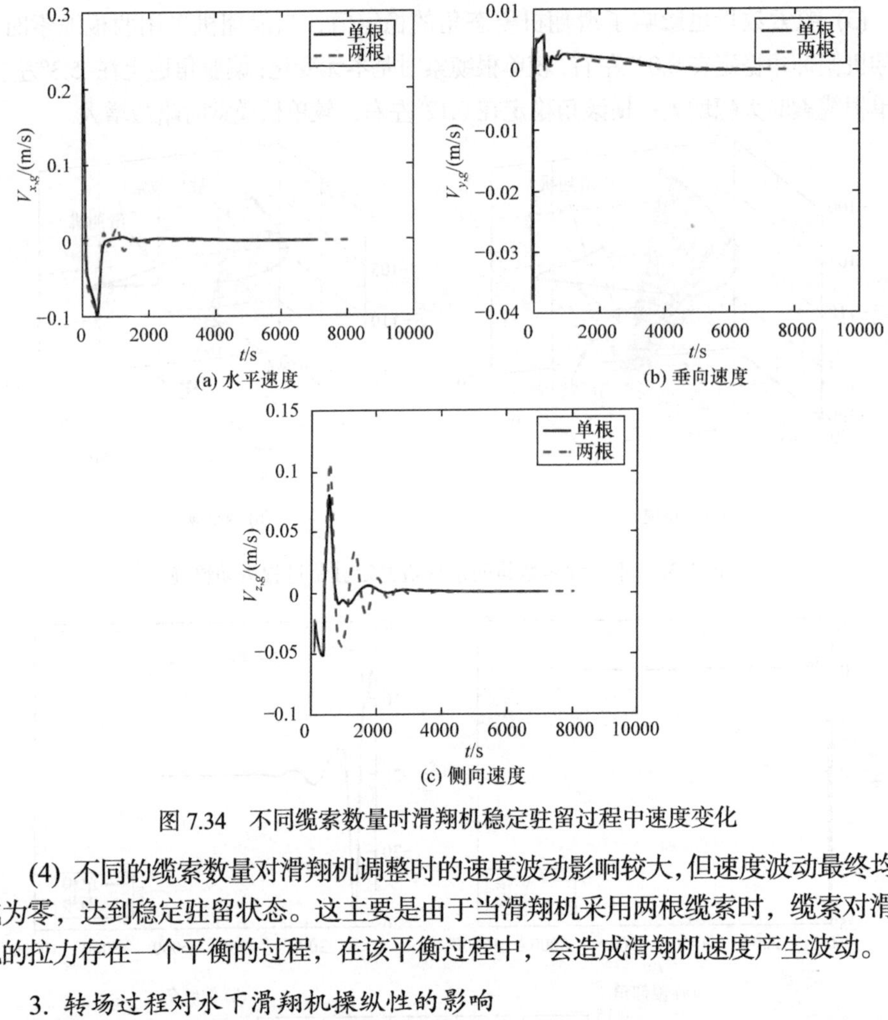

图 7.34　不同缆索数量时滑翔机稳定驻留过程中速度变化

(4) 不同的缆索数量对滑翔机调整时的速度波动影响较大，但速度波动最终均能减为零，达到稳定驻留状态。这主要是由于当滑翔机采用两根缆索时，缆索对滑翔机的拉力存在一个平衡的过程，在该平衡过程中，会造成滑翔机速度产生波动。

3. 转场过程对水下滑翔机操纵性的影响

缆索对滑翔机回收缆索运动过程的影响同样表现为两个方面：缆索安装位置和缆索数量。以不同缆索数量对滑翔机稳定驻留的影响为例进行仿真分析，具体的仿真结果如图 7.35～图 7.37 所示。

从以上仿真结果图可以看出：

(1) 滑翔机可以稳定地回收两根缆索，同时重力锚的摆动幅度相比于单根缆索时有所减小。

(2) 在 20°洋流的影响下，单根和两根缆索时滑翔机的稳定姿态有所不同，故在滑翔机回收缆索以及稳定上浮时，滑翔机的运动轨迹有所不同，与回收单根缆索滑翔机运动距离相比，回收两根缆索时滑翔机在 *EZ* 轴方向运动距离相对较小，在 *EX* 轴方向运动距离较大，而在 *EY* 轴方向的运动距离与之相差不大。

(3) 在回收两根缆索的最后阶段，在两倍缆索拉力的作用下，滑翔机速度波动较大；当滑翔机稳定上浮时，与释放单根缆索相比，释放两根缆索时滑翔机水平速度较大，而侧向速度较小，垂向速度基本相同，这主要是由于滑翔机在稳定驻留状态时的姿态角不同导致的。

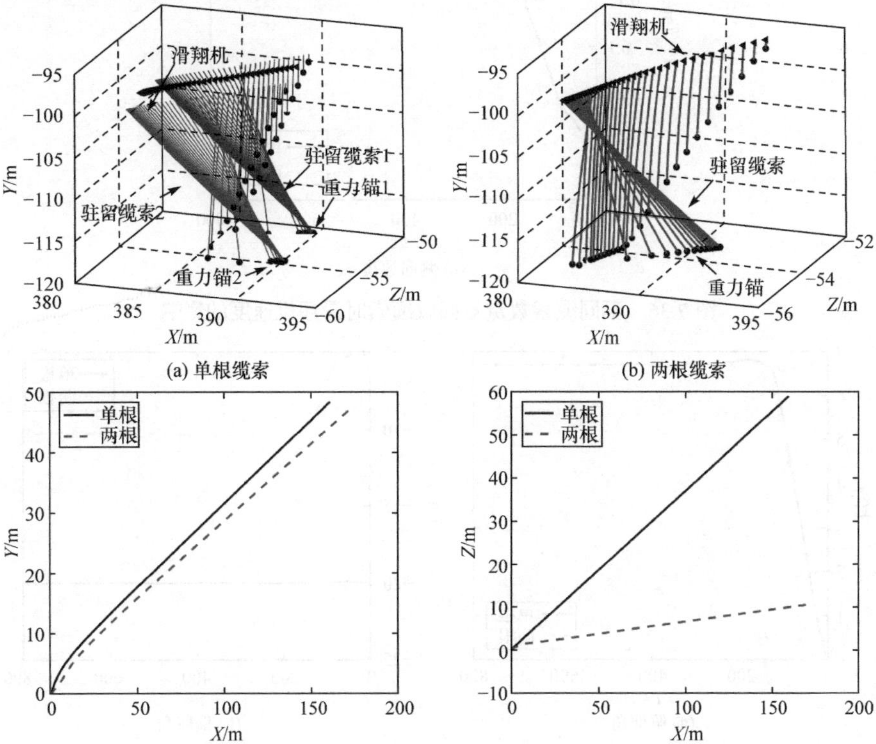

(a) 单根缆索　　(b) 两根缆索

(c) 纵平面　　(d) 水平面

图 7.35　回收不同数量缆索时的运动轨迹

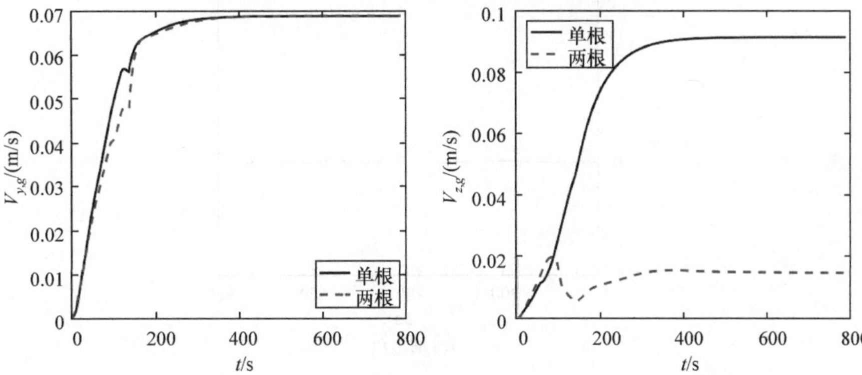

(a) 水平速度　　(b) 垂向速度

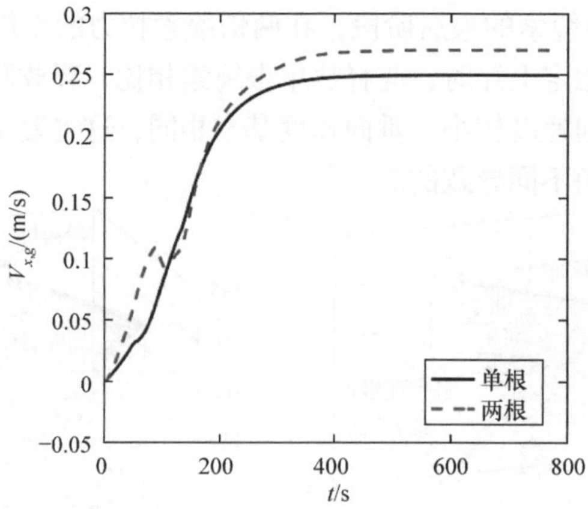

(c) 侧向速度

图 7.36　不同缆索数量对回收缆索时滑翔机速度的影响

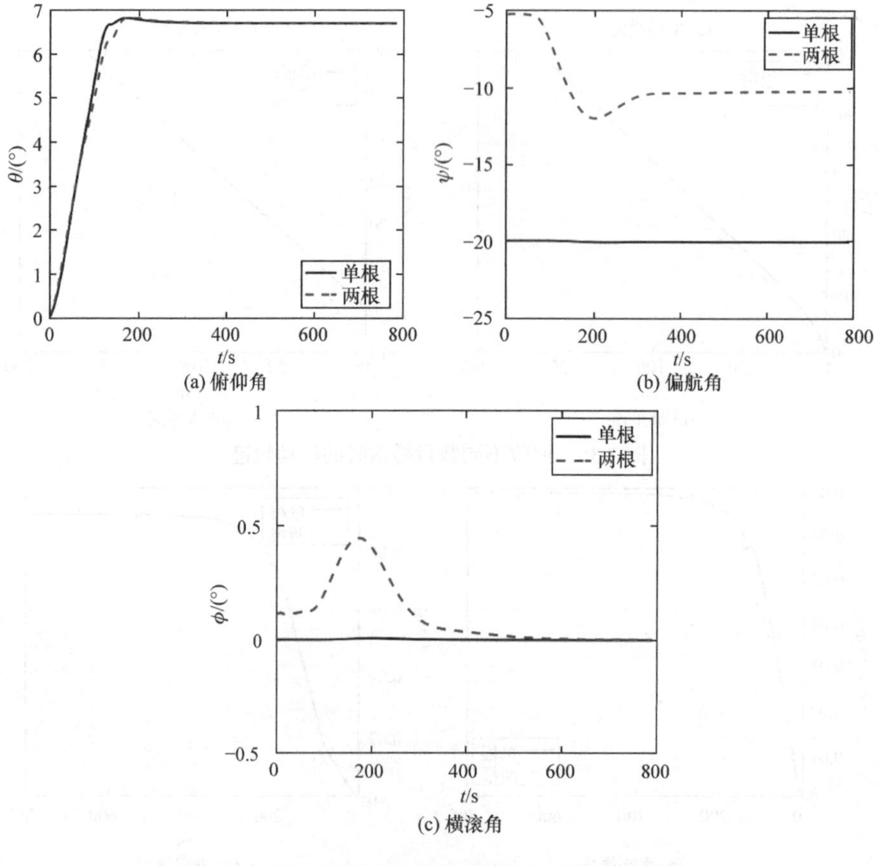

(a) 俯仰角

(b) 偏航角

(c) 横滚角

图 7.37　回收不同数量缆索时滑翔机的姿态角变化

(4) 在回收两根缆索的最后阶段，滑翔机的俯仰角与回收单根缆索时相比略微偏小，滑翔机偏航角和横滚角与回收单根缆索时相比均偏大；当滑翔机稳定上浮时，滑翔机回收两根缆索的俯仰角与回收单根缆索时相同，偏航角较回收单根缆索时大幅增大，横滚角与回收单根缆索时相同。

参 考 文 献

边宇虹. 1998. 分析力学与多刚体动力学基础[M]. 北京: 机械工业出版社.

崔航. 2018. 水下滑翔机驻留运动特性分析[D]. 西安: 西北工业大学.

杜晓旭, 崔航, 向帧辉. 2016. 基于 Kane 方法的波浪驱动水下航行器动力学模型建立[J]. 兵工学报, 37(7): 1236-1244.

杜晓旭, 宋保维, 胡海豹. 2008. AUV 拖曳 GPS 浮标系统仿真研究[J]. 西北工业大学学报, 26(1): 88-92.

杜晓旭, 宋保维, 潘光. 2011. 水下双拖系统动力学建模与仿真[J]. 西北工业大学学报, 29(1): 82-86.

杜晓旭, 张小链. 2019. 拖缆对水下航行器的操纵性能影响[J]. 兵工学报, 40(7): 1476-1484.

洪嘉振, 1999. 计算多体系统动力学[M]. 北京: 高等教育出版社.

李晓平. 2004. 多体系统动力学建模方法及在水下缆索中的应用研究[D]. 天津: 天津大学.

王国平. 2006. 多体系统动力学数值解法[J]. 计算机仿真, 23(12): 86-89.

伍平. 2003. 多体系统动力学建模及数值求解研究[D]. 成都: 四川大学.

Du X X, Cui H, Zhang Z D. 2019. A numerical method for analyzing the influence of underwater vehicle flow field on dynamic behavior of towed sonar cable array[J]. Ocean Engineering, (175):163-175.

Du X X, Zhang, X L. 2020. Influence of ocean currents on the stability of underwater glider self-mooring motion with a cable[J]. Nonlinear Dynamics, 99: 2291-2317.

Milinazzo F, Wilkie M, Latchman S A. 1987. An efficient algorithm for simulating the dynamics of towed cable systems[J]. Ocean Engineering, 14(6): 513-526.

Rispin P. 1980. Data package No.1 for cable and array maneuvering[R]. Bethesda: David W. Taylor Naval Ship Research and Development Center.